그랜드투어
그리스

그랜드투어 그리스
고전학자와 함께 둘러보는 신화와 역사의 고향

ⓒ 강대진 2021

초판 1쇄 발행 2021년 1월 30일
초판 2쇄 발행 2021년 12월 27일

지은이　　강대진
펴낸이　　홍창의
펴낸곳　　도도네
등　록　　2015년 9월 4일 제2015-000201호
주　소　　서울시 동작구 동작대로 29길 115 306-301
전자우편　rarahong@empal.com
디자인　　공미경

ISBN 979-11-973361-0-2 03900

* 책값은 뒤표지에 있습니다.
* 이 책 내용의 전부 또는 일부를 재사용하려면 지은이와 도도네 양측의 동의를 받아야 합니다.
* 이 도서는 한국출판문화산업진흥원의 '2020년 출판콘텐츠 창작지원사업'의
  일환으로 국민체육진흥기금을 지원받아 제작되었습니다.

그랜드투어
그리스

고전학자와 함께 둘러보는 신화와 역사의 고향

강대진 지음

도도네

일러두기

1. 고유명사들은 희랍 고전기의 발음을 따랐다.
   그 예로, 그리스의 수도 이름은 '아테나이', 여신은 '아테네'로 표기하였다.
2. 본문에서 희랍글자(그리스 알파벳)는 p.12의 표와 같이
   대부분 로마자로 옮겨 표기하였다.

들어가는 말

 이 책은 그리스를 여행하고자 하는 사람에게 도움을 주려는 뜻에서 쓰였다. 특히 이 나라를 관광으로서가 아니라, 일종의 '그랜드투어'로 찾는 사람들이 대상이다. 따라서 어디에 어떤 맛집이 있는지, 숙소와 교통편은 어떠한지 등은 이 책에서 찾을 수 없을 것이다. 그보다는, 서양 문화를 근원부터 제대로 이해하고자 하는 사람이라면 어디를 꼭 둘러 보아야 하는지, 거기에는 어떤 신화와 역사가 서려 있는지, 유적과 유물들을 볼 때 주목할 점은 어떤 것인지 등에 중점이 있다.
 여기 소개된 지역들의 순서는 대체로 현대의 여행자가 움직여 가는 행로와 비슷하게 맞춰 놓았다. 물론 되도록 시간과 노력을 아끼고자 하는 여행자라면, 어떤 지역에 도착하여 그 주변의 주요 유적들을 최대한 많이 보려고 노력할 터이니, 이런 정렬 방식은 결국 지역별 소개와 크게 다르지 않게 될 것이다.
 이 책이 상정하는 가상의 여행자는 항공편으로 아테나이에 도착해서, 우선 아테나이와 그 주변을 며칠 둘러보고, 배편을 이용해서 크레테와 몇몇 섬들을 돈 후에, 다시 육지로 돌아와서 펠로폰네소스반도를 시계 방향으로 돌아보고, 델포이로 건너가 북쪽으로 향할 것이다. 고대의 유적지는 아니지만 그리스 여행에서 빼놓을 수 없는 메테오라를 둘러본 후, 알렉산드로스 대왕의 유적이 있는 테살로니키 주변을 그리스 내의 마지막 목적지로 돌아보게 될 것이다. 이런 동선은 대체로 그리스 역사를 시대순으로, 그러니까 선사시대-상고시대-고전기-헬레니즘기의 순서로 둘러보는 것에 가깝게 될 것이다.

그리고 한국의 여행자라면 대개는 항공편 때문에 그 여정이 이스탄불까지 연결되는데, 그곳의 유적, 유물을 둘러보는 것은 앞에 본 시대에 뒤이어지는 시기, 즉 로마시대-동로마시대(중세)-근대까지를 개괄적으로 살펴보는 것이라 할 수 있다. 그런 일정을 생각해서, 이 책의 마지막 부분에서는 이스탄불을 간단히 소개했다. 이와 비슷한 길을 따라 여행을 떠나고자 하는 분들, 이미 여행을 마치고 거기서 생긴 궁금증을 풀고자 하는 분들께 조금이나마 도움이 되기를 기원한다.

(나는 늘 최소 10명 정도의 일행과 함께 움직였기 때문에, 일종의 패키지여행을 상정하고 글을 썼다. 혹시, 홀로 또는 소수가 자유롭게 여행하는 분이라면 대중교통 이용 문제 등이 궁금할 텐데, 아쉽지만 그런 것은 다른 분들의 책을 참고하기 바란다.)

고유명사들은 고전기의 발음에 따라 적었다. 일반적인 표기법과 다른 점은 윕실론υ을 /위/ 발음으로 적은 것, 그리고 이중자음을 모두 살려 적은 것이다. 그래서 '디오니소스'가 아니라 '디오뉘소스', '오디세우스'가 아니라 '오뒷세우스'이다. 그리고 나라 이름은 보통 쓰는 대로 현대 영어를 따라서 '그리스'로 많이 적었지만, 신화와 역사를 소개하는 부분에서는 '희랍'이란 말도 섞어 썼다. 이 나라 사람들은 자기들 나라를 '헬라스'라고 하는데 그것을 비슷한 발음의 한자로 적은 게 '희랍希

臘'이다. '그리스Greece'는 영어식 이름이어서, 미국이 생겨나려면 아직 2천 년 이상 기다려야 하던 시대, 영국 땅에도 문명이랄 것이 없던 시대에 이 이름을 적용하기 어색해서다.

그리고 희랍어의 이중모음은 라틴어식 표기에서 단모음이 되는 경향이 있어서, 예를 들면 음악당 '오데이온'은 현대의 소개서에는 대개 '오데온'이라고 적고 있다. 이 책에서도 고대에 사용되던 모든 이름을 다 적지는 않을 터이니 양해하시기 바란다.

그리스의 수도 이름은 한국에서는 보통 '아테네'라고들 하지만, 이것은 일본어 표기 アテネ를 그대로 따른 것이다. 서양 여러 나라들은 각기 자기네 방식대로 부르는데(독일어로는 /아텐/, 영어로는 /애신즈/), 고대 그리스 발음으로는 /아테나이/이고 현대 그리스 사람들은 /아시나/에 가깝게 발음하니(중간의 /시/ 발음에 세타θ가 들어있어서 한글로는 정확히 표기할 수 없다), 이 둘 중 하나를 따르는 게 옳을 것이다. 나로서는 '아시나'보다는 '아테나이'가 낫다고 생각한다.

차례

들어가는 말 5

1 아테나이

- 16 신들의 영역 아크로폴리스
- 18 여러 사연이 깃든 아레오파고스
- 21 오데이온과 디오뉘소스 극장
- 25 아크로폴리스의 관문 프로퓔라이아 건물군
- 28 신전의 구조와 장식을 공부하기 좋은 아테네 니케 신전
- 32 프로퓔라이아의 T자형 구조
- 36 포세이돈 신전 에렉테이온
- 40 뜻밖의 건물 판드로세이온
- 43 에렉테이온의 약간 복잡한 구조
- 50 고대 건축의 정수 파르테논
- 55 파르테논 조각들
- 62 개인적 덧붙임
- 64 한걸음 더 나아간 신화와 역사 지식

66   아크로폴리스 박물관
73   민주주의의 훈련장 아고라, 앗탈로스 주랑
74   거의 온전히 남아 있는 헤파이스토스 신전
81   아고라의 다른 건물들
86   후대에 덧붙은 건물들
89   아테나이 민주주의의 현장 프뉙스
90   영웅들의 안식처 케라메이코스 묘지와 디퓔론문, 테미스토클레스 성벽
95   플라톤의 학원 아카데메이아
96   하드리아누스의 추억, 올륌포스 제우스 신전과 하드리아누스문
102 이제는 도심 한가운데에 놓인, 아리스토텔레스의 학교 뤼케이온
104 뜻밖에도 오래된 판아테나이아 스타디움
105 고대 문명의 보고, 아테나이 국립고고학박물관

2 아테나이 주변 도시들

127 데메테르와 페르세포네의 성지, 엘레우시스
133 고급 여행자를 위한 유적들
137 페르시아군을 물리친 현장, 마라톤
141 아르테미스의 성역, 브라우론
143 아테나이 해군의 재정적 기반, 라우레이온 은광
144 앗티케의 땅끝, 수니온
148 바깥으로 열린 아테나이의 대문, 페이라이에우스
153 동서가 격돌했던 역사의 현장, 살라미스
158 아킬레우스 집안의 본향 아이기나

3 크레테와 다른 섬들

- 169 유럽 문명의 발상지 크레테
- 172 미노스의 궁전이 있던 크놋소스
- 189 크레테의 다른 유적지들
- 197 미노아 문명의 보고, 이라클리온 고고학박물관
- 200 크레테가 낳은 위인들-엘 그레코와 카잔차키스
- 204 사진 찍기 좋은 곳 산토리니-뜻밖의 청동기 유적지
- 212 아폴론의 섬 델로스
- 229 아리아드네의 섬 낙소스

4 펠로폰네소스반도

- 235 지협의 북쪽 지역, 메가라
- 236 코린토스운하, 배 운반로, 장벽
- 239 고대 경기대회가 열리던 이스트미아
- 243 바다를 양쪽에 품은 코린토스
- 257 고대 국제 운동경기 제전의 현장, 네메아
- 260 아가멤논의 근거지, 뮈케나이
- 270 페르세우스의 본향 아르고스
- 275 헤라클레스의 본향 티륀스
- 278 아스클레피오스의 성지 에피다우로스
- 280 뜻밖에도 유적이 부족한 스파르타
- 285 뜻밖에도 유적이 풍부한 멧세네
- 292 네스토르의 본향 퓔로스
- 294 산속 외딴곳에 숨어 있는 밧사이
- 298 국제적 운동경기가 열리던 올륌피아

5 희랍 중북부

- 323 아테나이 해군 기지, 근세의 대해전이 있었던 나우팍토스
- 325 영험한 분위기의 아폴론 성지, 델포이
- 350 멧돼지 사냥으로 유명한 칼뤼돈
- 353 신성한 참나무가 신탁을 내리던 도도네
- 358 나우시카아의 섬, 케르퀴라
- 361 **300**명의 전사가 최후까지 지키던 테르모퓔라이
- 365 알렉산드로스의 본향 마케도니아
- 381 동로마의 근거지 이스탄불

- 391 고대 그리스 연표
- 395 로마 연표
- 399 도판 출처
- 401 찾아보기

희랍글자표

희랍글자(대/소)	이름	로마자
A α	alpha	a
B β	beta	b
Γ γ	gamma	g
Δ δ	delta	d
E ε	epsilon	e
Z ζ	zeta	z
H η	eta	e
Θ θ	theta	th
I ι	iota	i
K κ	kappa	k
Λ λ	lamda	l
M μ	mu	m
N ν	nu	n
Ξ ξ	xi	x
O o	omicron	o
Π π	pi	p
P ρ	rho	r
Σ σ ς	sigma	s
T τ	tau	t
Υ υ	upsilon	y
Φ φ	phi	ph
X χ	chi	ch
Ψ ψ	psi	ps
Ω ω	omega	o

아테나이

아테나이는 옛 그리스의 문화적 중심지였고, 현재는 그리스의 수도이다. 이 도시에서 신화적으로 가장 중요한 인물은 테세우스고, 그 밖에 다이달로스, 메데이아, 오이디푸스, 헬레네, 오레스테스 등도 이 도시와 연관이 있다. 역사시대 인물로 아마 일반인들에게 가장 널리 알려진 사람은 기원전 5세기 정치가 페리클레스겠지만, 공부를 조금 더 해보면 중요 인물만 대충 꼽자 해도 열 손가락이 모자란다.

처음부터 너무 어려운 이름이 잇달아 나오면 독자들이 겁을 먹을지도 모르겠는데, 정치가로는 민주정의 기초를 놓은 솔론과 클레이스테네스, 뛰어난 장군으로는 1차 페르시아 침입을 마라톤에서 막아 낸 밀티아데스, 2차 페르시아 침입을 살라미스에서 막아 낸 테미스토클레스, 문화계에서는 3대 비극 작가로 꼽히는 아이스퀼로스, 소포클레스, 에우리피데스, 희극 작가 아리스토파네스, 그리고 역사학의 비조라 할 수 있는 헤로도토스와 투퀴디데스, 철학의 시조 격인 소크라테스와 플라톤, 아리스토텔레스 등이 모두 여기서 활동했고, 스토아학파 창시자 제논과 그의 라이벌 학파를 세운 에피쿠로스, 그리고 소피스트와 연설가 들의 활동 무대도 이곳이었다. 기원전 5~4세기의 문화적 전성기가 지난 다음에도, 이곳은 여전히 지중해 세계의 교육과 문화의 중심지로서 서로마가 멸망할 무렵까지 영향력을 잃지 않았다.

한국에서 출발한 여행자라면 직항이 없기 때문에 대체로 이스탄불을 경유하거나 프랑크푸르트 등지를 통해 아테나이 공항에 내리게 된다. (물론 이탈리아에서 배편으로 이동해서, 펠로폰네소스 북서쪽 파트라 항구에 내리는 방법도 있긴 하다.)

신들의 영역 아크로폴리스

대개는 저녁이나 새벽에 도착해서 날이 밝으면 일정이 시작되는데, 누구든 그리고 거의 언제나, 맨 먼저 들르는 유적지는 아크로폴리스이다. 사실 시내 어디에 머물든 시야에 들어오는 것이 이 동서로 길쭉한 탁자 모양 바위 언덕이고, 거기 얹힌 파르테논 신전이다.

인류의 역사에서 어쩌면 가장 찬란했던 것이 희랍 문화고, 그 희랍 문화의 중심지는 아테나이였고, 그 도시의 중심적 유적은 아크로폴리스이기 때문에, 그리고 여기에 건물들이 가장 잘 보존되어 있고 그것들이 겪은 역사도 가장 잘 알려져 있기 때문에, 이곳을 되도록 자세히 소개하고자 한다. 고대 건축물의 세부에 대해서도 여기서 모두 설명하려 하니, 얘기가 장황하더라도 조금만 참아 주기 바란다.

'아크로폴리스'라는 단어는 고유명사가 아니다. 원뜻은 '도시의 가장 높은 곳'이란 말로, 대개 그 도시의 내부 요새이다. 옛 도시들은 대부분 이중의 성으로 되어 있어서 바깥 성이 적에게 함락되더라도, 내부의 높은 곳에 있는 요새로 피해 응원군이 올 때까지 버틸 수 있었다. 따라서 제대로 하자면, '아크로폴리스'라는 말이 나오면 반드시 그 앞에 도시 이름이 붙어야 한다. 어느 도시의 아크로폴리스인지 알아야 하기 때문이다. 그리고 아크로폴리스를 두고 '민주정이 펼쳐진 배경'이라고 말하

아테나이의 주요 유적지.
① 아크로폴리스 ② 오데이온 ③ 디오뉘소스 극장 ④ 아레오파고스 ⑤ 프뉙스 ⑥ 필로파포스 언덕
⑦ 헤파이스토스 신전 ⑧ 아고라 ⑨ 케라메이코스 ⑩ 아크로폴리스 박물관 ⑪ 올륌포스
제우스 신전 ⑫ 하드리아누스의 문 ⑬ 판아테나이아 스타디움 ⑭ 국립고고학박물관(화살표 방향)

는 사람도 이따금 있는데, 이는 아고라와 아크로폴리스를 혼동한 것이다. 사람들이 서로 토론하고 일종의 '민주주의 훈련'이 이루어지던 곳은 시장 거리인 아고라였다. 더 나아가 아테나이에서 민주정이 '훈련'되던 곳은 아고라였지만, 실제로 민주정이 '실행'되던 곳은 아고라를 내려다보는 프뉙스 언덕이었다. 그곳에 민회장이 있었던 것이다.

아크로폴리스 밑에 도착하면 대개는 남서쪽에서부터 접근하게 된다. 아크로폴리스는 거의 전체가 가파른 벼랑으로 둘러싸여 있고, 그나마 경사가 완만해서 올라갈 만한 곳은 서쪽뿐이다. 그 서쪽에도 언덕들이 잇달아 있어서 약간 비스듬히 북서 방향에서, 아니면 남서 방향에서 접근해야 하는데, 북서쪽은 아고라 유적지여서 관광객의 차량이 그리 들어갈 수 없다. (고대에는 아고라에서부터 올라가는 길이 중심 통로—'성스러운 길'—였고, 종교 행렬도 그 길로 행진했다.)

여러 사연이 깃든 아레오파고스

이렇게 남서쪽에서 접근하면 아크로폴리스로 본격적으로 진입하기 전에 왼쪽에 아레오파고스(원래 이름은 아레이오스파고스, '아레스의 언덕')와 만나게 되고, 대개는 거기를 먼저 들렀다 아크로폴리스로 올라가게 된다. 물론 내려오는 길에 들르는 방법도 불가능하지는 않다.

아크로폴리스를 둘러보고 내려올 때는, 올라간 길로 그대로 내려오는 방법도 있고, 남쪽 벼랑 바로 아랫길을 따라 동쪽으로 진행하는 방법도 있다. 후자를 택하면 디오뉘소스 극장 유적으로 가게 되는데, 자유 여행자라면 이쪽을 택하길 권한다. 먼저 아레오파고스를 보고 아크로폴리스로 올라갔다가, 다시 내려오면서 주 출입구인 프로퓔라이아 바로 밑에서 좌회전해서 벼랑 아래의 디오뉘소스 극장을 보러 가는 동선이다. 갈림길에서 — 내려오는 사람의 입장에서 보면 — 왼쪽으로 꺾어져 내려가는 계단이 있다. 너무 정면만 보고 가면 샛길을 놓치고 그냥 들어왔던 출입구로 나가 버리는 수가 있으니 조심해야 한다. 나의 여행 동료 중 한 사람도 그런 식으로 일행을 놓친 적이 있다.

'아레스의 언덕'은 별다른 유적이 남아 있는 건 아니지만, 신화적 역사적으로 상당한 사연을 품고 있는 장소이다. 우선 신화적으로 두 가지 중요한 얘기가 있다. 하나는 아테나이 초기 왕이기도 했던 영웅 테세우스와 관련되어 있다. 그가 아마존 여인 하나를 납치해서 아내로 삼았을 때, 그녀를 구하기 위해 아마존들이 쳐들어와서 이 언덕에 진을 치고 아크로폴리스를 공격하다가 격퇴되었다는 이야기다.

이 납치 사건이, 테세우스가 헤라클레스의 여행에 동행해서 한 일인지 아닌지는 작가마다 달리 말한다. 헤라클레스의 열두 가지 위업 중에서 앞의 여섯은 그리스 땅에서 이루어진 것이고, 뒤의 여섯은 세상 곳곳을 돌아다니면서 한 일인데, 그중 다시 앞쪽 네 개는 세계의 동서남북을 다니면서 행한 것이다. 세상의 동쪽에 가서 아마존 여왕의 허리띠를 구해 올 때 테세우스도 동행했다는 이야기가 있다. 이때 납치되어 테세우스의 아내가 되었다는 여자 이름도 사람마다 달리 전하는데, 멜라닙페와 힙폴뤼테, 그리고 안티오페가 가장 널리 알려진 이름이다.

〈아마존 여왕 안티오페를 납치하는 테세우스〉. 상고시대 작품이어서 두 사람 모두 입꼬리가 올라간 '상고시대의 미소'를 띠고 있다. 에레트리아 아폴론 신전 박공장식, 기원전 510년경, 에레트리아 고고학박물관.

'아레스의 언덕'을 배경으로 삼는 다른 신화는 아가멤논의 아들 오레스테스와 연관되어 있다. 트로이아(트로이)에서 희랍군 전체를 지휘했던 아가멤논은 전쟁 후 집으로 돌아와 자기 부인에게 죽는다. 그로부터 약 10년 뒤에 아가멤논의 아들 오레스테스가 다른 나라에서 돌아와 자기 어머니를 죽여 복수한다. 아버지를 위해 어머니를 죽일 수밖에 없었던 이 불행한 청년은 아폴론의 지시에 따라, 아테나이로 와서 아레오파고스 법정에서 재판을 받게 된다. 그 재판에서 배심원들의 투표 결과, 유죄와 무죄가 같은 숫자로 나와서 오레스테스는 풀려나게 된다. 그 이후로 살인죄에 대한 재판이 하나의 제도로 정착되었다고 한다. 이 이야기는 아이스퀼로스의 '오레스테이아 3부작' 중 하나인 「자비로운 여신들Eumenides」에 자세히 그려져 있다.

사실은 이 언덕이 '아레스의 언덕'이라고 불리게 된 것도 다른 살인 사건과 연관이 있다. 아레스가 자기 딸을 겁탈한 존재를 죽이고서 여기

아크로폴리스에서 내려다본 아레오파고스.

서 처음 재판을 받았다는 것이다.

  희랍을 기독교 성지순례 개념으로 여행하는 사람도 상당히 있기 때문에, 현지에서 전문 안내자의 안내를 받게 되면 이곳에서는 대체로 사도 바울(바울로, 바오로)에 대해 듣게 된다. 그가 이곳에서 아테나이 사람들에게 처음 기독교를 전파했다는 것이다. 그의 연설은 이 도시를 둘러본 소감에서 시작한다. 자기가 여기서 수많은 신에게 바쳐진 신전과 제단을 보았는데 그중에는 '알지 못하는 신에게'라고 쓰인 것도 있었다고, 그래서 그들이 모르는 그 신을 소개하겠노라고. 그의 이 첫 설교는 엄청난 성공을 거둔 것까지는 아니지만, 그래도 첫 신도 중에 '아레오파고스 의회' 공직자가 있었단다. (개역판 성서에는 '아레오바고 의원'이라고 소개되어 있었다.) 바울의 설교 내용은 지금 언덕 아래 오른쪽에 동판에 새겨져 있고, 많은 사람이 그 앞에서 기념사진을 찍는다.

 이 장소가 사람을 감동시키는 것은, 그곳 바위가 오랜 세월 너무나 많은 순례자와 관광객의 발길에 닿아서 거의 미끄러질 정도로 반들반들하게 되었다는 점이다. 개인적으로 국내 답사 중에 옛 영남대로의 한 조각인 '토끼벼리길(문경)'에 갔다가 그런 바위를 만난 적이 있다. 옛사람들의 수많은 발길, 겨우 짚신이나 신었을 그 발들에 닿고 닿아서 유리같이 매끄럽고 반들반들한 길이 되었다니! 그 매끈한 표면을 가만히 손으로 쓸어 보면 지금은 사라진 지 오래인 옛사람들의 체온이 느껴지는 듯도 하다. 아레오파고스에도 (점점 관광객을 위한 편의 시설이 잘 갖춰져서, 지금은 잘 놓인 계단 밑에 숨어 있는 부분이 많지만) 그런 것이 있으니, 예를 들어 소크라테스와 소포클레스, 페리클레스와 사도 바울의 체온을 한번 느껴 보기 바란다.

오데이온과 디오뉘소스 극장

이제 아레오파고스를 뒤로 하고 본격적으로 아크로폴리스로 올라가 보자.

 아크로폴리스 유적지 구내로 들어가면 비탈길을 약간 올라가서 우선 오른쪽 아래에 오데이온 유적이 보인다. 관찰자에게 가까운 데서부터 반원형으로 객석이 있고 그 앞에 무대가 있으며, 그 뒤쪽으로는 벽이 둘러쳐진 극장식 건축물이다. 흔히 이것을 고대인들이 비극을 관람하던 극장 유적이라고 알기 쉬운데, 이는 로마시대 것이다. 헤로데스 앗티쿠스라는 부자가 돈을 대서 2세기에 지은 것이다. 이분은 이름부터 '앗티케(아테나이가 속한 지역) 사람'이란 뜻이니, 제 이름 뜻에 걸맞은 기부를 한 셈이다. 이 오데이온은 '헤로데이온'이라고 부르기도 한다.

 객석에서 보면 정면에 3층으로 벽을 세웠으며, 그 위로 목재 지붕이 있었다고 한다. 앞으로 자주 나올 텐데, 아테나이를 가장 크게 파괴한 사건은 3세기 동부 게르만족 중 하나인 헤룰레스족의 침입(267년)이다. 이 음악당도 그때 파괴되어 버려졌다가, 1950년대에 다시 보수해서 지금도 페스티벌에 자주 사용되고 있다. 수용 인원은 약 5천 명이다. 지휘자 카라얀도 여기서 공연한 적이 있는데, 1939년의 일이다. 젊은 시절에 나치 당원으로 등록하기도 했던 사람이니 혹시 나치의 그리스 점령에서 혜택을 본 게 아닐까 의심할 수도 있는데, 나치의 그리스 침략은 1941년의 일이다.

전체의 2/3 정도는 이탈리아가, 북쪽 마케도니아와 수도 아테나이를 포함하는 1/3 정도는 독일과 불가리아가 점령했다. 이탈리아 병사들이 본국과 연결이 끊어진 채 어떤 섬을 지키는 얘기는 〈지중해〉라는 영화에 나온다. 아크로폴리스 동쪽 끝에 엄청난 높이의 국기 게양대가 있고 지금 거기 엄청난 크기의 그리스 국기가 펄럭이는 것은, 나치 점령 때 거기에 거대한 나치 깃발이 걸려 있었기 때문이다.

디오뉘소스 극장을 보려면 아크로폴리스 위로 올라가서 파르테논 신전의 남쪽 면에서 벼랑 아래로 내려다보거나, 언덕에서 내려온 후 남동쪽으로 가서 따로 둘러보아야 한다. 디오뉘소스 극장은 보존 상태가 별로 좋지 않기 때문에 너무 큰 기대를 품었다가는 약간 실망할 수도 있다. 하지만 1만 5천 명 들어가던 대형 극장이어서 전체 규모만큼은 대단하니, 그 앞에서 장대하던 옛 모습을 상상해 보는 것도 괜찮다.

희랍의 극장은 오늘날의 오페라극장과 거의 같게 생겼다. 대개 객석은 언덕에 조성되어 전체적으로 반원형으로 둘러져 있고, 그 앞쪽에는 무대가 있으며, 객석과 무대 사이는 둥그스름한 공간으로 합창단이 움직이며 춤추고 노래하는 공간(오르케스트라)이다. 무대 앞과 양 옆에는 계단이 있어서 배우나 합창단원이 필요에 따라 오르내릴 수 있게 되어

현재의 오데이온. 많은 사람이 디오뉘소스 극장으로 착각하는 구조물이다. 로마가 희랍 땅을 차지했던 2세기에 세워졌고, 3세기에 파괴되었다가 현대에 복원되었다. 요즘도 여러 행사가 이곳에서 열린다.

디오뉘소스 극장의 현재 모습. 비극의 전성기가 지난 후인 기원전 4세기에 세워진 것이다. 오데이온보다 동쪽에 있다. 보존 상태는 그다지 좋지 않고, 많이 복원하지도 않았다.

있었다. 무대 뒤편에는 가건물이 세워져 있어서, 어떤 때는 왕궁, 때로는 신전 등의 역할을 하면서 연극의 배경 노릇을 했다. (이것을 skene라고 했는데 원래는 '천막'이란 뜻이다. 현대에 '액션신' '베드신' 등에서 볼 수 있는 'scene'이란 말의 어원이다.) 무대 양 옆으로는 합창단이 드나드는 길이 있어서, 대개 한쪽은 시외로 통하는 길, 한쪽은 시내로 통하는 길로 되어 있었다.

나중에 다시 소개하겠지만, 고대 희랍 문화권에서 극장 유적이 가장 잘 남아 있는 곳은 에피다우로스 아스클레피오스 성역이다. 시간 여유가 없어서 에피다우로스까지는 갈 수 없고, 그냥 핵심 유적지만 돌아보겠다 하는 분은 델포이의 극장을 보면 옛 공연장의 맛을 상당히 느낄 수 있을 것이다. 희랍 본토에서 극장 유적이 잘 남아 있는 곳을 하나 더 꼽자면, 제우스 신탁소가 있던 도도네이다. 메테오라에서 서쪽으로 2시간 정도 더 가야 하는 희랍 서북부 지역인데, 거기까지 가는 사람은 거의 없으니 아쉬운 일이다.

'아니, 희랍 문화의 정수는 비극이고 그것이 펼쳐지던 장소가 여긴데, 이렇게 중요한 유적지를 시간 모자라면 지나치라고 하다니!' 하고 분개하는 분이 있을지도 모르겠는데, 사실 3대 비극 작가가 활동하던 시대에는 돌로 지은 극장이 없었다. 그저 나무로 만든 객석이 있어서 거기서 비극을 구경했단다. 게다가 처음에는 극장이 아고라에 있었다고 한다. 현재 남아 있는 디오뉘소스 극장은 기원전 4세기, 그러니까 비극의 전성기(기원전 5세기)는 지나가고, 주로 옛날의 뛰어난 작품을 재상연하던 시대에 만들어진 것이다. 나무로 만든 객석이 어떤 것일까 궁금한 분은 올륌포스 북동쪽 디온이라는 도시에 가면 만날 수 있을 것이다. 현대의 관광객을 위해 근래에 만든 것이다.

아크로폴리스의 관문 프로필라이아 건물군

이제 오데이온을 지나쳐서 아크로폴리스 입구로 더 올라가 보자. 우리 앞에는 꽤 가파른 비탈과 계단이 있고 그 끝에 한때 웅장했던 입구 건물이 있다. 프로필라이아Propylaia('앞문 건물', '입구 건물'이란 뜻)다. 원래 있던 성역이 기원전 480년 페르시아의 침입 때 파괴되었기 때문에 나중에 복원하게 되는데, 특히 페리클레스 때 이 프로필라이아에 돈을 너무 많이 썼다고 해서 시비가 생기기도 했다. 아리스토파네스의 희극 「평화」에는 이것이 펠로폰네소스 전쟁의 원인이라는 우스개가 나온다. 페리클레스의 친구인 조각가 페이디아스가 건축비 횡령죄로 추방되자, 함께 공격 받게 된 페리클레스가 사람들의 주의를 분산시키기 위해 메가라 경제 제재를 시작했고, 그것이 결국 전쟁으로 번졌다는 것이다.

뒤에 더 얘기하겠지만 여기서 아크로폴리스 성역 전체의 역사를 아주 조금만 챙겨 보자. 원래 청동기시대에는 이곳에 왕궁과 신전이 있고,

사자를 타고 와서 거인을 공격하는 퀴벨레 여신. 페르가몬 제우스 제단 부조, 베를린.

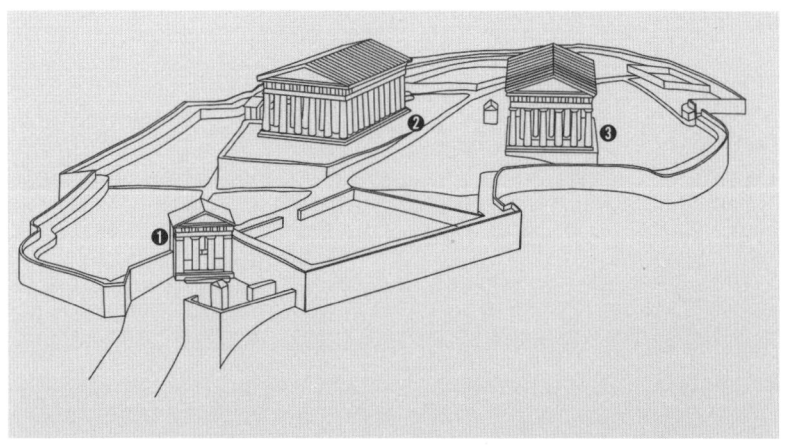

상고시대 아크로폴리스 건물 배치도. ① 프로필라이아 ② 옛 신전 ③ 백 걸음 신전(헤카톰페돈)

프로필라이아의 18세기 복원도. 이 그림에는 건물 좌우 크기가 같게 그려져 있지만, 실제로는 오른쪽 부지가 좁기 때문에 좌우 대칭으로 되어 있지 않다. 더구나 오른쪽 날개의 앞쪽(들어가는 사람에게 가까운 쪽)에 아테네 니케 신전이 있어서 더욱 그렇다. 좌우의 기념물은 후대에 덧붙은 건물의 기초를 보고 화가가 상상한 것이다. 중앙 계단도 그림에 보이는 것보다는 훨씬 가파르고 층계 수도 훨씬 많아야 한다. 줄리앙 다비드 르 로이, 1770.

거기를 '도시'라고 했던 것 같다. 하지만 역사시대(암흑기 이후, 기원전 8세기부터)에는 완전히 종교적 용도로만 쓰이게 되었다. 그러다가 페르시아 전쟁 직전에 새 건물을 짓기 시작했고, 기원전 480년 페르시아군이 아테나이를 함락했을 때는 옛 건물 일부와 아직 완공되지 않은 건물들이 있었다. 페르시아군은 그것을 파괴한다. 이는 기원전 500년경 아테나이가 이오니아 사람들의 요청에 따라 원정대를 보내어, 페르시아의 서쪽 거점 도시인 사르데이스의 퀴벨레(퀴베베, 쿰바바) 신전을 불태운 것에 대한 보복이었다. 거룩한 신전을 파괴한 동방인의 무지막지한 행태를 두고 조셉 캠벨 같은 학자는 거듭거듭 비난하지만, '역사학의 아버지' 헤로도토스는 먼저 잘못을 저지른 것은 희랍 쪽이었다고 여러 차례 지적하고 있다.

아크로폴리스의 건물군은 크게 셋으로 나눌 수 있는데, 관람자의 입장에서 '입구 건물-왼쪽 건물-오른쪽 건물'이다. 현재 남아 있는 것으로 이 세 건물군에 해당되는 것이 각기 프로퓔라이아-에렉테이온-파르테논이다. 그 이전 상고시대(기원전 776~480년)에도 거의 같은 자리에 좀 더 작은 건물군이 있었는데, 그때는 부지가 좁고 지반이 더 낮았기 때문에 지금보다는 건물들이 약간 왼쪽(북쪽)으로 치우쳐서 한데 모여 있었다. 그중 에렉테이온 자리에 있던 건물인 '옛 신전Archaios Neos'은 그냥 두고, 지금 파르테논이 차지하고 있는 부분과 가까운 자리(남쪽, 그러니까 관람자가 입구로 들어가면서 보면 오른쪽)에 있던 '백 걸음 신전Hekatompedon'을 헐고 새 건물을 짓던 중에 적들이 쳐들어온 것이다. 그리고 이때 프로퓔라이아도 새로 짓고 있던 참이었다. 이 건물들이 다 파괴되어서 다시 지은 것이 지금의 건물군이다.

따라서 현재 우리가 보는 웅장한 프로퓔라이아 역시 페르시아 전쟁 이후에 다시 지은 것이다. 상고시대에는 그보다 훨씬 작고 소박한 입구 건물이 있었는데, 동서로 길쭉하게 맞배지붕을 얹은, 맨 앞에 기둥 두 개를 세운 건물이었다 한다. 그것을 철거하고 그 자리에 좀 더 큰 건물을 짓던 중에 페르시아군이 침입해서 공사중인 건물을 파괴했던 것이다. 그들이 물러간 뒤에 규모를 키워 새 건물을 짓기 시작했고, 펠로폰네소스 전쟁(기원전 431~404년) 도중에야 완성된 게 바로 우리가 보는 현재의 건물군이다. 이 프로퓔라이아 건물군은 전체적으로 T자처럼 배치되어 있고, 관람자는 이 T자의 머리 중앙으로 진입하게 된다.

신전의 구조와 장식을 공부하기 좋은 아테네 니케 신전

하지만 이 프로퓔라이아 건물군으로 들어가기 전에 먼저 다른 것을 하나 보아야 한다. 관람자의 동선 바로 가까이에 있는 건물이다. 프로퓔라이아로 올라가는 계단 초입의 오른쪽에, 서쪽을 향해 튀어나온 높직한 축대 위에 작은 신전이 하나 서 있는데, 관람자가 아크로폴리스 유적 전체에서 처음 접하는 게 바로 이 건물이다. '승리를 주시는 여신 아테네', 즉 '아테네 니케'의 신전이다. 규모는 작지만 이 건물을 통해 신전의 구조와 장식을 먼저 공부할 수 있다.

  신들에게는 여러 기능이 있어서 특정 기능을 지시하기 위해 수식어가—대개는 널리 알려진 이름 뒤에—붙는 경우가 많다. '승리를 주시는 아테네'인 '아테네 니케'도 그런 것이다. 이 여신은 대개 오른손에, 날개 달린 '승리의 여신(니케)'을 들고 있는 것으로 형상화되었다. '나이키'라는 스포츠 용품 상표는 이 '니케'를 영어식으로 읽은 것이고, 하키 스틱처럼 생긴 로고는 니케 여신의 날개를 단순화한 것이다.

  아테네 니케 신전이 지금은 높다란 축대 위에 아무 보호 장치도 없이 서 있어서 참배객이 올라가기엔 다소 위태로워 보이지만(현재는 가까이 가지 못하게 되어 있음), 원래는 ㄷ자 모양(혹은 일부가 열린 ㅁ자 모양)으로

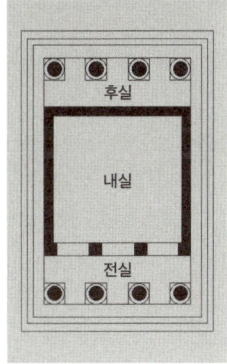

위 입구가 있는 아테네 니케 신전의 동쪽. 아래 벽으로 막힌 서쪽의 모습과 신전의 평면도. 평면도의 아래가 동쪽이다.

낮은 담parapet을 두르고 그 위에 금속으로 된 보호 울타리까지 얹혀 있었다. 프로퓔라이아로 들어가는 사람이 바로 볼 수 있는 면(참배객의 오른쪽에 있는 벽)에는 연속돌림띠장식(프리즈frieze, 띠부조)까지 있었는데, 지금 그 일부가 대영박물관에 옮겨져 있다.

처음에는 그저 작은 성역이었다가 상고시대 말에 작은 신전이 자리

잡았고, 그게 페르시아 전쟁 때 파괴되어 이후(펠로폰네소스 전쟁 중)에 지금 같은 건물로 다시 지어진 것이다. 현재 남아 있는 신전은 파르테논처럼 전체를 기둥으로 두른 것이 아니라 건물 앞(동쪽)과 뒤(서쪽)에 각기 이오니아식 기둥 4개씩을 세우고, 동쪽으로 열린 입구에는 두 개의 사각기둥이 있으며, 지붕 밑을 따라서 빙 둘러 돌림띠장식이 있(었)다(보존 상태가 매우 나쁘다).

건물 규모가 (파르테논처럼) 클 경우엔 신전 사방을 기둥으로 두르고 peripteros 벽으로 막힌 공간은 그 안쪽에 조성하기 때문에, 바깥 기둥들 위에는 지붕 밑을 돌아가면서 세로선장식triglyph과 중간면장식metope(면부조)을 번갈아 배치하고('교차돌림띠장식'이라고 하자), 그 안쪽 벽으로 둘러싸인 공간의 (대개는) 바깥벽을 따라 연속돌림띠장식을 넣는다. 하지만 '아테네 니케' 신전은 규모가 작기 때문에, 바로 벽으로 둘러싸인 공간이 노출되어 있고(도리스식 기둥이 없는 순수 이오니아식), 그래서 연속돌림띠장식만으로 꾸며져 있다.

다시 말해, 규모가 큰 신전들은 이오니아식과 도리스식을 함께 적용하고 있다. 즉, 벽으로 둘러싸인 내부 공간에는 머리 부분에 소용돌이 장식이 있는 이오니아식 기둥을 쓰고, 벽면 위쪽도 그림들이 끊이지 않고 이어진 부조로 장식한다. 이런 것을 순수 이오니아식이라고 한다. 반면에 그 공간을 에워싼 바깥 테두리는 그릇 모양의 머리를 가진 도리스식 기둥을 사용하고, 지붕 선 아래를 돌아가며 치장한 부조도 단순한 세로선장식과 그림이 들어간 중간면장식이 번갈아 나오게 조성되어 있다. 이는 도리스 양식이 적용된 것이다. 이런 식으로 그림들이 서로 이어지지 않고 (단순 세로선장식 때문에) 중간에 끊어지는 장식도 넓은 의미의 프리즈라고 부른다. 따라서 앞에 아테네 니케 신전이 '규모가 작아서' 교차돌림띠 아닌 연속돌림띠를 두르고 있다고 한 것은, '도리스

희랍 신전 건축의 발전 과정. 아테네 니케 신전은 세 번째 것에 가깝다. 대개 그림의 위쪽이 서쪽이고 정문은 그림 아래쪽인 동쪽이다.

식이 아니어서'라고 설명해도 된다.

이 프리즈 장식 중, 입구 위의 동쪽 면에는 제우스를 중심으로 한 신들의 모습을 새기고(얼굴이 다 떨어져 나갔고, 지물도 분명치 않아서 누가 누구인지 거의 구별할 수 없다), 나머지 면은 아마도 역사적 전투들을 새겼던 듯한데 내용이 확실치 않다. 하지만 남쪽 면에는 마라톤 전투(기원전 490년) 장면이 있었던 것으로 추정된다. 아테네 니케 신전이 이렇게 많이 손상된 이유는, 17세기 후반(1686년)에 터키 사람들이 베네치아의 공격을 막기 위해 이 신전을 허물어서 프로퓔라이아 앞에 방벽을 쌓았었기 때문이다. 그보다 약 40년 전인 1645년에는 이미 화약 창고로 사용되고 있던 프로퓔라이아에 벼락이 떨어져서 큰 폭발 사고가 나기도 했었다. 이때 아마 이 신전에도 다소의 손상이 있었을 것이다.

희랍의 신전들은 지붕면이 두 개만 있어서 말하자면 '맞배지붕'형으로 되어 있는데, 건물 정면이나 그 반대쪽에 서면, 지붕 제일 높은 곳과 양끝 제일 낮은 지점이 그리는 삼각형 공간이 보인다. 이것을 박공pediment이라고 하는데, 희랍어로는 독수리aetos가 날개를 펼친 것 같은 모양이라고 해서 aetoma라고 부른다. 이 공간에도 여러 사건을 새겨 넣어 장식하는 게 일반적인 관행인데, 중심부에는 대개 서 있는 인물을, 구석으로 갈수록 앉아 있는 인물, 마지막에는 누워 있는 인물을 조성해

넣는 식이다. 지금 우리가 보고 있는 '아테네 니케' 신전도 작은 규모지만 박공이 있고, 거기에 박공장식이 있었다. 아마도 동쪽 박공에는 올림포스 신들이 거인들과 싸운 '거인과의 전쟁Gigantomachy'을, 서쪽 박공에는 '아테나이인들과 아마존의 전쟁Amazonomachy'을 새겨 넣었던 듯한데, 보존 상태가 매우 안 좋다. 겨우 남은 몇개의 조각이 아크로폴리스 박물관에 전시되어 있다.

현대 여러 종교의 사원들이 대개는 예배 공간인 데 반해, 옛 신전들은 기본적으로 신상을 모시기 위한 공간이었다. 따라서 제사를 드리던 제단은 대개 신전 앞에 따로 있다. 우리가 지금 보는 '아테네 니케' 신전 안에도 신상이 모셔졌었는데, 그 조각상이 어떤 모습이었는지 아주 확실치는 않다. 기원전 2세기에 이곳을 방문했던 헬리오도로스(아테나이 출신으로 기원전 150년경에 활동. 아테나이 아크로폴리스에 대해 15권으로 구성된 책을 썼다)는, 이 여신상이 왼손에는 투구를, 오른손에는 석류를 든 모습이었다고 기록하고 있다. 그러니까 이 여신은 전쟁에서의 승리와, 평화시의 풍요를 동시에 가져다준다고 여겨졌던 모양이다. 하지만 2세기 파우사니아스(110~180년경. 그리스의 여행가이며 지리학자로 보통 『그리스 안내서Hellados Periegesis, Graecae descriptio』라고 부르는 책을 썼다. 그리스의 여러 유적지를 탐방하고 각 유적과 유물의 모습과 상태, 그와 관련된 지리적 정보, 신화, 문학, 역사적 사실 들을 전한다)의 증언에 따르면 이 신전은 '날개 없는 승리의 여신Apteros Nike'에게 바쳐진 것이었다고 한다. 아테나이 사람들이 니케의 날개를 떼 내어 이곳을 떠나지 못하도록, 즉 영원히 자신들과만 머물도록 했기 때문이란다.

프로필라이아의 T자형 구조

자, 이제 다시 걸음을 옮겨 프로필라이아 본 건물로 올라가 보자. 계단을 올라가면서 보면 정면에는 가로 방향으로 도리스식 기둥 6개가 서 있고(아직은 기둥머리까지 완전히 복원되진 않았다), 그 사이로 (기둥이 여섯이니까) 5개의 통로가 있다. 그중 제일 가운데 통로는 아무래도 제물 짐승 따위를 몰고 들어가야 하니 다른 것보다 좀 넓게 만들었다. 현대의 관람자는 그냥 이 중앙 통로로 들어가게 되어 있다. 중앙 통로를 따라 세로 방향으로는 양쪽에 세 개씩 이오니아식 기둥을 세웠고, 건물을 빠져나가면 다시 도리스식 기둥 6개가 가로 방향으로 늘어서 있다. 참배를 마치고 나가는 사람은 들어갈 때와 비슷한 정면 모습을 보게 되는 것이다.

프로퓔라이아의 통로 부분은 전체가 지붕으로 덮여 있고, 지붕 밑에는 한국식으로 말하자면 우물반자에 해당되는 장식coffer을 붙였다. 하지만 각각의 칸이 우물반자처럼 편편한 게 아니라, 높은 쪽을 향해서 점점 좁아지는, 말하자면 피라미드를 뒤집은 것처럼 만들었다. 제일 안쪽에는 무늬를 넣고 색칠을 했는데, 나중에 마케도니아에서 보게 될 태양 무늬('마케도니아의 태양') 비슷한 것을 그려 넣었다. 현대 그리스의

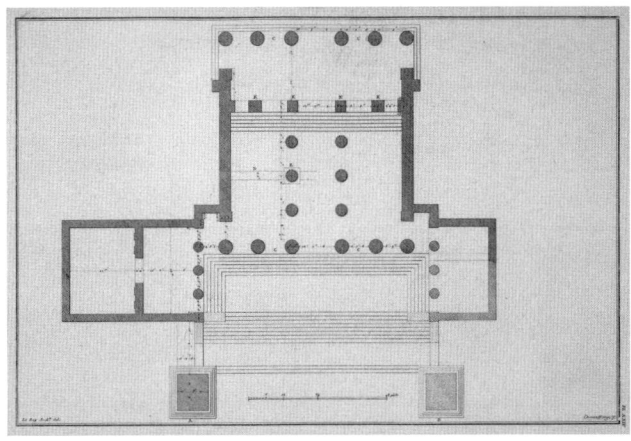

프로퓔라이아 평면도.

아테나이 33

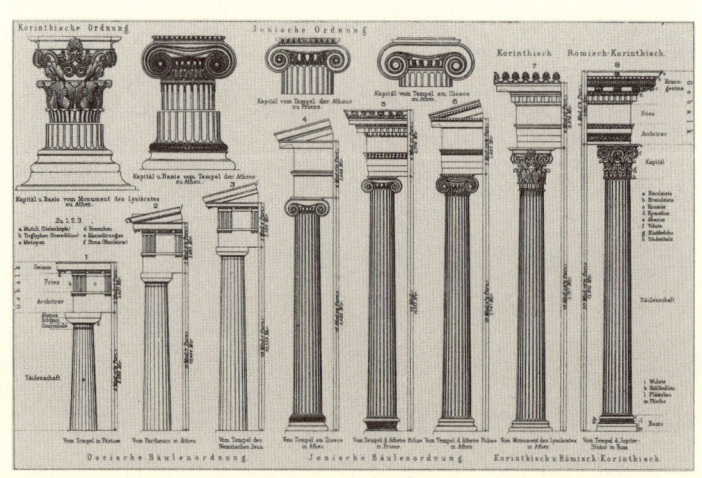

왼쪽부터 도리스식(3개), 이오니아식(3개), 코린토스식(2개) 신전 기둥 양식.

신전 기둥 양식에서 도리스식은 기둥 받침이 없고, 기둥머리가 반구형(또는 그릇 모양)으로 생긴 것을 이른다. 이오니아식은 기둥 밑에 원반 모양의 받침(주춧돌)이 있고, 기둥머리에는 양쪽으로 소용돌이 장식이 있는 것을 가리킨다. 그리고 이따금 '도리아식'이라고 하는 사람도 있는데, 이는 잘못된 표현이다. '도리스식(도리안Dorian)'이라는 말은 있지만 '도리아'라는 말은 없다. '도리스'는 희랍 중서부 지역 이름이다. 나중에 스파르타 등에 정착하는 사람들이 처음 이주할 때 이 부근에 자리잡았었기 때문에, 이들을 '도리스인'이라고 부른다. '캐나다의(캐나디안Canadian)'라는 말이 있다고 해서, '캐나디아'라는 말도 있는 것은 아니다.

왼쪽부터 기둥 세 개는 도리스식, 그 다음 세 개는 이오니아식, 마지막 두 개는 코린토스식이다. 기둥머리 장식이 구별의 우선적 기준인데, 도리스식은 그릇 모양, 이오니아식은 양쪽에 소용돌이 장식이 있는 베개 모양, 코린토스식은 식물(아칸서스 잎) 무늬 모양이다. 도리스식에는 주춧돌에 해당되는 게 없고, 나머지 둘에는 주춧돌이 있는 것도 차이점이다.

도리스식 기둥 위에 얹힌 지붕틀 받침 중 위의 것(넓은 의미의 프리즈)에는 세로줄 무늬 판과 그림이 새겨진 판이 번갈아 들어가는데, 세로줄이 세 개(가운데에 온전한 줄 두 개, 양쪽에 반줄씩) 들어간 것은 트리글리프triglyph('세 번 긁음'), 세 줄 장식 사이 그림이 넣어진 부분은 메토프metope('가운데 얼굴')라 불린다.

공공건물은 고전기 건축을 본떠 만든 게 많은데, 독자들은 여기 소개된 '우물반자'도 많은 공적 건축물(예를 들면 아테나이 시청, 국립 아테나이 공대)에서 발견하게 될 것이다.

앞에서 프로필라이아 건물군이 전체적으로 T자처럼 생겼다고 했는데, 방금 설명한 것은 T자의 가운데 세로축선에 해당되는 부분이다. 그것을 통과하기 전에 T자의 머리 부분 왼쪽과 오른쪽에 딸린 부속 건물을 보고 가야 한다. 그중 관람객이 볼 때 오른쪽 건물('아테네 니케' 신전 부지와 잇달아 있는 부분)은, 이미 아테네 니케의 신전 영역이 공간을 꽤 차지하고 있었기 때문에 아주 크게 만들지 못하고, 그냥 주랑만 구성해

프로필라이아 천장의 우물반자 장식과 장식 그림의 복원도.

놓았다. 반면에 왼쪽 부속 건물은 상당히 크게 지어졌는데, 애당초는 참배자들의 휴식 공간으로 조성된 것으로 보인다. 이 건물의 운명도 상당히 기구하여 나중에는 희랍 정교회 수장의 관사로 이용되기도 했다. 그보다 전인 2세기에 파우사니아스가 방문했을 때는 이 성역이 소장한 그림들을 보관하는 용도로 사용되고 있었다고 한다. 그래서 지금도 이 건물의 명칭이 '그림 보관소Pinakotheke'로 되어 있다.

포세이돈 신전 에렉테이온

입구를 지나 아크로폴리스라는 '탁자'의 평평한 윗부분에 도착하면 크게 두 무리의 건물이 보인다. 들어가는 사람의 입장에서 보면 오른쪽에 파르테논 신전이 있고, 왼쪽에는 에렉테이온이 있다. 오른쪽의 파르테논과 프로필라이아 사이에는 공간이 상당히 남아 있는데, 그 부분에는 남쪽 벽을 따라서 몇개의 건물이 있었고, 그중 비교적 중요한 것이 곰의 모습으로 섬겨졌던 '브라우론의 아르테미스' 신전이다. 아직 복원 계획이 없는지, 그냥 빈터로 남겨져 있다.

지금 우리가 볼 수 있는 건물군 중 우선 왼쪽의 에렉테이온을 보자. 대개의 안내서는 이 아크로폴리스 공간의 중심이라 할 수 있는 파르테논부터 설명하는데, 실제로 우리가 현지에 가면 오른쪽에 보이는 파르테논이 워낙 큰 건물이어서 대개는 그 서쪽 부분 앞에서 조금 설명하고 왼쪽으로 이동해서는 에렉테이온을 보고, 다시 파르테논의 동쪽으로 이동하는 경로를 취하게 된다. 결국 파르테논에 대해서는 두 번으로 나누어 설명하는 게 일반적인데, 여기서는 그냥 왼쪽에 보이는 에렉테이온에 먼저 다가간 것으로 생각하자.

이 건물은 기본적으로 포세이돈 에렉테우스를 모시던 공간이다. 에렉테우스는 아테나이 초기 왕 중 하나인데, 포세이돈과 동일시되어 여

아테나이를 두고 다투는 아테네와 포세이돈. 파리 국립도서관 소장, 아테나이 암포라의 19세기 재현 그림.

기 모셔졌다. 아테나이는 대大해양국가답게 포세이돈도 높이 섬겼는데, 이 건물과 관련된 이야기로 보이는 것이 아우구스티누스의 『신국론』에 나온다. 포세이돈과 아테네 여신이 서로 아테나이의 수호신이 되겠노라고 다투었다는 것인데, 포세이돈은 짠물이 솟는 샘을 선물로 주고, 아테네 여신은 올리브나무를 선물로 주어 결국 아테네가 그 도시를 차지하게 되었다는 게 골자다. (이 사건은 아테나이뿐 아니라 다른 여러 지역에서 미술 작품으로 크게 기념하던 일이다. 대표적인 예로, 올륌피아 제우스 신전의 박공장식에도 그 사건이 새겨져 있었고, 지금은 파괴되어 거의 형태를 알아볼 수 없지만 파르테논의 서쪽 박공장식 주제도 그것이다.) 한데 아우구스티누스는 다른 데 없는 얘기를 전해 준다. 그때에는 여자들도 투표권이 있었는데, 남자들은 모두 포세이돈에게 표를 던지고 여자들은 모두 아테네를 지지했다는 것이다. 그런데 여자가 한 명 많아서 결국 아테네가 승리했고, 분격한 포세이돈은 홍수를 보내서 아테나이를 쓸어버렸단다. 그래서 남자들이 여자들의 투표권을 박탈하고, 포세이돈에게도 아크로폴리스에 신전을 지어 주었다는 것이다. 이 포세이돈은 특별히 '포세이돈 에렉테우스'라는 이름으로 섬겨졌다.

에렉테우스는 에릭토니오스와 자주 혼동된다. 에릭토니오스는 아테네 여신의 양자 격으로, 땅에서 태어났다는 존재이다. 그 이야기는 다음과 같다. 아테네 여신이 무구를 고치러 대장장이 신 헤파이스토스를 찾아갔다. 그날따라 그녀의 모습이 더 아름다웠는지, 대장장이 신의 마음이 동했다. 하지만 정결한 처녀신은 그의 손길을 뿌리쳤다. 한데 헤파이스토스는 급한 마음에 서두르다가 남성의 씨앗을 여신의 허벅지에 묻혔단다. 아테네는 그것을 양털로 닦아서 땅에 던져 버렸고, 신에게서 나온 것은 그냥 없어지지 않기 때문에 거기서 아이가 태어났다. 땅의 여신은 이 아이를 아테네에게 주었고, 그는 '양털erion'과 '땅chthon'이 합쳐진 '에릭토니오스'라는 이름을 얻게 되었다.

이야기는 다른 쪽으로 이어져 나간다. 이 아기는 땅에서 태어난 다른 존재들과 마찬가지로, 자체로 뱀이거나 아니면 하체가 뱀이었던 모양이다. 아테네는 아이를, 아테나이 초기 왕인 케크롭스의 딸들에게 맡기는데, 여신이 바구니를 열어 보지 말라고 했는데도 딸 중 하나가 그걸 열었다. 이 여인은 그 때문에 여신에게 벌을 받았고, 그 뱀 아기는 아크로폴리스의 아테네 신전으로 숨어들었다고 한다. 흔히 거기 모셔졌던 아테네 상의 방패가 뱀 형상으로 받쳐져 있는 것으로 되어 있는데, 이 뱀 아기의 형상화일 수도 있다.

두 다리가 뱀으로 그려진
에릭토니오스와 그의 보호자 아테네.
대영박물관.

에렉테이온 건물군.

실제로 아크로폴리스 성역에는 신성한 뱀이 있었으며, 페르시아 전쟁 때는 이 뱀이 사라져서 시민들이 도시를 비우고 퇴각하기로 결정했다고 한다.

날마다, 또는 한달에 한 번 꿀 케이크를 만들어 이 뱀에게 바쳤는데, 늘 없어지던 이 음식이 어느 날부터인가 그대로 남아 있어서, 사람들이 뱀이 떠났음을 알아차렸다는 것이다. 그러니 그 뱀이 자주 사람들 눈에 띄지는 않았던 모양이다. 아리스토파네스의 「뤼시스트라테」에서는, 여성들이 남자들의 광적인 전쟁 욕구를 막기 위해 성性 파업을 선언하고 국고를 지키고자 아크로폴리스를 차지하는데, 일부 여자들이 뱀 때문에 무서워서 잠이 안 온다고 하소연하는 장면이 나온다.

에릭토니오스가 하체만 뱀이었다는 설을 따라가자면, 그는 나중에 아테나이 왕이 되었으며 하체를 숨기기 위해 마차를 발명했다고도 한다. 근래에 출간된 『커버링』(켄지 요시노 저)이라는 책에 보면, 소아마비로 휠체어를 탔던 프랭클린 루즈벨트도 언론에 노출될 때는 테이블 따위로 하체를 가렸다고 하니, 신화와 현실이 크게 다르지 않은 셈이다.

뜻밖의 건물 판드로세이온

에렉테이온 건물군 전체에서 가장 눈에 띄는 것은 기둥 대신 여성의 조각상이 건물 윗부분을 받치고 있는 부분이다. 그것을 설명하기 전에, 눈에 잘 띄지 않는 그 앞부분(서쪽), 약간 우묵한 데 있던 건물에 대해 조금 얘기하자. 이 부분에는 현재도 아테네 여신의 선물(의 후손)인 올리브나무가 있는데, 그 앞에는 작은 사당이 하나 있었다. 뜻밖에도 그 이름은 판드로세이온이다. 앞서 소개한 아테나이 왕 케크롭스의 딸 중 하나의 이름을 딴 것이다. 이 왕에게는 판드로소스, 헤르세, 아글라우로스라는 세 딸이 있었는데, 가장 유명한 이야기에 따르면 그중 헤르세는 헤르메스의 애인이 되었으며, 아글라우로스는 그것을 질시하여 헤르메스의 앞을 막아섰다가 돌로 변했다고 한다. (오비디우스 『변신 이야기』에 소개된 내용이다. 아글라우로스가 극렬한 질투에 사로잡힌 이유는 아테네 여신이 개입해서다. 자신이 맡긴 아기 바구니를 열어 본 죄를 응징하기 위해 그녀에게 질투의 신을 보냈던 것이다.)

셋 중 둘의 이름이 이렇게 뚜렷이 남겨진 데 반해 판드로소스에 대해서는 별로 알려진 것이 없다. 한데 여기 아테나이의 종교 중심에 그녀 이름을 딴 건물이 한자리를 차지하고 있으니 다소 놀랍다. 그녀는 아마도 작은 신으로 섬겨지던 남성 영웅들에 대응되는 작은 여성신인 듯하다. (이 세 공주의 이름은 모두 물과 관련되어 있다. 이들은 습기를 상징하는, 땅에 생명을 주는 존재들일 가능성이 있다.)

하나 더 놀라운 것은 오비디우스가 나쁘게 그려 놓은 아글라우로스도 아크로폴리스 동쪽 벼랑 아래에 자신의 성역을 갖고 있었다는 점이다. 오비디우스는 아글라우로스가 돌로 변했다고 했지만, 아폴로도로스의 『신화집』에 따르면 그녀는 바구니 속의 뱀 아기를 보고 미쳐서 절벽 아래로 몸을 던졌다 한다. 아마 이것이 그녀의 사당이 벼랑 아래에

〈아기 바구니를 여는 케크롭스의 딸들〉. 바구니 속 아기의 두 다리가 뱀으로 되어 있다.
가운데 주도적인 인물이 아글라우로스로 보인다. 루벤스, 1615.

있게 된 연유일 것이다.

고대에 국가의 위기를 넘기기 위해 왕족이 희생 제물로 바쳐지는 경우가 많았는데, 이 이야기 역시 그러한 관습의 변형일 수 있다. 테바이 전쟁 때, 크레온의 아들이 용의 굴로 몸을 던져 자신을 희생 제물로 바쳤다는 이야기가 있다. (테바이 전쟁은 오이디푸스의 두 아들이 왕권을 놓고 겨뤘던 전쟁이다. 두 아들 중 에테오클레스에 의해 추방된 폴뤼네이케스는 아르고스에 가서 결혼을 하고, 처가의 힘을 빌려 본향으로 쳐들어간다. 이때 일곱 명의 영웅이 테바이의 일곱 성문을 하나씩 맡아서 공격했지만, 모두 전사한다. 그로부터 약 10년 뒤에 일곱 영웅의 아들들이 다시 테바이를 공격해서 이번에는 테바이가 함락된다. 먼저 있었던 전쟁을 '1차 테바이 전쟁', 뒤의 것을 '2차 테바이 전쟁'이라고 한다. 앞의 전쟁이 훨씬 유명하기 때문에, 아무 수식 없이 그냥 '테바이 전쟁'이라고 하면 대개 '1차 테바이 전쟁'을 가리킨다.)

한편 아글라우로스의 성역이 있던 쪽은 벼랑이 워낙 가팔라서 페르시아 침입 때도 따로 경비병이 지키지 않았는데, 적들이 그쪽으로 올라가서 아크로폴리스가 함락되었다고 한다. (이 이야기는 헤로도토스의 『역사』와 파우사니아스의 『그리스 안내서』에 나온다.) 혹시 모르는 분을 위해 조금 더 설명하자면, 페르시아가 대군을 몰고 북쪽에서 내려오고 있을 때, 아테나이 사람들은 델포이 신탁을 구했단다. 처음에는 뒤도 돌아보지 말고 달아나라는 신탁이 내려졌지만, 혹시 더 좋은 신탁은 없냐고 졸라 대서 다시 받은 신탁이 '나무로 성을 둘러라'였다. 이것을 두고 어떤 이들은 말 그대로 나무 벽으로 아크로폴리스를 에워싸면 그것이 함

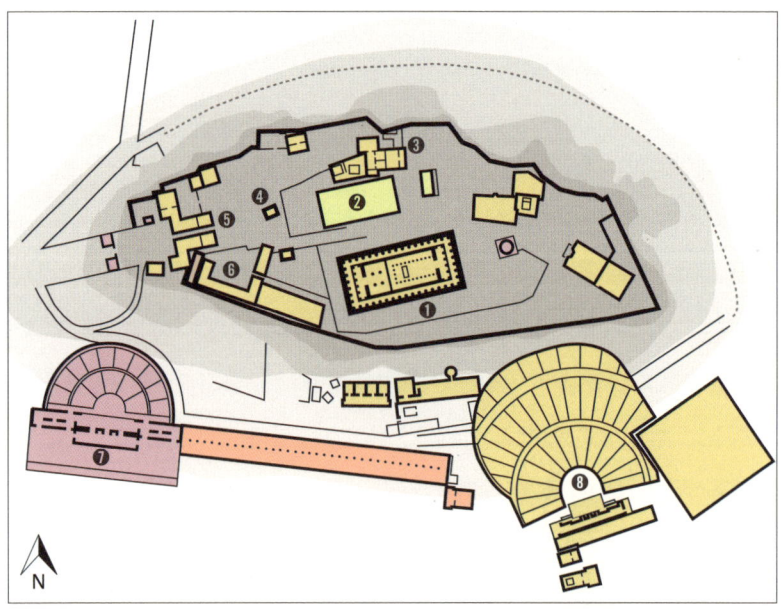

아크로폴리스를 위에서 내려다본 모습. 서쪽(왼쪽)이 경사가 완만해서 그쪽으로 입구가 나 있다. 동쪽 벼랑은 경사가 매우 급해서 올라갈 수 없는데, 아글라우로스의 사당은 그쪽에 있었다.
① 파르테논 ② '도시의 수호자 아테네' 성역 ③ 에렉테이온 ④ '앞장서서 싸우는 아테네' 조각상
⑤ 프로퓔라이아 ⑥ 브라우론의 아르테미스 성역 ⑦ 헤로데스 앗티쿠스 오데이온 ⑧ 디오뉘소스 극장
■ 미케나이시대 ■ 상고시대 ■ 고전기 ■ 헬레니즘시대 ■ 로마시대

락되지 않는다는 뜻으로 받아들였다. 하지만 테미스토클레스는 나무로 배를 짜서 그것을 성벽으로 삼으라는 뜻으로, 즉 강력한 함대를 조직하라는 의미로 해석했고, 아테나이 대다수 사람을 설득해 냈다. 그래서 대부분의 시민이 도시를 버리고 살라미스 등으로 이주했는데, 그래도 끝까지 앞의 해석을 고집하는 사람들이 있었다. 이들은 목책을 두르고 아크로폴리스에서 버텼는데, 결국 적들이 가장 험한 벼랑 쪽 길을 찾아내는 바람에 이 도시의 최후 보루가 함락되고 말았다.

한편 오비디우스에서는 헤르세가 헤르메스의 사랑을 받아 행복하게 사는 듯 그려졌지만, 아폴로도로스에 따르면 헤르세도 아글라우로스와 함께 바구니를 열어 보았고, 함께 절벽 아래로 떨어져 죽었다고 한다. 이렇게 신화에는 여러 판본이 있는 법이니, 어느 하나만 옳다고 주장할 게 아니다.

에렉테이온의 약간 복잡한 구조

에렉테이온은 프로필라이아와 비슷하게 전체적으로 T자 모양으로 생겼다. 이번에도 관람자들은 T자의 머리 부분부터 보게 되는데, 프로필라이아의 머리에서 우리가 볼 때 오른쪽(남쪽) 건물이 다소 작고 왼쪽(북쪽) 건물이 더 컸던 것처럼, 에렉테이온도 그렇게 되어 있다. 아크로폴리스 중앙의 빈 공간에서 왼쪽으로 나아가면 먼저 T자의 남쪽 머리(멀리 프로필라이아 쪽에서 보면 오른쪽, T자 자체를 기준으로 하면 왼쪽)와 마주하게 된다. 이 T자의 양쪽 머리는 사실 고대 아테나이 왕들의 무덤 위에 조성된 것으로 알려져 있다. 우리가 먼저 보게 되는, 대개 '처녀들의 현관porch of Korai'이라 불리는 부분은 케크롭스의 무덤(케크로페이온) 위에 지어진 것이고, 북쪽의 현관은 에렉테우스의 무덤 위에 놓여 있다는 것이다. 다시 말하지만 그 북쪽 현관이 더 크게 지어져 있어서, 프로퓔라이아의 북쪽 부속 건물Pinakotheke이 남쪽 부속 건물보다 더 큰 것과 비슷하다. 이 북쪽 현관에는 포세이돈이 삼지창으로 찍었다는 자국(짠물이 솟았다는 샘 자리), 또는 에렉테우스가 제우스의 벼락에 맞았다는 자리가 표시되어 있다.

남쪽 현관은 아랫부분 절반 정도는 담장을 ㄷ자 모양으로 두르고, 그 위에 젊은 여성의 조각상(코레)이 기둥 대신 세워져 보를 떠받치고 있는데, 보통 이런 것을 '카뤼아 여인들Caryatides'이라고 부른다. (반면에 남자 입상이 받치고 있는 것은 '텔라모네스'라고 부른다. 왜 이런 이름이 붙었는지에 대해서는 설명이 제각각이다.) 이 여성상들은, 우리가 정면에 서서 볼 때(즉, 남쪽에서 북쪽을 향해 볼 때) 제일 왼쪽의 뒤쪽(북서쪽) 것부터 시계 반대 방

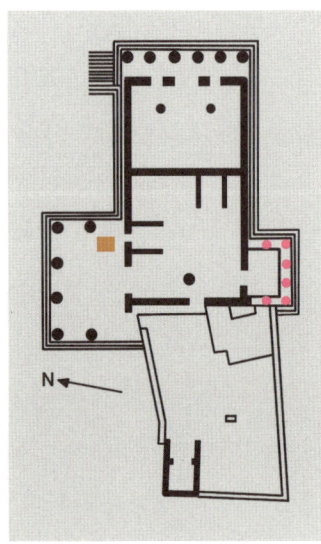

에렉테이온을 들어가는 방향에서 본 평면도이다. 그림의 위쪽이 동쪽이다. 오른쪽(남쪽) 현관의 카뤼아티데스는 분홍색으로 표시했다. 왼쪽(북쪽) 현관 지붕에는 구멍이 있는데, 황토색으로 표시되어 있다. 도면에서 건물 왼쪽 위에 계단이 표시되어 있는데, 이는 이 건물 왼쪽 부분이 일종의 반지하여서, 왼쪽 현관을 보고 동쪽으로 진행하면 계단을 올라가야 건물 중앙 부분의 바닥면 높이에 닿기 때문이다.

향으로 돌아가면서 A-B-C-D-E-F로 이름이 붙여져 있다. 그중 '코레 C'는 19세기 초에 엘긴Elgin 백작(1766~1841)이 영국으로 가져가 버렸고, '코레 F'는 19세기 초 독립 전쟁의 와중에 터키군의 포탄에 맞아서 크게 훼손되고 말았다. 현재 원본은 아크로폴리스 박물관에 옮겨졌고, 에렉테이온 건물에는 원본을 재현한 복제품이 서 있다. 엘긴이 '코레 C'를 빼낸 자리에는 한동안 사각기둥이 대신 받치고 있었는데, 밤이면 나

머지 처녀들이 잃어버린 자매를 찾으며 슬퍼하는 소리가 들린다는 다소 으스스한 소문도 떠돌았단다. 지금은 그 자리도 채워져서, 대영박물관에 소장 중인 원본의 복제품이 서 있다. (물론 아크로폴리스 박물관에는, 희랍인들의 양심을 반영하듯 '코레 C'의 자리가 비어 있고, '코레 F'도 부서진 조각들을 이어 붙인 조금 처량한 모습으로 전시되어 있다.)

한 가지 재미있는 것은 이 코레들의 머리 모양이다. 긴 머리를 양쪽으로 나누어 가운데로 들어가게끔 땋고 마지막 부분은 한데 묶어서 등으로 내려뜨렸다. 물론 이런 모습이 아름답기 때문에 이렇게 한 것이기도 하지만, 다른 구조적 문제도 걸려 있다. 사람 모습을 자연스럽게 새기자면 목을 가늘게 해야 하는데, 그러면 건물을 떠받치기엔 약점이 생긴다. 가느다란 목에 충격이 가해지면 건물이 무너질 수도 있는 것이다. 그래서 이 처녀들은 목은 얼굴과 어깨보다 가늘게 하면서도, 그 뒤에 굵직하게 땋아 내린 풍성한 머리를 새겨서 위에서 내리누르는 건축물의 무게를 이기게 만든 것이다. 그리고 아크로폴리스 박물관에 전시된 진품들을 가까이서 보면 옷과 머리 모양이 다 조금씩 다르다. 제각각 다른 조각가가 만들어서 그런 것으로 보인다.

다시 건물 자체로 돌아가서 마저 살펴보자. 관람자가 얼른 보기에 이 '코레들의 현관'은 이 건물군 T자의 왼쪽 머리 부분을 차지하면서, 중심축 건물과는 벽으로 막혀 독립된 공간으로 보인다. 하지만 사실은 중심축 건물 벽을 따라 동쪽 방향에서('코레 F'와 중심 건물 벽 사이 공간을 통해) 현관 안으로 들어가면 바로 직진 방향 계단이 있고, 그걸 조금 내려가다가 우회전하면 중심축 건물로 들어가는(내려가는) 계단이 있다. (물론 관광객은 들어갈 수 없는 공간이다.)

한편 중심축 건물은, 잠시 후에 보게 될 파르테논과 비슷하게 중간이 벽으로 막혀서 동쪽 공간과 서쪽 공간이 나뉘어 있다. 동쪽 공간은 '도

에렉테이온 코레들의 현관.

19세기 그림을 보면 코레 하나가 반출되기 전 모습을 알 수 있다. 여섯 명의 코레 중 왼쪽 셋은 왼다리를, 오른쪽 셋은 오른다리를 구부려 쉬는 자세로 만들고, 다른 다리를 곧게 뻗어 버팀 다리로 삼았다. 나중에 콘트라포스토라는 조각의 전형적 자세로 발전해 가는 과정을 보여 준다. 카사 루이 프랑수아, 1813.

아크로폴리스 박물관의 코레 중 C 자리는 비어 있고, 오른쪽 맨 뒤의 F는 머리 일부만 남고 목이 부러진 것을, 심을 박아 연결했다. 코레의 뒷모습을 보면 머리 타래를 굵게 만들어서 보의 무게를 견딜 수 있게 만들었음을 알 수 있다.

시의 수호자 아테네Athene Polias'의 성역이다. 이전에 이 자리에 있던 '옛 신전Archaios Neos'이 하던 역할을 그대로 물려받은 부분이다. 이 공간 안에는 나무로 만든 여신상xoanon이 모셔져 있었고, 그 앞에는 영원히 꺼지지 않는 불이 타고 있었다 한다. 판아테나이아 축제 때 종교 행렬이 끝나는 곳도 이곳이어서, 그 여신상에게 새로운 의상peplos을 바치는 것으로 행사가 절정에 다다랐다. 이 동쪽 공간 현관에는 이오니아식 기둥 6개가 가로 방향으로 서 있는데, 그중 우리가 동쪽의 정면에서 볼 때 제일 오른쪽(북쪽) 것은 역시 엘긴 백작이 반출해서 지금 그 자리를 복제품이 떠받치고 있다. (다른 기둥과 색깔이 조금 다르다.)

중심축 건물의 서쪽 공간은 동쪽보다 3미터 정도 낮게 되어 있다. 이 건물군이 이렇게 복잡하게 된 것은 지반이 원래 고르지 않은 것을 그대로 이용했기 때문이고, 다른 한편 이전부터 전해 오는 여러 숭배 제의를 모두 보존해서다. 어쨌든 이 중심축 서쪽 공간은 포세이돈-에렉테우스와 더불어 헤파이스토스와 부테스도 함께 섬기는 곳으로 되어 있다. 부테스는 에렉테우스의 형제로서, 아르고호의 모험에 참여했다가 세이렌의 노래에 유혹되었지만 아프로디테가 구해 주어 그녀의 애인이 되었다는 얘기가 있다. 어쩌면 그는 대지의 여신의 남편인 작은 남성신이었

왼쪽 에렉테이온의 동쪽 입구. 기둥 중 정면에서 볼 때 맨 오른쪽 것은 복제품이어서 색깔이 약간 다르다. 기둥머리에 소용돌이 장식이 있는 이오니아식 기둥인데, 중간 기둥들은 소용돌이가 앞쪽 두 개, 뒤쪽 두 개지만, 양쪽 끝 기둥머리는 정면인 동쪽에서 볼 때뿐 아니라 남쪽이나 북쪽에서 보아도 소용돌이가 두 개 보이게끔 모서리 부분을 45도 틀어서 양쪽으로 소용돌이를 넣었다.

오른쪽 에렉테이온 서쪽 면. 기둥 사이를 절반 높이까지 벽으로 막았고, 양쪽 기둥과 벽체 사이도 벽면으로 막았다. 벽 사이 공간도 창문을 내어 나머지를 막은 흔적이 남아 있다.

아래 에렉테이온 북쪽 현관. 천장 왼쪽 구석 가까이에 구멍이 있다. 제우스의 벼락이 들어왔던 자리라고 보면 되겠다. 천장의 네모 칸들은 테두리부터 중앙을 향해 조금씩 두께를 줄인 사각형 프레임이 중첩되어 있다.

는지도 모른다. 아테네 여신에게 속한 성스러운 뱀이 머물던 데도 이 공간으로 알려져 있는데, '땅의 남편', '땅에서 난 존재'들이 섬겨지던 공간이니 '땅에 속한 짐승(뱀)'이 여기 있는 게 매우 적절하다. (인도유럽족이 이 땅에 오기 전에 여기 살던 사람들은 대개 여성신, 특히 대지의 여신들을 섬겼는데, 올림포스 12신 가운데도 여성신들은 그 모습을 많이 물려받고 있다. 헤라, 아프로디테는 물론이고, 아테네와 아르테미스도 마찬가지다.)

이 부분의 서쪽 면(프로퓔라이아 쪽에서 볼 때 정면)에도 이오니아식 기둥 네 개가 가로 방향으로 서 있는데, 그 사이를 아래 절반 정도는 벽으로 막고 위의 절반 정도에는 창문을 내서 '벽에 묻힌 기둥pilaster' 꼴을 하고 있다.

중심축 건물의 서쪽 공간에서 북쪽으로 나가면 (계단 같은 것 없이, 같은 평면으로) 바로 북쪽 현관이다. (물론 현대의 관광객은 들어갈 수 없다.) 그러니까 이 건물군의 동쪽과 남쪽이 1층이라면, 중심축 서쪽 공간과 북쪽 현관은 '반지하'인 셈이다. 그보다 더 정확히 말하자면, 이 T자형 건물의 머리 부분 부지가 남쪽은 높고 북쪽은 낮아서, 남쪽에 있는 '코레들의 현관'은 높은 쪽 1층, 중간의 중심축 서쪽 공간은 '반지하', 북쪽의 현관은 낮은 쪽 1층이라고 할 수도 있다.

이 북쪽 현관도 ㄷ자 모양으로 이오니아식 기둥 6개로 둘렀고, 남북 방향으로 길쭉하게 맞배지붕을 얹었다. 이 부분은 앞에 언급한 대로 에렉테우스의 무덤 위에 조성된 구조물인데, 따로 벽이 없어서 거의 개방된 공간이다. 여기서도 천장의 '우물반자' 장식을 잘 관찰할 수 있다.

이 에렉테이온 건물군에는 (남쪽 현관, 그러니까 코레들의 현관은 빼고) 나머지 부분의 지붕 밑 선을 따라서 연속돌림띠장식(프리즈)이 새겨져 있었다. 한 가지 특이한 점은 대개의 프리즈가 그렇듯 (벽에서 한쪽으로 튀어나온) 부조浮彫로 조성한 게 아니라, 완전히 입체적인 환조丸彫로 따로 만들어서 고정 장치로 벽에 붙였다는 점이다. 그 내용이 무엇이었는지는 분명치 않은데, 아무래도 에릭토니오스-에렉테우스의 신화를 소재로 삼지 않았을까 하는 추정이 있다. 이 유물의 일부 조각들도 아크로폴리스 박물관에서 볼 수 있다.

앞에서 프로퓔라이아 건물의 서글픈 역사를 잠깐 보았는데, 에렉테이온의 운명은 그보다 더 기구하다. 터키 지배 때 고급 관리의 하렘으로 사용되었기 때문이다. 성스러운 종교적 공간이던 곳이 외국 지배자에게 성적 쾌락을 제공하는 장소로 변하다니! 하지만 어찌 보자면 그렇게까지 충격적인 일은 아닐 수도 있다. 동방의 많은 신전에 '성스러운 창녀'라는 제도가 있었고, 어쩌면 코린토스의 아프로디테 신전도 그랬을 수 있기 때문이다. 아테나이 아크로폴리스 위에는 아프로디테의 신전이 없지만, 프로퓔라이아에 가까운 남쪽 비탈면에 아프로디테를 위한 성역이 하나 있었다.

고대 건축의 정수 파르테논

자, 이제 왼쪽(북쪽)의 건물군은 다 보았으니, 가장 중심적인 오른쪽(남쪽) 파르테논을 보자. 앞에 말했듯 아크로폴리스로 올라가려면 서쪽에서 들어가게 되는데, 어찌 보면 이것은 성역을 방문하면서 후문으로 들어가는 격이다. 희랍의 신전들은 대개 동서로 길쭉하게 놓여 있고, 신전 정문은 동쪽이기 때문이다. 아르카디아 지역에 있는 신전들만 빼고는 거의 모두가 이렇게 되어 있다. 아르카디아 지역의 신전은 남북으로 길게 배치된 것이 많은데, 밧사이 아폴론 신전이 그 대표적 사례다.

참배자가 신전 정문(동쪽 입구)으로 들어서면, 신전 서쪽 벽에 붙어 서서(또는 앉아서) 동쪽을 보고 있는 신상과 마주치게 된다. 우리나라의 부석사 무량수전이 그렇게 되어 있다. 무량수 부처님, 즉 아미타불은 서

파르테논의 동쪽에서 본 모습

방정토를 다스리는 분이어서 서쪽에 모셔졌단다. 한데 절이라는 '배(반야용선)'에서 무게중심인 부처님이 서쪽에 계셔서 무게가 너무 한쪽으로 치우치니까 균형을 잡기 위해 건물 밖 동쪽에 탑을 세워 두었다.

어쨌든 아크로폴리스의 입구가 서쪽에 있기 때문에 관광객들은 이 성역의 중심 건물인 파르테논의 뒤쪽을 보면서 들어가는 것이다. 사실은 앞에 살펴본 '아테네 니케' 신전도, 관람자가 먼저 마주치게 되는 방향은 뒤쪽이다. 한데 신전이 워낙 높은 곳에 있어서, 관광객은 프로필라이아를 향해 거의 다 올라간 시점에야 시선을 돌려 그 신전을 보게 되고, 그때는 신전의 앞과 옆면을 비스듬히 보기 때문에 사실은 그 건물 뒤쪽에서 접근했다는 것을 별로 의식하지 못하게 된다. 신전의 서쪽을 보면, 기둥들 뒤로 막힌 벽면만 보여서 조금 답답한 느낌이 든다.

초기 신전들은 대개 실내 공간이 하나뿐이었지만, 점차로 칸막이벽이 생겨나서 서쪽에도 공간(뒷집opisthodomos, 후실)이 따로 있게 되고, 거

아테나이 51

기는 대개 보물 창고로 이용되었다. 참배자들이 바치는 봉헌물을 보관하는 용도이다. 파르테논의 서쪽 공간은 기원전 5세기 중반부터 델로스동맹의 기금을 보관하는 용도로 이용되었다.

앞에도 말했듯 현재의 파르테논은 2차 페르시아 침입(기원전 480년) 이후에 다시 세운 것이다. 길이는 동서 방향으로 기둥 17개, 남북 방향으로 기둥 8개여서 신전의 규모를 표시하는 일반적 공식으로는 8×17이지만, 우리식으로 기둥 사이의 칸 수를 계산해 보자면 (16×7) 112칸 집이다. 대개 희랍 신전들은 '가로=(세로×2)+1'이 기본 비율로 되어 있다.

희랍의 신전들에는 착시를 이용한 시각적 보정 장치들이 있다. 이를 보여 주는 대표적인 것이 파르테논이다. 기초를 평평하게 하면 가운데가 우묵해 보일 수 있으므로 건물 바닥의 중앙 부분을 살짝 돋우었고, 기둥 위에 얹혀 지붕틀을 받치는 수평 방향의 보(아르키트라브Architrave 등)도 그냥 정확한 직선으로 만들면 가운데가 처진 듯 보일 수 있으므로 중앙 부분이 살짝 위로 들리게끔 조정하였다. 또 기둥의 위아래 굵기가 같으면 가운데가 가늘어 보이기 때문에 기둥의 중앙보다 약간 아래쪽이 제일 굵고 위와 아래는 그보다 조금 가늘게(배흘림) 만들었으며, 기둥을 정확히 수직 방향으로 세우면 위쪽이 건물 바깥을 향해 넘어지는 것처럼 보일 수 있기 때문에 일부러 위쪽이 약간 건물 안쪽으로 기울어지게 세웠다.

파르테논의 구조를, 평면도를 중심으로 살펴보자. 바깥쪽부터 보자면 직사각형 부지를 도리스식 기둥들로 두르고, 그 안쪽에 역시 직사각형의, 벽으로 에워싸인 공간을 조성했다. 보통 관람객들은 바깥쪽 기둥들에 정신이 팔려서 내부에 이런 공간이 있다는 걸 잘 눈치채지 못한다. 내벽이 아직 충분히 복원되지 못한 데다가, 신전 안쪽 공간에 복원을 위한 비계와 기중기 등 여러 장치들이 잔뜩 들어가서 시야를 가리고 있

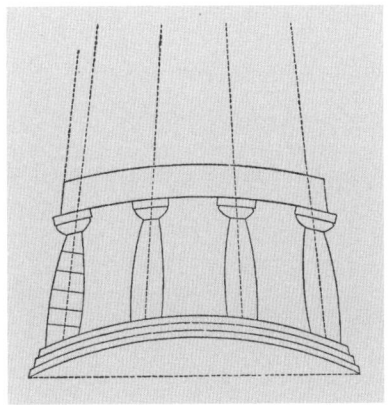
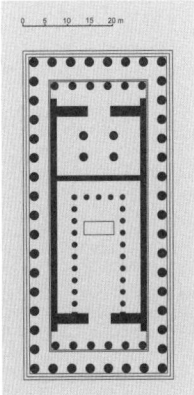

파르테논 착시 보정 장치. 파르테논에 적용된 여러 시각적 보정 장치를
(조금 과장해서) 보여 준다.

파르테논 평면도. 위쪽이 서쪽(관람객이 입구에 들어가면서 먼저 보는 쪽)이고,
아래쪽이 동쪽이다. 동쪽 방은 내부에 ㄷ자 모양으로 이층 기둥을 둘렀고,
서쪽 방은 내부에 기둥 네 개를 세워서 하중을 받쳤다.

어서이기도 하다. 이 내부 공간은 중간에 벽이 있어서 동쪽과 서쪽이 약 2:1의 비율로 나뉜다. 황금과 상아로 만들어졌던 저 유명한 아테네 여신상은 동쪽 방(naos, cella)에 모셔졌었는데, 재미있게도 기원전 5세기에는 이 방의 이름이, 이전에 이 자리와 거의 일치하는 자리에 있었던 건물과 같이 '헤카톰페돈'이었고, 오히려 약간 부속 공간의 성격을 띠었던 서쪽 방이 '파르테논'이라고 불렸다. 그러던 것이 기원전 4세기 이후에 서쪽 방의 이름이 오히려 건물 전체를 가리키는 명칭이 되었다. 아마도 '헤카톰페돈'이라 부르면 상고시대에 있던 건물과 혼동이 되는 데다가, 그 건물의 주인이 어떤 신인지 드러나지 않아서였던 듯하다. (물론 전에 있던 '헤카톰페돈'도 '상고시대의 파르테논'이라고 지칭되기 때문에, 꼭 새 건물의 서쪽 공간 이름이 승리했다고 하는 것도 완전히 맞진 않는다.)

이 두 개의 방 입구에는 각기 도리스식 기둥이 가로 방향으로 6개씩 서 있다. 동쪽 방의 내부로 들어가면, 서쪽벽 가까이에 서서 동쪽을 보고 있는 아테네 여신상을 에워싸고 ㄷ자 모양으로 도리스식 기둥들이 둘러서 있는데 이 내부 기둥들은 2층으로 구성되어 있다. 먼저 기둥들을 ㄷ자 모양으로 죽 둘러 세우고 그 위에 보를 얹어 기둥들의 윗면을 서로 연결한 후에(1층) 다시 그 위에 약간 짧은 기둥들을 더 세워(2층) 지붕틀을 떠받친 것이다. (이런 구조는 아이기나의 아테네 신전에서도 볼 수 있다.) 이 기둥들 위에는 길이 방향(동서 방향)으로 석조 보를 얹고(한국 건축에 빗대자면 '주심도리'), 짧은 방향(남북 방향)으로는 굵직한 각목들로 보에 해당되는 구조를 얹었다. 이 각목들은 지붕 무게를 직접 받는 부분이 아니고, 그저 전체가 흔들리지 않게 하는 기능만 했을 것이다. 지붕틀의 무게는 '주심도리'와, 동쪽과 서쪽을 나누는 중간 벽(일종의 '내력벽'으로 보통 대들보가 하는 기능도 맡고 있음)에 걸린다.

   기와를 직접 받치는 서까래들은 나무로 되어 있었다. 이것이 지금 우

황금과 상아로 만든 아테네. 파르테논에 있던 조각상을 추정하여 재현한 작품으로 미국 내슈빌 소재. 전체적 크기를 알 수 있다는 장점이 있다. 신전 내부의 모습도 아테나이 원래의 파르테논 모습을 재현한 것이다.

리가 보는 신전들이 대개 지붕이 없는 이유다. 나무 서까래가 화재에도 약하고 잘 썩기 때문이다. 파르테논도 1687년 베네치아 장군 모로시니 Morosini의 포격에 의해 결정적인 피해를 입기 훨씬 전인 4세기에, 방화로 추정되는 화재에 지붕이 타 버린 적이 있다. 이때 특히 동쪽 공간이 큰 손실을 입어 지붕과 내부 기둥들이 파괴되었다. (물론 그것을 보수해서, 십자군이 오기 전까지는 동방정교의 교회로, 십자군이 도착한 12세기 이후로는 가톨릭교회로, 다시 오스만튀르크가 차지하자 이슬람 사원으로 이용되었다. 아크로폴리스의 세 건물군이 모두 기구한 역사를 겪었다. 서쪽 방은 아테나이 지배자의 숙소로 이용되기도 했다.)

서쪽 방은 공간이 작기 때문에 동쪽 방만큼 기둥을 복잡하게 세우지 않고, 방 한가운데에 작은 네모 공간을 이루게끔 이오니아식 기둥을 4개 세우고, 그 위에 길이 방향(동서 방향)으로 보를 얹어 지붕틀을 받쳤다.

파르테논 조각들

파르테논의 구조는 웬만큼 다 얘기되었으니, 이번에는 장식들을 보자.

앞에서 아테네 니케 신전을 설명할 때, 동쪽과 서쪽 박공장식, 그리고 연속돌림띠장식(프리즈)이라는 게 있다고 말했다. 파르테논은, 연속돌림띠장식은 안쪽의 벽돌 구조 바깥을 두르고 있어서, 바깥에서 보면 그보다는 중간면장식(메토프 metope)과 세로선장식(트리글리프 triglyph)이 번갈아 나오는 교차돌림띠장식이 더 눈에 띈다.

먼저 파르테논의 동쪽 박공. 여기에는 아테네 여신이 제우스의 머리에서 태어난 사건을 새겼었다. 하지만 보존 상태가 매우 나빠서 머리가 남은 신상은 전혀 없고, 몸통 부분이라도 남은 것 역시 몇 되지 않는다. 그저 우리가 볼 때 맨 오른쪽 구석에 말머리 두 개가 남았고, 왼쪽 구석의 말머리(태양신의 마차가 솟아오르는 모습)는 대영박물관에 있어서, 현재는 아크로폴리스 박물관에도 복제품이 전시되어 있다.

 제우스는 아버지 크로노스를 몰아낼 때 지혜의 여신 메티스의 도움을 받았다. 그 후 둘은 결합하여 메티스가 임신하게 된다. 하지만 메티스가 낳는 (이번 아기 말고) 다음번 아기가 제우스 자신보다 더 뛰어나게 되리라는 예언을 듣고서, 제우스는 메티스를 삼켜 버린다. 얼마 후 제우스의 머리가 쪼개질 듯 아파서 헤파이스토스 또는 프로메테우스가 도끼로 그의 머리를 가르자 거기서 아테네 여신이 완전 무장을 하고 튀어나왔다고 한다. 이 장면이 파르테논 동쪽 박공에 새겨졌다는 것이다.

 다음으로 서쪽 박공. 여기는 아테네와 포세이돈이 아테나이 수호신 자리를 놓고 다투는 장면이 새겨져 있었지만, 역시 보존 상태가 매우 나쁘다. 전체를 구성하던 조각상들의 남은 파편들 숫자는 동쪽 박공보다 많지만 큰 덩어리는 거의 없다. 이 역시 아크로폴리스 위의 건물 자체

도기에 그려진 〈아테네의 탄생〉. 대영박물관 소장. 벼락을 든 제우스가 약간 움추린 자세로 보좌에 앉아 있고, 그의 머리에서 아테네 여신이 완전 무장한 모습으로 튀어나오고 있다. 오른쪽에는 조금 전에 도끼로 제우스의 머리를 쪼갰던 프로메테우스 또는 헤파이스토스가 양해를 구한다는 듯한 동작을 보이며 물러가고 있다. 흑색상 도기에서 자주 그러하듯, 남자는 검게, 여자의 얼굴과 팔다리는 희게 칠해져 있다.

박공은 그냥 비워 두고, 파편들을 최대한 원래대로 맞춰서 아크로폴리스 박물관에 전시하고 있다.

이번에는 지붕 밑을 따라서 건물을 빙 둘렀던 교차돌림띠의 중간면 장식(메토프)들을 보자. 건물의 정면인 동쪽의 메토프 주제는 올륌포스 신들과 거인들의 전쟁이었다. 다 망가져서 내용을 알아보기 어렵지만, 그래도 그중 제일 오른쪽 메토프는 태양신의 마차가 막 올라오는 모습을 보여 주고 있어서, 이른 아침에 전투가 벌어졌다는 것을 알 수 있게 되어 있다.

서쪽 메토프는 테세우스 일행과 아마존들의 전투를 보여 주며, 북쪽 메토프는 트로이아 전쟁을, 남쪽 것은 영웅들과 켄타우로스들의 전쟁을 주제로 삼았(였)다. 한데 남쪽 메토프의 조각들은 지금도 알아볼 수 있는 것이 꽤 있는 반면, 북쪽 것들은 두툼하게 한 겹 벗겨 낸 듯 훼손되어 있다. 이는 기독교도들이 이교도 신상을 못마땅하게 여겼기 때문이다. 다만 헤베가 헤라 앞에 서 있는 조각은 (얼굴은 없어졌지만) 몸의 굴곡과 옷 주름이 여전히 남아 있는데, 기독교도들이 이것을 수태고지 장면으로 해석해서 그냥 두었기 때문이라고 한다. 트로이아 함락 때 헬레네가 신상을 붙잡고 있다가 전남편 메넬라오스와 마주치는 장면도 주제는 알아볼 수 있을 정도로 남아 있는데, 아마도 (왼쪽에서 들이닥치는 것으로 상정된, 그러나 직접 그려지지는 않은) 메넬라오스를 만류하고 있는 에로스가 기독교의 천사로 해석되었기 때문이 아닌가 싶다. 다른 인물은 다 훼손되어 큰 선만 남았지만, 에로스는 거의 원래대로 남아 있다.

이런 조각들이 알아볼 수 없을 정도로 훼손되었다면서 각 주제는 어떻게 알고 있는지 궁금해할 독자도 있을 텐데, 이는 모로시니의 포격이 있기 겨우 몇년 전에(1674년) 한 화가 J. Carrey가 이곳을 답사하고 건물 세부를 자세히 스케치해 두었기 때문이다.

위 파르테논 동쪽 박공의 원래 모습. 왼쪽 끝에는 태양신이 마차를 몰고 솟아오르고 있으며, 오른쪽 끝에는 태양신의 말이 바다로 들어가고 있다. 중앙에는 보좌에 앉은 제우스 오른쪽에 벌써 성년의 모습으로 그려진 아테네가 있다. 그 오른쪽에는 삼지창을 든 포세이돈이 몸을 약간 뒤로 젖힌 자세로 보좌 위에 앉아 있다.

아래 파르테논 서쪽 박공의 원래 모습. 중앙 왼쪽에 창과 방패를 갖춘 아테네가 보이고, 오른쪽에는 삼지창을 든 포세이돈이 새겨져 있다. 그들 사이에는 아테네의 선물인 올리브나무가 서 있다.

위 메토프의 장면을 복원해 본 그림.

아래 파르테논 북쪽 메토프. 메넬라오스(왼쪽에 있으나 그려지지 않음)와 헬레네(신상에 손을 대려는 인물) 사이를 가로막은 아프로디테와 에로스를 보여 준다.

    내벽의 바깥쪽에는 연속돌림띠장식을 새겼다. 그 주제는 판아테나이아 축제 행렬이다. 그러니까 신전 바깥에는 신과 영웅들의 행적을, 안쪽에는 일반 대중의 삶을 그린 셈이다. 축제 행렬은 남서쪽 귀퉁이에서 시작되어 두 방향으로 진행한다. 하나는 서쪽 면을 돌아서 북쪽으로, 이어서 동쪽으로 우회전하고, 다른 하나는 남쪽 벽을 따라간 다음 동쪽 면으로 꺾인다. 그래서 동쪽 면의 한가운데서 두 행렬이 마주친다. 우회전 행렬이 더 길지만, 동쪽이 신전 정면이니 거기서 두 행렬이 마주치는 게 적절하다. 말 탄 사람, 봉헌물을 손에 든 사람, 항아리를 메고 가는 사람, 희생 짐승을 끌고 가는 사람 등이 아주 자연스럽게 새겨져 있고 보존 상태도 꽤 좋다. 말 탄 사람들 조각에는 원래 금속으로 말고삐 따위를 만들어 붙였었는데, 지금은 그걸 끼웠던 구멍들만 남아 있다. 이 부조들도 일부는 대영박물관에 가 있어서, 나중에 찾아낸 파편들을 대영박물관 것의 복제품과 함께 조립해 전시하기도 했다. (중간에 거푸집 자국이 있으면 석고 복제품이다.)

동쪽이 정면이기 때문에 거기에 가장 중요한 장면을 넣었다. 중앙에는 사람들이 옷감을 나르고 정리하는 모습이 새겨져 있는데, 대체로 아테네 여신에게 새 옷peplos을 바치는 장면으로 해석된다. 그 좌우에는 신들이 의자에 앉아 서로 이야기를 나누는 장면이 새겨져 있는데, 왼쪽에서 오른쪽으로 가면서 점점 더 보존 상태가 좋다. 특히 제일 오른쪽 것은 포세이돈과 아폴론, 아르테미스의 얼굴이 온전하게 남아 있다. 하지만 이 부분의 일부도 대영박물관에 가 있어서 아크로폴리스 박물관에는 역시 복제품이 전시되어 있는데, 아프로디테 앞에 서 있는 에로스 모습이다. 귀여운 소년 모습이 온전히 남아 있어서 가져간 모양이다.

마지막으로 지붕장식이다. 박공의 제일 위쪽 삼각형 꼭대기apex에는

위 말 탄 사람 프리즈. 금속으로 된 말고삐를 만들어 끼웠던 구멍들이 남아 있다.

아래 파르테논 동쪽 프리즈. 왼쪽부터 포세이돈, 아폴론, 아르테미스의 모습이 제대로 남아 있다. 그 오른쪽으로 아프로디테와 에로스가 새겨졌었는데, 아프로디테 부분은 모로시니 포격 때 하체 일부만 남고 거의 훼손되었으며, 나머지 부분도 대영박물관과 이탈리아에 나뉘어 있다.

파르테논 박공의 꼭대기장식 복원 모형.
아크로폴리스 박물관.

꽃 모양의 큰 장식 acroterion 을 세우고, 삼각형의 양끝에도 니케상이 장식되어 있었다. 앞엣것은 한국 건축물로 치면 치미鴟尾에 해당되고, 뒤엣것은 가옥형으로 만들어진 부도의 귀꽃 같은 것이다. 파르테논의 박공 꼭대기장식은 일부 파편이 발굴되어서 지금 전체를 복원한 꼴로 아크로폴리스 박물관에 전시되어 있다.

개인적 덧붙임

아테나이 아크로폴리스는 지반이 상당히 높고, 특히 겨울에 가면 바람이 많이 분다. 그 아래 시내는 영상 10도여도 아크로폴리스에서는 추워서 떨 정도이니, 혹시 겨울에 희랍을 방문하는 사람은 옷을 잘 입어야 한다. 내가 처음 희랍을 방문했을 때도 겨울이었는데, 나 역시 가벼운 점퍼 차림으로 아크로폴리스에 올라갔다가 후회했고, 거의 봄옷 차림으로 올라갔던 일행은 상당히 고생을 했다. 아테나이는 서울과 비슷한 위도여도 지중해성 기후라서 기온은 꽤 높은 편이다. 하지만 습도가 높아서 그런지 체감온도는 꽤 낮다. 나도 서울의 공항까지만 입고 가려 준비했던 겨울 외투를 다시 꺼내서 계속 걸치고 다녔다. 사실 유럽의 겨울이 의외로 추운데, 모두 습도 때문인 듯하다. 이탈리아 중부 지역에서 여러 해째 거주하고 있는 지인도, 겨울이면 으슬으슬 춥다고 전한다.

하지만 겨울이라고 해서 늘 이렇게 추운 것은 아니다. 최근에는 1월 말에 희랍을 방문했는데, 서울은 연일 영하 10도 이하로 내려가던 때에 그곳은 최저 영상 5도, 최고 15~17도여서 아고라에는 풀이 푸르고 꽃들이 여기저기 피어 있었다. 더구나 비수기여서 관광객이 거의 없어 아크로폴리스와 아고라를 독점한 양 조용한 분위기 속에 느긋하게 돌아다닐 수 있었다. 성수기라면 어림없을 일이다. 더러 운이 좋으면 이런 경우도 있으니, 겨울 여행도 (조심스럽게) 추천해 본다.

나의 첫 희랍 여행 때는 공항 도착부터 비가 추적추적 내리고 있었다. 시내로 들어와서 밤을 지내고 아침에 베란다에 나가 보니, 세상에나 바로 아크로폴리스와 파르테논이 올려다보이는 위치였다! 아마 전날 밤에 그 사실을 알았더라면 잠이 제대로 오지 않았을 것이다. 아침 첫 일정은 바로 아크로폴리스 방문이었는데, 도저히 그냥 걸어서 올라갈 수가 없었다. 버스에서 내리자마자 오르막길을 마구 달려 언덕 위에서 앗티쿠스 음악당을 내려다보는데 가슴이 두근두근했다. 감동해서 그런 것인지, 그저 달려 올라왔기 때문에 그런 것인지 알 수 없었다.

한 가지 재미있는 것은 아테나이 사람들이 아주 밤늦게까지 활동한다는 점이다. 처음 희랍을 방문했을 때 그곳에 유학 중이던 후배가 호텔로 찾아와서 잠깐 밤마실을 나갔는데, 저녁 아홉 시경에 식당이 한가했다. 이제 문 닫을 시간이 다가와서 그런가 보다 했는데, 사실은 아직 이른 시간이어서란다. 오히려 자정쯤이 절정이고, 새벽 두세 시까지 문

여는 곳이 많다고 했다.

 아테나이도 그렇고 다른 유적지 부근에서도 밤에 마실 나가는 게 쏠쏠한 재미를 주는데, 이따금 호텔이 변두리에 자리잡고 있으면 밤 나들이가 좀 어려울 수도 있다. 심지어 주변에 자잘한 생필품을 구입할 상점조차 없는 경우도 있으니, 미리 안내자에게 호텔 주위 상황을 알아보고, 좀 외진 곳이다 하면 저녁 식사 무렵에 미리 작은 슈퍼에 들렀다 가는 게 좋다. (물론 택시를 불러서 가까운 도심에 다녀오면 큰 문제는 없다. 희랍은 상당히 안전한 나라다.)

한걸음 더 나아간 신화와 역사 지식

아테나이의 초기 왕들 이름이 몇 전해지는데, 문학작품에서 이 이름들을 이용해서 아테나이 시민들을 지칭하기도 한다. '~의 후손들' 하는 식으로 말이다. 그런 왕들 중에는 앞에 언급한 에릭토니오스와 에렉테우스가 있고, 그 밖에도 케크롭스, 판디온, 코드로스 등이 알려져 있다. 이 중 에릭토니오스 말고도 케크롭스와 에렉테우스가 땅에서 태어난 것으로 알려져 있는데, 이와 같이 여러 왕이 땅에서 태어났다는 이야기는 아테나이 사람들이 '이 땅에서 생겨난 사람들autochthon'이라고 주장하는 것과 맥을 같이한다. 다른 사람들은 다 다른 데서 이주해 왔지만, 자기들은 원래부터 그 땅에 살았다는 것이다.

 한편 아테나이와 경쟁하던 스파르타 시민들은 도리스 사람들로, 펠로폰네소스 남부에 정착하기 전에 먼저 보이오티아 북쪽 도리스 지역에 머물렀고, 그 전에는 더 북쪽, 혹은 동쪽에서 이주해 온 듯하다. 트로이아 전쟁 직전 파리스를 따라나선 헬레네는 스파르타 왕비였는데, 그녀가 살던 스파르타는 나중 아테나이와 겨루던 스파르타가 아니다. 나중의 스파르타인들은 트로이아 전쟁 지나고 약 400년 암흑기에 내려온 사람들이다. 아테나이 사람들이 바로 그 땅에서 생겨났음을 강조하는데는, 이주자 집단인 스파르타에 대해 우월감을 과시하려는 뜻일 수도 있다.

한편 '펠라스고이'라는 민족명도 이따금 옛 아테나이 사람들을 가리키는 데 사용된다. 사실 이 호칭은 여러 의미로 쓰이고 있어서, 어떤 때는 옛날 희랍 땅에 살던 사람을 가리키기도 하고, 아테나이의 선주민이란 뜻으로 쓰이기도 하고, 아테나이에서 밀려난 이전 거주자들을 가리키기도 한다.

앞에 언급한 아테나이 초기 왕들 얘기를 조금 더 하자면, 이들 중 땅에서 태어난 세 명(에릭토니오스, 에렉테우스, 케크롭스)에 대해서는, 다리가 뱀으로 되어 있었다는 설도 있다. (에릭토니오스와 관련해서는 앞에서 살펴보았다.) 또 에렉테우스는 그의 딸 오레이튀이아가 회오리바람에 날려가 북풍신의 아내가 되었다는 이야기가 있다. (플라톤의 「파이드로스」에도 나오는 얘기다). 그 북풍신의 아들들이 황금양털가죽을 찾아가는 아르고호에 승선해서 하르퓌이아를 쫓아 주었다고 한다.

판디온은 그의 두 딸이 새로 변한 것으로 유명하다. 그는 자기 딸 프로크네를 트라케 출신의 테레우스라는 자와 결혼시켰는데, 그가 처제인 필로멜라를 겁탈하고는 언니에게 이르지 못하게 혀를 끊어 내고 숲속 오두막에 가두었다고 한다. 동생은 자기가 당한 일을 직물에 짜 넣어서 언니에게 전달했고, 언니는 디오뉘소스 축제 때 여자들 무리를 이끌고 가서 동생을 구해 낸다. 그 후 남편에게 복수하기 위해 자기 아들을 잡아서 아비에게 먹이는데, 나중에 남편이 알고서 그녀들을 죽이겠노라고 칼을 뽑아 들고 추격할 때, 두 여인은 달아나다 각기 제비와 나이팅게일로 변하고, 남자 역시 후투티 새로 변했다고 한다. 제비가 된 프로크네는 자기 아들 이름을 부르며 '이튀스, 이튀스!' 하고 운다고 한다. 언니가 제비로 변했다면 혀 끊긴 동생이 나이팅게일이 되어야 하니, '혀 잘린 여자가 어떻게 그렇게 아름답게 노래하는 새로 변할 수 있는 가?' 하는 질문이 생길 수 있다. 그래서 나이팅게일이 된 것은 언니고, 제비가 된 것은 동생이라는 판본도 있다.

한편 코드로스는 아테나이의 마지막 왕으로서 현자 솔론의 조상인 것으로 알려져 있다. (플루타르코스『영웅전』「솔론 편」에 나온 얘기다.) 그는 국가를 위해 일부러 죽음을 택한 것으로도 유명하다. 예언에 말하기를 왕이 죽지 않으면 적이 이긴다고 해서, 적진으로 돌진해 죽음을 맞이했다는 것이다. (플라톤의「향연」에도 언급된 사건이다.)

아크로폴리스 박물관

앞에서 이 박물관에 소장, 전시된 유물에 대해 조금씩 언급했지만, 이 박물관은 그리스 전체를 통틀어 시설이나 전시 기법이 가장 뛰어난 것이니만치 건물과 전시 상태에 대해서도 조금 더 소개하는 게 좋겠다. 특히 앞에서는 지금 아크로폴리스에 남아 있는 고전기 건물과 연관된 유물들만 소개했는데, 이 박물관에는 그 이전 시대에 속한 유물들도 함께 전시되어 있기 때문이다.

원래 아크로폴리스 박물관은 파르테논 동쪽 공간(원래는 판디온의 성역이 있던 곳으로 추정된다)에 있던 작은 건물로 19세기에 처음 지어서 (1874년) 한 차례 증축했지만(1888년), 계속 쏟아져 나오는 유물을 다 수용하지 못해, 결국 다른 곳에 새 건물을 짓게 되었고 2009년에 개관했다. 새 박물관은 위치도 절묘해서 바로 아크로폴리스 남쪽에, 파르테논과 거의 평행한 자리에 놓여 있다. 유서 깊은 도시들이 대개 그렇듯, 아테나이도 파는 곳마다 유적과 유물이 있어서, 이 박물관 밑에서도 옛 도시와 건물들의 토대가 발견되었고, 그것을 최대한 보존하기 위해 기둥을 세우고 박물관 건물은 그 위에 띄워 놓았다. 건물 밑 유적은 유리판을 통해 위에서 내려다볼 수 있다. (이 건물은 유리를 많이 사용해서 위층을 오르내리는 계단마저도 유리로 되어 있는데, 더러 밑에 있는 사람에게 위쪽 여성의 치마 속이 드러나 보여서, 사용자를 고려하지 않은 잘못된 설계라고 비난을 받기도 한다.)

건물 자체는 4층으로 되어 있는데, 맨 아래층에 제일 오래된 유물들이 전시되어 있고, 위로 올라가면서 뒷시대 유물들이 놓여 있다. 오래된 유적지를 발굴하면 지표면은 현대 것이고, 그 밑에는 그 전 시대, 더 밑에는 더 전 시대 하는 식으로 여러 층이 나타난다. 그렇게 맨 아래층까지 확인한 다음에, 다시 땅속에서부터 지상으로 올라가는 것처럼, 신석기시대부터 기원후 3세기쯤까지 이동하는 것이 이 박물관의 동선 구성이다.

아고라도 마찬가지지만 아크로폴리스 비탈에도 아주 옛날부터 사람이 살아서, 가장 오랜 유물들은 기원전 4000년경 것들이다. 나중에 다시 얘기하겠지만, 6천 년 된 주거지의 땅기운을 직접 그 자리에 가서 온몸으로 느낄 때 그 가슴 벅찬 감정은 말로 전하기 힘들다.

앞에서 파르테논 건물의 원래 장식이 어떻게 되어 있는지 자세히 설명했는데, 그 원모습에 가까운 것을 4층 third floor에서 눈으로 확인할 수 있다. 실제 건물처럼 공간을 구성하고 죽 돌아가면서 프리즈를 다시 짜 맞춰 놓았다.

이 박물관에서 가장 볼거리가 많은 데는 2층 first floor인데, 시계 방향으로 돌아가면서 점차 뒷시대로 진행하게 되어 있다. 처음 마주치는 것은 우리가 현재 아크로폴리스에서 보는 건물들 이전에 있던 건물(페르시아 전쟁 이전)과 거기 딸린 장식과 유물 들이다.

앞에서 잠깐 아테나이의 역사 얘기가 나왔지만, 여기서 다시 한 번 정리해 보자. 약간 부정확하지만 기억하기 좋은 방식으로 말하자면 다음과 같다.

기원전 4000~3000년	신석기시대
기원전 3000~2000년	청동기시대 전기
기원전 2000~1500년	청동기시대 중기
기원전 1500~1200년	청동기시대 후기
기원전 1200~800년	암흑기
기원전 776~480년	상고시대(아르카익기)
기원전 480~323년	고전기
기원전 323~30년	헬레니즘기
기원전 30 ~ 기원후 4세기말	로마시대

아크로폴리스에 국한해서 말하자면 고전기까지 네 단계의 변화가 있었다.

1. 암흑기 이전에는 그곳에 왕과 귀족들의 거처가 있었다. 암흑기 이후 행정적 중심은 아고라로 내려가고(초기 아고라는 지금 남아 있는 아고라 유적지보다 동쪽에 있었다. 로마시대에 다시 그곳에 아고라가 생겼다), 아크로폴리스는 순전히 종교적 기능만 맡게 되었다. 이 시기 신전들은 벽돌로 지어졌다.

2. 상고시대 말기(기원전 6세기)에는 그곳에 중심 건물이 세 개 있었다. 프로퓔라이아, '도시의 수호자 아테네Athene Polias'의 신전인 '옛 신전Archaios Neos', 그리고 '상고시대의 파르테논Archaic Parthenon(백 걸음 신전 Hekatompedon)'이다. 오늘날 우리가 아크로폴리스에 올라가면 왼쪽에 에렉테이온, 오른쪽에 파르테논을 보는 것처럼, 이 두 신전도 각기 부지의 왼쪽과 오른쪽을 차지하고 있었다. 앞서도 얘기했지만, '옛 신전'은 판아테나이아 행렬이 끝나는 곳으로, 거기 모셔진 아테네의 목상에 매년

새로운 의상을 바치곤 했다.

3. 마라톤에서 1차 페르시아 침입을 격퇴한 후, 위의 세 건물 중 프로퓔라이아와 '상고시대의 파르테논'을 헐고 그 자리에 새 건물(이른바 Pre-Parthenon)을 짓던 중 2차 페르시아 침입이 있었고, 아테나이가 적에게 점령되어 아크로폴리스의 모든 건물이 파괴되고 말았다.

4. 파괴된 건물의 잔해를 우묵한 데 묻고 그 위에 지은 것이 고전기 건물군으로, 대체로 우리가 지금 보는 모습이다.

이 단계들은 모두 아크로폴리스 박물관 1층ground floor 로비에서 모형을 통해 확인할 수 있다. 전시 공간으로 들어가기 전에 미리 그것들을 일별하고 들어가면 도움이 될 것이다.

위의 네 단계 이후에도 벽돌로 지은 허술한 건물들이 덧붙고 고대의 주 건물이 다른 용도로 사용되긴 하지만, 아주 큰 변화는 없었다. 그 용도 변경에 대해 조금 설명하자면, 중세에는 기독교 교회로 사용되다가 이슬람 세력이 이곳을 차지한 다음에는 이슬람 사원으로 이용된다. 그러다가 아크로폴리스의 중심 건물이라 할 파르테논이 (가히 '폐허'라고 할 만한) 현재의 모습으로 바뀌게 된 결정적 사건이 터지는데, 17세기(1687년)에 벌어진 베네치아군의 포격이다. 당시는 이탈리아 북부 도시들이 발흥하던 때로, 특히 베네치아가 지중해 이곳저곳을 차지하고 오스만튀르크와 싸우던 시기였다. 마침 튀르크인들은 이 신전을 화약 창고로 이용하고 있었고, 아크로폴리스 먼 서쪽의 언덕('님프의 언덕')을 차지하고 있던 베네치아의 모로시니가 대포로 이 신전을 타격하면서, 2천 년 이상 거의 멀쩡하게 서 있던 고대의 경이가 한순간에 날아가 버렸다. 수십 년째 복원 작업이 진행되고 있지만, 아직도 신전의 남쪽 주랑 한가운데가 특히 기둥들이 짧아져 거의 V자로 패인 듯 보이는 것은 남

옛 파르테논의 서쪽 박공 맨 오른쪽 구석에 상체는 남자 세 명으로, 하체는 뱀으로 되어 있는 존재가 새겨져 있다.

서 방향에서 포탄이 날아와 중앙부를 타격했기 때문이다.

그 후에도 파르테논 내부에 작은 교회가 지어져서 유지되다가 나중에야 철거되는데, 현대적 발굴과 복원 직전에 또 한번 서글픈 일이 벌어진다. 영국 출신의 엘긴이라는 인물이, 그때까지 신전에 비교적 멀쩡히 붙어 있던 조각 장식들을 떼어 내 영국으로 가져가 버린 것이다. 그 후 이 조각들이 어떤 일을 겪었는지 궁금한 분은 『파르테논 마블스』라는 책을 보면 된다. 최종 결말만 얘기하자면, 이 조각들은 지금 대영박물관에 전시되어 있다.

지금 남아 있는 아크로폴리스는, 앞에 설명했듯 세 개의 건물군(프로필라이아, 에렉테이온, 파르테논)으로 되어 있고, 서쪽 입구에서 들어가면서 볼 때 왼쪽(북쪽)의 에렉테이온과 오른쪽(남쪽)의 파르테논 사이 중앙 공간은 상당히 넓게 비어 있는데, 이곳에는 다른 건물이 없었나 하는 의구심이 들지도 모르겠다. 그곳은 원래 옛 왕궁이 있던 자리로, 상고시대에는 두 개의 신전이 비교적 가깝게 붙어 (물론 약간의 공간을 남겨 두고) 중앙 부분을 차지하고 있었다. 그러다가 페르시아 전쟁 이후에 새 신전을 지으면서 중앙 부분은 비워 두고 남쪽과 북쪽으로 두 신전을 조금 더 벌려 놓았다.

이렇게 중앙을 비운 이유는 그 공간에서 종교 행사를 치르기 위해서다. 희랍의 신전은 기본적으로 신상이 모셔지는 곳이고, 제의 자체는 대개 바깥 야외에서 치러졌다. 그런 전통에 따라서 아크로폴리스 위에서 행해지던 제의도 중앙의 공터에서 이루어졌던 것이다. 그렇지만 공간 전체가 비어 있던 것은 아니다. 우선 프로퓔라이아를 통과하면 제일 먼저 거대한 아테네 입상과 마주치게 된다. '앞장서서 싸우는 아테네Athene Promachos'상이다. 그 곁에는 배 모양의 거대한 장식도 있었던 듯하다. 그 아테네상 뒤로는 대제단이 있고, 그 너머로 담으로 둘러싸인 공간이 있으며, 그 뒤로는 (지금 거대한 그리스 깃발이 세워진 곳에) 제우스의 비교적 작은 성역이 있었다.

그 밖에도 브라우론의 아르테미스 성역도 파르테논 앞 남쪽 성벽에 붙여 지어져 있었고, 보물 창고 등 부속 건물들이 더 있었는데, 아직 이것들까지 복원하지는 않았다.

다시 아크로폴리스 박물관으로 돌아가서, 이 박물관이 소장하고 있

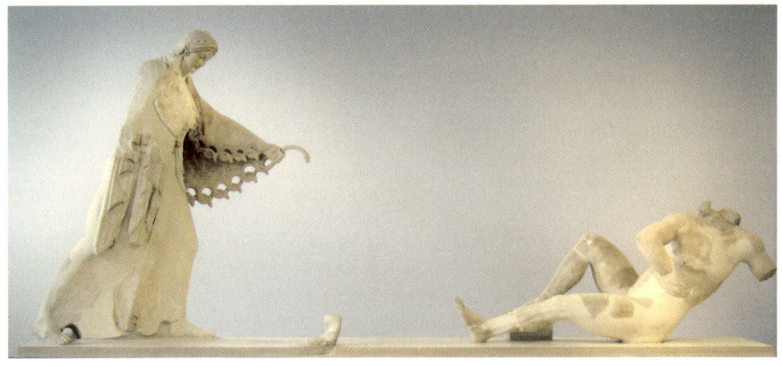

'옛 신전' 박공을 장식했던 아테네상. 왼손으로 아이기스를 펼쳐 들고 거인 엥켈라도스를 제압하는 모습이 인상적이다.

아테나이 71

 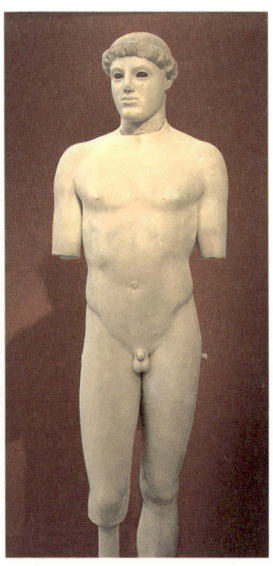

아크로폴리스 박물관의 코레와 쿠로스. 코레가 오른손에 들고 있는 것은 모과이다.

는 유물 중 가장 유명한 것을 몇개 꼽자면, 우선 입구 왼쪽 기둥 위에 앉아 있는 올빼미, 2층에서 볼 수 있는 '송아지 나르는 사람Moschophoros', 아마도 옛 파르테논 신전의 서쪽 박공을 장식했던 3중 뱀 다이몬, '옛 신전' 박공을 장식했던 아테네상이 있다.

  하지만 아마도 많은 사람에게, 이 박물관에서 가장 인상 깊은 유물은 다양한 머리 모양, 다양한 복장의 소녀상(코레)들일 것이다. 우아하게 '상고시대의 미소Archaic Smile'를 띈 이들은, 지금도 약간 그 흔적이 남아 있는 다채로운 색상의 무늬로 장식된 섬세한 의상을 입고, 여러 장신구를 갖춘 채 우리를 맞아 준다. 멋진 나체의 선을 보여 주는 젊은이상(쿠로스)들도 있다. 이것들은 대체로 1886년, 아크로폴리스의 한 구덩이에서 무더기로 발견된 것들이다.

  이제 아테나이 유적의 핵심이라고 할 수 있는 아크로폴리스에 대해서는 거의 다 소개했다. 아크로폴리스 박물관은 따로 시간을 내서, '오전에는 아크로폴리스 자체, 오후에는 박물관' 하는 식으로 보아야 할 것이다.

민주주의의 훈련장 아고라, 앗탈로스 주랑

이제 방향을 돌려 아크로폴리스 북서쪽에 있는 아고라로 가보자. 현재 아고라에 가면 가장 눈에 띄는 것은 아고라 부지의 동쪽 면을 따라서 남북 방향으로 길게 서 있는 주랑 건물stoa이다. 옛날 이 자리에 있던 '앗탈로스 주랑'을 1950년대에—록펠러 집안이 돈을 대서—복원한 것으로, 아래층은 아고라에서 발굴된 유물들을 전시하는 박물관으로, 위층은 아고라 전체의 축소 모형을 전시하는 공간으로 쓰이고 있다.

앗탈로스 2세는 기원전 2세기 말 소아시아 서쪽 페르가몬의 왕이었다. 그는 아테나이에서 교육을 받았으며 그것을 기념하여 나중에 이 도시에 건물을 지어 기증하였다. 그의 형제이자, 그 직전에 페르가몬 왕위에 있었던 에우메네스 2세도 아크로폴리스 남쪽 디오뉘소스 극장 곁에 주랑을 하나 지어 기증했다. 둘 다 아테나이를 매우 사랑했던 군주들이다.

아래층의 아고라 박물관에서 가장 눈에 띄는 유물들은 아테나이 민주정과 관련된 것들이다. 재판의 배심원단을 뽑기 위한 추첨판(돌판에 홈이 패어 있는데, 이름을 새긴 판을 그 홈에 꽂아 어떤 식으로 흔들었던 것 같다), 회의 때 발언 시간을 제한하기 위해 사용한 물시계 등이다. 도편 추방 투표에 이용되던 도기 조각 오스트라콘ostracon도 흥미롭다. 아테나이에서는 유력한 인물이 대중의 인기를 등에 업고 독재자가 되는 것을 막기 위해, 일종의 '인기투표'를 통해 최고 인기인을 추방하던 제도(도편 추방제ostracism)가 있었다. 6천 명 이상이 모인 회의에서 가장 인기 있는 사람이 누구인지 투표해서 투표자 절반 이상의 표를 얻는 사람을 10년간 해외로 추방하던 제도이다.

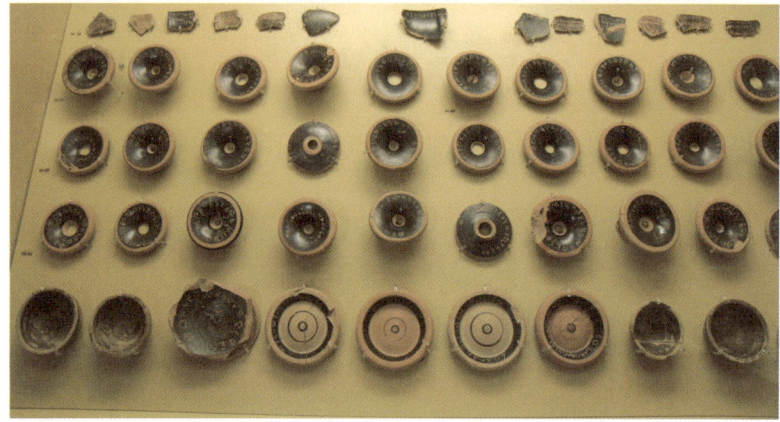

아테나이 민주정과 관련된 추첨판(왼쪽)과 물시계. 아래는 테미스토클레스의 이름이 적힌 오스트라콘이다.

옛 아고라 부지는 널찍한 마당으로 옛날에는 관공서와 신전이 여럿 들어서 있었지만, 현대의 관광객으로서는 하나하나 의미를 부여하기 좀 어렵다. 그중 조금 알려진 것은 스토아학파의 창시자 제논이 근거지로 삼았던 스토아 포이킬레('색칠된 주랑')이다. 아고라 부지 북쪽 면에 앗탈로스 주랑과 직각 방향으로 놓여 있었다.

거의 온전히 남아 있는 헤파이스토스 신전

또 하나 아고라 주변에서 눈에 잘 띄는 건물이 헤파이스토스 신전(테세이온)이다. 아고라의 북서쪽 언덕 위에 있어서 앗탈로스 주랑에서 보면 아고라를 가로질러 대각선 방향으로 보인다. 이 신전은 희랍 문화권 전체에서 가장 잘 보존된 건물인데, 이유는 자주 그렇듯, 교회로 이용되었기 때문이다(7세기부터 19세기 중반까지). 이후에는 묘지로, 다시 그 후엔 (1934년까지) 박물관으로 사용되기도 했다. 원래 이 건물은 아테네와 헤파이스토스를 함께 모셨던 것으로 기원전 5세기 중반부터 짓기 시작해서, 파르테논 건축 때문에 조금 뒤로 밀려서 펠로폰네소스 전쟁이 잠깐 휴전 중이던 기원전 416/5년에야 완성되었다. 그 이전에는 그냥 작은 성역이 있었을 뿐 큰 건물은 없었던 듯하다. 이전 성역은 기원전 480년 페르시아가 아테나이를 함락했을 때 소실되었다. 이 건물이 테세이온

옛 아고라를 복원한 모형으로 북쪽에서 남쪽을 향해 바라본 모습이다. 아래는 현재의 아고라.

아테나이 75

으로 지칭되던 이유에 대해, 키몬이 테세우스의 유골을 스퀴로스에서 가져와 이 신전에 모셨기 때문이라는 추정도 있지만 확실치 않다.

테세우스는 저승에 갔다가 붙잡혀 망각의 의자에 앉혀졌는데 헤라클레스에 의해 구조되었다. 돌아와 보니 권력 기반이 약해져 있어서 스퀴로스섬으로 망명했다가, 그곳 왕인 뤼코메데스가 절벽에서 밀쳐 떨어져 죽었다고 한다. 기원전 5세기 초에 아테나이 정치가 키몬이 그의 유골로 추정되는 것을 아테나이로 모셔서 자기 정치 선전에 이용했다. 키몬은 마라톤 전투의 영웅인 밀티아데스의 아들이자, 그 자신 여러 차례 성공적인 전투를 이끈 장군이다. 정치적으로는 친스파르타주의자였고, 민주정에 반대하는 귀족주의자로서 민주정 지도자인 페리클레스와 경쟁 관계에 있었다.

신전이 영웅의 사당을 겸하는 것은 이미 아크로폴리스의 에렉테이온에서도 보았으니 그다지 낯설지 않다. 더구나 이 신전의 메토프가 테세우스의 업적을 특히 강조해서 보여 주는 것을 보면, 이 건물이 처음부터 작은 촌읍들을 묶어 도시 아테나이를 세운 이 영웅을 모시려는 목적을 갖고 있었던 듯하다.

이 건물은 전체적으로 가장 기본적인 희랍 신전의 모습을 보이고 있다. (더 단순한 것은 앞에 본, 아크로폴리스의 아테네 니케 신전이다.) 관광객의 시선이 가장 먼저 포착하는 외부부터 묘사해 보자면, 우선 테두리를 이루는 기둥들이 보인다. 동서쪽의 짧은 면은 6개, 남쪽과 북쪽의 긴 면은 13개(6×13)이다. 이 기둥들 안쪽에는 돌벽돌로 둘러싸인 내부 공간이 있는데, 세 부분으로 나뉘어 중앙 공간naos 앞뒤(동쪽과 서쪽)에 각기 입구 기둥 두 개를 세운 부속 공간이 있다. 동쪽 것은 전실pronaos, 서쪽 것은 후실opisthodomos이다. 중앙 공간의 서쪽은 벽으로 막히고, 동쪽은 전실에서 들어가는 문이 있었다. 중앙 공간의 내부에는 동쪽을 향해 열

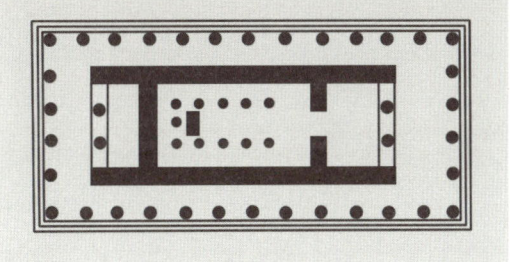

남서쪽에서 바라본 헤파이토스 신전. 남쪽 벽에 문이 나 있는 것이 보인다. 아래는 변형 전의 평면도.

린 ㄷ자가 되도록 내부 기둥이 세워져 있었으며(3×5), 제일 안쪽에 아테네와 헤파이스토스의 조각상이 나란히 서서 동쪽을 보고 있었다.

지금 관광객이 보면 기둥 뒤로 벽에 문이 나 있는데, 이는 이 건물이 동방정교회의 교회로 이용되는 동안 변형을 겪었기 때문이다. 우선 중세 이후 교회 건축이 자주 그러하듯 하늘에서 보면 십자가 모양이 되도록 동쪽 전실에 후진apse을 덧붙이고, 그 후진과 본진 사이에 좌우로(남쪽과 북쪽으로) 튀어나온 공간(익랑transept)도 붙였으며, 남쪽과 북쪽 벽에 문 두 개씩, 그리고 중앙 공간과 서쪽 후실 사이의 벽에도 문을 냈었

아테나이 77

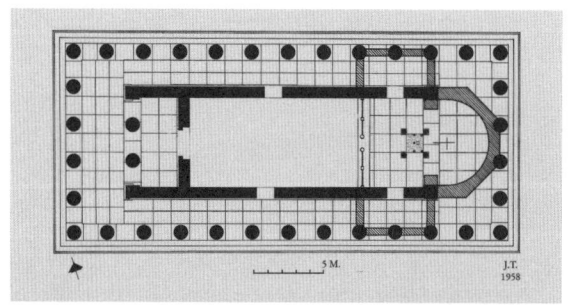

헤파이스토스 신전(테세이온)이 교회로 변형된 모습. 전체적으로 십자가 형태를 하고 있으며, 동쪽 머리 부분에 둥근 공간(후진)을 덧붙였다. (지금은 다시 철거되었다.) 신전 벽에도 문을 내서 출입구로 이용했다.

다. 현재, 덧붙었던 공간은 다 철거되었으나 문이 뚫렸던 벽면은 그대로 남겨져 있다. 일반인이 사진 찍기에는 건물 남서쪽 모서리가 제일 좋은데, 그 방향에서 찍으면 더러 남쪽 벽에 문 하나가 뚫려 있는 것이 사진에 나오기도 한다.

동쪽 박공에는 아테네의 탄생, 서쪽 박공에는 헤파이스토스의 귀환이 각기 새겨져 있었다고 하는데, 현재는 조각들은 다 없어지고 밋밋한 바탕만 남아 있다. 헤라는 헤파이스토스를 처음 낳았을 때, 그의 다리가 온전치 않은 것을 보고 아이를 버렸다. 버려진 아기를 바다의 여신 테티스가 데려다 키웠고, 헤파이스토스는 기술을 연마하여 헤라에게 멋진 의자를 만들어 보냈다. 헤라는 기뻐서 의자에 앉았지만, 잠금장치가 되어 있어서 일어날 수 없었다. 결국 디오뉘소스가 헤파이스토스를 찾아가 술에 취하게 만들고 아름다운 여신과 결혼시켜 주겠노라고 약속을 해서, 헤파이스토스가 올륌포스 신들에게 합류하게 된다.

기둥 위쪽으로는 사면을 돌아가며 교차돌림띠장식이 있는데, 일반인이 그 내용을 얼른 알아보기는 좀 어렵지만, 동쪽 박공 밑에는 헤라클레스의 위업 중 열 가지가, 그리고 북쪽 면과 남쪽 면의 제일 동쪽 부분 중간면장식(메토프)에는 테세우스의 업적이 각기 네 가지씩 새겨져 있다. 다른 것들은 테세우스가 누군가와 싸우는 장면인데 내용을 알아보기 어렵다. 그래도 마라톤의 황소와 싸우는 장면, 그리고 크롬뮈온의 암퇘지와 싸우는 장면만큼은 비교적 분명하게 분간이 된다.

혹시 잘 모르시는 분을 위해 신화 내용을 조금만 설명하자면 이렇다. 아테나이 왕 아이게우스의 아들인 테세우스는 외가인 트로이젠에서 성장해서 나중에 아테나이로 아버지를 찾아간다. 도중에 여러 악당들을 퇴치하고, 사람을 해치던 크롬뮈온의 암퇘지와 싸우기도 한다. 한데 그가 아테나이에 도착해서 보니, 아버지 아이게우스는 메데이아라는 여자와 살고 있었다. 아버지는 아들을 알아보지 못했는데, 메데이아가 먼저 알아보고 그가 왕을 해치러 온 사람이라고 모함을 했다. 왕은 이 청년을 없애기 위해 마라톤의 황소와 싸우라는 명령을 내린다. 이 황소는 원래 크레테에 있던 것인데, 헤라클레스가 12가지 위업 중 하나로 크레테에서 희랍 본토로 끌고 온 것이다. 이 황소는 에우뤼스테우스왕의 명에 따라 풀려나서 마라톤 평야에 있다가, 이때 테세우스에게 제압된다.

다시 신전의 장식으로 돌아가자. 알아보기 힘들어도 적어 보면, 남쪽 면 그림은 동쪽부터 서쪽으로 가면서, 미노타우로스와의 싸움, 마라톤 황소, (아마도) '몽둥이 사나이' 페리페테스, '소나무 사나이' 시니스 등이고, 북쪽 면 그림은 역시 동쪽에서 서쪽으로 가면서 '대야 사나이' 스케이론, '씨름꾼' 케르퀴온, '침대 사나이' 프로크루스테스, 마지막이 크롬뮈온의 암퇘지이다. 북쪽 면의 메토프가 좀 더 잘 남아 있다.

박공 위의 지붕 제일 높은 곳에는 테티스 여신과 그녀의 자매 에우뤼노메의 작은 상$_{acroteria}$이 얹혀 있었다고 한다. 어린 헤파이스토스를 돌보아 준 것을 기념하기 위해서일 것이다.

앞에 말한 것처럼 사진 찍기 가장 좋은 지점이 남서쪽이기 때문에, 대

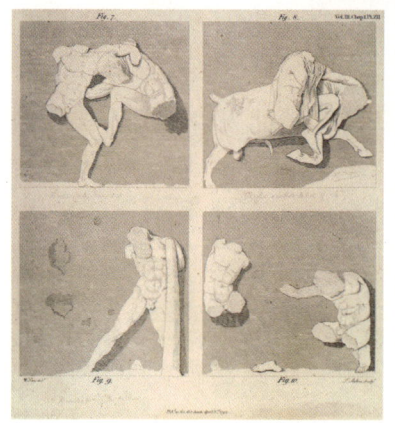 

위 테세이온의 서쪽 박공과 메토프. 안쪽 벽에 연속돌림띠장식이 보인다.

아래 1794년에 그려진 테세이온의 남쪽 메토프(왼쪽)와 북쪽 메토프의 스케치. 가장 동쪽 부분의 메토프들로 테세우스의 업적을 보여 준다.

부분의 자료 사진에는 동쪽에 몰려 있는 이 메토프 부조들이 잘 보이지 않는다. 이 장식들이 잘 보이게 사진을 찍으려면 동쪽 부분에서 찍어야 하는데, 건물이 언덕의 북동쪽 가장자리에 바짝 붙어 있어서, 전체가 나오도록 하려면 언덕 아래로 내려가서 줌으로 당겨 찍는 수밖에 없다. 하지만 언덕 경사면에 나무들이 있어서 이것도 쉽지 않은 일이다. 중요 유적이어서 함부로 드론을 띄울 수도 없을 터이니, 그런 자료 사진을 얻기는 쉽지 않을 것이다. 건물 가까이서 찍으면 각도가 너무 급해서 사진이 잘 안 나온다.

한편 기둥들에 가려진 동서쪽 내부 공간 입구 위에는 연속돌림띠장식이 제법 뚜렷하게 보인다. 동쪽에는 테세우스와 사촌들(아이게우스의 형제인 팔라스의 자식들) 사이의 싸움이, 서쪽에는 켄타우로스와의 전쟁이 새겨져 있다.

아고라의 다른 건물들

현재 우리가 만날 수 있는 두 개의 건물 사이에는 널찍한 사각형 공간이 남아 있는데, 사실 제일 먼저 소개한 앗탈로스 주랑은 현대의 복원 건물이고, 원래 그 자리에 있던 것도 기원전 2세기 후반에 세워진 것이어서, 우리가 고전기로 꼽는 기원전 5~4세기 공간에는 없던 것이다. 그 시대에는 현재의 앗탈로스 주랑 자리를 비워 두고 전체적으로 동쪽으로 열린 ㄷ자 모양으로 건물들이 배치되어 있었다. 앞에 언급한 스토아 포이킬레가 북쪽 날개를 이루고, 다른 스토아가 남쪽에서 마주 보고 있었으며, 가장 중심적인 기관들은 테세이온이 자리 잡은 언덕(아고라 언덕) 아래 전체 부지의 서쪽 면을 따라서 ㄷ자의 막힌 부분에 집중되어 있었다.

앗탈로스 주랑에서 보자면 제일 왼쪽(남쪽)부터 오른쪽(북쪽)으로 가면서 여러 건물이 있는데, 제일 왼쪽 것은 장군들의 모임 장소 strategeion 였다. 민주정 시기 아테나이에서는 인위적으로 나눈 10개의 부족에서 한 명씩, 전부 10명의 장군을 선거로 뽑았는데, 마라톤 전투의 영웅인

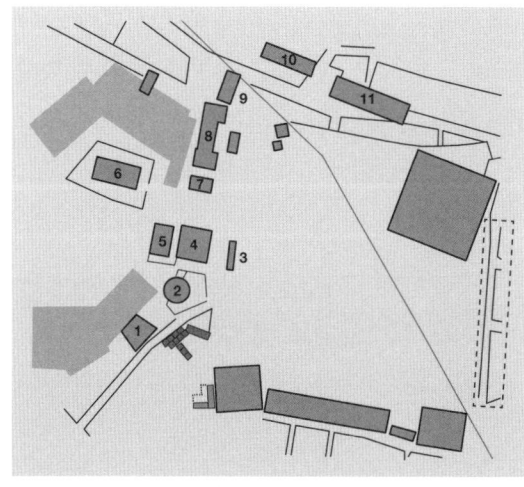

기원전 5세기 아고라 평면도.
① 스트라테게이온 ② 시청
③ 명명 시조 기념물
④ 구 의회(메트로온)
⑤ 새 의회 ⑥ 헤파이스토스 신전(테세이온) ⑦ 아폴론 신전
⑧ 제우스 주랑
⑨ 왕의 주랑
⑩ 스토아 포이킬레
⑪ 헤르메스 스토아
우측 하단의 점선 표시는 후대에 세워진 앗탈로스 주랑이다.

밀티아데스, 아테나이 민주정의 지도자 페리클레스 등도 이런 장군 중 하나였다. 아테나이는 거의 모든 직책의 책임자를 추첨으로 뽑았는데, 잘못 뽑으면 나라를 망하게 할 수도 있는 직책만큼은 선거제도를 이용했다. 그중 하나가 바로 장군직이다. 하지만 늘 능력에 따라서 사람을 뽑는 것은 아니었는지, 비극작가 소포클레스도 장군으로 선출된 적이 있다고 한다. (현대에는 정치 지도자를 '장군'이라고 부르면 곧 군사 쿠데타를 떠올리게 되지만, 옛날에는 다른 의미를 지니고 있었다. 그래서 소포클레스의 비극『안티고네』에서 주인공 안티고네가, 자기 오라비들의 뒤를 이어 새로 통치자가 된 크레온을 '왕'이라고 하지 않고 '장군'이라고 부르는 것이 꼭 나쁜 함축인지에 대해 약간의 논란이 있다.)

이 건물 바로 오른쪽이 '시청'이라고 할 수 있는 프뤼타네이온 prytaneion이다. 아리스토파네스 희극 등에 자주 언급되는데, 민중의 대표들 중에서도 다시 뽑힌(대개는 추첨으로) 집행부가 모이고, 또 국가유공자들이 초대되어 국가가 제공하는 만찬을 즐기던 곳이다. 한데 아테나이의 이 '시청'은 원형으로 돌아가며 기둥을 세우고 거기에 삿갓 모양의 지붕을 얹은 도토리형 건물tholos이었기 때문에 대부분의 안내서에 그냥 '톨로스'라고 소개되어 있다. 고대의 톨로스 중 가장 잘 보존된 것은 로마의 헤라클레스 신전('진실의 입' 바로 옆에 있다)이다. 로마 포럼의 베스타 신전도 원래 톨로스 형태였기 때문에 이 헤라클레스 신전이 '베스타 신전'이라고 잘못 소개되는 경우가 많다. 희랍 본토에서 톨로스 건물을 확인하려면 올륌피아와 델포이에 가야 한다. 델포이는 다 부서진 기둥을 조금 무리해서 복원하여 기둥 세 개가 서 있는 형태로 만들어 놓았다.

'시청' 오른쪽 건물은 전체 민중에서 뽑힌 민중 대표들이 모이던 장소, 즉 '의회bouleuterion'이다. 이 건물은 테세이온 바로 아래에서 약간 남쪽에 있었는데, 기원전 5세기 말에 서쪽에 하나 더 지어서 의회는 거기로 옮기고, 이전 모임 장소는 신전으로 용도를 변경하였다. 그래서 이 건물은 '어머니 여신의 신전metroon'이라고 불리는데, '어머니 여신'으로 꼽히는 이들은 퀴벨레, 데메테르, 레아 등 여럿이어서 일반적으로 '메

톨로스 중 가장 잘 보존된 로마의 헤라클레스 신전.

명명 시조 기념물의 돌난간 뒤로 메트로온의 토대가 드러나 있다.

트로온'이라고 하면 이들 중 누구든 모시는 공간이 될 수 있지만, 아테나이의 메트로온은 퀴벨레 여신을 위한 것이었다. 새로 지은 의회 건물은 그냥 '새 의회'라고 부른다. 구 의회 건물 앞에는 아테나이 열 구역의 명명命名 시조들eponymos heros을 기리는 기념물이 서 있었다. 원래는 단을 높이고 그 위에 10명의 조각상을 세웠으며, 포고문 등을 공지하는 용도로도 사용했다고 한다. 지금 가서 보면 그 자리에 돌난간이 서 있고, 그 뒤로는 메트로온의 토대가 드러나 있어서, 주의 깊은 사람이라면 그럭저럭 옛 건물과 기념물의 위치를 알아낼 수 있다. 메트로온은 좀 오래된 건물이어서인지, 그 기초가 붉은 색을 띤 비교적 작은 돌벽돌로 이루어져 있어서 다른 건물 기초와 구별된다.

다시 더 오른쪽으로 이동하면 테세이온 바로 아래에 아폴론의 작은 신전이 있었고, 그 옆에는 다소 길쭉한 주랑이 두 개 나란히 있었다. 왼쪽 것은 '제우스 주랑', 오른쪽 것은 '왕의 주랑'이라고 불렸다. 앞의 것은 기원전 5세기 마지막 부분에 세운 것으로 페르시아 전쟁에서 승리를 주신 '해방자 제우스'를 기리는, 종교적인 의도가 들어 있고, 뒤의 것은 '왕 역할을 하는 집정관basileus archon(왕 통치관)'이 머무는 장소였다. 바실레우스라는 말은 원래 '왕'이란 뜻인데, 민주정 시대에는 아테나이의 집정관archon 열 명 중 하나에게 이 명칭이 부여되었다. 초기에는 귀족 출신만 이 직책을 맡다가, 나중에는(기원전 6세기 초 솔론 개혁 때부터) 부유한 시민에게 한정되었다가, 더 나중에는(기원전 5세기 초부터) 평민들 사이에서 추첨으로 결정되었다. 임기도 처음에는 10년이었다가 나중에는 1년으로 바뀌었다. 이 직책을 맡은 사람은 종교 행사를 주관하고 살인 재판에 참관하였다. 이 '왕의 주랑'은 살인죄 재판을 맡은 아레오파고스 의회가 모이는 곳이기도 했다. '경건이란 무엇인가'를 다루는 플라톤의 대화편 「에우튀프론」 첫 장면에 소크라테스가, 자기 아버지를 살인죄로 고발하러 온 에우튀프론과 마주치는 것도 바로 이 건물 앞이다. 이곳이 살인죄를 관장하는 집정관과 재판관들의 모임 장소이기 때문이다.

앗탈로스 주랑에서 마주 보이는 아고라 서쪽면을 모두 보았다. 거기서 다시 직각 방향(북쪽)으로 건물들이 있었는데, 두 개의 주랑 건물이다. 북쪽을 바라보고 왼쪽(서쪽)이 앞에 언급한—스토아학파의 발원지—스토아 포이킬레('채색된 주랑')이고 오른쪽(동쪽) 건물이 헤르메스 스토아이다. 후자에는 여러 그림이 그려지고 조각도 많이 설치되어 있었다고 한다. 파우사니아스의 『그리스 안내서』에 보면, 이 주랑에 보관되었던 그림 중 유명한 것으로 '아마존과의 전투', '트로이아의 함락',

'마라톤 전투' 등이 있었다고 한다. 아고라 부지의 서쪽 면에 많은 건물이 있었던 것에 비해 북쪽 면은 큰 건물이 길쭉하게 두 개 있을 뿐이어서 좀 단순하다. 동쪽으로는 지금 앗탈로스 주랑이 있는데, 그 주랑의 오른쪽(북쪽)에는 꽤 넓은 정사각형 건물이 있었는데 별로 큰 역할을 하진 않았던지, 여러 차례 개축되었음에도 이에 대한 좋은 해설을 찾을 수가 없다. 그냥 '로마 바실리카' 정도로 표시되어 있을 뿐이다.

스토아학파에 관심이 있는 사람은 스토아 포이킬레의 흔적을 찾아보고 싶을 텐데, 그것은 지금 아고라 부지의 북쪽 면을 따라서—앗탈로스 주랑에 바짝 붙어서—철길이 관통해 있기 때문에, 그 철길 너머 케라메이코스 묘지 가는 길에 있다. 철길과 나란히 길이 뚫려 있고, 그 길을 따라 상점들이 죽 늘어서 있는데, 그 상점들 너머가 이 유명한 스토아의 부지이다.

아고라 부지의 중앙부에는 별다른 건물이 없고, 스토아 포이킬레 앞에 '열두 신의 제단'이 있었을 뿐이다. 그 열두 신은 대체로 오늘날 우리가 꼽는 것과 거의 같은데, 거기에 데메테르가 들어가는지 아니면 헤스티아가 들어가는지 다소 논란이 있다.

후대에 덧붙은 건물들

고전기 이후에 앗탈로스 주랑이 세워지고, 이후에도 여러 건물이 들어서지만, 가장 큰 것만 언급하기로 하자. 로마시대에 아고라 중앙에 있던 가장 규모가 큰 건물은 '중앙 주랑'과 '아그립파의 음악당'이다. '중앙 주랑'은 앗탈로스 주랑 왼쪽에 그것과 직각 방향으로 아고라 부지 남쪽 면을 따라 동서로 길쭉하게 자리 잡았었다. 그 앞에는 아고라 거의 정중앙에 아그립파의 음악당이 있었다. 지금도 그 입구에 서 있던 조각상을 발굴해 세워 놓았는데 제법 인상적이다. '중앙 주랑'은 기초만 남아 있다.

  음악당 앞으로 약간 왼쪽에는 상당히 큰 규모(테세이온과 비슷한 크기)의 아레스 신전도 덧붙여졌는데 이것 역시 기초만 남아 있다. 앗탈로스 주랑 뒤로는 하드리아누스 도서관과 로마시대의 아고라가 덧붙여져서, 지금도 시장 거리 한쪽에 거대한 기둥들이 남아 있다. 도서관 유적은 상당히 넓은 부지에 기둥과 벽도 꽤 큰 규모지만, 아테나이에서 로마시대의 유적들은 약간 찬밥 신세이다. 이 도서관은 원래 직사각형으로 담에 둘러싸인 정원이 있고 그 끝에(아크로폴리스 방향) 가로로 길게 건물이 있어서, 그 중앙에는 서고, 그 좌우로 똑같이 대칭되는 형태로 열람실과 강의실이 이어져 있었다. 지금은 북서쪽의 벽과 기둥들, 중앙 입구 건물만 남아 있다. 입구와 중심 건물 사이 원래의 정원 자리에는 교회가 들어섰는데, 5세기에 후진apse 네 개를 갖춘 꼴tetraconch로 처음 지어지고 7세기에 십자가 형태의 바실리카로 확장되었다. 지금도 5세기 교회의 후진 기초가 클로버 모양으로 흔적을 남기고 있다. (위성 지도로도 확인할 수 있다.)

 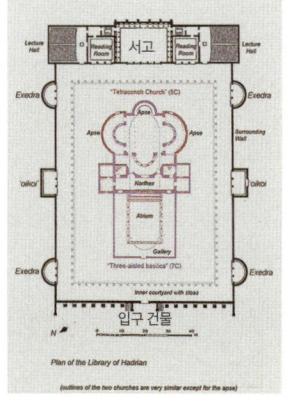

5세기 교회 후진의 흔적이 남아 있는 하드리아누스 도서관 유적(왼쪽)과 평면도. 평면도 중앙 부분에는 5세기와 7세기에 세워졌던 교회의 흔적이 보인다.

방문자들에게서 소외되기는 로마시대 아고라도 마찬가지이다. 원래의 아고라가 점점 많은 건물로 들어차서 원래의 목적을 수행할 수 없게 되자, 시장의 역할은 좀 더 동쪽으로 옮겨 가게 된다. 하드리아누스 도서관 바로 남쪽에 들어선 이 새 아고라는 전체적으로 기둥으로 둘러싸인 널찍한 공간peristylum이다. 지금 이 공간에 남은 가장 두드러진 건물은 '도시를 인도하시는 아테네Athene Archegetis'의 문과 '바람의 탑'이다. 전자는 기원전 11년 아우구스투스의 후원으로 건설된 문으로, 마치 작은 신전의 입구가 남은 것처럼 생겼다. 전면에 가로 방향으로 네 개의 도리스식 기둥이 서 있고, 그 위에 박공이 얹혀 있다. 그 뒤로는 마치 신전의 ㄷ자 형 입구가 한쪽이 떨어져 나간 채 남은 듯, 사각 기둥과 그 위에 얹힌 보가 전면의 한쪽 귀퉁이와 연결된 채 남아 있다. 아고라 공간 전체를 에워싼 기둥들도 꽤 많이 남아 있는데, 그중 적어도 세 개는 온전히 복원해서 그 위에 보까지 얹힌 것을 볼 수 있다. (이따금 로마 아고라 사진이라고 인터넷에 떠돌고 있는 것 중에 노란색 기둥 네 개—세 개는 원기둥, 하나는 사각기둥—위에 보가 얹힌 것도 있는데, 이는 아고라에 있는 게 아니라 그 옆의 하드리아누스 도서관 안뜰에, 클로버 모양 옛 교회 자리에 있는 것이다.)

이 로마 아고라에서 눈에 띄는 두 번째 건물은 '바람의 탑'이다. 사실은 로마 아고라의 기둥 테두리 바깥에 있는 것이지만, 아고라 부지가 워낙 휑해서 이 건물이 잘 보인다. 위에서 내려다보면 팔각형이 되게끔 만들어서 각 면이 동서남북과 그 사이 방향을 가리키며, 해시계, 물시계, 풍향계의 역할을 하게끔 되어 있었다 한다. 기원전 50년쯤에 세워졌다는 설과 그보다 백 년쯤 전에 세워졌다는 설, 두 가지가 맞서고 있다. 동방정교회 건물로, 이어서 수피종파의 건물로 이용된 덕에 거의 온전하게 보존되어 있다.

로마 아고라에서 눈에 띄는 건물인 '도시를 인도하시는 아테네'의 문(위)과 바람의 탑.

다시 원래의 희랍 아고라로 돌아와서, 이들보다 더 후대에 세워져 지금까지 온전하게 서 있는 것이 '성 사도 교회'이다. 이것은 앗탈로스 주랑을 등지고 볼 때 왼쪽 앞에 있는 것으로 10세기 말에 세워진 것으로 추정된다. 고대의 유물은 아니지만 역사가 천 년이나 된 것이니, 유적지 정비를 명분으로 허물기도 곤란하다.

아테나이 민주주의의 현장 프뉙스

아고라 남서쪽에는 프뉙스 언덕이 있다. 아테나이 민회가 열렸던 곳이다. 처음에는 아고라를 내려다보며 북향으로 청중석이 있고, 연사는 북쪽에 서서 발언을 했었는데(기원전 5세기 초부터), 기원전 5세기 말에 방향을 바꿔서 북쪽을 돋우어 청중석이 남쪽을 보게 하고, 연사는 북쪽을 향해 서서 발언하는 것으로 바뀌었다. 나중에 기원전 4세기 중후반에 이르러 연단 뒤로 주랑을 만들려 했지만 미완성에 그친 것으로 보인다. 그 후의 사정은 다소 불분명한데, 기원전 1세기 무렵에는 아크로폴리스 남쪽의 디오뉘소스 극장에서 민회가 열렸다고 한다. 프뉙스의 최대 수용 인원이 몇 명인지는 학자마다 다르게 추정하는데, 최소 6천에서 최대 1만 3천까지로 잡는다. 사실 거기 모인 사람들이 앉는지 서는지에 따라 개인이 차지하는 면적이 다를 텐데, 사람이 너무 많이 모이면 평소 앉아서 진행하던 회의를 서서 진행할 수도 있었겠다. 지금은 평평한 바위 바닥과 남쪽에 연단으로 향하는 돌계단, 그리고 그것을 에워싼 바위 벽이 노출되어 공개되고 있다.

아고라 바로 곁인 듯 말했지만, 사실은 아크로폴리스와 그 서쪽의 아레오파고스, 그리고 헤파이스토스 신전이 있는 아고라 언덕이 시계 방향으로 빙 돌면서 아고라를 감싸고 있어서, 프뉙스는 아레오파고스의 약간 서남쪽 방향으로, 계곡을 사이에 두고 있다. 그러니 프뉙스를 방문하자면 아고라 쪽에서 접근하기보다는, 대개 '소크라테스의 감옥'이라고 알려진 유적지를 보고 필로파포스 언덕(아크로폴리스 야경이 잘 보임)으로 올라가지 말고 직진하여 프뉙스로 가는 편이 낫다.

영웅들의 안식처 케라메이코스 묘지와 디퓔론문, 테미스토클레스 성벽
여기까지 대체로 아고라 내부를 둘러보았는데, 사실 이 아고라에 접근하기 위해서는 그 서북쪽에서 입장권을 끊어 들어가는 경우가 많다. 물론 아크로폴리스를 다 보고 남동쪽에서 입장해도 되지만, 내가 앞에 제안한 대로 아크로폴리스를 본 다음에 곧장 아크로폴리스 박물관을 방문한다면 아고라 탐방은 따로 날을 잡아야 한다. 어쨌든 아고라를 다

보고, 다시 처음 들어간 방향으로 나오자면 북서쪽으로 비스듬히 나 있는 길을 따라가게 된다. 이 길이 고대의 '성스러운 길'로서 데메테르와 페르세포네의 성역이 있는 엘레우시스로 향하는 길이다. 그 길은 다시 두 갈래로 갈라지고, 문도 두 개가 있었다. 아고라 쪽에서 볼 때 왼쪽(남서쪽) 것이 곧장 엘레우시스로 가는 길에 놓인 것으로 '신성한 문'이라 부르고, 그 오른쪽(좀 더 북동쪽)에 놓인 것을 '디퓔론문'이라고 부른다. '디퓔론'이란 말 자체가 '이중의 문'이란 뜻이기 때문에 사실 다시 '문'이라고 덧붙이는 것은 군더더기지만, 영어로도 Dipylon Gate라고 부르는 것이 관행이다. 이것이 '이중'인 것은 문 두 개가 나란히 있었기 때문이다.

'이중문'이란 이름은 사실 기원전 3세기에 생긴 것이고, 그 이전, 우리가 주된 관심을 갖고 있는 고전기에는 '트리아시아이문Thriasian Gate'이라고 불렸다. 트리아시아 벌판으로 통하는 문이어서다. '신성한 문'은 현재 아치형으로 되어 있는데, 희랍인들은 아치를 사용하지 않았기 때문에 이 아치는 나중에 보수하면서 만들어 넣은 것일 터이다. 아테나이는 세 번 크게 파괴되는데, 우선 기원전 1세기 초 로마 장군 술라에 의해서다. 기원전 87년 소아시아 북쪽 해안에서 발흥한 폰토스의 왕 미트리다테스가 당시 로마의 속주였던 희랍을 차지하려 하자, 술라는 이에 맞서 군대를 이끌고 희랍으로 진격했고, 여러 전투에서 승리한 끝에 미트리다테스 쪽에 가담한 아테나이와 페이라이에우스를 약탈하고 파괴했다. 그리고 3세기 말 게르만족(헤룰레스족)에 의해서, 다시 6세기 말 슬라브족에 의해서 파괴를 겪는다. 앞의 두 번의 재앙 뒤에는 도시가 상당히 복구되었지만, 6세기 마지막 파괴 후에는—적어도 이 부근은—그냥 버려졌으며, 19세기에 가서야 거의 10미터 정도 덮인 흙더미를 파내고 체계적 발굴이 이루어졌다.

이 '이중문'과 그 옆의 '신성한 문'은 테미스토클레스가 세운 성벽의 관문이고, 어쩌면 이들이야말로 도시의 정문이라고 할 수 있다. (디필론은 이 도시에서 가장 큰 문으로 꼽혔다.) 아테나이가 속한 앗티케는 희랍 본토의 동남쪽 반도를 차지하고 있어서 그 동쪽에는 다른 도시 국가가 (섬에 있는 폴리스들을 제외하면) 없고, 적이든 손님이든 서쪽에서 도시로 접근하게 되어 있다. 따라서 이쪽으로 향해 있는 문들에는 적들의 침입에 대비한 장치가 있었다. 그 장치를 보이기 전에 우선, 이 문들이 속한 성벽에 대해서 알아보자.

이보다 전에 있던 성벽(페이시스트라토스 성벽)은 기원전 480년 페르시아 침입 때 파괴되었다. 새 성벽이 세워진 경위는 이렇다. 살라미스(기원전 480년)와 플라타이아이(기원전 479년)에서 각기 페르시아 해군과 육군을 격파하고 나서, 곧바로 아테나이와 스파르타의 경쟁이 시작된다. (히틀러라는 공동의 적이 사라지자마자 미국과 소련의 경쟁이 시작된 것과 거의 같다.) 아테나이인들이 이전에 있던 성벽보다 더 넓은 범위를 둘러싸는 성벽을 구축하려는 계획을 세우자, 스파르타 쪽에서는 그것을 막으려 했다. 그러자 테미스토클레스는 스스로 청해서 스파르타에 사절로 파견되었고, 거기서 얼마 전 살라미스에서 얻은 신망을 이용하여 시간을 끌면서 본국에서는 서둘러 성벽을 세우게 만들었다. (이 일화는 투퀴디데스의 『펠로폰네소스 전쟁사』 1권에 나온다. 한편 헤로도토스가 『역사』에 기록한 바에 따르면, 전쟁 직후 테미스토클레스가 스파르타를 방문하자 그쪽에서는 거의 외국의 국왕을 모시듯 그에게 올리브 관을 씌우고 전차를 선물로 주었으며, 출국할 때는 국경까지 300명의 호위대가 함께했다고 한다.) 그래서 아테나이에서는 주변의 가옥이나 무덤 비석 따위까지 최대한 모아들여 성벽의 재료로 사용했으며, 이 때문에 나중에 테미스토클레스에 대한 원망도 생겨났다고 한다. 바로 성문 주변에 거대한 묘지가 있

케라메이스코스 묘지 중간을 지나가는 테미스토클레스 성벽.

었는데, 여기서 묘석들을 많이 가져다 썼기 때문이다. 이 성벽은 나중에 펠로폰네소스 전쟁 직전에 더 확충되어 아테나이 남쪽 항구 페이라이에우스까지 '긴 성벽'으로 연결되고, 잠시 휴전한 기간에는 성문 앞에 방벽proteichisma까지 덧붙게 된다.

다시 이 성벽의 서북쪽에 있던 두 개의 문과 그에 딸린 방어 장치로 돌아가자. '디퓔론문'이나 '성스러운 문' 모두 벽을 뚫어서 바로 문을 단 것이 아니라, 벽 안쪽으로 ㄷ자 모양으로 성벽을 끌어들인 다음 그 안에 문을 만들었다. 그래서 외적들이 쳐들어오면 일단 ㄷ자 모양의 만곡 안으로 들어와야지 문을 공격할 수 있는데, 그러면 성을 지키는 사람들은 그 ㄷ자 성벽과 그것의 귀퉁이마다 세워 놓은 탑에서 적들을 공격할 수 있었다. 이 탑에 대한 언급은 아리스토파네스의 희극 「개구리」에도 나온다. 저승 가는 방법을 알기 위해 디오뉘소스가 헤라클레스를 찾아가자, 이 영웅은 겁 많은 포도주의 신을 놀려 먹는다. 케라메이코스의 탑 위에 올라가서 신호와 함께 아래로 뛰어내리면 된다고. 즉 횃불 나르기 경주가 출발할 때 탑에서 뛰어내리면 곧장 저승에 닿을 거라는 말이다.

하지만 지금은 탑의 자취를 찾기 어렵고, 대신 그 두 문 사이의 공간에 있었던 폼페이온의 터가 비교적 뚜렷하게 남아 있다. 이 건물은 여러 의식, 특히 판아테나이아 축제 의식에 이용되었는데, '폼페이온'이라고 하면 혹시 (카이사르의 맞수였던) 폼페이우스와 관련이 있는 게 아닐까 생각할 수도 있겠지만, 이는 희랍어 '폼페pompe(행진)'라는 단어에서 나온 것이다. 여기서부터 아고라의 '신성한 길'을 통해 아크로폴리스까지 종교 행사를 위한 행렬이 시작되었기 때문이다. 폼페이온 건물이 완성된 것은 기원전 4세기 초이지만 이곳에서 종교 행사가 있었던 것은 그 전부터여서, 조금 전에 본 「개구리」의 횃불 나르기 경주도 그 일환이었다.

폼페이온 터는 묘지 안쪽에서 접근할 수도 있지만, 묘지로 들어가기 전에 묘지 담장을 따라 약간 오른쪽으로 가서 내려다보는 방법도 있다. 그 직전에 길 오른쪽에 홀로코스트 기념물도 있으니 잠깐 들르는 것도 의미 있겠다. 몇개의 노란색 입체 도형을 별 모양에 가깝게 흩어 놓았다.

위에서 '케라메이코스'라는 단어가 나왔는데, 이 말은 현대의 '세라믹'이란 단어의 어원이다. 희랍어 kerameikos를 라틴어식으로 ceramicus라고 적고 그것이 '세라믹'이 된 것이다. '디퓔론문'과 '신성한 문' 사이로 작은 강이 흘러 나가는데, 이것이 하늘의 별자리 이름으로도 쓰이는 에리다노스강이다. 대개 이 에리다노스강은 세상의 서쪽에 있는 큰 강으로, 태양신의 아들 파에톤이 태양 마차를 잘못 몰아서 온 세상에 불을 내고 제우스의 벼락에 죽을 때 떨어진 곳으로 알려져 있다. 하지만 아테나이의 에리다노스는 강이라고 부르기도 민망한 작은 개천이다. 별자리 에리다노스강은, 겨울의 대표적 별자리인 오리온의 오른쪽 아래 1등성 리겔 바로 옆에서부터 남쪽으로 S자를 그리면 구불구불 이어지는 별자리다. 이 에리다노스강이 상류에서부터 실어다가 아고라 곁에 쌓은 진흙을 이용하는 도기 장인들kerameus의 작업장이 전부터 이곳에 많이 있었다.

하지만 아테나이 유적과 관련해서 '케라메이코스'라는 단어는, 도기보다는 묘지와 더 긴밀한 연관을 갖고 있다. 케라메이코스 구역과 디퓔론 부근에는, 에리다노스강의 강둑에서부터 도시 바깥쪽으로 묘지도 넓게 자리 잡고 있었기 때문이다. 전부터 있던 이 묘지의 중간으로 테미스토클레스 성벽이 지나게 되어, 결국 성벽 안에도 밖에도 묘지가 있게 된 것이다. (묘지는 대개 주거지 바깥에 있으니 당연히 성 밖에만 있을 것 같지만, 아테나이의 경우엔 그렇지 않다.) 이곳은 특히 나라를 지키다 전사한 사람들의 묘역이기도 해서, 『펠로폰네소스 전쟁사』에서 어쩌면 가장 유명한 연설, 즉 페리클레스의 장례식 연설이 행해진 곳도 바로 이곳이다. 현재 옛 성벽의 기단부가 노출되어 있고, 그 바깥으로 발굴된 묘들과 그에 부속된 장식들이 많이 공개되어 있으며, 부장품과 장식품들이 작은 박물관에 전시되어 있다. (야외에 있는 것들은 거의 다 복제품이고, 실내에 있는 것들이 진품이다.) 특히 내정에 전시된 황소상이 인상적이다. 학자들은 이 묘지가 기원전 세 번째 천년대부터 이용되다가 기원전 1200년경부터는 좀 더 조직적으로 이용되기 시작한 것으로 추정한다. 그러니까 청동기시대가 막 저물고 암흑기가 시작될 무렵에 이미 묘지 전용 구역으로 이용되었던 것이다.

플라톤의 학원 아카데메이아
케라메이코스에서 서북쪽으로 계속 진행해서 약 2.5킬로미터 정도 나아가면 플라톤의 학교가 있던 곳에 이른다. (이 학교 이름이 '아카데미'가

된 것은 부근에 옛 영웅 아카데모스의 성역이 있었기 때문이다.) 기원전 4세기 초부터 기원전 1세기 초까지 약 3백 년 동안 국제적인 대학 역할을 하던 곳이라 부지가 매우 넓다. 큼직한 건물 기초가 노출된 데가 세 곳 정도 있지만, 아직 기둥 따위 지상에 솟은 구조물을 복원하지는 않아서 그냥 공원으로 개방되어 있다. 옛 철학자의 흔적을 찾아보고자 하는 사람이라면 한번 가볼 만한 곳이지만, 웅장한 건물 등을 기대하고 가면 실망하기 쉬우니 '너무 실망하지는 말자'라고 미리 마음을 다잡고 가야 한다. 대개 희랍의 유적들이 버려지는 것은 로마시대 기독교가 본격적으로 자리 잡던 때(529년 유스티니아누스 칙령)인 경우가 많은데, 그보다 훨씬 일찍 이 학교가 망가진 것은 앞에도 언급한 술라의 공격(기원전 86년) 때문이다. 그래서 키케로(기원전 108년 또는 106년 생)가 아테나이에 공부하러 왔을 때 이미 이곳은 폐허가 되어 있었고, 플라톤의 후예들은 어느 귐나시온(체육관)에서 수업을 진행하던 중이었다. 키케로는 어느 오후에 이곳을 찾아왔을 때의 쓸쓸한 분위기를 『최고선악론』에 기록하고 있다.

하드리아누스의 추억, 올륌포스 제우스 신전과 하드리아누스문

이제까지 우리는 아크로폴리스를 중심으로 대체로 그 서북쪽 영역을 돌아보았다. 옛날 아테나이 시내는 아크로폴리스 남쪽보다는 그 북쪽이 더 넓고 공적인 건물도 많았다. 하지만 아크로폴리스 동남쪽에 거대한 고대 건축물이 하나 있으니, 바로 올륌포스 제우스 신전이다. 이것 역시 로마시대에 완성된 것이어서 시간이 부족하면 그냥 멀리서 보고 지나치기도 하지만, 그래도 시간을 내어 한번 가까이 가보면 이게 얼마나 큰 건물인지 실감할 수 있을 것이다. 사실 완성되기는 하드리아누스 황제 때였지만 계획부터 따지자면 6백 년 이상 걸린 건축물이다. (가

우디가 짓기 시작하여 아직도 공사 중인 스페인 바르셀로나의 성가족 교회 정도나 이에 비길 수 있다.) 기원전 6세기 참주 페이시스트라토스의 아들들이 짓기 시작해서, 기원후 2세기 초 하드리아누스 때 경우 완성되었기 때문이다. 그 후 한동안은 희랍 본토에서 가장 큰 신전으로 꼽혔지만 그 영광은 오래 지속되지 못했다. 완성된 지 약 1백 년 뒤에 앞에도 말한 헤룰레스족의 침입으로 신전이 파괴된 것이다. 이후 재건되지 못한 채—로마의 콜로세움이 그랬듯—오히려 기독교 교회와 회교 사원 등 다른 건물을 짓는 데 재료를 제공하는 곳으로 전락하고 말았다. 현재는 기둥 16개와 그 위에 얹힌 보의 일부만이 보존되어 있다.

애초에 페이시스트라토스 집안이 착공했을 때는 도리스식으로 8× 21(동서쪽은 8개의 기둥이 두 줄)로 계획했으나, 겨우 기단을 깔고 기둥 부품들만 일부 마련했을 때 참주들이 추방되었고(기원전 510년), 이후에는 3백 년 넘게 버려져 있었다. 애초의 입안자가 쫓겨났어도 이 건물이

올륌포스 제우스 신전.

종교적 목적을 지닌 것이니만치 다른 사람이 이어서 계속 지을 수도 있겠건만 그러질 못했는데, 그 이유는 이게 워낙 거대한 계획이어서다. 파르테논만 해도 기둥 수가 8×17인데, 이 건물은 가로 방향으로 기둥 두 개만큼 더한 8×19에다 동서쪽 입구 앞에 기둥 8개씩을 가로로 덧붙인 형국이었으니, 옛 사람들이 이 계획을 거의 신에 대한 도전hybris으로 여긴 것도 어쩌면 당연해 보인다. (아리스토텔레스는 『정치학』에서, 이 건물이 시민들로 하여금 정치에 신경 쓸 틈을 주지 않기 위해서 기획된 것이라고 주장했다.)

그 후 헬레니즘시대인 기원전 174년, 알렉산드로스의 제국 중 동쪽 중앙을 차지한 셀레우코스 왕국의 안티오코스 4세가 이 계획을 승계한다. 그는 자신이 제우스의 현신이라는 과대망상을 가졌던 인물로, 로마의 건축가를 초치하고 이전 계획을 더욱 거대한 것으로 변경하였다. 건축 양식은 도리스식이 아니라, 더 화려하고 거대한 코린토스식으로 바꾸고, 기둥 숫자도 늘려서 건물의 동쪽과 서쪽에는 세 줄로, 북쪽과 남쪽에는 두 줄로 두르자는 것이다. 달리 표현하자면 맨 바깥쪽을 기둥들로 한 바퀴 두르고, 다시 그 안쪽을 한 바퀴 더 두른 다음, 동쪽과 서쪽 입구 문 앞에 다시 기둥 네 개를 가로로 세운 격이다. 맨 바깥쪽 기둥 테두리는 8×20, 그 안쪽 기둥 테두리는 6×18인 것이다. 그러면 기둥 수는 도합 104개가 된다.

하지만 왕은 건물을 완성시키지 못한 채, 착공 10년 만에 세상을 떠나고, 반쯤 짓다 만 신전은 그 후 술라의 아테나이 공격 때 큰 피해를 입는다. 다시 아우구스투스 때 공사가 재개되었다 중단되고, 그로부터 100여 년이 흘러서야 하드리아누스의 지원으로 완성된 것이다.

지금 남아 있는 기둥은 모두 16개인데, 건물의 동남쪽 귀퉁이 부근에 모여 서 있는 것이 13개, 그리고 서쪽에 따로 떨어져 서 있는 것 두 개와 그 사이에 쓰러져 있는 것 하나다. (쓰러진 기둥은, 체계적 발굴 이후인 19세기 중반 폭풍에 넘어졌다.)

지금은 다 없어져 버렸지만, 완성되었을 때의 모습을 그려 보자면 이렇다. 기둥들 안쪽의 내부 건물은 전형적인 신전 건축의 구조대로, 동서로 길쭉한 것이 세 부분으로 나뉘어 있다. 서쪽 부속 공간 opisthodomos과 중앙 공간 naos 사이에도 문이 있어서 서쪽에서도 안으로 들어갈 수 있게 되어 있었다. 중앙 공간 내부에는 남쪽과 북쪽의 벽면을 따라서 기둥이 각기 8개씩 서 있었다. 대개는 서쪽벽이 막혀서, 동쪽을 향해 열린 ㄷ자 모양으로 기둥이 둘러서는 게 일반적인 신전 구조인데, 이 건물은 워낙 규모가 커서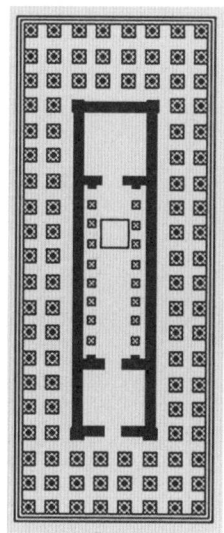

하드리아누스 때 완성된 올륌포스 제우스 신전 평면도.

서쪽에도 출입문을 만들고 거기 맞춰 내부 기둥도 ㄷ자 아닌, 11자 형태를 취했다. 건물 안에는 황금과 상아로 만든 제우스상이 모셔졌다고 한다. 이 시대에는 황금과 상아로 신상을 만드는 것이 고대적 방식으로 여겨졌는데, 파르테논 내부에 모셔진 아테네상이 그렇게 되어 있었기 때문에 이 제우스도 그 선례를 따른 것이다.

이 거대한 신전의 서쪽(더 정확히는 서북쪽 모서리 옆)에는 하드리아누스의 문이 서 있어서, 신전 구역으로 들어가는 입구 역할을 하고 있다. 이 문과 신전의 축선이 어긋난 것은 고대의 도로 방향이 신전과 평행하지 않았기 때문이다. 이 문은 아마도 131년 또는 132년에 올륌포스 제우스 신전 구역(아폴론 신전과 다른 제우스 성역 등 다른 건물도 포함되어 있었다)이 완성된 것을 기념하여 하드리아누스 황제가 이곳을 방문했을 때, 그 사건을 기리기 위해 세워진 듯하다. 이것을 황제 자신이 세우게 했는지 아니면 다른 사람이 기증했는지는 불분명하다. 문의 대체적인 형태는 로마의—통로가 하나뿐인—개선문 위에 신전 입구 같은 구조물을 얹은 꼴이다.

원래는 개선문 모양의 아래층 앞뒤에도 아치 양쪽으로 기둥이 하나씩 서 있었지만, 지금은 사라지고 없다. 아래층 구조물의 양쪽 끝은 사각기둥 모양(묻힘 기둥꼴 장식pilaster)으로 마감했다. 위층은 일종의 벽이 '개선문'의 가로 방향 중심선을 지나가고 그 중앙의 앞뒤로 현관이 튀어나온 꼴이다. 하지만 이 '돌출 현관'은 진짜 현관이 아니어서, 얼핏 보기에는 앞쪽에는 코린토스식 기둥이 양쪽으로 하나씩 있는 듯 보이지만, 사실 이것들은 앞면만 원기둥꼴이고 뒷부분은 그냥 벽으로 이루어진 '반-기둥half-column'이다. 그러니까 위층 중앙부만 보자면, 앞뒤로 H자처럼 튀어나온 구조에, H자의 네 꼭짓점은 정면에서 볼 때만 원기둥처럼 보이게 만들었단 말이다. 가로 방향 중앙 벽은 네 개의 사각기둥으로 받쳐졌다.

기둥이 네 개이기 때문에 그 사이에 공간이 세 칸 생기는데, 애초에 한가운데 공간은 벽으로 막혀 있었던 듯하지만, 지금은 그 부분도 그냥 뚫려 있다. 이층의 사각기둥 중 양쪽 끝의 것은 원래 아래층의 통로 좌우에 있던 두 기둥과 같은 너비로 맞춰졌다. 위층 네 개의 기둥들 위로는 보가 지나가고, 보에서 약간 돌출된 수평 처마geison 밑에는 이빨 장식dentil이 되어 있다. 한편 돌출 현관 위에는 맞배지붕이 얹혀 있고, 정면에서 보면 박공이 조성되어 있다. 1층 위나 2층 보 위에, 또는 1층 앞에 서 있던 기둥 위에 조각상이 놓였었는지에 대해서는 학자들 사이에 의견이 엇갈리고 있다. 혹시 조각상이 있었다면 테세우스와 하드리아누스의 상일 가능성이 크다.

신전을 바라보는 면의
하드리아누스문과
위층 중앙부의 평면도.

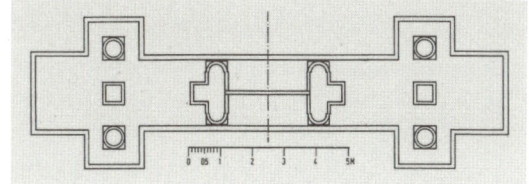

아래층의 아치 바로 위로 지나가는 보architrave에는 희랍글자로 새김글이 있는데, 띄어쓰기가 도입되기 전이고, ㅎ 발음 표시와 구두점도 없어서, 희랍어를 아는 사람이라도 얼른 내용을 알기 어렵다. 아크로폴리스를 보고 있는 면(서북쪽)과 올륌포스 제우스 신전을 보고 있는 면(동남쪽)의 내용이 약간 다른데, 아크로폴리스 쪽의 새김글을 읽기 쉽게 적으면 이러하다.

ΑΙΔ᾽ ΕΙΣΙΝ ΑΘΗΝΑΙ ΘΗΣΕΩΣ Η ΠΡΙΝ ΠΟΛΙΣ
이 옛 도시는 테세우스의 아테나이이다.

하드리아누스문 복원도.
2층 양끝에는 원래 앞쪽과 뒤쪽에
원기둥이 한 개씩 있고, 중간에
사각기둥이 하나 있었는데, 현재
원기둥들은 모두 없어지고 사각기둥만
남아 있다. 복원도는 정면에서 본
모습이라서 중간의 사각기둥은
원기둥 뒤에 가려져서 보이지 않는다.

반면에 신전을 바라보고 있는 면의 새김글은 이러하다.

ΑΙΔ᾿ ΕΙΣ᾿ ΑΔΡΙΑΝΟΥ ΚΟΥΧΙ ΘΗΣΕΩΣ ΠΟΛΙΣ
이 도시는 테세우스의 것이 아니라, 하드리아누스의 것이다

두 구절을 합치면, 지금 이 문이 도시의 새로운 구역 경계라는 뜻이 된다. 일설에 따르면 이 문은 애초에 테미스토클레스 성벽이 지나던 경계선 위에 세워진 것이라 한다. 하지만 다른 학자는, 이 도시가 전에는 테세우스의 것이었지만, 이제는 하드리아누스의 것이라고 선언하는 것이라 해석한다.

이제는 도심 한가운데에 놓인, 아리스토텔레스의 학교 뤼케이온

아테나이의 서북쪽에 플라톤의 학교가 있었다면, 그의 제자 아리스토텔레스가 세웠던 학교는 아테나이의 동남쪽에 있었다. 하지만 플라톤

의 아카데메이아처럼 시내에서 멀리 떨어진 것은 아니고, 거의 시내에 속한 위치였다. 원래 '늑대 신 아폴론Lykeios Apollon'을 모시던 신전이 이곳에 있었기 때문에 '뤼케이온'이라고 불리게 되었다. 아리스토텔레스가 학교를 세우기 전부터 토론 장소로 자주 이용되던 곳이고, 프닉스 언덕에서 정기적인 모임이 이뤄지기 전에는 아테나이 민회가 이곳에서 열리기도 했다.

아리스토텔레스는 플라톤이 죽을 무렵(기원전 348/7년) 아테나이를 떠나 레스보스에 있다가 알렉산드로스의 선생으로 초대되어 마케도니아로 갔고, 알렉산드로스가 동방으로 떠난 뒤에 다시 아테나이로 돌아왔다(기원전 335/4년). 이때 뤼케이온 학교를 세워서 약 12년 유지하다가, 알렉산드로스가 죽고 아테나이인들 사이에서 마케도니아에 대한 반감이 커지자 다시 이곳을 떠났으며, 다음해(기원전 322년) 에우보이아섬에서 죽었다. 그가 죽은 뒤에도 (아리스토텔레스의 장서와 원고들이 다른 데로 옮겨지긴 했지만) 후계자들에 의해 학교가 유지되다가, 술라의 침공 때 문을 닫았다. 기원후 1세기에 다시 문을 열었지만, 헤룰레스족의 침입으로 완전히 문을 닫게 된다.

이 학교의 정확한 위치는 알려져 있지 않다가, 1996년 새롭게 현대미술관을 짓고자 부지를 정리하던 중에 기초가 발견되었다. 그 후 정리 작업을 거쳐 최근(2009년) 어린이박물관 뒤에 유적지가 공개되어 있다. 올림픽 스타디움에서 걸어서 10분 거리다. 옛날에는 이곳이 도시의 경계에 가까운 곳이었지만 지금은 도심 한가운데여서, 아카데메이아 유적지에 비해 호젓한 맛은 조금 덜하다. 그러나 주변에 국립정원과 대통령궁, 여러 외국공관 들이 있어서 그래도 비교적 조용한 곳이다. 고대 철학에 관심 있는 사람이라면 한번 방문해 볼 만하다. 올림포스 제우스 신전에서 동쪽으로 걸어서 약 10분 거리에 스타디움, 다시 10분 거리에 뤼케이온이니, 이 셋을 계속 이어서 돌아보는 방법도 있겠다.

뜻밖에도 오래된 판아테나이아 스타디움

올륌포스 제우스 신전 동쪽에 현대식 경기장이 있다. 북서쪽을 향해 열린 U자형으로 생긴 스타디움으로 제1회 근대 올림픽이 열렸던 곳이고, 2004년 아테나이 올림픽 때도 양궁 경기장으로, 마라톤 결승점으로 이용되었다. 지금은 매우 현대적인 형태를 갖추고 있지만, 사실은 이 자리가 2천4백 년 정도 된 경기장 자리다. 기원전 330년경, 그러니까 알렉산드로스가 동방 원정을 떠나고 아리스토텔레스는 아직 아테나이에서 자기 학교를 유지하던 때에, 아테나이 정치 지도자 뤼쿠르고스(유명한 스파르타 입법자와 동명이인)가 주창해서 이곳에 경기장을 지었다. 물론 그때는 고대 올림픽이 올륌피아에서 열리던 때이니 올림픽을 유치하자는 것은 아니고, 아테나이 고유 축제인 판아테나이아를 위한 시설이었다. 그로부터 약 5백 년 지나서 기원후 144년, 로마의 원로원 의원인 헤로데스 앗티쿠스(아크로폴리스 남쪽에 음악당을 지어 준 그 사람. 원래 마라톤 지역 출신이다)가 지원해 주어서 경기장을 수용 인원 5만 명 수준으로 확장, 개수하게 된다.

앗티쿠스가 지은 그 경기장은 4세기에 기독교가 보편화되면서 버려졌다가, 19세기 후반에 발굴되었다. 그 후에 여기서 몇차례 '올림픽' 경기가 열리게 되는데, 이때는 아직 근대 올림픽이 시작되기 전이고, 국제 올림픽위원회IOC도 없던 때였다. 이 대회를 후원한 이는 희랍인 사업가 에반젤리스 자파스Evangelis Zappas로, 정식 올림픽이 자리 잡은 다음에는 이 경기대회를 '자파스 올림픽'이라고 부른다. 정식으로 IOC가 발족한 다음, 첫 번째 올림픽의 개막식과 폐막식, 몇개의 경기가 이곳에서 치러졌고, 정식 올림픽이 쉬는 사이에 열린 '중간 올림픽Intercalated Games'

도 몇번 여기서 치러졌다. (근대 올림픽 역사 초기에는 이런 행사도 있었다.) 지금도 아테나이 국제 마라톤 대회의 결승점으로, 그리고 어디선가 올림픽이 열릴 때마다 성화 전달식을 거행하는 곳으로 꽤 자주 이용되고 있다. 내가 지난 번 방문했을 때는 평창 동계 올림픽을 앞두고 막 성화 전달식이 진행되고 있었다. 그러니까 이 구조물은 1천8백 년 전 모습을 거의 그대로 유지하면서 멀쩡히 잘 쓰이고 있다는 것이다. 그냥 현대에 지은 것이 아니니, 혹시 이곳을 방문하는 사람은 좀 더 주의를 기울여 보는 것이 좋겠다. 현지인들은 이 경기장이 세계에서 유일하게 전체가 대리석으로 지어졌다는 점 또한 강조한다.

고대 문명의 보고, 아테나이 국립고고학박물관
이 박물관이 소장한 유물들에 대해 해설한다는 것은 고대 그리스 문명사 전반을 소개하는 일이나 다름없을 터이니, 일단 전체적인 큰 그림을 제공하고 이어서 몇가지 특이한—주로 신화와 관련된—유물만 강조하겠다.

  수만 점 유물로 그득한 박물관에 들어서면 정신이 없어지는데, 전체적인 틀을 갖고 들어가면 조금 낫지 않을까 싶다. 그리스 유물과 관련해서 내가 드리는 충고는 일단 지역별, 시대별로 가장 특징적인 기준 유물이 무엇인지 알고 가시라는 것이다. 사실 상고시대 이후는 희랍 문화권 전체가—문화적으로—거의 통일된 듯한 모습을 보이기 때문에, 선사시대(그때의 일들이 문자로 기록되지 않은 시기) 유물만 정리해 보면 된다. 우선 지역별로, 선사시대 유물은 크게—독자들이 익숙한 지역부터 꼽자면—희랍 본토, 크레테 주변, 퀴클라데스 지역으로 나뉜다. 시기적으로 먼저 개화한 것이 크레테 문명이니, 그것을 앞세우는 게 나을 수도 있다. 크레테 문명은 대개 전설적인 왕 미노스의 이름을 따서 '미노아 문명' 또는 '미노스 문명'이라고 부른다.

사실 '미노아'라는 것은 그저 Minoan이란 형용사를 한국에서 명사처럼 만든 것이어서, 다른 데는 없는 이상한 단어이다. 앞에 '도리아 양식'에서 '도리아'가 말도 안 되는 조어라고 했던 것과 비슷한 상황이다. 그래서 '미노아 문명' 대신 '미노스 문명'이라 하자는 제안들이 있는데, 이번에는 '미노스'가 사람 이름이어서 문제가 생긴다. 한 문명에 사람 이름을 붙이는 게 과연 적절한지 하는 것이다. 영국 문화사, 문학사에 쓰는 '엘리자베스 시대'나 '빅토리아 시대'가 있지 않냐고 반문하실 분도 있겠지만, 이 두 분 여왕님은 아주 오래 재위하셔서 한 100년 정도를 대표하기에 큰 무리가 없다. 재위 기간을 살짝 넘어서지만 성격상 거의 같은 시기를 지칭하는 수단으로 '장기적 ~시대'라고 하는 방법도 있기 때문이다. '장기적 20세기', '장기적 중세'처럼. 하지만 미노스는—다이달로스를 추격하다가—일찌감치 뜨거운 물에 잠겨 죽었다니, 게다가 '미노아 문명'은 수백 년 범위를 가리키는 말이니, 미노스로 대표하기엔 아무래도 어려움이 있다.

다시 그리스 문화 시대 구분으로 돌아가서, 앞에도 나왔지만 아주 도식적인 간단한 시대 구분은 이렇다.

기원전 2000년경	희랍어를 말하는 사람들이 희랍 땅에 도착
기원전 1800~1500년	미노아 문명
기원전 1500~1200년	뮈케나이 문명
기원전 1200~800년	암흑기
기원전 776~480년	상고시대
기원전 480~323년	고전기
기원전 323~30년	헬레니즘시대

위에서 미노아 문명과 뮈케나이 문명을 나란히 적어서 이 둘이 마치

일종의 계승 관계인 듯 보이지만, 사실 이 두 문명은—영향을 주고받기는 했지만—지역적으로 다른 데서 생겨난 것이다. 그리고 시대적으로도 이 둘이 칼로 자른 듯 보이지만, 뮈케나이 문명이 시작되었다 해서 미노아 문명이 바로 문을 닫은 것은 아니기 때문에 위의 표가 완전히 맞는 것은 아니다.

그래서 약간 조정하자면, 먼저 크레테와 그 주변 지역에 미노아 문명이 번영을 누렸고, 그 후 본토에서 뮈케나이 문명이 꽃피었으며, 뮈케나이 문명 시기에도 미노아 문명은 여전히 그 잔영이 남아 있었다는 것이다. 그리고 또 하나, 이 시기에 두 지역 사이 공간(델로스섬을 중심으로 빙 둘러선 섬들)에는 퀴클라데스 문명이 번성하고 있었다는 것이다.

지역적으로 세 영역을 나누고, 이어서 시기적으로 각 지역의 문명 단계를 세분하는데, 본토 문명은 '뮈케나이 문명'보다는 더 폭넓은 개념을 사용하여 '헬라스 문명'이란 말을 쓴다. 이 문명은 전체적으로 셋으로 나눠서 '초기 헬라스 문명 Early Helladic Civilization(기원전 3200~2000년)', '중기 헬라스 문명(기원전 2000~1550년)', '후기 헬라스 문명(기원전 1550~1050년)'으로 나누고, 그 각각을 다시 두세 조각으로 나눈다. 그것을 약자로 표현한 것이 EHI, EHII, EHIII, MH, LHI, LHII, LHIII 등이고, 그것을 더 자세히 나눌 경우에는 다시 여기에 A, B, C 등의 표시를, 거기서 더 자세히 나누자면 또 아라비아 숫자를 덧붙인다. 위에 뮈케나이 문명이라고 한 것은 대체로 '후기 헬라스 문명'과 일치한다.

각 시기를 크게, 또는 세부적으로 나누는 기준은 사실 일반인으로서는 따라잡기 어려운 대목인데, 도기의 기법(물레의 사용, 문양의 변화)이 바뀐다든지, 새로운 기술(청동 야금술, 소를 이용한 쟁기질, 흙으로 구운 닻, 도끼머리에 자루 구멍 뚫기 등)이 널리 퍼진다든지, 번성하던 주거지가 갑자기 파괴되거나, 이전에 없던 거대 건축물 또는 무덤이 생겨난다든지

퀴클라데스제도 지도.

하는 것들이다.

 미노아 문명은 학자마다 시대 구분이 조금씩 다르지만 대체로 초기(EM, 기원전 3000~2200년), 중기(MM, 기원전 2200~1500년), 후기(LM, 기원전 1500~1000년)로 나뉜다. 초기와 중기를 나누는 기준은 왕궁 건설이고, 중기와 후기를 나누는 사건은 그 왕궁의 파괴이다. 왕궁이 파괴된 사건은 자연재해(지진, 화산 폭발, 쓰나미)와 연관된 경우가 많은데, 미노아 문명의 중기와 후기를 나누는 파괴는 아마도 뮈케나이 사람들의 공격 때문인 듯하다. 그래서 위의 가장 간단한 도식에서 미노아 문명 다음에 뮈케나이 문명을 기입한 것이다. 후기 문명이 막을 내리는 것은 역시 본토와 마찬가지로 도리스인의 남하(그리고/ 또는 '해양 민족'의 공격)와 연관된 듯하다. ('해양 민족'은 지중해 주변 청동기 문명이 막을 내릴 무렵 지중해 곳곳을 들쑤시고 다닌 사람들이다. 어디서 왔는지 근원도 불분명하고 원래 이름이 무엇인지도 모른다. 이집트까지 공격했던 이들이 최종적으로 정착한 곳은 팔레스타인 지역이다. 다윗과 싸웠던 골리앗이 속한 블레셋 민족이 그들이다. 이들이 활동하던 시기에 희랍 땅에는 이전까지 있던 희랍 방언과는 다른 방언을 쓰는 사람들이 북쪽에서부터 내려왔다. 이들이 도리스인들로, 대체로 펠로폰네소스 지역에 정착했다.)

퀴클라데스 문명은 일반인들에게는 잘 알려져 있지 않지만, 사실은 연대가 상당히 올라간다. 이 문명 역시 초기-중기-후기의 세 시기로 나뉘는데, 시작은 기원전 3200년, 중기는 기원전 2000년부터, 끝부분은 기원전 1600~1100년으로 잡는 게 보통이다. 이 문명의 가장 특징적인 예술품은 돌을 깎아서 만든—매우 현대적인—조각품들인데, 이런 작품들의 연대는 기원전 2800~2300년이고, 몇몇은 기원전 2700년경 것이어서 이집트의 피라미드만큼이나 오랜 것들이다.

위에 설명한 세 가지 문명 중 크레테 문명의 유물들은 이라클리온(헤라클레이온) 박물관에 따로 소장되어 있기 때문에, 아테나이 국립고고학박물관에서는 우선 두 군데 것만 보면 된다. 나로서는 퀴클라데스 문명권을 먼저, 뮈케나이 문명은 그 뒤에 보라고 권하고 싶다.

퀴클라데스 문명의 대표적인 작품은 〈하프 타는 사람〉이라고 알려진 작품이고, 그 밖에도 양팔을 가슴 밑으로 꺾어 모아서 팔짱을 낀 듯한 자세를 취하고 서 있는 여성상이 많이 있다. 또 하나 이 문명권에 특징적인 것이 벽화들이다. 사실 이 벽화들은 딱히 퀴클라데스 문명에 속한다고 말하기 껄끄러운 면이 있는데, 크레테와 공통점이 너무 많기 때문이다. 어쨌든 특이한 조각으로 유명한 퀴클라데스 문명의 마지막 단계에, 어쩌면 미노아 문명과의 교류 때문에 생겨났을지도 모르는 벽화들이 상당히 발굴되었다는 것만 알면 되겠다. 이런 그림의 일부는 크레테의 헤라클레이온에, 일부는 산토리니(테라)에, 그리고 아테나이 국립고고학박물관에도 일부 전시되어 있다. 〈권투하는 소년(소녀)들〉과 〈봄의 정원〉이 아테나이에 있는 대표적 작품으로 산토리니에서 출토되었다. 〈봄의 정원〉은 여러 색으로 그려진—마치 조선 왕궁의 괴석들같이 생긴—땅에 꽃이 피고 제비가 날아드는 장면을 그리고 있다. 산토리니에 가면 화산재의 성분에 따라서 흙 색깔이 다른 것을 볼 수 있는데, 현지 안내자의 설명에 따르면 그 흙 색깔들이 잘 반영된 게 바로 이 그림이란다. (물고기를 든 〈어부〉와 〈푸른 원숭이들〉은 산토리니에 가야 볼 수 있다.) 산토리니 말고도 이런 벽화가 출토된 데가 멜로스섬이다. 〈밀로의 비너스〉(기원전 100년경)라는 작품이 발견된 곳으로 유명하지만, 다른 뛰어난 유물도 몇가지 더 있어서 만만치 않은 문화가 있었음을 알 수 있다. (사실 고전 작품을 많이 읽은 사람이라면, 투퀴디데스의 『펠로폰네소스 전쟁사』에 그려진 이 도시국가의 쓰라린 최후에 대해 알고 있을 것이다. 하지만 그곳이 약 1천 년 전엔 찬란한 문명의 배경이었다.) 멜로스섬의 날치 벽화가 아테나이에서 전시되고 있다.

〈하프 타는 사람〉.

퀴클라데스 여성상.

위 〈봄의 정원〉. 아래 멜로스섬의 날치 벽화. 오른쪽 〈권투하는 소년(소녀)들〉.

아테나이 시내에 또 하나 퀴클라데스 미술품을 볼 수 있는 곳이 있다. '퀴클라데스 예술 박물관 Museum of Cycladic Art'이라는 곳인데, 굴란드리스 Goulandris라고 하는 학자-수집가 부부의 컬렉션을 소장하고 있는 곳이다. 현대미술 전시에도 많이 신경을 쓰는 곳이라 어쩌면 상설전은 다소 약할 수도 있다.

뮈케나이 문명의 대표적 유물은 '아가멤논의 황금 가면'(사실 트로이아 전쟁은 기원전 13세기 또는 12세기에 일어난 것으로 알려져 있는데, 이 유물은 그보다 3백 년쯤 전 것이니 아가멤논의 초상일 수는 없다)을 비롯해서 황금으로 만들어진 여러 기물들이다. 얼른 보기엔 이것들만큼 인상적이진 않지만, 이 시기 유물로 좀 더 중요한 것은 '선문자 B Linear B'가 새겨진 점토판들이다. 선문자 B라는 것은 청동기시대에 쓰이다가 암흑기에 사라진 문자로서, 옛 희랍어를 적은 약 90개의 소리글자이고—한글이

아테나이 111

나 로마자 같은 음소문자가 아닌—음절문자이다. 또 하나 이 시기 유물로 중요한 것을 꼽으라면, 나로서는 돼지 이빨 투구를 꼽겠다. 『일리아스』 10권에 오뒷세우스가 야간 정찰을 떠날 때 쓰고 나가는 투구인데, 실물로도, 상아에 새긴 모습으로도, 그리고 돼지 이빨이 아니라 상아를 둘러 만든 것으로도 발견되었다.

뮈케나이 문명 또는 좀 더 폭넓게 '후기 헬라스 문명'의 유물 중 일반인들이 예상치 못한 것이 크레테풍의 벽화들이다. 뮈케나이 아크로폴리스에서 발견된 여인 벽화 등이 있고, 특히 헤라클레스의 고향인 티륀스에서 발굴된 벽화들도 아테나이에 있으니 이것에도 주목하는 게 좋다.

위에 알아본 세 지역의 세 문명은 청동기 문명이다. 이들 앞에 구석기 신석기 유물들도 있지만, 이 시기 것들은—일반인이 보기에는—세계

왼쪽 아가멤논의 황금 가면. 오른쪽 돼지 이빨 투구. 아래 선문자 B판.

뮈케나이 여인 벽화.

티륀스의 사냥개 벽화.

어디서나 비슷한 양상이어서 지역적 특색은 두드러지지 않는다. 그보다는, 이 땅이 아주 오래전부터 사람이 살아온 땅이라는 것을 확인할 때 오는 어떤 느낌이 중요할 텐데, 그런 느낌은 앞서 소개한 아크로폴리스 박물관이나 아고라 박물관같이 좀 더 호젓한 데서 더 다가온다. 그것까지 챙기기엔 국립고고학박물관은 너무나 유물이 많고 사람도 많다.

청동기시대 다음의 암흑기는—적어도 그중 후기는—'기하학문양 시대(기원전 1050~700년, 좁게 잡으면 기원전 9~8세기)'라고도 한다. 소용돌이 문양을 가진 금속 제품이나 기하학적 무늬를 지닌 도기들이 대표적 유물들이다.

다소 빈약한 이 시기를 지나면 상고시대와 고전기를 보게 된다. 두 시기의 차이는 주로 조각과 도기에서 나타난다. 상고시대의 특징을 가장 잘 보여 주는 것이 '쿠로스'라고 알려진 젊은 이 조각상이다. 대체로 왼발을 앞으로 내밀고 차려 자세에 가까운 포즈로 서 있는 남성상인데, 아크로폴리스 박물관에서 많이 본 코레의 남성형이라고

장례 장면이 그려진 기하학문양 도기.

아테나이 113

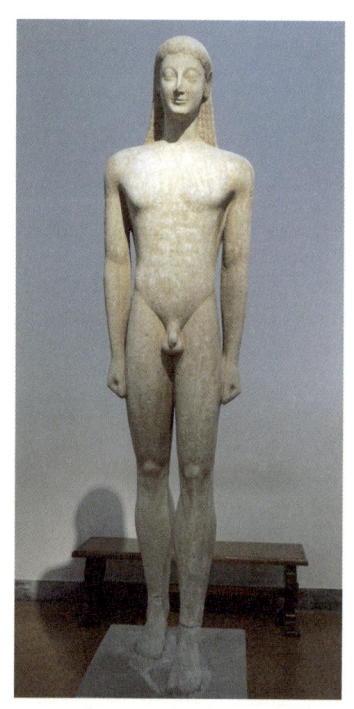

'상고시대의 미소'를 띠고 있는 쿠로스상

할 수 있다. 이 시기 조각작품들은 부분은 아름답지만 전체적으로 조화가 잘 안되고, 자세가 매우 뻣뻣하다는 게 특징이다. 이 시기의 문학작품에도 그런 특징이 나타나기 때문에, 이를 '상고시대 방식archaic style'이라고 부른다. 이 시기 조각들은 대개 양 끝 입꼬리가 올라가 있어서 미소를 띤 것 같은 표정인데, 이것을 '상고시대의 미소archaic smile'라고 부른다. 이를 두고, 그 시대 사람들의 낙관적 세계관이 반영된 것이라는 설명도 있고, 그저 아직 자연스런 입모양을 만들 줄 몰라서 이렇게 되었다는 해석도 있다. 이들보다 표정도 동작도 자연스러운 조각이 있으면 고전기 것이라고 생각하면 된다. 사실 상고시대 작품들은 이집트의 영향을 강력히 받은 것들이다. 나중에 이집트에 가서 비슷한 조각을 만나더라도 놀라지 마시기 바란다.

이 시기의 도기들을 보면 일반인도 대충 시기를 구분할 수 있다. 아직도 기하학적 연속무늬를 많이 사용하고 그림이 좀 거칠다 싶은 것(《짐승들의 여주인》처럼)은 오래된 것이고, 그런 무늬가 덜 쓰이거나 안 쓰인 것은 후대의 것이다. 이 시기 도기 그림들은 거의 모두, 그림 테두리 안에 검은색을 칠하고 테두리 바깥은 흙 색깔을 남겨 둔 흑색상 도기black figure vase이다. 기원전 5세기에 들어서면 그림 테두리 안에는 흙 색깔을 남겨두고, 그 바깥에 검은색을 칠하는 적색상 도기red figure vase가 중심이 된다. (앞에서 상고시대와 고전기의 구분선이 기원전 480년이라고 했지만, 도기 제작 기법이 달라지는 것은 대체로 그 이전이다. 게다가 유물별로 예외는 있으니, 이것을 대체적인 기준이라고 보시기 바란다. 기원전 500년 이전의 적색상 도기도, 그 이후의 흑색상 도기도 있다.) 날개 달린 말이 끄는 수레를 타고 아마도 '북풍 너머 사람들'에게서 돌아오는 아폴론을, 사슴을 잡고 있는 아르테미스가 맞이하는 그림의 도기와, 아킬레우스가 파트로클로스 장례식 경기를 개최하는 그림의 도기 파편이 각기 상고시대 초기와 중기를 대표한다고 하면 되겠다.

조각 중에 가장 주목할 만한 것을 꼽자면, 제우스 또는 포세이돈으로 알려진 청동상이다. 이것은 다리를 앞뒤로 넓게 벌리고 왼손을 앞으로 뻗어 균형을 잡으면서 오른손으로 어떤 무기를 겨누고 있는 건장한 남성의 모습인데, 그 오른손에 들린 무기가 남아 있지 않아서 누구인지 아직 논란이 되고 있다. 그 무기가 벼락이라면 제우스상이고, 삼지창이라면 포세이돈이다. 그런 자세를 자주 보이는 것은 사실 제우스지만 포세이돈도 이따금 그런 자세를 취하는 데다가, 하필 이 유물의 발견 장소가 포세이돈 숭배로 유명한 아르테미시온곶(희랍반도 동쪽 에우보이아 섬의 동북단) 근처여서다. 이런 유물들은 대개 바닷속에 가라앉은 채로 발견되는데, 희랍에서 최초로 발굴된 청동상은 엄청난 주목을 받았다. (나중에 소개하겠지만, 델포이 박물관에 모셔진 〈청동 마부상〉이 그것이다.)

조각 중에 또 하나 강조할 것이, 원래 아크로폴리스 파르테논에 모셔졌던 '황금과 상아로 된' 아테네상을 대리석으로 모각한 조각상이다. 머리에는 술이 세 개 있는 아테나이식 투구(코 가리개가 없는 것)를 쓰고 있는데, 가운데 술은 스핑크스가, 양쪽 술은 페가소스가 받치고 있다. 가슴에는 중앙에 작은 고르곤 얼굴이 붙은 아이기스를 둘렀고, 오른손

왼쪽 〈짐승들의 여주인〉 도기 그림.
오른쪽 아폴론을 맞이하는 아르테미스 도기 그림. 상고시대 초기.

파트로클로스 장례식 경기를 그린 흑색상 도기. 상고시대 중기.

제우스 또는 포세이돈 청동상.

에는 승리의 여신 니케를 들고 있는데 니케의 머리는 사라지고 없다. 그 밑에는 배흘림이 들어간 기둥이 받치고 있다. 오른쪽 다리는 쭉 뻗었고, 왼다리는 무릎이 튀어나오게 살짝 굽혔다.

특히 여신의 방패 안쪽에는 뱀 한 마리가 굵직하게 새겨져 있는데, 아크로폴리스에서 섬겨졌다는 신성한 뱀(더 근본적으로는 땅에서 태어난 뱀 아기 에릭토니오스)일 수도 있지만, 다른 한편 아테네에게 여전히 남아 있는 대지모신의 면모를 보여 주는 것일 수 있다. 지금 보는 것은 3세기에 만들어진 것인데, 원래 파르테논 신전에 모셔졌던 것과는 약간 차이가 있다고 한다. 우선 크기가 현재 1미터 남짓한데, 원래 것의 1/12로 줄인 것이다. 그리고 더 전에 그 조각상을 보았던 사람들—희랍의 파우사니아스, 로마의 플리니우스(23~79년. 로마의 장군, 문필가. 보통 『자연사』 또는 『박물지』라고 부르는 책을 썼다. 거의 백과사전에 해당되는 책이다. 베수비오스 화산 폭발 때 폼페이 사람들을 구하러 갔다가 거기서 죽었다)—은, 원래 여신의 대좌에는 판도라의 탄생 그림이 새겨져 있었고 여신이 창을 갖추고 있으며, 방패 전면에는 아마존과의 전투가 새겨져 있었다고 전한다. 현재의 여신상은 '바르바케이온Varvakeion의 아테네'라는 별칭으로도 불리는데, 1880년에 이 조각상이 발견된 곳이 바르바키스라는 사람이 세운 학교 근처여서란다.

여러 조각상들은 더러는 솜씨 때문에, 더러는 〈신발로 판 신을 때리려는 아프로디테상〉(기원전 100년경, 델로스 부분에서 다시 설명함)처럼 위트나, 〈그릇을 들고 있는 곰〉(기원전 2800~2300년, 멜로스)이나 〈아르테미시온의 경마 선수〉(기원전 140년)처럼 발상의 특이함 때문에 우리 눈길을 끌지만, 그것을 다 소개할 수는 없고 앞에 약속한 대로 신화와 관련된 몇개만 적어 보자면 이렇다.

상고시대 것 중에는 〈스파타Spata의 스핑크스〉가 있다. 몸과는 직각 방향으로 얼굴을 돌리고 있는데 입꼬리가 올라가 있다. 머리에는 모자를 쓰고 기둥 받침인 카뤼아티데스와 비슷한 데가 있다. 무덤 기둥stele 위에 세웠던 것으로 보인다.

고전기 것으로는 뮈르리네 무덤장식 돌기름병Myrrhine lekythos이 있다. 무덤가에 세웠던 돌로 된 자기 모형으로, 뮈르리네라는 여인을 날개 신발과 전령 지팡이를 갖춘 헤르메스가 다시 데려다가 가족에게 인계하는 내용의 부조가 새겨져 있다.

엘레우시스에서 발견된 데메테르와 페르세포네 부조에는, 그들 사이에 작게 트립톨레모스가 그려져 있다. 2위 일체 여신에게 부속된 작은 남성신을 보여 준다.

바르바케이온의
아테네상.

 다리는 새처럼 되어 있고, 물갈퀴가 있는 듯 보이는 서 있는 세이렌상이 있다. 헬레니즘시대인 기원전 3백 년경의 작품으로, 케라메이코스에서 발굴되었다.
 고전기 도기 중에는 부시리스 일당을 처단하는 헤라클레스 그림이 있는 것이 가장 좋은 작품인 듯싶다. 상고시대 작품으로는 고르곤 메두사의 목을 베어 도망치는 페르세우스와, 그를 추격하는 고르곤들이 그려진 도기가 좋다. 후자의 목 부분에는 헤라클레스가 넷소스를 죽이는 장면도 그려져 있다.
 도기들을 다 소개하기는 어려우니, 예를 들면 다음과 같은 사이트를 이용하는 게 좋다.(http://www.hellenicaworld.com/Greece/Museum/NationalMuseumAthens/en/NAMAVases.html)

상고시대 〈스파타의 스핑크스〉.

서 있는 세이렌상.

뮈르리네의 돌기름병.

데메테르와 페르세포네 사이에 트립톨레모스가 있는 부조.

부시리스 일당을 처단하는 헤라클레스가 그려진 도기(왼쪽)와 페르세우스를 추격하는 고르곤들이 그려진 도기.

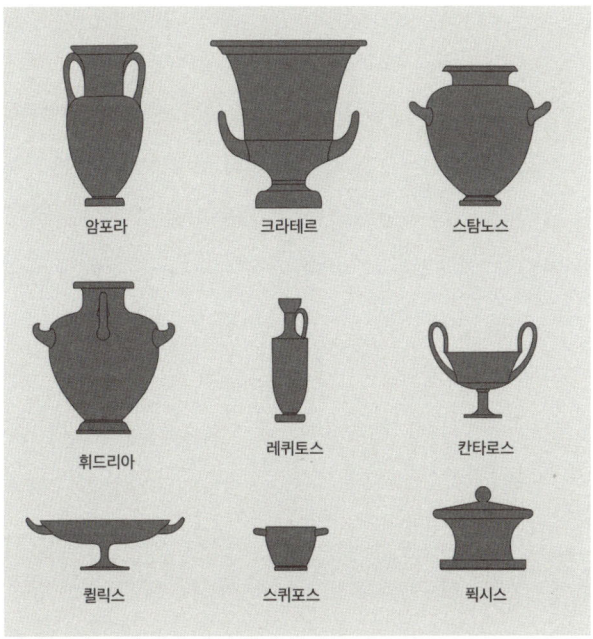

도기 종류와 명칭.

안티퀴테라의 기계 장치.

도기의 모양과 용도에 따라 붙는 명칭까지 알고 있으면 아마추어 수준은 넘는 관람자가 될 터인데, 도기 형태와 그것의 명칭은 앞의 그림과 같다.

나로서는 특히 고전기와 상고시대의 신화와 역사 관련 유물에 관심이 있기 때문에 그것만 소개했는데, 박물관에 실제로 가보면 특별하게 내세우는 다른 유물이 있다. 크레테 앞에 있는 작은 섬 안티퀴테라에서 나온 정밀 장치(아날로그 컴퓨터, Antikythera mechanism)가 그것이다. 바닷속에 오래 있다가 발굴되어 녹슨 금속 부품이 서로 엉켜 있기 때문에 이게 대체 뭔가 싶겠지만, 고대에 시간과 하늘의 천체들이 움직이는 것을 계산하고 보여 주는 장치였다. (애당초 시계라는 물건 자체가 시간을 측정하기보다는 천체의 움직임을 보여 주기 위해 생겨난 것이라는 주장도 있다.) 그 옛날에 벌써 엄청난 과학과 기술이 있었다는 것을 과시하고자 박물관 측에서 특별히 내세우는 것이니 과학기술사에 관심 있는 분들은 주목할 만하다. 1901년에 바다에서 발굴되었다. 제작 연대는 기원전 2세기 초에서 기원전 1세기 초 사이로 추정된다. 이런 장치가 있었다는 것은 기원전 1세기에 키케로가 쓴 『국가론 De Re Publica』에도 나온다.

여기까지 우리는 박물관 네 개(아크로폴리스 박물관, 아고라 박물관, 케라메이코스 박물관 등)를 꼽았다. 그 밖에 뷔잔티온(비잔티움)-그리스도교 박물관에 가면—다른 것도 있지만—아이기나에서 출토된 투조透彫 오르페우스상(4세기)이 있다. 술대를 들고 뤼라를 뜯고 있는 오르페우스를 중심으로 그 음악을 듣는 동물들이 아치형으로 에워싸고 있는 모

아이기나 오르페우스 투각.   성혈사 나한전 문살무늬.

습인데, 표범 비슷하게 생긴 동물이 제일 많지만, 독수리, 올빼미, 원숭이에 닭과 스핑크스도 있고, 그리핀 비슷한 동물도 있으며, 코끼리와 기린에다 발밑에는 거북이와 도마뱀에 반수반어의 상상 동물까지 새겨져 있다. 독수리는 이 시인의 머리 위에, 원숭이와 올빼미는 뤼라 위에 올라앉았고, 닭은 이제 막 독수리 옆으로 시인의 머리에 발을 얹으려는 참이다. 동물들이 시인을 매우 친근하게 여기는 듯한, 보고 있으면 저절로 입꼬리가 올라가는 작품이다. 나는 그 작품을 볼 때마다 영주 성혈사 나한전의 문살무늬가 생각난다. 연잎들 사이로 동자승이 배를 젓고, 잎 위에는 황새와 개구리, 물 속에는 물고기와 게 등이 숨어 있는 그림이다.

그 밖에도 아테나이에는 작은 박물관이 아주 많은데, 앞서 언급한 퀴클라데스 박물관 외에도 베나키Benaki 박물관과 화폐박물관Numismatic Museum을 꼽을 수 있다. 베나키 박물관은 분관이 몇개 있어서 현대미술도 많이 전시하고 있지만, 고대 유물은 대체로 소품들이다. 화폐박물관은 원래 트로이아와 뮈케나이를 발굴했던 슐리만이 살던 집으로, 주로 고대의 주화와 귀금속이 전시되어 있다. 저 유명한 아테나이 은화—한쪽에는 아테네의 두상, 다른 쪽에는 올빼미가 새겨진 주화—도 이곳에서 볼 수 있으며, 다른 데서 보기 힘든 금화들도 많이 소장하고 있다.

유물들이 전시되어 있는 뜻밖의 장소는, 신타그마 지하철역이다. 지하철 공사를 하면서 나온 유물들을 전시하고 있다. 아테나이 땅 밑에 어떤 지층이 있는지, 옛사람들은 어떤 수도관을 사용했는지도 알 수 있다. 아테나이에는 기원전 6세기 페이시스트라토스 시대부터 수도가 있었고, 특히 하드리아누스의 수도가 유명하다. 수도관 유적은 에반겔리스모스역과 모나스트라키역에서도 볼 수 있다.

아테나이 주변 도시들

이제 아테나이는 대충 다 본 듯하다. 이번에는 아테나이 주변의 다른 유적지들을 살펴보자. 먼저 아테나이 서쪽으로 나가서 시계 방향으로 아테나이 주위를 빙 둘러 오는 것으로 생각하자.

데메테르와 페르세포네의 성지, 엘레우시스
앞서 아고라 주변을 설명할 때, 케라메이코스 옆의 문으로 나가면 닿는다고 한 엘레우시스는 아테나이에서 그다지 멀지 않다. 신타그마 광장에서 자동차로 3~40분이면 갈 수 있다.

 엘레우시스가 중요한 것은 아주 오래된 대지모신 숭배 중심지로 비밀 의식이 치러지던 곳이었기 때문이다. 여러 곳에서 여러 이름으로 모셔졌던 이 여신의 가장 대표적인 이름은 데메테르이고, 그녀가 관련된 가장 유명한 이야기는 딸 페르세포네의 납치 사건이다. 페르세포네가 하데스에게 납치되었을 때 어머니 여신은 자기 딸을 찾아 온 세상을 돌아다녔고, 지친 채로 이곳에 도착해서 이 땅을 다스리던 왕에게 접대를 받았다 한다. 당시 왕은 켈레우스, 왕비는 메타네이라였다. 이 켈레우스는 나중에 아테나이와의 전쟁 중에 에릭토니오스에게 죽는 것으로 알려져 있다. 당시만 해도 엘레우시스는 독립된 도시국가여서, 아테나이와 전쟁을 하기도 했다. 역사시대에 이 지역 출신으로 가장 유명한 사람은 비극작가 아이스퀼로스이고, 그를 기리는 축제가 현대에 만들어져 지금도 주기적으로 열리고 있다. 한편 비극작가 소포클레스는, 스스로 눈을 찌르고 방랑하던 오이디푸스가 이 엘레우시스에 이르러 신들의 부름을 받고 세상에서 떠나가는 것으로 그렸다. 그리고 그때는 이미 이 지역이 아테나이에 속해서 테세우스가 오이디푸스를 영접하는 것으로 되어 있다.

다시 데메테르 얘기를 계속하자면, 여신은 자신을 잘 접대해 준 것에 대한 보답으로 이 집 아들 데모폰을 불멸의 존재로 만들어 주려 한다. 밤마다 아이에게 암브로시아를 바르고 불 속에 넣어, 필멸의 부분은 태우고 불멸의 부분만 남겨서 영원한 존재로 만들려는 것이었다. 하지만 그것을 본 왕비가 갑자기 소리를 지르는 바람에 이 제의는 완결되지 못한다. 그 후에 이 아이가 어떻게 되었는지에 대해서는 두 가지 판본이 있다. 하나는 아이가 바로 죽었다는 것이고(아마도 이것이 원본일 것이다), 다른 하나는 살아남아 영웅으로 모셔졌다는 것이다. 어쨌든 나중에 그 아이 데모폰을 기리는 축제가 생겨났고, 이 도시가 데메테르와 페르세포네를 모시는 성지가 되었단다. 여신은 기회를 놓친 데모폰 대신에 켈레우스의 다른 아들 트립톨레모스에게 농경 기술을 가르쳤고, 그것을 온 세상에 퍼뜨리도록 했다. 그래서 이미 아테나이 국립고고학박물관에서 본 두 여신 사이에 선 트립톨레모스 부조가 나온 것이다.

하지만 현재 이 유적지는 분위기가 그다지 좋지 않다. 바로 곁에 공업단지가 있어서다. 시야를 어지럽히는 정유 공장 건물들과 앞바다의 화물선들, 그리고 연기와 소음으로 인해 저 옛날의 성스럽던 분위기는 간 데없다. 아테나이에서 출발해 동쪽에서 접근하면 엘레우시스 유적지 직전에 오른쪽으로 미군 비행장까지 있다. 게다가 땅 위에 남은 것이 거의 없어서 건물 기단과 기둥 밑동, 쓰러진 기둥 몇개가 전부이기 때문에 어쩌면 황량하다고 느낄 수도 있겠다. 이곳 분위기는 아폴론의 신탁소 델포이와 비교되는데, 델포이는 영험한 느낌이 훨씬 강하다. 이렇게 분위기 차이가 나는 것은 지형 탓일 수도 있다. 엘레우시스가 다소 밋밋해 보이는 건 부지 자체가 평탄해서란 말이다. 이에 비해 델포이 유적지는 산비탈에 자리 잡고 있어서, 위로 올라가면서 차차 시야가 넓어지는 것이 아무래도 위엄과 권위 있는 분위기를 갖추는 데 이점이 있다.

하지만 엘레우시스 유적지도 바위를 깎아서 만든 옛 건물 내부가 상당히 규모가 크고, 또 건물의 잔해를 수습하여 조립해 놓은 곳에서 아테나이 하드리아누스문과 유사한 아치 흔적을 찾을 수 있으니, 건축사 자료로는 의미가 없지 않겠다. 이곳은 오랫동안 사용된 성역이어서 건물을 계속 다시 짓고 덧지었기 때문에 시대별 평면도가 매우 복잡하게 엉키어 있다.

건물 부지 전체는 남동쪽을 보고 있으며, 중심 건물인 텔레스테리온도 그 방향으로 보고 있다. 희랍의 신전들이 대체로 동서 방향으로 길게 놓이고, 아예 남북 방향인 것이 몇군데 있는 것과는 조금 다른 축선인데, 아마도 그 뒤의 언덕이 북서-남동 방향으로 튀어나와 있어서 그 방향에 맞춰 이렇게 조성한 듯하다. 청동기시대에는 언덕의 남서 면에 작은 성역들이 있다가, 상고시대-고전기-헬레니즘기를 거치면서 점차 남동 방향으로 영역이 확장되었다. 원래는 참배자가 동쪽에서 접근해서 언덕 옆을 따라 들어가고, 그 방향으로 열린 아치형 문이 있었으며, 이 문을 통과하면 왼쪽에 거의 남북 방향으로 작은 아르테미스 신전이 있고, 그 너머로 마주 보는 아치문이 하나 더 있었다. 그 바깥에는 부지를 빙둘러서 체육관과 목욕장 등이 있었다. 아르테미스 신전을 지

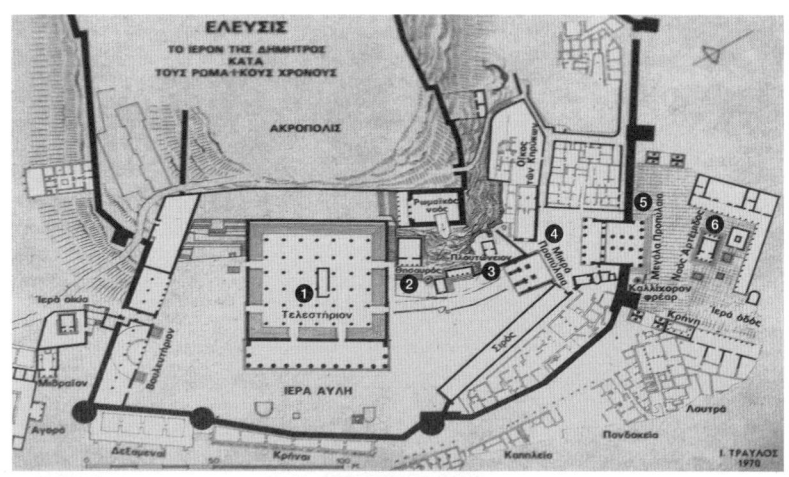

엘레우시스 유적지 평면도.
① 텔레스테리온 ② 페르세포네 신전(또는 보물 창고) ③ 플루톤 신전 ④ 작은 입구 건물 ⑤ 큰 입구 건물 ⑥ 아르테미스 신전

로마시대 엘레우시스 성역을 복원한 모습. 엘레우시스 고고학박물관.

나 우회전하면 큰 입구 건물Propylaia(마르쿠스 아우렐리우스 때 지었다)을 지나고, 안에 들어가면 다시 작은 입구 건물이 하나 더 있었다. (지금은 유적지 전체의 동쪽에서 들어가, 아르테미스 신전 터 앞을 가로질러 곧장 큰 입구 건물로 향하게 되어 있다. 아치문의 흔적은 잘 보이지 않는다.) 그것을 통과하면 중심 건물Telesterion의 옆면이 보이는데, 거의 정사각형의 내부 공간 앞에 ㄷ자 모양으로 기둥을 두른 현관이 있다(기둥 수는 12×2). 그리고 본 건물 곁에 언덕 아래쪽으로 작은 페르세포네 신전이 헬레니즘시대에 덧붙여졌다. 페르세포네 건물 곁에, 작은 입구 건물에 바짝 붙여서 플루톤의 신전도 있었는데, 아내인 페르세포네 것보다 크기가 작다. 하데스는 결코 제사나 기도로 설득할 수 없는 신으로 알려져 있기 때문에, 그의 별칭인 플루톤(부의 신)이란 이름으로 섬겨졌다.

성역 전체의 중심 건물인 텔레스테리온은 페이시스트라토스 시대에는 나중 크기의 1/4 정도 넓이였는데, 후에 키몬 때 두 배 정도, 다시 페리클레스 때 앞엣것의 두 배 정도로 더 확장되었다. 그 이전 솔론 시대부터 단계적 변화를 살펴보면 건물을 앞뒤로 늘리고 좌우로 늘려 간 과정이 잘 보인다. 그 내부에는 벽을 따라서 돌계단을 만들었는데, 이 부분이— 기반 암반을 깎아 만든 것이어서—지금까지 잘 남아 있다.

이곳에서 발굴된 많은 유물이 아테나이 국립고고학박물관으로 옮겨졌지만, 이곳에도 자체 박물관이 있긴 하다. 이 작은 박물관에 소장된 유물 중, 신화적으로 중요한 것은 '폴뤼페모스 암포라'로 알려진 것이다. 몸체에는 페르세우스를 추격하는 고르곤들이 그려져 있고, 목 부분에는 오뒷세우스 일행이 외눈박이 괴물 폴뤼페모스의 눈을 찌르는 그림이 있다. 기원전 7세기 작품으로 매우 고졸한 느낌을 준다. 오뒷세우스는 술잔을 권하면서 동시에 말뚝을 괴물 눈에 박아 넣고 있어서, 두 가지 시간대가 동시에 표현되어 있다. 그리고 칼뤼돈 멧돼지 사냥 장면이 새겨진 석관도 하나 전시되어 있다. 이 주제는 석관 장식에 많이 사용되었기 때문에, 서양의 대형 박물관이라면 거의 모든 곳이 하나씩은 소장하고 있다. 따라서 아주 소중한 자료라고 할 수는 없지만 어쨌든 신화에 관심 있는 분에게는 흥미

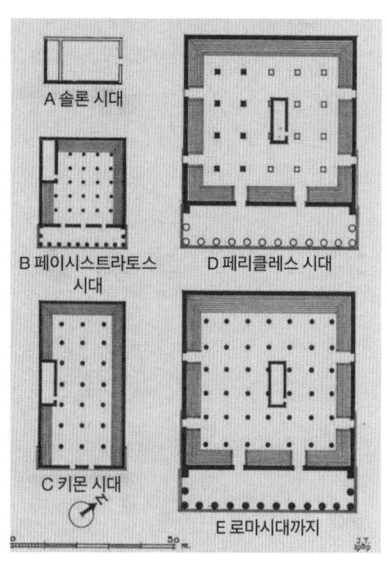

엘레우시스 텔레스테리온의 변화 과정.

칼뤼돈 멧돼지 사냥 석관. 엘레우시스 고고학박물관.

데메테르와 페르세포네, 트립톨레모스가 있는 부조판. 엘레우시스 고고학박물관.

로운 유물이다.

그 밖에 중요한 유물로 데메테르와 페르세포네 두 여신 사이에, 트립톨레모스가 날개 달린 수레를 타고 추종자들 앞에 앉아 있는 부조판이 있다. 이곳이 굉장히 오래된 숭배지라는 것을 보여 주듯, 청동기시대의 소형 인물상도 있으니 이것도 주목하면 좋다.

폴뤼페모스 눈을 찌르는 오뒷세우스 도기 그림.

고급 여행자를 위한 유적들

계속 시계 방향으로 돌아가 보자. 그러면 세 도시를 잇달아 만나게 된다. 오이디푸스의 도시 테바이와, 암피아라오스 신탁소가 있던 암피아레이온, 네메시스 신전이 있던 람누스. 사실 이들은 땅 위에 남은 것이 너무 적어서 추천하기 망설여지는 곳들이다. 특히 뒤의 두 군데는 일반인들이 잘 알지도 못하는 곳이다.

테바이는 신화와 역사에서 많이 언급되기는 하지만, 관광지로서는 다소 소외된 곳이다. 옛 건물의 흔적이 너무 적어서다. 하지만 이야기는 풍부하다. 먼저 신화적으로는 카드모스가 테바이를 세운 이야기, 카드모스의 딸들과 외손자들이 수난을 당한 이야기, 암피온과 제토스가 성벽을 둘러쌓은 사건, 그리고 무엇보다 오이디푸스왕 이야기, 오이디푸스의 두 아들이 서로 싸워서 전쟁(1차 테바이 전쟁) 끝에 둘이 모두 죽은 이야기, 오이디푸스의 딸이 오라비 장례를 치르고 죽은 사건, 첫 전쟁에서 죽은 일곱 영웅의 자식들이 다시 쳐들어와 테바이가 함락된 이야기(2차 테바이 전쟁) 등이다. 이 사정을 다 얘기하자면 너무 신화책처럼 될 터이니, 그저 나의 다른 책을 참고하시라고 권할 뿐이다.

한편 앞의 이야기들은 트로이아 전쟁 이전인 청동기시대 사건들이고, 역사 속의 테바이는 그 이후에 도래한 도리스 사람들의 도시였다. 이 도시는 세 번에 걸쳐 주목의 대상이 되는데, 우선 페르시아 전쟁 때 페르시아 쪽에 붙어서 희랍 연합군에게 해코지한, 조금 안 좋은 사건이다. 물론 스파르타를 비롯한 남쪽 나라들이 지협만 지키면 된다는 안이한 생각에 북쪽 도시국가들을 그냥 버려두어서 이렇게 된 것이긴 하다. 페르시아 왕은 살라미스 해전(기원전 480년)에서 대패한 후에도 정예 육군 30만 명을 남겨 두고 떠났고, 이들은 테바이에서 겨울을 나고 이듬해 봄에 플라타이아이에서 대회전으로 희랍 연합군과 격돌한다(기원전 479년).

테바이가 두 번째로 주목을 받은 때는 약 50년 후, 펠로폰네소스 전쟁이 바로 이 테바이 때문에 일어났을 때이다. 어느 비 내리는 봄밤, 플라타이아이 내부의 일부 세력이 테바이 군대를 끌어들였고, 플라타이아이 사람들이 반격하여 그들을 도륙함으로써 대전쟁이 시작된 것이다. 테바이인들은 나중에 플라타이아이가 항복한 다음에도 스파르타를 부추겨 투항자들을 모두 처형하게 만들었다.

이렇게 두 번은 좀 안 좋은 인상이었는데, 세 번째는 기원전 4세기 전반 테바이가 희랍 전체 판세를 좌우하는 강대국이 된 사건이다. 에파메이논다스라는 걸출한 장군이 탄생해서 새로운 전술로 스파르타를 격파한 것이다(기원전 371년 레욱트라 전투). 전통적으로 희랍의 전투 방법은 양쪽 군대가 길게 좌우로 늘어서서 전체가 동시에 맞붙는 것이었다. 창을 오른손에 들고 방패를 왼팔에 장착하면 오른쪽 어깨 부분이 적에게 노출되기 때문에 병사들은 자기 오른쪽 사람의 방패에 오른쪽 어깨를 끼워 넣고 싸우게 된다. 한데 제일 오른쪽에 선 사람들은 자기들을 가려 줄 전우가 더 이상 없게 된다. 그래서 가장 용맹한 사람들을 전열의 제일 오른쪽에 세우게 되고, 양쪽 진영의 제일 오른쪽 부대는 상대의 제일 왼쪽 부대와 싸우게 된다. 한데 에피메이논다스는 이러한 전통을 깨고 제일 왼쪽에 제일 강한 부대를 배치하고, 그 부대 뒤에 다른 병사들을 세워서 전열의 왼쪽이 매우 두툼하고 강하게 만들었다. 이렇게 한쪽을 강화해서 다소 약해진 다른 부분은 전투를 지체하면서 왼쪽 날개가 상대방의 가장 강한 오른쪽 날개를 격파하기를 기다린다. 그래서 적의 가장 강한 부분이 무너지면 아군의 중앙과 오른쪽 날개까지 가담해 세 방면에서 적을 포위하며 공격한다. 이 방법은 나중에 마케도니아의 필립포스와 알렉산드로스가 차용하여, 동방을 제압하는 전술이 된다.

현재 테바이에 가면 뮈케나이시대의 왕궁 자리가 발굴되어 노출되어 있는데, 뮈케나이 문명 유적이 대개 거대한 돌로 이루어진 데('퀴클롭스의 성벽') 반해 이 왕궁은 작은 돌들로 지어져서 인상이 좀 약하고, 주변에 주택들이 둘러싸고 있어서 고즈넉한 분위기도 약하다. 이 부근에서 발굴된 유물들은 테바이 고고학박물관에 전시되어 있다. 아주 역사가 긴 땅이기 때문에 석기시대 유물부터 볼 수 있는데, 가장 예상치 못했던 것은 뮈케나이 문명에 특유한 벽화들이다. 꽃을 든 아가씨들의 행렬이라든지, 바다로 뛰어드는 돌고래 무리 같은 것은 여기서 보리라고 기대하지 않았던 것들이다. 또 하나 인상적인 유물은 주화다. 이곳이 디오뉘소스의 고향이기 때문에, 옛날 돈에 디오뉘소스를 새겼다.

사실 우리가 이곳을 찾아가야 하는 이유는, 일곱 영웅이 쳐들어갔던 '일곱 성문을 가진' 테바이의 모습과 『오이디푸스왕』이나 『안티고네』에 등장하는 지명들을 현지에서 확인할 수 있기 때문이다. 하지만 안타깝게도 지금은 옛 유적 위에 현대 도시가 들어서서 전체 모습은 흐려지고 말았다. 그래도 이스메노스강이나 디르케샘 같은 것들은 확인할 수 있고, 박물관에 전시된 옛 도시 축소 모형이 약간의 위로가 된다. 테바

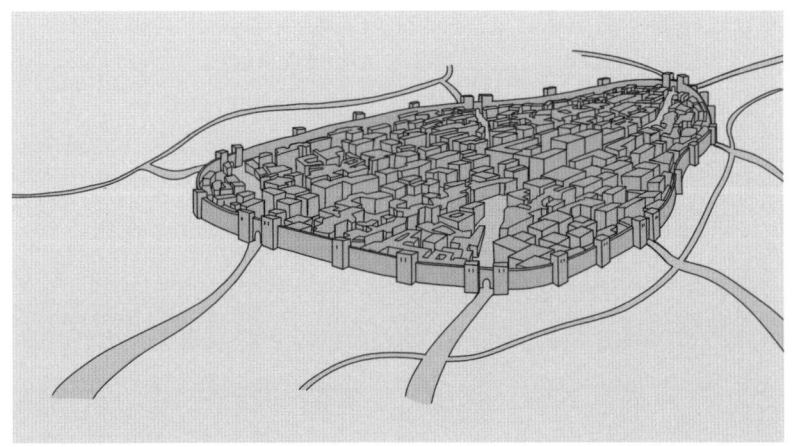

일곱 성문을 가진 테바이 옛 모습을 복원한 그림.

이가 배출한 다른 유명인으로 시인 핀다로스가 있다. 지금 그의 자취는 찾을 수 없지만 그를 기리는 흉상이 디르케의 샘 가까이에 있다.

테바이에서 동북쪽으로 가면 바닷가 가까이에 암피아레이온이 있다. 1차 테바이 전쟁 때, 갑자기 땅이 갈라져서 마차와 함께 땅속으로 사라져 버렸다는 예언자 암피아라오스의 성역이 있는 곳이다. 그를 모셨던 신전 터가 발굴되어 있고, 거기 부속된 극장과 돌의자, 스토아의 기단부 등이 노출되어 있다.

거기서 다시 동쪽으로 바닷가를 따라가면 람누스가 있다. 이곳은 특이하게도 복수의 여신 네메시스의 성역이 있었다. 신전이 두 개 있어서, 나중에 로마의 황제 가족들도 여기에 성물을 봉헌하고는 했다. 전체적으로 유적지가 한적한 바닷가에 널찍하게 자리 잡고 있어서 시내에 현대 가옥들로 둘러싸인 테바이보다는 좀 더 유적지다운 느낌이 든다. 건물 기단들도 넓은 돌로 상당히 잘 깔아 놓아서 보기에 시원하다. 도시를 둘러쌌던 요새들도 꽤 잘 남아 있다.

이 두 곳은 따로 박물관을 갖고 있지 않아서, 여기서 출토된 유물들은 대개 아테나이 국립고고학박물관에 소장되어 있다.

페르시아군을 물리친 현장, 마라톤

람누스에서 남쪽으로 약간 이동하면 마라톤 평야가 있다. 신화적으로는 테세우스가 크레테 황소를 제압한 곳이고, 역사적으로는 기원전 490년 아테나이와 플라타이아이 군대가 페르시아 군대와 맞서 싸웠던 곳이다. 나로서는 이곳에 황소와 싸우는 테세우스상이라도 하나 세워 두면 관광객 유치에 도움이 되지 않을까 싶은데, 그리스 사람들은 상업적 감각이 별로 없는 듯하다.

황소와 싸운 다른 영웅으로 헤라클레스와 이아손이 있다. 헤라클레스는 사자 가죽을 걸치고 있다는 점에서, 그리고 이아손은 일단 상대가 황소 두 마리라는 점과 그 소들이 불을 뿜고 있다는 점에서 테세우스와 다르다. 테세우스는 미노타우로스와 싸운 것이 워낙 강렬한 인상을 주기 때문에, 아마도 보통 소와 싸우는 것은 좀 밋밋하게 느껴질 수도 있겠다.

현재 마라톤을 방문하는 사람들의 목적은 대체로 둘 중 하나이다. 마라톤 전투의 현장을 찾아서 그곳에 세워진 전사자들의 봉분을 확인하자는 것, 아니면 마라톤 경기의 시발점을 둘러보자는 것이다. 후자를 목표로 하는 사람이라면 봉분은 들르지 않고 그냥 마라톤 스타디움으로 향할지도 모르겠다. (이 스타디움은 그리스 클래식 마라톤 대회의 출발점인데, 인터넷으로도 잘 검색되지 않는다. 검색 엔진들이 지명으로서의 마라톤과 운동경기로서의 마라톤을 구별하지 못해서, 대개는 결승점인 판아테나이아 스타디움을 찾아 준다. 마라톤 시내에 있는 스타디움은 희랍글자로 stadio marathona라고 써야 찾을 수 있다.)

대개 사람들은 마라톤에서 전투가 있었다는 것만 알지 거기에 봉분이 있다는 건 알지 못하는데, 사실은 봉분이 두 개나 있다. 하나는 아테나이 출신 전사자들을 묻었다는 봉분인데 규모도 크고 일찍부터(19세기 말) 발굴되어 꽤 잘 알려진 것이고, 다른 하나는 아테나이의 동맹 도시였던 플라타이아이 출신 전사자들을 묻었다는 좀 작은 봉분으로 1970년에야 발굴, 확인된 것이다. 아테나이군은 아마도 화장해서 묻은 듯 재와 약간의 부장품만 확인되었는데, 플라타이아이 사람들은 그냥 매장해서 인골이 상당히 발굴되었다. 마라톤 전투 당시 스파르타는 축제 중이어서 군대를 파견할 수 없었고, 아테나이는 플라타이아이 한 군데만의 도움을 받아 거의 혼자 힘으로 두 배 이상의 병력을 물리쳤다. (고대의 저자들도 워낙 과장이 심해서 당시 페르시아군이 5~60만 명이었다는 주장까지 있지만, 온건한 추정에 따르면 2~3만 명 정도가 아테나이-플라타이아이 연합군 1만여 명과 맞붙은 듯하다.) 헤로도토스에 따르면 적들은 6천 4백 명이 전사했고, 희랍군에서는 아테나이 사람 192명, 플라타이아이 사람 11명이 전사했다고 한다. 양쪽의 피해가 너무나 큰 차이가 나서 과연 이런 일이 가능할까 싶겠지만, 고대의 전투라는 것이 '오늘날의 미식축구보다 조금 더 위험한 정도'였으며, 다만 한쪽이 등을 돌리는 순간 매우 위험해진다는 설명이 있다. 즉, 페르시아군의 피해가 그렇게 커진 것은 어느 순간 그들이 등을 돌렸기 때문이란 것이다.

봉분에서 서쪽으로 승용차로 10분 거리에 고고학박물관이 있어서, 이곳에서 발굴된 유물들을 전시하고 있다. 한데 그곳에 가면 여행객이 예상치 못한 유물을 만나게 되는데, 놀랍게도 이집트 신상들이 거기 모셔져 있다. 이 부근에 이집트 신들의 성역이 있으며, 상태가 아주 나쁘지는 않게 보존되어 있다는 사실이 별로 잘 알려져 있지 않다. 이 성역은 마라톤 봉분에서 남쪽으로 약 10분 거리에 있다. 그곳에 가면 희랍

마라톤 고고학박물관의
이집트 신상.

의 쿠로스, 코레상이 이집트 미술에서 얼마나 큰 영향을 받았는지 눈으로 확인할 수 있을 것이다.

또 하나 놀라운 것은 마라톤 고고학박물관 앞에 뮈케나이시대의 무덤이 있다는 점이다. 이 무덤은 나중에 뮈케나이 유적지에서 보게 되는 '아트레우스 보물 창고'처럼, 사다리꼴로 점점 좁아지는 듯 보이는 입구 dromos를 갖추고, 문의 상인방 위에는 삼각형으로 빈 공간이 남는 일명 '코르벨 아치corbel arch'를 보여 준다. 〔진짜 아치는 무지개 모양으로 양쪽에서 돌을 조립해 오다가 마지막으로 제일 높은 곳에 키스톤key stone이란 것을 끼워 넣는 것이고, 코르벨 아치는 문설주(문 양쪽의 기둥) 위에 약간 튀어나온 돌을 얹고, 그 위에 조금 더 튀어나온 돌을 얹고, 이런 식으로 양쪽에서 맞은편을 향해 돌출한 돌이 점점 간격이 좁아지다가 마지막에 서로 만나게 되는 꼴의 유사 아치다. 출입구의 빈 공간에 그 위쪽 구조물의 무게가 바로 걸리지 않게끔 힘을 조금씩 분산해서 결국에는 문설주를 통해 바닥으로 무게를 전달하는 장치다.) 어쨌든 이 마라톤의 청동기시대 무덤 입구 통로 밑에서 말 두 마리의 유골이 나란히 상대방을 향해 배를 보이며 누운 자세로 발굴되었다.

끝으로 마라톤 경기에 대해서. 흔히 알려진 바에 따르면, 아테나이 사람들이 소수의 병력을 보내 놓고 마음 졸이고 있는데, 전령이 달려와서 '우리가 이겼다' 말하고는 숨을 거두었으며, 그가 달려온 거리가 정확히 42.195킬로미터여서 지금도 그만큼의 거리를 달리는 거라고 한다. 하지만 이 사건을 처음 기록한 헤로도토스는 그렇게 그리지 않았다. 단지 마라톤 평야에서 한번 패배한 페르시아군이, 아테나이 주력부대가 이곳에 와 있으니 도시는 비어 있을 것이라 생각하고 얼른 배에 올라 남쪽으로 돌아서 도시를 치려고 했는데, 그 낌새를 챈 아테나이군도 무장을 한 채로 달려서 도시 앞을 막아섰고, 결국 페르시아군이 돌아섰다고만 전하고 있다. 그러니까 이 기록에 따르면 마라톤 경기의 기원은 '전 부대 완전 군장 구보 사건'인 셈이다.

보통 사람들이 알고 있는 판본은, 마라톤 전투가 있고 나서 약 6백 년 뒤에 살았던 플루타르코스(「아테나이의 영광에 관하여」)와 루키아노스(「인사말 실수를 옹호함」)가 전해 준 것이다. 그 전령의 이름은 보통 페이딥피데스로 알려져 있는데, 헤로도토스의 『역사』에는 이 사람이 '마라톤에서부터 아테나이까지 달려갔다'고 적혀 있지 않고, '스파르타로 군대를 얻으러 달려갔다'라고만 되어 있다. 물론 마라톤에서 누군가 달려와서 승전 소식을 알렸다면, 그 사람은 바로 이 전령일 가능성이 크긴 하다. 이 사람은 이틀 만에 스파르타까지 약 240킬로미터를 달렸고 돌아올 때도 마찬가지였다고 알려져 있다. 그리고 바로 마라톤에서 다시 아테나이까지 달려왔다면 탈진해서 쓰러지는 건 당연하겠다. (그가 스파르타까지 달려간 사건을 기념해서 1983년부터 '스파르타 달리기Spartathlon'라는 경기대회가 생겼고, 심지어 한국 여성이 여자부 우승을 차지한 적도 있다. 스파르타에 가면 역대 우승자 이름을 새긴 기념비가 있다. 반면에 그리스 클래식 마라톤에서는 한국은 아직 우승 기록이 없고, 일본 사람들이 남자부에서 한 번, 여자부에서 여러 번 우승을 차지했다.)

처음 근대 올림픽에 마라톤 종목이 채택되었을 때는 거리가 들쭉날쭉해서 대충 40~42킬로미터 정도였다. 42킬로미터 뒤에 195미터가 덧붙은 것은 런던 올림픽(1908년) 때, 로열박스 앞에 결승선을 맞추다가 그렇게 되었다고 한다. 그 뒤에도 예전 거리로 돌아간 적이 있지만, 1924년 올림픽부터는 지금의 거리로 고정되었다.

마라톤 시내에 마라톤 경기 박물관도 있으니 관심 있는 분은 그곳을 들르고, 길가에 '원조 마라토너' 페이딥피데스의 동상도 있으니 한번 찾아봐도 좋겠다.

아르테미스의 성역, 브라우론

마라톤에서 남쪽으로 더 내려오면 아르테미스 성역으로 유명했던 브라우론이 있다. 아테나이 어린 여자아이들이 곰으로 분장하고 아르테미스에게 성물을 봉헌하던 곳이다. 이곳은 건물 기둥들이 많이 서 있고, 기둥 위에 얹힌 보들도 꽤 남아 있어서 심지어 ㄱ자, ㄷ자 모양도 보여 준다. (원래는 파이Π 자 모양으로 생겼었다고 한다.) 자체 박물관도 있어서 앞의 유적지들보다 둘러보기에 꽤 좋다. 어린 여성들의 성역이어서 그런지 전시 유물 중에는 보존 상태가 좋은 어린아이 조각상이 많고 어린이 두상들도 상당수 전시되어 있다. 품에 작은 토끼를 안고 걸어가는 여자아이상이 가장 주목된다. 한편 아르테미스 여신에게 바쳐진 헌상

토끼를 안고 걸어가는 여자아이상.
브라우론 박물관.

용 부조판(여신은 사슴을 데리고 있다)도 여럿 있어서 이곳의 주인이 누구였는지 보여준다. 부조 작품 중 신화와 연관된 것으로, 필록테테스를 데리러 온 오뒷세우스와 네옵톨레모스가 새겨진 것이 있다. 필록테테스는 트로이아로 가던 중 뱀에 물려서 무인도에 버려졌는데, 트로이아 전쟁 말기에 그가 필요해서 데리러 온 것이다.

브라우론과 관련 있는 인물로, 아가멤논의 딸 이피게네이아가 있다. 희랍군이 트로이아로 쳐들어가기 전에 순풍을 얻기 위해 그녀를 제물로 바쳤는데, 아르테미스가 사슴을 대신 가져다 놓고 처녀를 빼돌려 자기 사제로 삼았다고 한다. 그로부터 약 20년 뒤, 아가멤논이 트로이아에서 돌아와 자기 부인에게 죽고, 그 죽음을 아들 오레스테스가 복수한 다음 광기에 사로잡히고 마는데, 저 북쪽 타우리케에 가서 아르테미스 여신상을 가져오면 치유를 얻을 수 있다는 신탁이 내렸다. 그래서 그것을 구하러 갔다가 사로잡혀 제물로 바쳐질 순간에 거기서 사제로 일하고 있던 누이 이피게네이아와 서로 알아보게 되고, 신상을 갖고 함께 도망쳐 희랍 땅으로 왔단다. 나중에 이피게네이아는 신들의 명에 따라 브라우론에서 계속 사제로 일하게 되었다고 한다. 하지만 박물관에 이피게네이아 일화를 그린 유물은 없는 듯하다. 지금 여기 요약한 것은 에우리피데스가 「타우리케의 이피게네이아」라는 작품에 전하는 것인데, 마지막 부분은 그가 지어낸 얘기일 수도 있다.

아테나이 해군의 재정적 기반, 라우레이온 은광

브라우론에서 다시 남쪽으로 해안을 따라가면 수니온곶 가까이에서 고대 은광의 흔적을 만난다. 페르시아 2차 침입 때 아테나이가 강력한 함대를 갖고 있었던 이유가 여기 있다. 이곳에서 굉장히 품질 좋은 은 광맥이 발견되었고, 이 행운을 시민들끼리 고르게 나누어 갖자는 의견도 있었지만, 테미스토클레스가 이것을 이용해서 해군을 조직하자고 제안하여 결국 이 정책이 아테나이를 승전국으로, 나아가 제국으로 발전시키게 된 것이다. 대항해 시대의 포르투갈과 스페인, 그 이후의 네덜란드와 영국, 오늘날 미국의 세계 운영 원칙은 바로 '바다를 지배하는 자가 세계를 지배한다'라는 것이다. 이 정책은 기원전 5세기 말 스파르타의 육상 동맹국에 맞섰던 페리클레스에게서 뚜렷하게 표명되지만, 이미 그보다 두 세대 전에 테미스토클레스도 갖고 있던 생각이다. (고대 세계에서 다른 예를 더 찾자면, 우선 크레테의 미노스, 페르시아 전쟁보다 한두 세대 전 사모스의 참주였던 폴뤼크라테스, 그리고 로마 공화정 말기의 폼페이우스 등이 있다. 이들도 제해권을 장악함으로써 당대의 최강자가 되었다.)

이 광산에서는 구리와 납, 철도 채굴되었는데 점점 광맥이 빈약해짐에 따라 기원전 1세기부터 버려졌다가, 19세기 후반에 다시 서구 자본의 관심을 끌게 되고 이런 저런 광물들이 20세기 막바지까지도 채굴되었다. (서구의 이런 '침략적' 자본가들의 모습이 궁금하신 분은 앙겔로풀루스 감독의 〈위대한 알렉산더〉라는 영화 첫 부분을 보시면 좋다.)

이 유적지에는 작은 박물관이 있고, 옛날에 기반암을 깎아서 만든 선광選鑛 시설이 정비되어 관광객에게 공개되고 있다. 광석을 부숴서 물로 씻고 정제하던 시설이다. 따로 찾아가기엔 좀 빈약한 유적이지만, 어차피 수니온곶은 안 갈 수 없으니 그 길에 들러 보는 것도 좋겠다. 그냥 듣기만 하는 것과 잠깐이라도 현장에 가서 확인하는 것은 정서적으로

나 기억에 있어서나 확연히 차이가 난다.

앗티케의 땅끝, 수니온

라우레이온 바로 가까이(약 8킬로미터)에 수니온곶이 있다. 이곳과 관련된 가장 중요한 인물은 테세우스의 아버지 아이게우스다. 그는, 테세우스가 미노타우로스의 먹이가 될 사람들과 함께 검은 돛을 단 배를 타고 크레테로 떠난 후, 날마다 이곳에서 아들의 귀환을 기다렸다고 한다. 아들은 자기가 미노타우로스를 처치하면 흰 돛을 달고 돌아오겠노라고 약속했다. 그러나 멀리 여전히 검은 돛을 단 배가 돌아오는 것이 보이자 아이게우스는 절망하여 바다에 몸을 던졌단다. 그래서 그의 이름을 따서 수니온 앞바다의 이름이 '아이게우스의 바다Aigaion', 오늘날 이름으로 '에게해'가 되었다는 것이다. 하지만 왕이 도시를 비우고 아테나이에서 꽤 떨어진(약 60킬로미터) 이곳에 날마다 와 있다는 게 좀 어색하기 때문에, 왕이 바다를 바라보던 곳은 아테나이의 아크로폴리스라는 주장도 있다. 한데 이 두 번째 주장은, 그가 몸을 던졌기 때문에 바다 이름도 '에게해'가 되었다는 설과 맞지 않는다. 아크로폴리스는, 거기서 몸을 던져 바다에 빠지기에는 너무나 내륙에 위치해 있기 때문이다. (슈퍼맨처럼 수평으로 한참 날아간 다음에 바다로 떨어지지 않는 한 바다에 몸을 던질 길이 없다.)

수니온곶에서 가장 눈에 띄는 유적은 물론 포세이돈 신전이다. 바이런이 기둥 하나에 자기 이름을 적어 놓아서 더 유명한데, 오늘날이라면 문화재 훼손으로 체포될 짓이지만 워낙 옛일인 데다가, 바이런이 세계적인 시인이다 보니 오히려 일종의 관광자원 역할을 하고 있다. (안내자들이 늘 바이런 이름이 있는 곳을 가리켜 보인다. 오른쪽 사각기둥의 밑에서 세 번째 부재의 아래쪽에 있다.) 이 신전은 아테나이 전성기인 기원전 440년경에 완성된 것으로, 2차 페르시아 침입 때 파괴된 이전 건물을 대체하고, 신이 내린 해전 승리를 기리기 위한 건물이었다. 상고시대에는 제단과 두 개의 쿠로스상만 있었는데(쿠로스상 중 하나는 지금 아테나이 국립고고학박물관에 있다), 기원전 5세기 초에 새로운 신전을 짓다가 그게 다 완공되기 전에 페르시아가 쳐들어와서 파괴되었다.

현재 서 있는 건물의 바깥 테두리 기둥들은 도리스식이며 그 숫자가 6×13(hexastyle)으로 아주 전형적인 희랍 신전이다. 방향 역시 전형적으로 거의 동서 방향, 기둥 테두리 안쪽 건물은 전실-내실-후실의 역시 전형적인 모습이고, 전실과 후실의 입구에는 기둥이 두 개씩 서 있었다. 지금은 전체 기둥 38개 중 16개가 남아 있는데, 남쪽 면과 북쪽 면의 몇 개, 그리고 동쪽 전실 기둥 중 하나(동쪽 정면에서 볼 때 오른쪽 것), 전실 입구 좌우의 사각기둥 두 개다. 이 기둥들 위에 보까지 얹혀서 공중에서 보자면 H자, 또는 ㄷ자에 가까운 꼴을 하고 있다. (ㄷ자 막힌 쪽의 한 칸은 보가 없어서 살짝 끊어져 있다.) 원래 모습은 아테나이의 테세이온(그리고 람누스의 네메시스 신전, 아고라의 아레스 신전)과 거의 같았을 것으로 생각된다. 19세기 후반까지의 그림과 사진을 보면 북쪽 면은 기둥이 두 개만 서 있어서, 지금 모습은 좀 더 복원한 결과(1950년대에 북쪽 면 기둥 네 개를 세웠다)임을 알 수 있다. 이 신전도 앞에 언급한 영화 〈위대한 알렉산더〉 초반에 꽤 중요한 사건의 배경으로 나온다.

부지 북쪽 면에 서쪽과 북쪽을 ㄱ자로 이어서 스토아가 있었고 부지 북쪽 면의 동쪽 부분에 입구 건물이 있었다. 후자의 기초는 지금도 확인할 수 있다. 이곳에서 해외로 반출된 기둥 부재도 몇개 있는데, 영국, 독일, 이탈리아로 가서 더러는 새 조각상의 받침대로 쓰이고 있다.

지금은 이 부근에 포세이돈 신전만 남아 있어서 일반 관광객은 잘 모르지만, 사실은 이 신전이 서 있는 언덕의 서쪽 바닷가까지 요새가 자리

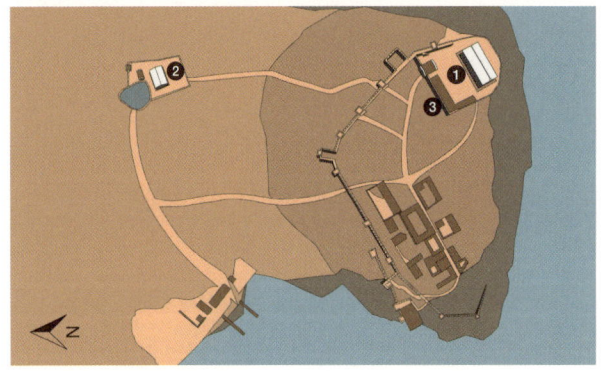 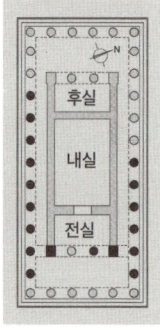

위 수니온 포세이돈 신전의 현재 모습. 아래 수니온 유적지 전체 조감도와 평면도.
① 포세이돈 신전 ② 아테네 신전 ③ 스토아

잡고 있었고, 언덕 전체가 성벽으로 둘러싸인 적도 있었다. 이 요새는 (그리스 역사를 기준으로 하자면) 아주 오래된 것은 아니고, 기원전 413년에 스파르타가 아테나이 북쪽에 데켈레이아 요새를 만들어서 식량 공급을 방해하자, 수니온의 길목을 지키기 위해 세운 것이었다(투퀴디데스, 『펠로폰네소스 전쟁사』). 바닷가에는 배 두 척이 들어갈 수 있는 일종의 격납고도 지어져 있었다. 지금은 바닷가 쪽으로 옛 성채를 약간 복원해 놓았다.

포세이돈 신전보다 북쪽, 좀 더 낮은 작은 언덕에는 아테네 여신의 신전도 있었다. 기원전 5세기 초에 지어진 것으로, 이전에 있던 작은 신전을 대체한 것이었다. 특이하게도 기둥으로 사면을 두르지 않고 남쪽과 동쪽에만 기둥이 있어서 로마 건축가 비트루비우스도 특별히 언급하고 있다. (입구는 북쪽에도 기둥을 하나 더 세워서 다리 짧은 ㄷ자형으로 꾸몄기 때문에, 기둥만 보자면 전체적으로 한쪽 날개가 부러진 ㄷ자 모양이다.) 내부에는 원래 기둥이 네 개 있었으며, 거대한 여신상을 세웠던 대좌가 지금도 남아 있다. 트로이아 전쟁에 메넬라오스와 동행했던 키잡이 프론티스가 죽어서 이곳에 묻혔는데, 아테네 여신의 신전이 바로 그 성역과 인접해 세워졌다. 이 신전 북쪽에도 작은 신전이 하나 더 있었는데, 그것은 프론티스 또는 아르테미스를 모셨던 것 같다. 그 북쪽에는 비교적 소박한 입구 건물이 하나 있었다. 이 성역은 버려져 있다가, 기원후 1세기에 부재들이 반출되어 아테나이 아고라를 보수하는 데 이용되었다. 이 부근에서 발굴된 봉헌용 부조와 쿠로스상은 아테나이 국립고고학박물관에 전시되어 있다.

수니온 유적지에 갈 때는 혹시나 시간이 모자라지 않을까 걱정할 필요가 없다. 이곳이 일몰을 보기에 좋은 장소로 알려져 있어서, 다른 유적지의 폐장 시간을 훨씬 넘겨서 해가 진 후까지 개방하기 때문이다. (희랍에서는 일출보다는 일몰을 더 강조하는 듯하다. 해 뜨는 동양orient이 아니고, 해 지는 서양occident이어서인지…….) 유적 밑의 휴게소에서 따끈한 코코아(특히 추운 날은 커피보다 코코아를 강력히 추천한다) 한 잔을 들고 신전 위로 달 뜨는 장면을 지켜보면 저 옛날 소포클레스의 시대로 돌아가는 느낌이다.

바깥으로 열린 아테나이의 대문, 페이라이에우스

이제 아테나이를 중심으로 외곽에 위치한 유적지들을 한 바퀴 돌아온 셈이다. 이번에는 아테나이에 가까운 아이기나섬을 방문하는 것으로 가정해 보자. 그러기 위해서는 우선 아테나이의 외항인 페이라이에우스(피레우스)로 가야 한다. 이 항구는 펠로폰네소스 전쟁 때, 두 줄로 뻗어 나간 긴 성벽을 통해 아테나이 시내와 연결되어, 함께 일종의 아령 모양을 이루고 있었다. 당시에 스파르타는 육군이 세계 최강이었고, 반면에 아테나이는 강력한 해군을 보유하고 있었다. 그래서 아테나이 쪽에서는 적들이 육로로 접근해서 도시를 포위해도 직접 나가서 맞붙지 않고, 강력한 해군을 이용해서 적의 배후를 치는 전술을 택했다. 도시 외곽이 적의 수중에 들어가면 식량 공급에 어려움이 생기긴 하겠지만,

청동상 〈피레우스 아테네〉의
기품 있는 모습.

바닷길을 통해 소아시아나 흑해 연안으로부터 곡물을 수입하면 그럭저럭 버틸 수 있기 때문이다.

어쨌든 이 요새화된 항구는 지금은 본토에서 여러 섬으로 가는 출발점이다. 지형은 전체적으로 남쪽을 향해 튀어나온 반도로 되어 있어서 서쪽에 큰 항구kantaros가 하나, 동쪽에 작은 항구 두 개가 있다. 동쪽 항구 중, 더 남쪽 것이 제아Zea, 동북쪽의 제일 작은 항구가 무니키아Mounichia이다. 원래는 이들보다 더 동쪽의 팔레론이 옛 항구여서, 그것을 지키는 긴 성이 아테나이와 팔레론을 연결했는데, 나중에 서쪽에—두 개의 긴 성벽이 약간의 거리를 두고 나란히 뻗은—통로형 장성이 덧붙여졌고, 중심 항구 기능은 페이라이에우스가 차지하게 되었다.

이 항구 도시에서 가볼 곳은 두 군데이다. 하나는 고대 극장 유적이고 다른 하나는 고고학박물관인데, 둘 다 제아 항구 곁에 나란히 있다. 극장은 보존 상태가 매우 나빠서 거의 흔적만 남아 있다. 반면에 박물관에는 다른 데서는 보기 힘든 유물이 몇점 소장되어 있는데, 바로 청동상들이다. 1959년에 수도 매설 작업 중에 한꺼번에 발견된 것으로 각기 〈피레우스 아테네〉, 〈피레우스 아르테미스〉, 〈피레우스 아폴론〉이라고 알려져 있다. '아폴론상'이라고 하는 것은 사실 상고시대의 쿠로스상인데, 대개 이런 유형의 작품은 돌로 만든 것이 가장 흔하지만 이 작품은 보기 드물게 청동으로 되어 있다. 또한 이들과 함께 발굴된 거의 온전한 대리석상들과 청동제 희극 가면도 나란히 전시되어 있다. 앞에 언급한 청동상 중에서는 특히 아테네상이 매우 기품 있고 아름답다. 올빼미가 새겨진 아테나이 투구를 쓰고, 방패도 창도 잃어버린 모습으로 왼팔은 자연스럽게 아래로 내리고, 오른팔은 뭔가를 보여 주듯 손바닥을 위로 해서 약간 앞으로 내밀고 있다. 다른 두 점의 청동상도 거의 같은 자세를 보이고 있다. 이들은 아마도 기원전 1세기 초에 술라 장군이 로마

룬 문자가 새겨진 페이라이에우스의 돌사자상.

로 가져가기 위해 수집했다가 어떤 사고로 함께 매몰된 듯하다. (아르테미스상은 아마도 원래 델로스에 있던 것을 옮겨 온 것으로 추정된다.)

한편 이곳에는 다소 의아한 소장품도 있는데 바로 돌사자상 복제품이다. 진품도 아닌 것을 대체 왜 여기 전시해 놓았나 의문이 들 텐데, 진품이 베네치아로 옮겨져 있어서 그렇다. 1687년, 파르테논에 포탄을 날렸던 그 모로시니 장군이 이것을 본국으로 옮겨다가 자기네 병기창 앞에 세워 놓았다. (이 사자상 때문에 페이라이에우스는 한때 '사자 항구Porto Leone'라고 불리기도 했었다.) 이 사자상이 유명한 또 하나의 이유가 있으니, 뜻밖에도 그것의 양쪽 어깨 부분에 북유럽에서 사용되던 룬 문자가, 북유럽의 용무늬lindworm 안에 새겨져 있기 때문이다. (이게 룬 문자란 사실도, 베네치아로 옮겨진 지 백 년쯤 지난 다음에야 스웨덴 외교관에 의해 확인되었다.) 이는 11세기에 뷔잔티온 용병으로 이곳에 왔던 스칸디나비아 사람들이 새겨 둔 것으로 추정된다. (지중해 지역까지 휩쓸고 다녔던 바이킹과 그들의 후예 이야기가 궁금한 분은 『바다의 늑대, 바이킹의 역사』란 책을 보시기 바란다.) 물론 페이라이에우스 고고학박물관의 복제품에는 룬 문자는 새겨져 있지 않다.

 베네치아로 옮겨진 진품 돌사자에 대해 조금 더 설명하자. 그것은 아마도 기원전 4세기에 만들어진 것으로, 기원후 2세기경부터 페이라이에우스 항구 입구에 세워져 있었던 듯하다. 등줄기를 따라서 일종의 파이프가 뻗어 있고 입에는 구멍이 있어서 원래는 수도의 출수구 역할을 하던 것이다. 지금은 베네치아 병기창arsenal 입구 건물을 장식하는 네 마리 사자 중 하나가 되었다. 이 '병기창'이란 것은 15세기 이후 베네치아가 지중해를 지배하는 해양 세력이 되었을 때, 이곳저곳 거점 도시에 세워 유지하던 일종의 선박 수리소이다. 희랍 서쪽의 섬 케르퀴라(코르푸)에도 이 병기창에 딸린 유적이 꽤 잘 남아 있고, 크레테 여러 곳에도 병기창이 있었다.

 베네치아의 병기창에는 돌사자가 다섯 마리 있는데, 대문Porta Magna에

베네치아 병기창 앞의 페이라이에우스 사자상(정문 왼쪽)과 델로스 사자상(오른쪽 가운데 사자).

아테나이 주변 도시들 151

딸린 장식이다. 그중 하나는 문 위에 새겨진 날개 달린 사자이고, 다른 하나는 문을 우리가 정면에서 보았을 때 왼쪽에 앉아 있는 것(이것이 페이라이에우스에서 온 것이다), 나머지 셋은 정면에서 볼 때 오른쪽에 있는 것인데, 가운데 것은 앉은 자세, 제일 안쪽과 맨 바깥쪽 것은 엎드린 자세이다. (크기는 안쪽 것부터 점점 작아지는 차례로 되어 있다.) 한데 이 오른쪽 사자 중 가운데의 앉은 사자가 또 희랍에서 반출된 약탈 문화재이다. 델로스섬의 '사자 테라스'에서 가져간 몸체에 머리 부분을 따로 만들어 덧붙인 것이다. (그래서인지 사자의 표정이 좀 엉성해 보인다.) 베네치아로 간 이 사자들을 직접 보고 싶은 분은 이렇게 찾아가면 된다. 제일 큰 섬의 두칼레궁 앞을 지나 선창을 따라서 직진, 동쪽으로 가면서 운하 다섯 개를 건너면 해양역사박물관이 나온다. 거기서 좌회전해서 운하를 따라 북쪽으로 가다가 첫 번째 만나는 다리로 좌회전해서 건너면 오른쪽에 바로 병기창 정문이 보인다. 그 너머에는 단테도서관도 있다.

그 밖에도 아마존과의 전투 등을 새긴 대리석판도 좋은 것이 몇점 이 박물관에 있다.

이 항구 도시에서 볼 수 있는 옛 유적을 하나 더 소개하자면 옛 성문(Eetioneia Gate, 현대어로는 Ietionian Gate로 검색해야 나온다. 기원전 5세기 후반 펠로폰네소스 전쟁 때 세운 것이다)과 테미스토클레스 성벽이 있다. 이 성문을 이루던 두 개의 둥근 탑이 중간 부분까지 노출되어 높이가 상당하고, 성벽도 돌벽돌 층이 대여섯 층에 이른다. 사실 일반인에게 거기까지 찾아가라고 권하기는 어렵지만, 그리스 유적은 하나도 남김없이 다 보겠노라 하는 분이 있으면 가볼 수도 있겠다. 서쪽 항구의 서쪽 부분 게이트 E2 근처에 있다. 살라미스로 가는 여객선 터미널이 더 가깝지만, 아이기나 가는 여객 터미널에서도 아주 멀진 않다.

동서가 격돌했던 역사의 현장, 살라미스

페이라이에우스가 바라보고 있는 바다는 육지로 둘러싸여 ㄷ자 모양의 만을 이루고 있는데, 이 만을 사로니코스만이라고 부른다. 그 만에서 가장 큰 섬 두 개가 살라미스와 아이기나이다. 살라미스는 엘레우시스에서 바로 건너다보이지만, 사실 찾아가는 사람이 거의 없는 듯하다. 유적지라 할 만한 것이 없어서다. 그저 현대에 살라미스 해전을 기념하여 기념물을 세웠고, 고대의 극장을 본뜬 야외극장을 하나 만들었을 뿐이다. 하지만 살라미스를 인터넷에서 검색하면, 기둥과 아치가 꽤 여러 개 서 있는 유적과 거의 멀쩡해 보이는 극장 유적, 그리고 멋진 주변의 휴양지 등이 뜬다. 하지만 이렇게 '화려한 살라미스'는 사로니코스만에 있는 게 아니라, 저 지중해 동쪽 퀴프로스에 있는 것이다. 왜 하필 같은 이름이어서 사람을 혼란시키느냐 하실 분도 있겠는데, 사실 동쪽의 멋진 살라미스는 서쪽의 '별 볼 일 없는 살라미스'에서 비롯된 것이다. 두 번째 살라미스가 생겨난 것은 앞의 살라미스에서 한 위대한 전사가 태어났기 때문이다. 『일리아스』에 아킬레우스에 버금가는 전사로 소개된 아이아스가 그 사람이다. 그는 아킬레우스가 남긴 무장을 차지하기 위해 경쟁하다 오뒷세우스에게 패했고, 그것을 복수하려다 실패하여 자결하고 만다. 한데 그에게는 배다른 동생이 있었다. 테우크로스다. 이 사람도 특히 희랍군이 위기에 몰렸을 때 상당한 활약을 보이는 것으로 『일리아스』에 그려져 있는데, 나중에 혼자 고향에 돌아갔다가 아버지에게 쫓겨

아이아스의 죽음을 나타낸 도기 그림. 불로뉴쉬르메르 박물관, 프랑스.

아테나이 주변 도시들 153

났다는 얘기가 있다. 형은 죽었는데 혼자서 돌아왔다는 이유에서다. (에우리피데스의 비극 「헬레네」에 나오는 얘기다.) 이렇게 쫓겨난 테우크로스가 동쪽 퀴프로스로 이주하여 고향 이름을 딴 도시, 새로운 살라미스를 세운다. 이곳이 오늘날 관광지로 유명한 동쪽의 살라미스이다.

이 테우크로스는 원래 트로이아 혈통이기도 하다. 그의 아버지 텔라몬이 헤라클레스가 트로이아를 공격하는 데 동행해서 큰 공을 세우자, 헤라클레스가 트로이아 공주 헤시오네를 그에게 주었고 이 공주에게서 태어난 아들이 바로 테우크로스이기 때문이다. (이 '테우크로스'라는 이름은 트로이아 민족의 조상에게서 딴 것이다. 한데 트로이아가 멸망한 다음에 살아남은 시민들이 서쪽으로 이주해서 로마를 세웠고, 이들도 자기 조상 이름을 따서 '테우케르 백성들'이라 불리기 때문에—고전을 처음 접하는 사람들에게는—약간의 혼란을 일으킨다. 어쨌든 살라미스도 두 군데, 테우크로스(테우케르)도 두 사람이 있다고만 알아 두자.)

살라미스 해전의 승리를 기리는 기념물.

살라미스 지도.

신화적으로는 아이아스와 테우크로스의 고향이지만, 살라미스를 결정적으로 유명하게 만든 것은 '살라미스 해전'이다. 페르시아 2차 침입 때(기원전 480년), 이 섬과 육지 사이의 좁은 해역에서 양쪽 해군이 맞붙었고, 엄청난 수적 열세에도 불구하고 희랍군이 대승을 거두어 결국 페르시아군 대부분이 철수하게 된다. 섬 전체는 ㄱ자 모양으로 구부러져 있는데, ㄱ자의 첫머리 부분은 펠로폰네소스 지협 쪽에 바짝 붙어 있고, 거기로 건너가면—주로 스파르타 동맹에 속해 있던—메가라의 영역이다. 이 부분을 놓고 나중 펠로폰네소스 전쟁 때 또 전투가 잦아서, 투퀴디데스의 작품에도 여러 번 언급되어 있다.

살라미스 해전의 승리를 기리는 기념물은 두 군데 있다. 좀 더 멋진 것은 섬의 동쪽 부분에 더 동쪽으로 가늘게 튀어나간 작은 반도(Kynosoura, '개꼬리') 중간쯤에 옛 항구를 바라보고 세워져 있다. 이곳은 옛 전투의 전사자 묘지로 알려져 있고, 발굴 결과 상당한 유물들이 출토되었다. 기념물은, 뱃머리에 서서 각기 활과 창을 겨누고 있는 두 병사의 동상이다. (Monument Salaminomaxon으로 검색해야 나온다.) 재미있게도 이 조각상을 만든 예술가의 이름은 아킬레스 바실레이우다. 한편 옛 항구 가까이에 기념물이 하나 더 있다. 가로로 길쭉한 비석이 누워 있고, 옆으로 창을 여러 개 세우고 중간에 방패를 걸쳐 일종의 울타리처럼 두른 것이다. 오늘날 기념행사는 주로 이곳에서 하는 모양인데, 이곳이 중심가에 가깝기 때문인 듯하다.

현재 육지와 연결되는 여객 터미널은 새 항구에 있는데, 이 항구는 옛 항구보다 조금 더 북쪽에 있다. 맞은편 육지에 페라마Perama라는 항구가 있어서—페이라이에우스에서 가는 방법 말고도—거기서 배를 타고 건너는 방법도 있다. 이 항구에서 서쪽으로 ㄱ자의 가로 방향을 따라 승용차로 10분 정도 이동하면 고고학박물관도 하나 있다. 다른 유물은 다 평범하지만, 한 가지 이 섬이 낳은 대단한 인물과 관련된 도기 조각이 여기 소장되어 있다. 바로 비극작가 에우리피데스의 이름이 새겨진 도기 조각이다. 에우리피데스는 보통, 살라미스 해전이 있던 날 밤에 살라미스에서 태어난 것으로 알려져 있다. 그렇다고 해서 그가 원래 여기 살았다고 확신하기는 어렵다. 당시 아테나이 시민 다수가 이 섬으로 피신해 있었기 때문이다.

이 도기 조각이 발견된 곳은 섬의 동남쪽 바닷가 절벽에 있는 동굴인데, 지금은 이곳을 '에우리피데스 동굴'이라고 부르고 있다. 전설에 따

에우리피데스의 이름이 새겨진 도기 조각(왼쪽)이 발견된 에우리피데스 동굴.

영국 애쉬몰린 새김판(위)과 살라미스 새김판.

르면 에우리피데스가 인간이 싫어서 이곳에 칩거했으며, 2세기 『앗티케의 밤』을 쓴 아울루스 겔리우스도 이 동굴을 방문한 적이 있다고 한다. 이 동굴이 주거지로 이용되기는 아주 오래여서, 신석기시대 유물부터 여러 시대 것이 나왔다. 그 바로 아래에는 디오뉘소스 성역이 발굴되어 노출되어 있다.

다시 고고학박물관으로 돌아가 보자. 살라미스 해전을 단계적으로 그림과 함께 소개한 것은 다른 곳에 없는 이 박물관만의 특이한 대목이다. 인터넷에 설명판 사진이 떠돌고 있으면 바로 여기서 찍은 것인 줄 알면 되겠다. 그리고 원래는 여기 있어야 하지만, 페이라이에우스 고고학박물관에 소장된 꽤 중요한 유물이 하나 있다. 옛날 사람들은 인간의 신체 부위를 측량의 기준으로 삼았는데, 그 척도를 그림과 함께 실물 크기로 그려 놓은 새김판 metrological relief이 이 섬에서 발굴된 것이다.

아테나이 주변 도시들 157

이런 종류의 유물 중 가장 유명한 것은 영국 애쉬몰린 박물관에 전시된 것인데, 이 유물은 원래 어디서 발굴된 것인지 불분명해서 터키 또는 희랍 섬에서 온 것이라고만 설명하고 있다.

앞에서 현대에 만든 야외극장이 있다고 했는데, 이 극장의 이름은 '에우리피데스 극장'이다. 구글 지도로는 아무리 검색해도 나오지 않으니, 그저 고고학박물관에서 거의 정북쪽으로 차로 약 10분 거리, 언덕 중간에 있다고 알아두는 게 좋겠다. 희랍글자로 euripideio theatro(ευριπίδειο θέατρο)라고 적어 넣어야 겨우 검색된다. 아니면 그 옆의 교회Ekklisia Panagia Eleftherotria를 찾아가는 것이 오히려 쉬울 것이다.

앞에 소개한 에우리피데스 동굴에서 시계 방향으로 바닷가를 따라 서남쪽으로 진행하면 뮈케나이시대 유적지를 하나 만날 수 있다. 앞에서 섬 전체가 ㄱ자 형태라고 했는데, 사실은 ㄱ자의 세로획 끝부분이 앞쪽으로 상당히 휘어진 모양이다. 그 아래쪽 끝부분에 카나키아라는 도시가 있는데, 이곳의 언덕 위에 아크로폴리스 유적이 있다. 보통 아이아스의 궁전이라고 알려져 있는데, 그냥 토대만 노출되어 있고 기둥 하나 서 있는 게 없기 때문에, 일반 관광객으로서는 좀 심심할 것이다.

아킬레우스 집안의 본향 아이기나

사로니코스만 두 개의 큰 섬 중 더 남쪽에 있는 것이 아이기나다. 이 섬은 아킬레우스의 할아버지인 아이아코스가 다스리던 왕국이고, 섬 이름 자체가 제우스의 연인이자 아이아코스의 어머니인 아이기나 이름을 딴 것이다. 아킬레우스까지는 알겠지만 그 윗대까지 알아야 하는지 불만을 가질 분도 있겠지만, 옛날 문학작품들은 어떤 사람을 지칭할 때 그냥 계속 같은 이름을 쓰지 않고 여러 가지로 돌려 말하는 버릇이 있었다. 아마 같은 구절이 반복되는 걸 피하자는 의도도 있었을 거고, 고

제우스가 개미로 아이아코스의 백성을 만들어 주고 있다. 『변신 이야기』 16세기 삽화.

대의 문학은 기본적으로 시였기 때문에 운율을 맞추기 위해서이기도 했을 것이다. 그래서 각 사람 또는 신의 별칭, 고향, 기능, 혈통을 잘 알아야 얘기를 제대로 따라갈 수 있다. 더구나 아킬레우스의 할아버지 아이아코스는 본인 자신이 매우 중요한 인물이다. 저승의 재판관 중 하나이기 때문이다. 플라톤의 「고르기아스」에 따르면, 아시아에서 온 사람은 라다만튀스가 판결하고, 유럽에서 온 사람은 아이아코스에게 판결을 받으며, 이 둘이 판단하기 어렵다 싶은 것은 미노스가 판단한다고 한다. (라다만튀스와 미노스는, 제우스가 소로 변해서 업고 달아난 페니키아 공주 에우로페의 자식들이다.)

아이기나와 관련해서 유명한 이야기는, 언젠가 이곳을 대역병이 덮쳤다는 것이다. 대개는 헤라 여신이, 이 섬이 자기 남편의 애인 이름을 가지게 된 것에 분노해서 역병을 보냈다고 하는데, 이 역병에 대한 묘사가 오비디우스의 『변신 이야기』에 아주 자세히 나와 있다. (투퀴디데스의 『펠로폰네소스 전쟁사』와 루크레티우스의 『사물의 본성에 관하여』에 나오는 아테나이 대역병 묘사를 거의 그대로 옮긴 것이다.) 어쨌든 아이기나 시민들은 그때 거의 다 죽었는데, 아이아코스가 자기 아버지 제우스에게 도움을 청하자, 제우스는 개미를 사람으로 변신시켜 그의 백성들을 다시 채워 줬다고 한다. 희랍어로 개미가 '뮈르멕스myrmex'이기 때문에, 이후로 이 백성들을 '뮈르미돈 사람들myrmidones'이라고 부르게 되었다고 한다. 『일리아스』에서는 아킬레우스가 이끄는 프티아 병사들을 이 이름으로 지칭하는데, 그것은 그의 아버지 펠레우스가 이복 형제를 죽이고서 고향을 떠나 북쪽 프티아 지역으로 이주했기 때문이다. (이때 펠레우스의 친형제인 텔라몬은 살라미스섬으로 이주했다고 한다. 아킬레우스와 아이아스는 사촌지간이다.)

페르시아 전쟁이 있을 무렵까지 아이기나는 아테나이와 거의 앙숙이었다. 아테나이가 아직 약한 나라였던 시절에 아이기나는 벌써 상당한 해양 강국이어서 사이가 좀 좋을 때는 아테나이에게 함대를 빌려준 적도 있고, 또 두 도시가 서로 싸운 일도 있다. 가장 유명한 사건은 풍요의 여신상 사건이다. 헤로도토스가 전해 주는 이야기는 이렇다. 펠로폰네소스 북쪽의 에피다우로스에 기근이 들었다. 지금은 희랍 문화권에서 가장 잘 보존된 극장 유적을 갖고 있는 그 에피다우로스다. 델포이에 조언을 청했더니, 올리브나무로 풍요의 여신들의 목상을 만들라는 신탁이 내렸다. 당시에 올리브나무는 아테나이에만 있었다. (앞에 아테네와 포세이돈 사이의 다툼에서 본 것처럼, 이 나무는 아테네 여신이 이 도시에 내린 특별한 선물이다.) 그래서 에피다우로스 사람들이 아테나이에 가서 여신상을 만들 나무를 좀 달라 하니까, 아테나이에서는 매년 공물을 바치라는 조건으로 나무를 제공했다. 처음 몇년간은 약속이 잘 지켜졌는데, 어느 날 아이기나에서 에피다우로스로 쳐들어가서 이 신상들을 빼앗아 가버렸다. 그때부터 에피다우로스 쪽에서는 아테나이에 더 이상 공물을 보내지 않았다. 아테나이가 이유를 묻자 에피다우로스 시민들은 아이기나에 가서 받으라고 답했다. 아테나이 시민들은 아이기나에 사절을 보내서, 공물을 바치든지, 신상을 자기들에게 넘기든지 하라고 요구했다. 아이기나는, 원한다면 직접 와서 가져가라고 응수했다. 그래서 그 신상을 가지러 몇이 떠났지만, 그들은 결국 돌아오지 못했다. 신상을 끌어내리는 순간, 천둥이 치고 지진이 일어나면서 사람들이 광기에 빠져 서로를 죽인 것이다. 단 한 사람만 살아남아서 귀국했지만 이 사람 역시 곧 죽음을 당한다. 이 사건으로 가족을 잃은 사람들이 몰려와서, 왜 혼자만 살아 돌아왔냐고 추궁하며 브로치로 찔러서 그 사람마저 죽고 만 것이다. 이 사건 이후로 아테나이에서는 여성들의 복제를 바꾸어 브로치를 쓰지 않는 옷을 입게 했다고 한다.

어쨌든 페르시아가 쳐들어왔을 때까지도 아테나이 쪽에서는 아이기나를 의심하고 곧 적의 편으로 돌아서리라고 예상했지만, 막상 살라미스에서 해전이 벌어지자 페르시아에 맞서 가장 용감하게 싸운 것은 아이기나 사람들이었다고 헤로도토스가 기록하고 있다.

지금 아이기나는 피스타치오의 명산지로 알려져 있는데, 이곳을 방문해야 하는 이유는 피스타치오 때문이 아니라 이곳에 대단한 신전이 있기 때문이다. 바로 아테네 아파이아라는 여신을 위한 신전이다.

이 건물은 이 정도 보존 상태를 유지하는 것 중에서는 거의 제일 오래된 것이다. 본토의 건물들이 대개는 페르시아 전쟁 때 파괴되었다가 전쟁 후에 재건된 것인데 반해, 이 건물은 페르시아 침입 약 20년 전에 세워진 것이다. 그 전에도 그 자리에 신전이 있었는데, 기원전 570년경에 건립되었다가 기원전 510년경에 화재로 파괴되었다. 그 건물의 부재들은 새 건물 바닥의 지반을 다지는 데 사용되었다가, 근대에 발굴되어 옆에 있는 작은 박물관에 전시되어 있다. (처음으로 이 신전을 체계적으로 발굴한 근대 고고학자는 저 유명한 지휘자 푸르트벵글러의 아버지이다.)

이 신전의 이름은 이전에는 '전체 희랍의 제우스Panhellenios Zeus 신전'

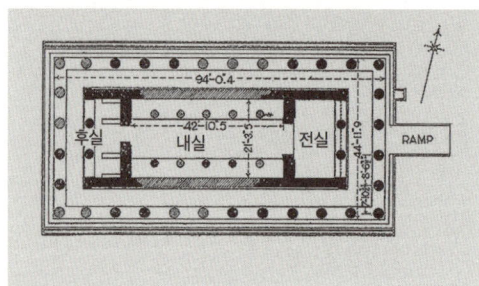

아테네 아파이아 신전과 평면도.

으로 알려져 있어서, 윌리엄 터너가 그린 그림도 그 제목을 달고 있다. 이 그림은 터너가 방문했을 때의 모습이 아니라, 원래 그랬으리라고 추정되는 복원도에 해당되는 것이다. 옛날 그림과 사진을 보면, 테두리 기둥들만 있고 내부 건물은 지금처럼 복원되지 않은 상태였다.

하지만 발굴 결과, 이곳은 대지모신 중 하나라고 할 수 있는 아파이아 여신의 성역으로, 이 여신은 아테네와 동일시된다. (지역마다 다른 신을 섬기다가 나중에는 신들이 서로 통합되는 게 보통이다.) 그래서 지금은 이름이 '아테네 아파이아의 신전'이다. 아이기나의 중심 항구는 섬 전체의 서북쪽에 있는데, 거기서 거의 직선으로 동쪽으로 가면 해안 가까이에 신전이 있다. (아이기나섬은 살라미스의 정남쪽, 수니온의 정서쪽이고, 섬 전체가 역삼각형으로 생겼다.)

 신전 건물은 동서로 길쭉하게 생겼으며, 내부 건물은 내실과 전실, 후실을 갖춘 전형적인 모습이고, 전실과 후실 입구에는 좌우의 벽기둥 사이에 두 개의 원기둥이 세워져 있다. 약간 특이한 점은 후실과 내실 사이에 출입문이 있었다는 점이다. 내실에는 동서로 길쭉하게 기둥들을, 남쪽과 북쪽에 각기 5개씩 세워서 지붕틀을 받쳤는데, 그냥 바닥부터 천장까지 닿는 긴 기둥이 아니라, 우선 비교적 짧은 기둥들을 세우고 그 위에 보를 얹은 후, 다시 그 보에 더 짧은 기둥들을 세워서 지붕틀을 받쳤다. 말하자면 내부 기둥이 이층으로 구성된 것이다.

 전체적인 보존 상태는 상당히 좋은 편이다. 우선 테두리를 보면 정면

윌리엄 터너의 〈제우스 신전〉.

기둥은 6개, 측면 기둥은 12개이다. 동쪽 정면 기둥 6개가 모두 남아 있는 반면, 서쪽 정면 기둥은 두 개만 남았다. 북쪽 면 기둥은 7개, 남쪽 면은 8개가 남았다(모서리 기둥은 중복 계산). 전실 기둥 두 개, 후실 기둥 두 개도 모두 남아 있다. 내부 기둥은 옛날 도면을 보면 한 개 또는 두 개만 제대로 서 있던 듯한데, 지금은 여러 개 복원해서 2층 구조가 잘 보인다. 바깥 테두리 기둥 중 사라진 것들도 아랫부분을 복원해서 채워 놓았다.

교차돌림띠장식의 중간면장식metope은 발견되지 않았는데, 어쩌면 나무로 만들어서 끼웠다가 사라졌을 가능성도 있다고 한다. 동서쪽 입구의 박공장식은 모두 트로이아 전쟁을 그렸었는데, 동쪽은 '1차 트로이아 전쟁'이라고 할 수 있는 헤라클레스 일행의 트로이아 공격 장면, 서쪽은 보통 '트로이아 전쟁'이라고 알려진 아가멤논 일행의 공격 장면이다. ('1차 트로이아 전쟁'이란, 살라미스 대목에서 설명한, 아이아스의 아버지 텔라몬도 참여했던 전쟁이다. 헤라클레스가 아마존 여왕의 허리띠를 얻으러 세계의 동쪽으로 가던 중, 트로이아 공주 헤시오네가 바다 괴물의 먹이로 묶여 있는

아테네 아파이아 신전의 장식으로 쓰인 스핑크스 두상, 뮌헨.   활 쏘는 헤라클레스 조각상, 뮌헨.

것을 구해 주었지만, 그녀의 아버지 라오메돈이 약속을 어기고 그 값을 치르지 않아 보복하기 위해 쳐들어갔던 것이다.) 특히 동쪽 박공의 활 쏘는 헤라클레스 조각상이 잘 보존되어 있고, 또 매우 유명하다. 이 조각 장식들은 뮌헨의 조각관 Glyptothek 에 옮겨져 복원되어 있으며, 그중 일부만 아이기나 아파이아 박물관에 —재현품으로— 전시되어 있다. 함께 수습된 여인의 두상도 상고시대의 관습대로 입꼬리가 살짝 올라간 웃는 모습으로 매우 아름다운데, 이는 지붕 귀퉁이 장식 corner acroterion 으로 있던 스핑크스의 머리 부분이다. 이것 역시 뮌헨에 가야 볼 수 있다.

아이기나 아폴론 신전의 기둥(위)과 아폴론 신전에 봉헌되었던 스핑크스.

여객 터미널 근처에는 아폴론의 성역이 있고, 고고학박물관이 있지만, 신전 자리에는 상처 나고 중간이 부러진 기둥이 하나 서 있을 뿐이고, 박물관 유물 중에도 언급할 만한 것은 특이한 스핑크스 하나뿐이다. 선착장에서 걸어서 10분 거리이니 시간 여유가 있다면 가볼 수도 있겠다.

아폴론 성역 전체 부지는 상당히 넓은 편이다. 이 신전은 원래 기원전 6세기에 지어진 것으로, 기둥 수는 6×11이었던 것 같다. 지금 남아 있는 기둥 하나 때문에, 이 신전은 그냥 콜로나 Colona (기둥)라고도 불린다. 기둥이 연필을 깎다가 부러뜨린 것처럼 머리 부분이 뾰족하고, 항구 바로 위의 언덕에 서 있어서 배 타고 도착하면 멀리서도 알아볼 수 있다.

박물관에 소장된 스핑크스는 양 날개가 부러져 있다. 여자 얼굴에 몸통은 자주 그러하듯 사자 모습이다. 아폴론 신전에 봉헌된 성물로 기원전 460년경 것으로 추정된다.

크레테와 다른 섬들

유럽 문명의 발상지 크레테

크레테는 유럽 전체에서 가장 먼저 문명이 꽃핀 곳이고, 많은 신화의 배경이 된 땅이다. 이 섬은 지중해 전체에서 다섯 번째로 큰 섬이어서(이보다 큰 섬은, 크기 순서대로 시칠리아-사르디니아-퀴프로스-코르시카뿐이다), 기원전 8세기 시인인 호메로스에 따르면 그때 벌써 100개 또는 90개의 도시를 가진 땅이었다고 한다. (100개는 『일리아스』에, 90개는 『오뒷세이아』에 소개된 숫자다.) 역사적으로 이 섬과 관련된 가장 중요한 점은 이곳이 미노아 문명(또는 미노스 문명)의 근거지였다는 점, 그리고 신화적으로 가장 유명한 이야기는 이곳에서 테세우스가 미노타우로스를 죽이고 아리아드네와 함께 도망쳤다는 것이다. 물론 그 이전에 제우스가 소로 변해서 페니키아 공주 에우로페를 업은 채 이곳으로 왔다는 이야기, 또 다이달로스가 이곳에 있다가 날개를 만들어 달고 아들과 함께 탈출했다는 이야기도 있다. 헤라클레스가 엄청난 황소를 잡으러 왔던 데도 여기다.

먼저 신화부터 보자. 앞에 언급한 이야기들은 모두 한줄기로 연결되어 있고, 그중 일부는 이미 수니온의 포세이돈 신전을 설명하면서 얘기했다. 다시 정리하면 이렇다. 우선 제우스가 소로 변해서 에우로페를 등에 싣고 이곳 크레테에 도착한다. 그는 그녀와 결합해서 미노스와 라다만튀스 등의 자식을 낳는다. 나중에 이 자식들 사이에 왕권을 두고 다툼이 일어난다. 미노스는 신들이 특별한 선물을 보내 주어 자신에게 권리가 있다는 것을 보여 주면, 자신이 그 선물을 다시 신에게 바치겠노라고 약속한다. 신들은(혹은 포세이돈은) 그를 위해 아름다운 황소를 보내 준다. 이것을 이용하여 왕권을 차지한 미노스는 멋진 황소가 탐이 나서, 그것을 감추고 다른 소를 신에게 바친다. 신은 노하여 미노스의 아내 파시파에로 하여금 그 소에게 반하게 만든다. 명장 다이달로스는 파시파에를 위해 나무로 가짜 암소를 만들고 그 안에 파시파에를 들여 보낸다. 신이 보낸 황소는 그 암소와 결합하고, 그 결과 파시파에는 머리는 소, 몸은 사람인 미노타우로스를 낳는다. 미노스는 이 괴물 아기를 어떻게 해야 할지 신의 뜻을 묻는다. 그리고 신의 지시에 따라 미로를 짓고 그 안에 이 괴물을 가둔다. 그러고는 아테나이에서 매년(또는 9년에 한 번씩) 남자 일곱, 여자 일곱을 받아 괴물에게 먹이로 준다. (아테나이는 미노스의 아들을 죽게 했고, 그것을 복수하기 위해 쳐들어간 미노스에게 항복하는 조건이 이렇게 괴물의 먹이를 공급하는 것이었다.) 이 괴물에게 먹이로 바쳐지는 세 번째 무리에는 청년 테세우스가 포함되어 있었다. 미노스의 딸 아리아드네는 이 청년에게 반해서 칼과 실뭉치를 준다. 테세우스는 실을 풀면서 미로에 들어가 칼로 미노타우로스를 죽이고, 다시 실을 따라 미로 밖으로 나온다. 그러고는 아리아드네를 데리고 도망치지만, 귀향 도중 낙소스섬에 그녀를 버리고 간다. 이 사건 이후, 다이달로스는 고향인 아테나이로 돌아가고 싶어하지만 미노스가 놓아주지 않는다. 그는 새 깃털과 밀랍으로 날개를 만들어 붙이고 아들과 함께 하늘을 날아 탈출한다. 아들은 태양 가까이로 날아가다가 밀랍이 녹

미노타우로스와 싸우는 테세우스. 루브르 소장 암포라.

아 바다로 떨어져 죽고 만다. 미노스는 다이달로스를 추격하여 시칠리아까지 쫓아갔다가, 코칼로스라는 왕의 초대를 받아 목욕을 하다가 뜨거운 물에 데어 죽는다. 한편 미노타우로스를 낳게 만든 황소는, 에우뤼스테우스왕의 지시를 받아 이곳에 온 헤라클레스에게 잡혀 희랍 본토로 옮겨졌다가, 마라톤 벌판에서 테세우스에게 죽는다. (이 마지막 부분도 마라톤 대목에서 소개했다.)

하지만 현재 우리가 크레테를 방문하면 테세우스와 아리아드네의 흔적 같은 것은 없다. 그저 중심 도시의 이름이 헤라클레이온(이라클리온)이어서, 헤라클레스와의 연관만 지명으로 남아 있다. 이렇게 하나로 연결된 이야기 말고도 다른 신화들이 이곳을 배경으로 하고 있는데, 우선 아르고호 영웅들이 이곳에서 청동 인간 탈로스와 마주쳤다는 것. 이 이야기는 나중에 파이스토스를 소개하는 데서 다시 보자. 그리고 아가멤논과 메넬라오스의 어머니도 이곳 출신이어서, 메넬라오스는 자기 외할아버지 카트레우스가 죽었을 때 이곳에 문상을 왔다가 아내의 가출이라는 재난을 당하고 그것이 트로이아 전쟁으로 이어진다.

크레테와 다른 섬들 171

미노스의 궁전이 있던 크놋소스

크레테가 희랍 문명, 나아가 서양 문명의 요람이란 것은 크놋소스 유적지(그리고 이라클리온 고고학박물관)에 가보면 분명해진다. 이라클리온 항구에서 멀지 않은 곳에 있는 크놋소스 유적지는 따로 성벽을 두르고 있지 않다. 인류 역사상 최초로 바다를 지배했던 미노스의 도시이기 때문이다. 이 유적지에는, 20세기 초(1900~1906년)에 에반스Arthur Evans가 발굴하여 복원해 놓은 건물이 꽤 여러 개 서 있다. 실제로 가서 보면 통로 중 어느 하나도 곧장 밖으로 통하지 않도록 여러 번 꺾이고, 어느 굽이에서건 같은 평면으로 연결되지 않고 계단 한 칸이라도 오르거나 내려가게 되어 있다. 어쩌면 외부인이 침입하더라도 길을 잘 찾지 못하게 하려는 의도가 아니었나 싶다. 미로는 따로 있는 게 아니라, 궁전 자체가 일종의 미로인 것이다. (전통적으로 '궁전'이라고 부르기는 하지만, 사실은 천 개 이상의 방들이 연결된 사실상 하나의 도시이다. 그중에는 귀족들의 거처뿐 아니라, 포도주 압착소 같은 작업장들도 포함되어 있다.)

이곳 건물들의 특징 중 하나는, 원기둥들이 아래는 가늘고 위는 굵은 형태라는 점이다. 고전기의 기둥들처럼 돌로 된 부재drum들이 발견되지 않는 것으로 보아, 이 건물들은 나무 기둥으로 받쳐졌던 듯하다. (크레테 중앙부 남쪽 해안 가까이에 있는 파이스토스 궁전 유적지도 미노아 문명에 속한 부분이지만, 그 지역은 나중에 사람이 재정착해서 살았기 때문에 돌기둥 밑동이 남아 있다.) 이 나무 기둥들은 이 지역에 많이 자라던 삼나무를 베어다가 사용했던 것으로 추정된다. 그리고 기둥 아래쪽이 더 가늘게 된 이유에 대해, 나무에 싹이 나는 것을 막기 위해 나무의 아래쪽이 위로 가게끔 거꾸로 세워 사용했던 게 그 근원이라고, 저명한 그리스 학자의 책에 나와 있다. 하지만 목재를 기둥으로 쓰기 전에 상당히 잘 말렸을 테고, 마른 나무에서 싹이 틀 리 없으니, 이 설명은 혹시, 이게 아주 원시적인 시대의 관행이 이어진 것이란 뜻인지도 모르겠다.

일반 관광객이 보기에 이 유적지에서 가장 눈에 띄는 것은 에반스가 복원해 놓은 건물들이겠지만, 나로서는 가장 대단한 발굴품으로 꼽고 싶은 게 돌의자이다. 뮈케나이와 미노아 문명의 귀족들의 일상생활은 상당히 넓은 실내 공간megaron에서 이루어졌는데, 그런 큰방 중 하나에서, 벽에 붙은 등받이 높직한 돌의자가 발견된 것이다. (이 돌의자는 콘찰로프스키 감독의 영화 〈오디세이〉에도 나온다. 오뒷세우스가 전쟁터로 떠날 때와, 중간의 구혼자들의 잔치 장면에도 보이지만, 거의 마지막 부분, 오뒷세우스가 구혼자들을 처단하고 그 돌의자에 앉는 장면에서 아주 깊은 인상을 준다.)

또한 많은 사람에게 특이하게 기억될 만한 것이 벽화들이다. 가장 눈에 띄는 것만 꼽아 보자면, 현재 복원되어 이층으로 높게 세워진 북쪽 입구north entrance 벽의 돌진하는 소 그림, 돌의자가 있는 방throne room의 그리핀들, 왕비의 방Queen's megaron 벽에 그려진 돌고래들, 그리고 계단실 주랑의 방패 장식 등이다. 이것들은 부분적으로 조각들만 남은 옛 그림을 바탕으로 상상해서 채워 넣은 것인데, 이게 정말 제대로 복원한 것인지에 대한 의심도 여전히 있고, 이전의 추측을 나중에 수정한 경우도 꽤 있다. 한편 복원 건물들과 관련해서 다소 골치 아픈 문제가 있다. 에반스가 복원할 때 당시엔 첨단 소재였던 콘크리트를 이용했는데 세월이 흐르다 보니 거기서 흘러나온 물질들이 원래의 유적 부분에 손상을 일으키게 되었고, 이를 어떻게 해결할지가 골칫거리가 된 것이다.

인상적인 것을 하나 더 꼽자면 거대한 뿔 장식이다. 여기 저기 크고 작은 것들이 있지만, 아마도 남쪽 입구 가까이 건물 위에 얹힌 것이 제일 먼저 눈에 들어올 것이다. 미노타우로스를 낳고, 황소 묘기를 즐기던 나라의 상징으로 적절해 보인다.

이제 건물 안으로 들어가 보자. 크놋소스 건물군을 전체적으로 위에

크놋소스 남쪽 입구에서
만나게 되는 건물 위에 얹힌 거대한
뿔 장식.

서 내려다보면 정사각형에 가깝게 생겼다. 그리고 중앙에 남북으로 길쭉하게 직사각형의 마당(중앙 광장)이 있어서, 크게 동쪽 건물east wing과 서쪽 건물west wing로 나뉜다. 서쪽 건물은 3층이고, 동쪽 건물은 4층으로 되어 있다. 동쪽은 지반을 깎고 들어가서 중앙 광장 평면 아래로 두 층이 더 내려가 있기 때문이다. 좌우로 상당히 넓은 건물인데 이렇게 여러 층으로 되어 있으면 혹시 내부가 너무 어둡지 않을까 생각하기 쉽지만, 이 건물군에는 학자들이 엄청난 건축적 발명이라고 칭찬하는 장치가 있다. 바로 '빛 우물light well'이란 것이다. 현대의 규모 큰 건물들이 이따금 안뜰(중정)을 갖추고 있는 것과 비슷하다. 건물 중간 중간 맨 위층에서 바닥층까지 수직으로 뚫린 공간을 두고, 그 둘레의 방들은 그쪽으로 창을 내는 것이다.

전체 부지의 동서남북 네 방향에 각기 입구가 하나씩 있는데, 지금 동쪽 입구는 그다지 두드러지지 않는다. 전체 동선에서 중요하지 않기 때문이다. 보통 관광객이 처음 접하는 개방 공간을 서쪽 광장west court이라고 한다. 우선 이 서쪽 광장의 북쪽에 상당히 큰 원을 그리면서 테두리를 두른 약간 얕은 우물 비슷한 것을 보게 된다. 이는 쿨루레스kouloures라는 것인데, 에반스가 그리스의 빵 이름kouloura을 따서 만든 단어라고 한다. 서쪽에서 동쪽으로 줄지어 세 개가 나란히 있는데, 가운데 것이 양쪽의 것들보다 조금 더 크다. 아마도 원래는 식량 저장고였던 듯하고, 거기서 몇가지 유물도 발굴되었다. 나중에는 일종의 쓰레기장으로 쓰인 모양이다. 하지만 정확한 용도에 대해서는 여전히 이견들이 있다.

 현재 관광객들은, 원래 서쪽 현관west porch이 있던 곳 가까이 통로로 들어간다. 서쪽 건물군의 남쪽 끝에 가깝다. 이 건물의 서쪽 면은 원래

크놋소스 전체 복원도. 그림 중앙의 건물 지붕 위에 빛 우물이 보인다.

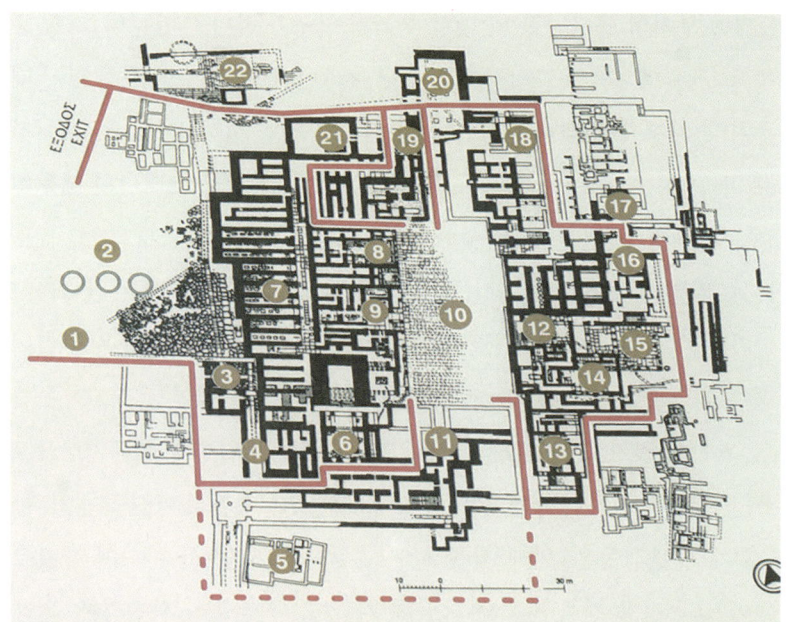

크놋소스 유적지 전체 평면도와 관람 동선.
① 서쪽 광장 ② 쿨루레스 ③ 서쪽 현관 ④ 종교 행렬 벽화 ⑤ 남쪽 하우스 ⑥ 남쪽 입구 건물
⑦ 서쪽 창고 ⑧ 보좌의 방 ⑨ 트리파르티테 사당 ⑩ 중앙 광장 ⑪ 백합 왕자 프레스코 ⑫ 거대한 계단실
⑬ 양날 도끼의 사당 ⑭ 왕비의 방 ⑮ 양날 도끼의 방 ⑯ 보석 세공 공방과 학교 ⑰ 거대 항아리 방
⑱ 드래프트 보드 ⑲ 북쪽 입구 ⑳ 세관 ㉑ 북쪽 정화 공간 ㉒ 극장

웅장한 전면(파사드)을 갖추고 있었으며, 그 아랫부분은 초기 궁전의 기초를 이용하여 만든 것이다. (지금 남은 유적은 두 번째 궁전이다. 첫째 궁전은 기원전 1700년경에 지진으로 파괴되었고, 다시 세운 궁전 역시 기원전 1450년경에 화재로 피해를 입었다. 그 이후에는 희랍 본토인들의 새로운 왕조가 이곳을 차지하고 살다가, 약 100년 뒤에 버려져서 이후로 다시는 재건되지도, 재사용되지도 않았다.) 원래의 건물이 제대로 있었으면 일단 서쪽 현관으로 들어선 다음 우회전, 좌회전을 거듭하면서 꼬불꼬불 들어가야 했겠지만, 지금은 건물 바깥쪽으로 크게 ㄷ자를 그리면서 남향-동향-북향으로 서쪽 건물 남쪽 부분에 진입하고, 그것을 통과하여 중앙 광장으로

나가게 된다.

 서쪽 건물 남쪽 부분에는 입구 건물propylon이 일부 서쪽 면만 복원되어 있고, 종교적 행렬을 보여 주는 벽화도 복원해 두었다. 우리가 몸을 왼쪽으로 돌려 복원 건물을 정면으로 볼 때 왼쪽 기둥은 원기둥, 오른쪽 기둥은 사각기둥이다. 거기서 북쪽 방향으로 위층으로 올라가는 큰 계단이 있는데, 안내판에는 그리 올라가기보다는 오른쪽으로 몸을 돌려 중앙 광장으로 나가도록 동선이 표시되어 있다. 그래서 관람자의 전체적인 동선은 시계 반대방향으로, '서쪽 건물의 남쪽-중앙 광장-동쪽 건물의 남쪽-동쪽 건물의 북쪽-북쪽 입구-서쪽 건물의 북쪽'을 보게 되어 있다. 하지만 막는 사람은 없으니, 그냥 마음 내키는 순서대로 봐도 상관은 없다.

 중앙 광장으로 들어서면 몸을 오른쪽으로 돌려서, 서쪽 건물 남쪽의 일부를 보게 된다. 다른 부분은 그냥 낮은 담 정도의 높이로 놓아 두고

백합 왕자
프레스코 복원품.

그 부분만 양옆으로 벽을 세우고, 그 위에 지붕을 절반 얹고 그 밑에 기둥 두 개를 받친 것이다. 멀리서 보면 마치 한국 절집의 천왕문같이 보이지만, 가까이 가서 보면 한쪽은 주랑이고, 그것에 담벼락 하나가 바짝 붙어 서서 그렇게 보인 것이다. 그 건물 안벽에서 저 유명한 '백합 왕자' 프레스코를 볼 수 있다. 물론 복원품이고, 심지어 액자까지 둘러쳐져 있다. (이 유적지에서 발굴된 프레스코 벽화 파편들은 다 이라클리온 고고학박물관으로 옮겨서, 복원된 그림 중간에 끼워 넣어 전시 중이다.) 이 프레스코는 다른 것들과 약간 다른 면모가 있는데, 그냥 평면에 그린 게 아니라 얕게 돋을새김한 위에 색을 입혔다는 점이다$_{\text{relief fresco}}$. 하지만 근래에 이 그림이 잘못 복원되었다는 주장이 제기되고 있다. 원래는 세 가지 그림에 속한 조각을 한데 섞어서 나머지 부분을 지어냈다는 것이다. 원래는 두 명의 권투 선수와 한 명의 여사제였다는 주장이다.

    서쪽 건물의 가장 중요한 부분은 '보좌의 방$_{\text{throne room}}$'이란 곳이다. 앞에 말한 돌의자가 벽에 붙어 있고, 그 앞의 바닥에는 돌로 된 대야가 놓여 있는 방이다. 돌의자 뒤와 옆벽에는 전체적으로 붉은 색조로 그리핀과 백합 비슷한 식물들이 그려져 있다. 테두리 벽면을 따라서 보좌 양옆으로 긴 돌 벤치도 있다. 이 방의 전실에는 허름하게 벽돌이 노출된 벽 앞에, 방금 말한 돌의자와 똑같이 생긴 나무 의자가 하나 놓여 있는데, 바로 그 자리가 돌의자가 발굴된 위치이다. 학자들은 그 의자가 지금 놓인 자리에 있는 게 옳다고 생각해서 '제자리에' 돌려놓고, 혹시 다른 가능성이 있을 수 있으니 발견된 자리에도 나무 복제품으로 표시를 해 놓은 것이다. 이 돌의자는 보통 '미노스의 보좌'로 알려져 있으나, 에반스는 대지모신을 섬기던 여사제의 의자가 아니었을까 추정했다. 그는 이 방에 딸린 공간들도 모두 예배 의식을 위한 것이라고 보았다. 의자에서 마주 보이는 낮은 공간$_{\text{lustral basin}}$은 다른 유적지에서도 발견되는데,

학자들은 대체로 종교의식을 위한 정화용 공간이었으리라 추정한다. 이와 같은 공간은 이 서쪽 건물의 북쪽 부분에 하나 더 있고, 눈에 띄게 복원해 놓았다. '달려드는 소' 그림이 그려진 북쪽 입구 뒤로 보이는 구조물이 그것이다.

한편 동쪽 건물에서 제일 중요한 두 곳은 '왕비의 방Queen's megaron'과 '양날 도끼의 방'이다. 학자들은 양날 도끼double axe를 가리키던 말labrys이 나중에 '미로labyrinthos'라는 단어의 어원이 되었다고 보고 있다. 왕비의 방은 돌고래 벽화로 유명하고, 아마도 한쪽에 목욕실이 있었기 때문인지, 지금도 한쪽 구석에 물 항아리가 하나 놓여 있다. 한편 양날 도끼의 방은 그 옆의 '빛 우물' 벽에 양날 도끼가 잔뜩 새겨져 있어서 이런 이름을 얻었다. 이 방에도 원래는 돌의자가 하나 있었고, 그 둘레에 볼록세로홈을 갖춘 나무 기둥 넷이 있어서 거기에 의지해서 장식 지붕

보좌의 방.

크레테와 다른 섬들 179

이집트 룩소르 아문 신전의 볼록세로홈 기둥.

canopy이 설치되었던 듯하다. (상고시대와 고전기의 돌기둥들은 오목세로홈을 갖추고 있는데, 이는 여기 소개된 볼록세로홈을 변형한 것이고, 이 볼록세로홈은 이집트 건축을 본뜬 것이다. 이집트의 기둥은 애당초 파퓌로스 가지를 모아서 세웠기 때문에 볼록세로줄이 있었는데, 이걸 돌기둥에 그대로 옮긴 게 볼록세로홈이라고들 설명한다.)

이 방에도 돌의자 대신 복제품 나무 의자를 벽에 붙여 두었는데, 앞에도 나무 의자가 나왔기 때문에 혼동이 될 것이다. 나무 의자 양옆에 돌 벤치가 있으면 '보좌의 방' 전실이고, 돌 벤치 없이 그냥 나무 의자만 혼자 있으면 '양날 도끼의 방'이다. 방의 크기와 벽 치장도 차이가 있다. '보좌의 방' 전실은 공간이 좁고 뒤의 벽에 회칠을 하지 않아서 벽돌이 그냥 드러나 있다. 반면에 '양날 도끼의 방'은 좌우로 폭이 꽤 넓고 뒷벽도 회를 발라 말끔하게 되어 있다. 옛 사진을 보면 오른쪽 구석은 회칠이 안 된 것도 있는데, 근래에는 그쪽도 회를 바른 모양이다.

'양날 도끼의 방' 벽에는 원래 '8자형 방패'가 걸려 있었던 것으로 추정된다. 『일리아스』에 보면 전사들이 사용하는 방패는 두 가지로, 8자 모양으로 생겨서 몸 전체를 가리는 '몸 방패body shield'와 왼팔에 장착하는 '손 방패hand shield'가 있다. 사실은 앞의 것이 청동기시대 방패고, 손 방패는 기원전 8세기, 그러니까 호메로스가 『일리아스』를 창작하던 시기에 발명된 것이라 한다. 호메로스가 청동기시대 막바지(기원전 1300 또는 1200년경)에 있었던 트로이아 전쟁을 그리면서 손 방패를 도입한

왕비의 방(위)과
양날 도끼의 방.

크레테와 다른 섬들 181

8자형 방패가
벽에 걸린 상상도.

것은 사실 시대착오라고 할 수 있다. 『일리아스』에는 전사가 지금 손 방패를 쓰고 있는지, 몸 방패를 장착하고 있는지 분명하게 말하지 않기 때문에, 무장을 갖출 때의 순서를 잘 보아야 한다. 방패를 먼저 걸치고 투구를 쓰면 그것은 몸 방패다. 이 방패는 끈을 이용해서 어깨에 걸치기 때문에, 먼저 투구를 쓰면 투구 깃장식에 걸려서 제대로 방패를 걸칠 수가 없다. 반면에 투구 먼저 쓰고 마지막에 방패를 집어 들면, 그것은 손 방패이다. 이 경우 방패를 먼저 팔에 끼우고 투구를 쓰자면 상당히 걸리적거릴 것이다.

한국의 만화가, 삽화가들은 방패를 그릴 때 팔걸이를 그리지 않는 경향이 있으며, 그 손잡이도 방패 안쪽 한가운데에 마치 냄비 뚜껑 꼭지처럼 달린 것으로 생각하는 듯하다. 하지만 손 방패라 하더라도 무게가 상당하기 때문에 손잡이만으로는 버틸 수가 없다. 그래서 방패 안쪽 중간에 우선 팔을 끼우는 세로 방향의 넓적한 끈이 있고, 또 방패 가장자리 가까운 곳에 세로 방향 손잡이가 있어서, 힘이 두 군데로 분산되게끔 되어 있다. 그러니 앞에서 볼 때 팔꿈치가 보일 수가 없다. 팔을 쭉 뻗어서 방패를 몸 앞으로 멀리 떨어지게 그린 것이나, 앞에서 볼 때 팔꿈치가 방패 밖으로 튀어나오도록 그려진 것은 모두 고증이 잘못된 엉터리 그림이라고 아시면 되겠다. 또한 네모 방패scutum는 로마군의 무장이니, 희랍군이 네모 방패를 장착하고 있는 경우도 엉터리라 하겠다.

가장 중요한 두 방을 소개하느라 그냥 지나왔는데, 사실은 중앙 광장에서 동쪽 건물로 들어가면 일단 거대한 계단실grand staircase을 보게 된다. 곁에 '빛 우물'이 있고, 이 계단이 바닥층까지 내려가는 것을 빛 우물이 계속 따라가기 때문에, 층마다 빛 우물 테두리의 둥근 기둥이 여러 개 둘러서 있어서 매우 장엄해 보인다.

동쪽 건물로 들어서면 곧 '키 큰 항아리'가 있는 방을 지나가게 된다. 이 부근이 '뱀 여신상'을 비롯한 여러 중요 유물이 발굴된 곳이다. 아마도 신전 보물 창고 기능을 하던 곳으로 추정된다. 이 동쪽 건물에서는 중요 유물이 많이 발굴되었는데, 현대의 관광객이 정확한 발굴 지점을 일일이 확인하기는 어렵지만 그냥 몇가지만 더 말해 보자. 이 동쪽 건물의 북쪽 부분으로 가는 통로 부근에서는 선문자 B가 새겨진 진흙판(옆으로 길쭉해서 대개 글자들이 두 줄 정도 쓰여 있다)이 여러 개 발견되었다. 또 이 동쪽 건물 북쪽 복도에서 발견된 유명한 유물로 '황소 묘기 벽화'도 있다. 가슴이 불룩하고 허리가 매우 가늘며, 수염 없는 젊은이들이 하나는 앞에서 황소의 뿔을 잡고 다른 하나는 황소 등 위에 손을 짚고 막 공중제비를 넘는 중이고, 마지막 한 명은 황소의 뒤쪽에서 두 팔을 앞으로 뻗고 있다. 이들이 남자인지 여자인지 다소 불분명한데, 현지에서 발행된 가이드북에는 '남자 옷을 입은 여성들'이라고 소개되어 있다. 여기서 발굴된 유물 중 아주 특이한 것이 돌로 된 십자가이다. '아니, 기독교의 상징이 왜 기독교 이전 시대에?'라고 놀랄 수도 있는데, 이는 보통 태양을 상징하는 물건으로 해석된다. (십자가 형태가 태양신의 상징이 된 것은 아마도 태양신의 마차 때문일 것이다. 태양신은 마차를 타고 하늘로 오르내리는데, 옛날 그림에서 바큇살은 모두 네 개로 그려져 있다. 바퀴의 테 부분을 떼고 보면 십자가처럼 보인다. 한편 헤라를 넘보다가 영원히 불타는 수레바퀴에 묶였다는 익시온의 이야기도 태양과 수레바퀴 사이의 연관을 보여준다. 익시온의 불타는 바퀴가 태양을 상징한다는 해석이 있기 때문이다.) 어쨌든 여기서 발굴된 유물들은 다 이라클리온 고고학박물관에 전시되어 있다.

동쪽 건물의 북쪽 부분에 또 하나 인상적인 장소로 '고리무늬medallion 항아리 방'이 있다. 옛날 도기 항아리들이 여러 개 발견된 방인데, 이 항아리들의 특징은 옆면에 고리모양의 무늬들이 그려져 있다는 점이다. 서쪽 건물에도 항아리가 잔뜩 채워진 창고west magazine가 있는데, 그곳의 항아리들은 대개 물결무늬가 그려져 있다. 이 서쪽 창고는 지붕을 따로 덮지 않아서 노천에 그대로 항아리들이 노출되어 있는데, 저렇게 두어도 되는지 약간 걱정이 된다. 반면에 동쪽 건물의 고리무늬 항아리들은 그나마 지붕 밑에 있어서 비바람은 피하게 되었다.

동쪽 건물의 북쪽 부분에 항아리들이 모여 있는 다른 구역이 있는데, 이곳은 '거대 항아리Giant pithoi 방'이라고 불린다. 주로 반구 모양의 돌기

동쪽 건물에서 발견된 황소 묘기 벽화.

익시온의 불타는 수레바퀴를 새긴 부조.

고리무늬 항아리(위)와 큰 항아리.

장식이 있고 고리무늬 항아리보다 배가 더 불룩한 거대한 항아리들의 구역이다. 서쪽 창고에 있는 것들은 크기도 좀 작고, 중앙에 있는 물탱크cistern를 에워싸고 벽을 따라 놓여 있는 데 반해, 동쪽 건물 큰 항아리들은 그냥 평탄한 바닥에 지붕 아래 놓여 있다.

이 '거대 항아리 방' 옆으로 계단이 있고 그것을 따라 내려가면 동쪽 입구에 다다른다. 그 밖에도 이 동쪽 건물에서 동쪽으로 나가는 길이 남쪽 부분에 하나 더 있다.

대개 관람자는 거기서 건물 부지 바깥으로 나와서 서쪽으로 진행하다가 북쪽 입구를 통해 다시 중앙 광장으로 들어가게 된다. 북쪽 입구는 들어가는 사람이 볼 때 오른쪽에 높직이 건물을 복원하고, 거기에 뿔을 낮추고 돌진하는 황소 그림을 그려 두었다. 이 유적지 전체에서

크레테와 다른 섬들 185

북쪽 입구에서 보게 되는 돌진하는 황소 그림.

가장 눈에 띄는 건물이기 때문에 이 앞에서 카메라를 꺼내지 않는 사람이 거의 없다. 어쨌든 다시 중앙 광장에 들어가서 우회전하여 서쪽 건물에 들어가고, 앞에 설명한 '보좌의 방' 부근을 보면 대체로 동서 건물을 모두 본 게 된다. 중앙 광장에서 서쪽 건물로 들어가는 길은 서쪽 건물 중에서는 약간 북쪽에 치우쳐 있다. 중앙 광장에서 동쪽 건물로 들어가는 입구와 대각선을 이룬다고나 할까.

전체 건물군의 북쪽에는 옛날 극장이 있다. 계단식 관람석이 두 면(동쪽과 남쪽)에 있고, 그 앞의 오르케스트라는—고전기의 일반적인 극장처럼 둥근 형태가 아니라—네모꼴이다. 두 면의 관람석이 만나는 부분은 약간 높은 단으로 되어 있는데, 이곳은 일종의 '로열박스'였으리라고 추정된다.

이 극장과 동서 건물군 사이로 길게—그러니까 동서 방향으로—길이 뻗어 있는데, '왕의 길royal road'이라고 부른다. 그 길을 따라 서쪽을 향해,

전체 건물군의 동서 폭보다 조금 더(약 2백 미터) 가면 '작은 궁전'이란 것이 있다. 이것도 두 번째 왕궁 시대 건물인데, 건물 일부를 복원해 두었다. 여기서 나온 가장 유명한 유물은 거대한 황소 머리 잔이다. (이렇게 동물 머리 모양의 잔을 대개 '뿔잔rhyton'이라고 하는데, 이 유물은 거대한 뿔을 갖춘 황소 머리 모양이니 '뿔잔'이라고 하기 좀 어색하다.) 전체가 검은 돌(동석, steatite)로 이루어져 있고, 뿔은 도금된 나무로 만든 것이다. 제사 때 술 바치는 그릇이었던 것으로 보인다. 눈은 원래 한쪽만 남아 있었는데, 수정의 바닥면에 칠을 해서 진짜 눈처럼 보인다. 눈시울은 붉은 준보석(벽옥jasper)으로 둘러서 약간 충혈된 듯 만들었다. 얼굴 주름에도 석고를 상감해서 당당한 표정을 만들었다. 비슷한 황소 머리 '뿔잔'이 아테나이 국립고고학박물관에도 하나 있어서 약간의 혼란을 일으키는데, 그것은 뮈케나이 유적지에서 나온 것이다. 아테나이 황소 머리는 고개를 더 깊이 숙였고, 이마 한가운데에 황금판으로 된 꽃을 달고 있는 게 차이점이다. 물론 아테나이 것도 아주 오래된 유물이다(기원전 15세기).

　사실 이런 종류의 유물은 꽤 흔해서, 희랍 문화권 전체에서 23개, 크놋소스 유적지에서만도 11개가 발굴되었다. 술 따르는 그릇이라면 어딘가 술 담길 공간과 구멍이 있어야 한다. 혹시 바닥면에 구멍이 있나 하고 살펴보면 이 소머리는 목 부분이 마치 칼로 벤 것처럼 평평하게 되어 있다. (그래서 얼굴 전체가 위로 가게 목 단면을 아래로 놓으면, 안정되게 보관할 수 있다.) 술 담기는 공간은 이 소머리의 내부에 있다. 소재가 무른 돌이어서 내부를 파낼 수 있다. 목덜미에는 액체가 흘러들 수 있는 구멍이 있고, 입에도 액체가 바깥으로 흘러나올 수 있는 구멍이 있다. 이런 소머리 모양 그릇들은 모두 부서진 채 발견되었는데, 학자들은 이것이 제의적으로, 제사 마지막에 일부러 파괴해서 그런 것으로 보고 있다. 우리가 보는 멋진 크레테 황소 머리도 사실은 왼쪽(정면에서 마주 보

크레테 황소 머리(위)와 뮈케나이에서 발굴된 아테나이 황소 머리.

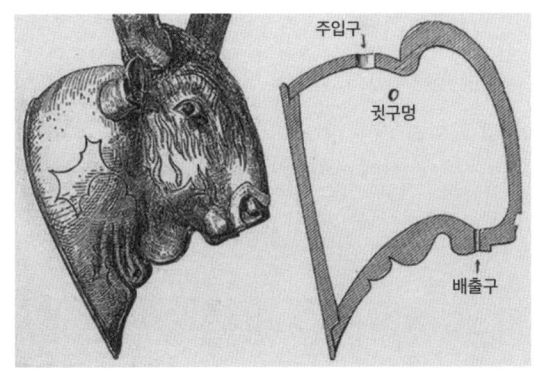

황소 머리 잔의 단면도.

면 오른쪽) 얼굴, 귀, 눈이 깨져 사라진 것을 에반스가 복원한 것이다. 뿔도 양쪽 다 에반스가 만들어 끼운 것이다. 귀는 원래 따로 만들어서 끼우게끔 구멍이 있었다.

이제 크놋소스 유적지는 대충 다 본 셈이다. 사실 여기 설명한 것은 복원된 부분에 중점을 둔 것이어서, 그냥 지나친 대목도 많이 있다. 복원된 건물 중에도 종교 제의가 치러지던 장소 같은 것들은 그냥 지나갔다. 이 유적지 남쪽에 무덤 신전과 상인 숙소가 있는데 그것도 그냥 지나쳤다. 더 자세한 정보를 원하는 분들은 전문서를 보기 바란다.

크레테의 다른 유적지들

사실 크레테를 찾는 사람이 모든 유적지를 다 둘러볼 수는 없기 때문에, 크놋소스를 둘러보고 대개는 이라클리온 고고학박물관으로 직행한다. 한국 사람이 싫어하는 것 중 하나가 박물관 순례인 듯하니 사실 이것만 해도 칭찬할 만한 일이긴 하지만, 이 박물관은 전시품이 워낙 많아서 유물들을 소개하는 데 어려움이 있다. 그래서 (현실적으로는 다 돌아보기 어렵지만 그래도) 중요 유물이 발굴된 유적지를 찾아다니는 것으로 가정하고, 각 유적지에서 발굴된 유물들도 함께 소개하는 것으로 하자.

크레테섬의 중앙 남부 해안 가까운 데에 파이스토스가 있다. (이라클리온에서 차로 1시간 반 정도 거리다.) 여기서 발굴된 가장 중요한 유물은 상형문자가 새겨진 둥근 판이다.

이 유적지를 처음 발견한 사람은 영국의 해군 장교인 스프라트Thomas Abel Brimage Spratt(1811~1888년)이다. 그는 나중에 슐리만이 트로이아 유적지를 발굴할 결정적 단서를 제공했고(그가 만든 지도를 이용했다), 몰타에서 난쟁이 코끼리 화석을 찾아내기도 했다. (이와 거의 같은 화석을 시칠리아 쉬라쿠사이 박물관에서 볼 수 있다. 크레테에서도 상아가 발견되어 이라클리온 박물관에 전시되어 있다.) 스프라트가 무슨 용한 재주가 있어서 이런 유적지를 찾아낸 건 아니고, 고대의 지리학자 스트라본(기원전 64/3년~기원후 24년)이 남긴 기록을 눈여겨보고 적절한 후보지를 탐사했기 때문이다. 그 후 20세기 초반과 중반에 발굴이 이루어졌다. 이곳의 궁전은 크놋소스의 첫 번째 궁전 시대에 세워진 것으로 추정된다.

위에 언급한 글자판은 1908년 왕궁 부지 북쪽에서 발견되었다. 거기 새겨진 문자는 대개 상형문자hieroglyph(신성문자)라고 부르는데, 선문자

크레테의 유적지들.
① 크놋소스 ② 파이스토스 ③ 하기아 트리아다 ④ 고르튄 ⑤ 말리아 ⑥ 차크로스
⑦ 아르칼로코리 ⑧ 이라클리온

파이스토스에서 발굴된 상형문자가 새겨진 글자판.

A보다 한 세기 정도 앞서서(기원전 1600년경) 만들어진 듯하지만 아직 해독되지 않았다. 더구나 글자들이 꼬챙이 따위로 따로따로 새겨 파낸 것이 아니라 아마도 금속 도장으로 찍은 것처럼 되어 있어서, 어찌 보자면 이것이 세계 최초의 금속활자라고 해야 할 것이다. 진흙판의 앞뒤에 중앙에서부터 바깥으로 소용돌이 모양으로 돌아 나가는 길을 만들고 중간 중간 구획을 나누어 그 안에 여러 문양을 찍었는데, 꽃, 새, 뱀, 물고기, 남자 머리, 여성의 전신 모습, 짐승 가죽 모양, 단추 비슷한 문양 (원 중앙에 구멍이 하나, 둘레에 6개의 구멍) 등이 서로 다른 순서로 여러 차례 반복된다.

　한데 이런 글자가 새겨진 유물은 이것 외에는 전혀 발견되지 않아서, 사실 이게 여기서 만들어진 유물인지 아니면 다른 데서 흘러 들어온 것인지조차 분명치 않다. 이 유적지에서는 선문자 A 자료는 상당히 발굴되었지만, 선문자 B 글자판은 하나도 발견되지 않아서 과연 이곳이 청동기시대 후기, 뮈케나이 문명 시기에도 여전히 행정 중심지 지위를 갖고 있었는지에 대한 의혹이 있다. 하지만 언젠가 선문자 B 자료도 발굴될 것이란 기대가 여전히 남아 있긴 하다. (파이스토스라는 이름은 크놋소스에서 발굴된 선문자 B 자료에 등장한다.)

 이곳에 처음 왕궁이 세워진 것은 기원전 2000년경이고, 기원전 1700년경에 지진으로 파괴되었다가 복구되었으며, 이후로는 종교 중심지 역할만 하고 정치적 중심은 서쪽의 하기아 트리아다('성삼위일체')로 옮겨 간 듯하다. 기원전 1450년경 다시 한번 재난이 닥치지만 복구되어 기원전 1세기 이웃 도시국가 고르튄에 파괴될 때까지 도시가 유지되었다. 이곳에서 발굴된 유물 중에 특이한 것으로 날개 달린 탈로스가 새겨진 주화(기원전 3세기, 파리 국립도서관 소장)가 있다. 탈로스는 아르고호의 모험 이야기에 나오는 청동 거인인데, 하루에 세 바퀴 크레테를 돌면서 누구든 다가오는 자들에게 바위를 던져 상륙을 막았다고 한다. 아폴로니오스 로디오스의 『아르고호 이야기』에는 그에게 날개가 달렸다는 얘기가 나오지 않지만, 더러 이런 식으로도 형상화했던 모양이다. (『아르고호 이야기』는 기원전 3세기에 쓰인 것으로 추정되는 서사시이다. 이아손을 중심으로 한 젊은 영웅들이, 당시 알려진 세계의 동쪽 끝 콜키스까지 가서 황금 양털가죽을 구해 온다는 게 그 주된 내용이다.)

 현재 유적지에 노출된 건물 기초는 대부분 두 번째 왕궁에 속했던 부분이다. 이 두 번째 왕궁이 본토인들의 공격으로 파괴된 다음에는 재건도, 재사용도 없었던 듯하다. (크놋소스의 운명과 거의 같은 패턴이다.) 유적지 전체는 남쪽에서 볼 때 역삼각형 부지에 중앙에 광장이 있고, 이 광장의 서쪽과 북쪽 건물군의 기초가 노출되어 있다. 관람자는 서쪽에서 들어가게 되는데, 왼쪽으로는 북쪽 광장, 오른쪽으로는 서쪽 광장(극장 영역)이 있다. 크놋소스 정도까지는 아니지만 그래도 상당히 넓고 벽체와 기둥의 하단이 상당한 높이까지 남아 있어서, 이런 유적지가 널리 알려지지 않은 게 다소 의아하다. 가장 인상적인 것은 널찍한 계단식 관람석을 갖춘 서쪽 광장의 네모꼴 극장이다. 계단은 남쪽을 보고 있으

파이스토스 왕궁에서 발굴된 날개 달린 탈로스 주화.

며 그 앞에 상당히 넓은 공간이 펼쳐져 있다. 거기서 북쪽 광장으로 올라가는 계단이나, 중앙 광장으로 올라가는 길(프로필라이온, '입구 건물')도 계단이 웅장하고 매우 잘 보존되어 역시 강한 인상을 남긴다. 지상에 크놋소스처럼 높직하게 복원한 건물은 없지만, 지하 공간 일부를 복원해서 그 안에 있던 항아리를 그대로 전시해 놓았다. 서쪽 광장의 남쪽에는 크놋소스에서도 보았던 우물 모양의 구덩이(쿨루레스)가 남아 있다.

근처에 다른 유명한 유적이 두 군데 있는데, 하나는 하기아 트리아다 Hagia Triada로 파이스토스 서쪽에 있는 유적지이다. 건물 기초들은 바닥에 깔려서 파이스토스만큼 인상적이지 않은데, 여기서는 선문자 A 자료가 많이 발굴되었고, 아름다운 프레스코가 그려진 석관이 발견되어 이라클리온 박물관에 전시되어 있다. 신에게 제물을 바치는 행렬이 그려져 있는데, 일곱 줄 뤼라를 든 사람도 포함되어 있어서 악기의 역사에서도 중요한 자료이다. 또 하나 눈에 띄는 유물이 커다란 백합꽃이 붙은 술 섞는 항아리krater이다. 마치 커다란 와인잔처럼 생겼는데, 윗부분에도 양쪽으로 큰 백합이 두 개씩 붙어 있고, 목 부분에도 돌아가며 작은 백합이 세 개 붙어 있다. 이런 종류의 도기를 카마레스 도기Kamares

크레테와 다른 섬들 193

pottery라고 하는데, 검은 바탕에 흰색, 붉은색, 파란색으로 여러 장식을 그려 넣은 것이다. 그 밖에 여기서 발굴된 중요 유물로, 추수하는 사람들이 새겨진 돌 병 Harvester Vase이 있다.

주변의 다른 유적지로 고르튄(고르튀스)이 있다. 파이스토스에서 동쪽으로 30분 정도 거리에 있다. 미노아 문명 시대에도 존재했던 도시인지는 다소 논쟁이 있는데, 『일리아스』와 『오뒷세이아』에 언급된 도시이며, 여기서 상당한 분량의 법령이 새겨진 비문 Gortyn Code이 발견되어 유명하다. 이 도시는 파이스토스가 주도권을 잃은 뒤에 번성해서, 특히 헬레니즘시대에 큰 번영을 누렸고, 로마시대에

위 아름다운 프레스코가 그려진 하기아 트리아다의 석관.

아래 백합 장식 혼주기.

도 계속 중심 도시로 있어서 특이하게도 로마 유적이 꽤 남아 있다. (아랍인들이 침공해 올 때까지 도시가 융성했기 때문에, 뷔잔티온시대의 교회 유적도 남아 있다.) 이곳의 고대 의회 건물 원형 테두리 벽면과, 원래 이 건물에 있다가 나중에(하드리아누스 황제 때) 로마의 음악당에 재사용된 석재에서 오늘날 민법과 유사한 법령 새김글이 발견되었다. 추정 연대는 기원전 6세기 말에서 5세기 사이이다. 하나 특이한 점은 법령 문장이 도리스 방언(말하자면 스파르타 방언)으로 이루어져 있으며, 흔히 쓰는 방법처럼 왼쪽에서 오른쪽으로 적기만 한 것이 아니라, 한 줄 건너마다 방향을 바꿔서 왼쪽에서 오른쪽으로, 다시 오른쪽에서 왼쪽으로 적었다는 점이다. 오른쪽에서부터 적을 때는 거울에 비친 것처럼 글자의 형태를 뒤집었는데, 이런 것을 '쟁기질 방식boustrophedon'이라고 한다. 법의 내용은 소송 진행 방법, 성범죄에 대한 처벌, 혼인과 상속 문제 등을 담고 있다. 사실 희랍의 법체계는 아테나이 것 이외에는 거의 알려져 있지 않은데, 이 비문이 그 구멍을 메워 주는 중요한 자료 역할을 한다.

고르튄 법령 새김글. 루브르 박물관.

특히 법률의 역사에 관심이 있는 사람이라면 방문해 볼 만하다. 나중에 다른 데서도 일부 조각들이 발견되었는데 현지에 일부를 복원해 놓았고, 진품 일부는 루브르 박물관에 있다.

크레테섬의 북쪽 해안, 이라클리온 동쪽에 또 다른 미노아 유적지가 있다. 말리아Malia라는 곳이다. 이라클리온에서 차로 40분 정도 거리다. 전체적으로 작은 크놋소스 유적지 같은 구조로 되어 있으며, 이곳 역시 거대한 계단이 인상적이다. 계단 아래서 보면 올라가는 방향으로 길게 홈이 두 줄기 있어서, 말하자면 계단 세 개를 나란히 붙여 놓은 것처럼 보인다. 이곳에도 우물 모양의 구덩이 쿨루레스를 볼 수 있고, 여기 저기 서 있는 거대 항아리를 볼 수 있다. 크놋소스에서 보았던 정화 공간 lustral basin도 있다. 이 유적지에서 가장 인상적인 것은 거대한 맷돌 모양의 돌그릇kernos(작은 그릇을 여럿 붙여 만든 그릇)이다. 그 중앙에 상당히 큰 구멍이 있고, 테두리를 돌아가면서 작은 동그라미 홈이 그릇 모양으로 패어 있어서, 아마도 여기에 공양물을 담았던 것으로 추정된다. 이 테두리의 한 곳은 바깥으로 튀어나와서 다른 구멍보다는 조금 큰 오목

말리아에서 발굴된 돌그릇(케르노스).

한 홈을 이루고 있다. 어찌 보자면 거대한 등잔 같기도 하다. 테두리 구멍 수는 34개이고, 중앙 광장의 남쪽 부분에 있다. 그 밖에 거대한 사각기둥으로 받쳐졌던 지하 공간도 인상적이다. 여기서 발굴된 유물 중 가장 인상적인 것은 도약하는 표범의 상반신으로 된 홀scepter 손잡이이다. 이라클리온 고고학박물관에 있다.

말리아에서 발굴된 표범 모양 홀 손잡이(위)와 차크로스에서 발굴된 개 모습 뚜껑 그릇.

더 동쪽으로 가면 섬의 동쪽 끝에 차크로스Zakros 유적지도 있지만, 이곳은 앞의 유적지들보다 좀 더 황량해 보이고 아주 인상적이지는 않아서 거의 전문가들이나 찾아갈 곳이라 하겠다. 열쇠 구멍 모양으로 생긴 연못을 복원해 놓은 게 좀 재미있다. 중앙 광장의 동쪽 건물군 중에서도 제일 동쪽에 있다. 여기서 출토된 유물 중에 전체가 수정으로 되어 있고, 손잡이를 구슬로 엮어 만든 병(이것도 '뿔잔rhyton'으로 명명되어 있다)이 특이하다. 목에도 굵은 팔찌 같은 장식을 둘렀고, 그 '팔찌'는 반지 같은 여러 개의 금속 고리로 둘려 있다. 또 하나 특이한 유물로, 개가 엎드린 모습의 뚜껑을 지닌 그릇pyxis이 있다. 이들은 모두 다 이라클리온 고고학박물관에 소장되어 있다.

미노아 문명의 보고, 이라클리온 고고학박물관

앞에서 본 여러 유적지와, 다 소개하지 못한 다른 발굴지에서 출토된 유물들은 대부분 이라클리온 고고학박물관에 전시되어 있다. 아마도 이 박물관은 현대 희랍의 3대 박물관 중 하나라고 해야 할 것이다. (다른 둘은 아테나이 고고학박물관과 테살로니키 고고학박물관이 될 것이다. 그 다음 자리는 아크로폴리스 박물관, 올륌피아 박물관, 델포이 박물관이 차지할 듯하다.)

중요한 유물은 유적지들을 소개하는 과정에서 거의 다 소개했기 때문에 그저 전체적인 구성을 살펴보고, 앞에서 소개하지 못한 것만 조금 덧붙이면 되겠다. 이 박물관은 전체적으로 스무 개의 전시실을 갖추고 있는데, 시대순으로 방 번호가 붙여졌다고 기억하면 되겠다. 첫 방은 기원전 2000년 이전 시대, 둘째 방은 기원전 2000~1700년경까지, 그 다음은 미노아 문명 시기, 뮈케나이 문명 시기, 암흑기(도리스인의 도착 시대), 상고시대, 고전기와 로마시대 순이다. 이 중에서는 미노아 문명에 속한 유물이 가장 많고 또 중요하기 때문에 이 시기에 속하는 유물들은 종류별, 출토된 도시별로 묶여서 몇개의 방에 나뉘어 전시되고 있다. (출토지가 유명한 도시가 아닌 것들도 있어서, 산봉우리 성역이나 동굴에서 나온 봉헌물들, 공동묘지 출토품, 작은 주거지 출토품도 마지막 부분에 따로 모여 있다.) 그리고 거의 마지막에는 프레스코 유물들만 따로 모아 놓은 방들이 있다. 시대 구분 표기법을 조금 소개하자면, 앞에서 본토의 고고학적 연대를 초기EH, 중기MH, 후기LH로 나누고 더 자세히 구별할 때는 먼저

아르칼로코리 동굴에서 발견된 청동 양날 도끼.

말리아에서 발굴된 꿀벌 펜던트.

위 황소 묘기 인물 상아 조각. 아래 이탈리아 파이스툼의 프레스코. 오른쪽 진흙으로 만든 가옥 모형.

로마 숫자(I, II, III) 등을 붙인 것과 유사하게, 미노아 문명 초기EM, 중기MM, 후기LM로 표시한다. 아니면 초기 왕궁시대, 둘째 왕궁시대 같은 구분법도 사용된다.

독자들은 각 유물의 설명을 보면서 대개는 앞에 소개된 도시들의 이름을 확인하게 될 것이다. 앞에 소개하지 못한 것으로, 아르칼로코리Arkalochori 동굴(이라클리온에서 동남쪽으로 약 30분 거리)에서 발견된 청동제 양날 도끼가 있다. 대략 기원전 17세기 유물로 여겨지는데, 이 도끼가 중요한 것은 날 중앙 부분에 15개의 상형문자가 새겨져 있어서다. 그중 일부는 선문자 A와 일치하고, 일부는 파이스토스 문자와 일치해서 상당한 주목을 받고 있다. (글자 중 두 개는 이 유물에만 나타난다.) 물론 전체적으로 무슨 의미를 담고 있는지에 대해서는 아직 합의되지 못했다.

다른 유물로 말리아에서 발굴된 꿀벌 펜던트(7호실)가 있다. 중앙의 꿀 한 방울을 양쪽에서 두 마리 벌이 붙잡고 있는 모양이다. 꿀벌들의

미로 무늬 주화.

엉덩이가 서로 만나는 부분과, 두 마리 벌의 날개 아래에 각기 작은 원형 장식이 붙어 있다.

인상적인 것을 하나 더 들자면, 상아로 깎은 다이빙 자세의 인물상(6호실)이다. 크놋소스에서 출토된 것으로, 아마도 소 등을 짚고 뛰어넘는 동작bull-leaper을 보여 주는 게 아닌가 추정된다. 대략 기원전 1500년 작품이다. 이탈리아의 나폴리 남쪽에 있던 희랍 식민도시 파이스툼Paestum에서 발굴된 유물 중 아주 인상적인 것이, 바다로 뛰어드는 사람을 그린 프레스코인데 크레테의 이 유물도 그와 비슷한 인상을 준다. (파이스툼 박물관에 가면, 그 프레스코를 모방해서 현대 사진작가가 찍은 사진도 함께 전시되어 있다. 시대를 이어 같은 이미지를 통해 예술가들끼리 대화를 나누는 형국이다.)

진흙으로 만든 가옥 모형(기원전 1600년경, 5호실)은 옛 건축의 여러 요소를 담고 있어서 주목되며, 시기적으로 좀 나중 것이긴 하지만 기원전 400년경의 주화는 미로 무늬를 담고 있어서 재미있다.

크레테가 낳은 위인들-엘 그레코와 카잔차키스

근대 인물 중에서 크레테 출신으로 유명한 사람이 둘 있다. 화가인 엘 그레코(1541~1614)와 소설가 카잔차키스(1883~1957)다. 일정이 넉넉한 사람이라면 크레테에서 이 둘의 흔적을 찾아볼 수도 있다.

우선 엘 그레코 박물관이 이라클리온 서쪽으로 약 30분 거리에 있다. 이 화가가 태어난 집의 터에 지은 것이라고 하는데 사실 대단한 유물이 있는 것은 아니고, 그저 바깥에 작은 흉상 하나, 그리고 뒷면에서 빛

이 나와서 그림을 비춰 주는 디지털 복제품 몇개와 그가 작업하던 화실을 재현한 것이 전부이다. 하지만 이라클리온 시내에 그의 진품 그림 두 점이 소장된 데가 있어서 아쉬움을 덜어 준다. 크레테 역사박물관 Historical Museum of Crete이 그곳이다. 고고학박물관에서 서쪽으로 몇백 미터 안 떨어진 바닷가 근처다. 〈그리스도의 세례〉(1567)와 〈시나이산 풍경〉(1570-76)이 소장되어 있다. 앞의 작품은 같은 제목을 가진 것이 몇 개 더 있는데, 크레테에 있는 작품은 좀 초기 것이어서 작고 소박하다. 다른 것들은 이탈리아의 모데나와 스페인의 톨레도 그리고 프라도 미술관 등에 있다.

『그리스인 조르바』의 작가 카잔차키스는 좀 더 많은 사람이 알고 있다. (하지만 고전 전공자라면 그의 서사시 「오디세이아」에 더 관심이 있을 것이다. 전체 24곡 33,333행으로 이루어진 작품이다.) 이라클리온 항구 곁의 공항도 그의 이름을 따서 명명되어 있다. 그리고 시내에서 멀지 않은 곳에 그의 무덤이 있어서, 꽤 많은 사람이 찾아간다. 평평한 땅에 돌판이 덮여 있고, 그의 저항 정신을 상징하듯 약간 삐딱한 나무 십자가 하나가 머리맡에 서 있다. 돌판에는 현대 희랍어로 '나는 아무것도 바라지

엘 그레코의 〈그리스도의 세례〉(왼쪽)와 〈시나이 산 풍경〉. 크레테 역사박물관.

않는다, 나는 아무것도 두렵지 않다, 나는 자유다Δεν ελπίζω τίποτα. Δε φοβούμαι τίποτα. Είμαι λέφτερος.'라고 씌어 있다. 그의 무덤으로 가는 길에는 중세와 근세 초기에 이 지역을 차지했던 베네치아인들의 성벽과 성문이 있다. 희랍정교회에서 그가 교회 묘지에 묻히는 것을 금지했기 때문에 옛 성벽 위에 묻혔던 것이다. (그는 『그리스도 최후의 유혹』과 『그리스도 다시 십자가에 못 박히다』 때문에 신성모독 혐의를 받고 파문 직전까지 갔다가, 교회 고위층의 개입으로 간신히 모면한 전력이 있다. 하지만 그가 이 '행운'에 기뻐했는지 여부는 알 수 없다. 온 세상을 떠돌며 살던 그는 일본 여행에서 유럽으로 돌아오는 길에 백혈병이 악화되어 독일에서 죽었다.) 모든 제도와 불화한 인물답게 죽어서까지도 타협하지 않은 셈이다. 그의 초상 부조가 고고학박물관 근처 베네치아 로지아Venetian Loggia 벽면에 붙어 있고, 시내에 그의 흉상도 한 군데 세워져 있으니 그것을 찾아가 보는 것도 괜찮겠다. (흉상은 고고학박물관에서 남쪽으로 한 블록 떨어진 곳에 있다. 흉상이 자리 잡고 있는 광장도 아예 이름이 카잔차키스 광장이다. 지도에서는 Agalma Nikou Kazantzaki로 검색해야 나온다.)

베네치아 유적 얘기가 나온 김에 덧붙이자면, 이 도시국가가 크레테를 차지했던 시기의 유물로 모로시니 사자 분수라는 것도 남아 있다. 바로 아테나이의 아크로폴리스에 대포알을 날려서 파르테논을 파괴했던 그 인물 이름을 딴 것이다. 그는 1687년에 이 포격 사건을 일으키고, 그 다음 해에 베네치아군이 일시적으로 아테나이를 점령했을 때 파르테논의 서쪽 박공에서 조각을 떼어 내다가 떨어뜨려 박살나게 했으며, (앞에 소개했던) 페이라이에우스 사자상을 옮겨다가 베네치아 병기창 앞에 세우게 한 인간이다. (사실은 그 이후, 당시 지중해 최강 해양 세력이었던 베네치아의 최고 지도자doge 자리까지 차지했던, 나름 잘난 인물이다.) 이 분수는 고고학박물관에서 서쪽으로 한 블록 정도 가면 광장에 있으니,

카잔차키스 초상 부조(왼쪽)와
카잔차키스 무덤 묘석.

저녁 무렵에 산책 삼아 둘러보아도 될 것이다. 문화 파괴자의 기념물이긴 하지만, 그래도 3백 년은 넘은 것이니 이제는 문화재라 해도 되겠다.

크놋소스 유적지를 발굴(1900~1906)한 에반스(1851~1941)의 흔적을 찾고 싶은 사람은 두 곳에 유의하면 된다. 하나는 유적지 서쪽 입구에 서 있는 흉상이다. 물론 고고학에 관심이 없는 사람이라면 대단한 것은 아니다. 다른 하나는 유적지 부지 전체의 서북쪽 약 1백 미터 거리에 있는 아리아드네 빌라이다. 이 건물은 사실 발굴이 거의 끝난 시점에 지어진 것인데, 어쨌든 에반스가 잠시라도 기거했던 곳이고 나중에 다른 고고학자가 살던 곳이기도 하다. 2차대전 때는 독일 점령군의 사령부로 쓰이기도 했으니 좀 기구한 운명의 건물이라 하겠다. 크레테가 신화의 땅이라고는 했지만 정작 테세우스와 아리아드네의 흔적은 찾기 어려우니, 그저 이름만이라도 신화와 연관된 건물이 있다는 게 고마울 뿐

모로시니 분수.

이다. (물론 레스토랑, 카페, 호텔 등 현대 상업 시설들에는 아리아드네, 다이달로스, 미노타우로스, 심지어 파시파에까지 온갖 신화적 존재들이 간판 위를 내달리고 있다. 유적지로 들어가는 길 자체가 다이달로스 길로 이름 지어져 있다.) 조경 전문가들 사이에는 이 섬에서 유일하게 에드워드시대 정원을 갖춘 곳으로 유명하기도 한데, 더러 개방을 하기도 하고 안 하기도 하기 때문에 운이 좋아야 들어갈 수 있을 것이다. 하지만 멀리서 겉모습은 볼 수 있겠다.

사진 찍기 좋은 곳 산토리니-뜻밖의 청동기 유적지
그리스 에게해의 섬 중에서 한국 관광객들 사이에 크레테보다 더 유명한 곳은 아마도 산토리니겠다. 이곳의 특징을 가장 잘 드러내는 장면은 인터넷 공간에 넘쳐 나는 사진들에서 보인다. 절벽 가장자리에 빽빽이 자리 잡은, 하얀 벽에 파란 지붕을 인 아름다운 건물들과 검은 고양이가 느긋하게 담장에 누워 있는 모습, 파란 바다를 배경으로 한 종탑과 풍차 등 어떤 분의 주장에 따르면 아무렇게나 찍어도 작품이 나오는 곳이란다. 아테나이에서 비행기로 바로 가는 방법도 있지만, 우리처럼 유적을 찾는 사람이라면 크레테에서 쾌속선을 타고 가는 게 보통이다.

산토리니섬은 사실 화산 분화구의 테두리Santorini Caldera가 동쪽 절반만 남은 것이다. 그래서 안쪽은 깎아지른 절벽이고, 바깥쪽은 비교적 경사가 완만한 비탈로 되어 있다. 그리고 지금도 동쪽 큰 섬의 서쪽에, 그러니까 분화구의 거의 중심에 작은 섬이 있어서 거기서 20세기 초중반까지 연기가 뿜어져 나오는 경우가 몇차례 있었다. (분화구 중심부에 두 개의 섬이 있다. 서남쪽의 좀 더 작은 쪽이 '타 버린 옛 섬Palea Kameni'이고 동쪽의, 그보다 조금 큰 섬이 '타 버린 새 섬Nea Kameni'이다. 이 동쪽 섬에는 매일 트레킹 손님을 태운 배들이 오간다. 마지막 분출은 1950년에 있었다.) 분화구 테두리의 서쪽 부분도 일부 남아 있고(Therasia, 동쪽 큰 섬의 1/8 남짓한 크기) 거기도 사람 사는 마을이 있지만, 일반 관광객이 자주 찾는 데는 아니다.

산토리니의 고전기 이름은 테라(현대식 발음으로는 티라)고, 신화적으로는 칼리스테라고도 한다. (『아르고호 이야기』에 나오는 이름이다.) 아르고호 영웅들은 황금양털가죽을 얻기 위해 모험을 떠났다가 고향으로 돌아오는 길에, 북아프리카의 호수에 갇힌 채 바다로 나가는 길을 찾지 못한다. 결국 그들은 트리톤 신의 도움으로 출구를 찾게 되는데, 이들이 감사의 뜻으로 세발솥을 바치자 그 신은 답례로 흙 한 덩이를 준다. 나중에 그 흙덩이를 바다에 던지자 거기서 섬이 하나 솟아 나왔다는데, 그것이 칼리스테라고 한다. 아마도 해저 화산에서 마그마가 분출해서 새로운 섬이 생긴 게 이런 식으로 전해진 듯하다.

한편 플라톤이 몇군데 대화편에서 아틀란티스 대륙에 대해 언급한

산토리니 지도.

것이 바로 이 섬에 대한 이야기라고 보는 사람도 있다. 원래는 훌륭한 문명을 가진 거대한 땅이었는데, 화산 폭발로 바다 밑에 가라앉았다는 것이다. 「티마이오스」와 「크리티아스」에 나오는 얘기다. 크레테의 궁전들이 기원전 1700년경에 한 차례 파괴된 이유도 산토리니 대폭발과 연관 짓는 사람이 많다. (자료마다 연대 추정이 달라서, 기원전 1700~1500년 사이를 오간다. 스미소니언 자연사박물관 자료에는 기원전 1610±14년으로 되어 있다.)

한편 헤로도토스의 『역사』에는 북아프리카, 지금의 리비아 땅에 건설된 희랍 식민 도시 퀴레네가 바로 이곳 사람들이 개척한 땅이라고 소개되어 있다. 그 이야기도 아르고호의 모험과 연관되어 있다. 아르고호 영웅들이 렘노스에 남기고 온 후손들이 나중에 스파르타에 찾아와서, 조상의 권리를 주장하면서 자기들을 받아 달라고 요구했단다. 아르고호에 승선했던 영웅 중에 스파르타 출신인 디오스쿠로이가 끼어 있었다는 게 그들이 내세운 근거였다. 그래서 받아 주었더니 이 자들이 나중엔 오만을 부리고 권력까지 노리더라는 것이다. 이들을 잡아 가두자, 그 아내들이 면회를 하겠노라고 감옥에 찾아가서는 옷을 바꿔 입은 뒤 자신들이 감옥에 들어앉고 남자들은 도주하게 했단다. 이렇게 탈출한 사내들은 산속의 요새를 차지하고 주변을 약탈하며 분란을 일으켰다. 지도자들이 이 문제로 골머리를 앓는 것을 보고서 테라스Theras라는 사람이—그는 한 번 국왕 대리직을 맡고 나니, 다른 직책은 다 시들하게 여겨졌다는 사람이다—이 젊은이들을 자기에게 맡겨 주면 다른 데로 데려가겠노라고 나섰다. 그래서 국가의 허락을 받아 이들을 이끌고 이 섬으로 이주했으며, 그의 이름을 따서 섬 이름이 테라Thera가 되었다고 한다. 그 후에 이들의 후예인 '말더듬이' 밧토스가 델포이를 찾아갔을 때, 신이 퀴레네를 개척하라고 해서 아프리카 북쪽 해안에 새로운 도시를 세우게 되었다는 것이다. (이 이야기는 트리톤이 준 흙 한 덩이를 아프리카 땅에 대한 권리로 해석한 것인 듯하다.)

대개의 관광객은 사진 찍고 경치 구경하느라 이곳에 청동기 문명 유적지가 있다는 것도 알지 못하지만, 이 섬에서도 대단한 유적이 발굴되었고 거기서 나온 유물들, 특히 프레스코 벽화가 많은 사람을 매혹했다. 섬 가운데의 서쪽 벼랑에 있는 쇼핑 중심지 피라Fira, 일몰 광경으로 유명한 서북쪽의 이아Oia 말고도, 역사와 예술에 관심 있는 사람이 찾아갈 만한 곳이 서너 군데 있다. 섬의 남쪽 바닷가에 있는 아크로티리Akrotiri, 피라에 있는 고고학박물관과 선사박물관, 그리고 섬 중앙 부분 바다가 보이는 동남쪽 산비탈의 '옛 테라Ancient Thera'가 그곳이다.

아크로티리(현대의 마을 이름을 딴 명칭이다. 옛 도시 이름은 알려져 있지 않다)는 기원전 16세기 화산 폭발 당시에 매몰되었다가 1967년부터 발굴되기 시작했다. 규모는 좀 작지만 사람들이 폼페이에 비기기도 할 만큼 중요한 유적지이다. 이 지역에는 아마도 기원전 3000년대부터 사람이 살았던 것 같지만, 가장 중심적인 유물은 대체로 화산 폭발로 매몰되기 직전 시대 것들이다. 청동기시대에 이 도시가 번성했던 이유는 여기가 크레테와 퀴프로스를 잇는 무역 기지이고, 그래서 특히 퀴프로스에서 오는 구리의 공급에 중요한 역할을 해서라는 것이다. 이러한 교역의 증거로, 여러 지역에서 수입된 도기들이 발굴되었다.

  이 유적지는 전체적인 부지 모양이, 동쪽과 남쪽이 직각을 이루고 동북쪽에서 남서쪽으로 빗변이 있는 좀 길쭉한 직각삼각형에 가깝다. 2층집도 여러 채 섞인 주거 유적지인데, 현재 유적지 전체가 지붕으로 덮여 공개되고 있다. 도로도 포장되어 있고, 하수도 시설에, 상당히 전문화된 공방들이 있어서 이곳이 고도로 발달했던 도시임을 보여 준다. 여기서 발굴된 유물 중 가장 유명한 것은 황금으로 만든 염소 모형(1999년 출토)이다. 그 밖에도 나무 탁자 흔적 유물(화산재 구멍에 석고를 부어 형태를 떠낸 것), 토기로 만든 꼬치구이 받침대, 테이블 모양으로 생기고 중간에 서랍처럼 빈 공간이 조성된 이동식 오븐 등이 눈길을 끈다. 하지만 유골이나 희생자의 흔적은 발견되지 않아서, 아마도 대재난 직전에 주민이 모두 피신한 것이 아닐까 여겨지고 있다. (물론 나중에 수정될 수도 있는 견해다. 폼페이와 함께 매몰된 헤르쿨라네움에서도 1980년대에야 유골이 발견되었다.)

  예술적으로, 그리고 옛사람들의 생활상을 재구성하는 데 중요한 자료는 프레스코들이다. 원숭이들이 공중으로 도약하는 장면을 보여 주는 〈푸른 원숭이들〉, 〈샤프란 채취하는 사람들〉, 꽃 핀 언덕 위로 제비가 날고 있는 〈봄의 정원〉, 〈권투하는 소년(소녀)들〉, 물고기 묶음을 양손에 들고 있는 〈어부〉, 구불구불 그려진 언덕 위로 사슴과 사자 들이 내달리고 바다에는 여러 척의 배들이 오가는 〈배들의 행렬〉 등이 대단한 솜씨로 감탄을 자아낸다. 이들 대부분은 아테나이 국립고고학박물

왼쪽 아크로티리에서 발굴된 황금 염소 모형.

오른쪽 피라에 전시되고 있는 프레스코화 〈어부〉.

관에 있고, 일부만 피라의 선사박물관Museum of Prehistoric Thira에 전시되어 있다. 피라에 전시된 대표 작품이 〈어부〉인데, 보도자료를 보니 2015년부터 피라에 영구 전시하는 것으로 결정되었다고 하는데, 이게 진품인지는 불분명하다. 어떤 자료에는 '박물관에서 만든, 즉 상당한 권위가 있는' 재현품museum reproduction이라고 되어 있다. 그 밖에 파퓌로스 그림과 〈푸른 원숭이들〉도 현지에 전시되어 있다.

  박물관을 구경할 때는 시대 구분 표기법을 알면 약간 도움이 되는데, 앞에서 본토의 시대 구분법으로 EH, MH, LH로 나누고 더 자세히 구별할 때는 로마 숫자와 알파벳, 아라비아 숫자를 덧붙이던 것을 기억하면 된다. 이 지역은 퀴클라데스군도 문명에 속하기 때문에, 그것을 우선 초기EC, 중기MC, 후기LC로 나누어 표기한다고 알면 되겠다. 더 자세히 나누자면 그 뒤에 로마 숫자, 알파벳, 아라비아 숫자가 덧붙는다. 시대를 구분하는 경계는 다른 문명권과 거의 일치하는 경우도 있고, 상당한 차이를 보이는 경우도 있다.

그리고 피라에 박물관이 한 개 더 있어서 약간 혼란을 주는데, 앞에 말한 선사박물관 말고도 고고학박물관Archaeological Museum of Thera이 따로 있기 때문이다. 고고학박물관이 조금 더 북쪽에, 약 5백 미터 거리만큼 떨어져 있다. 상고시대와 고전기 것부터는 바로 이 고고학박물관에 소장되어 있다. 그러니까 아크로티리에서 출토된 청동기시대 것들은 선사박물관에, (잠시 후에 소개할) '옛 테라' 부근에서 발굴된 철기시대 이후 유물은 고고학박물관에 있다고 보면 될 것이다. 앞에 언급한 황금 염소(goat 또는 ibex)상과 나무 탁자 흔적 등은 청동기시대 것이므로 선사박물관에 전시되어 있다. 그 밖에도 선사박물관에 있는 주요 유물로 퀴클라데스 양식의 인체 조각, 즉 팔짱을 낀 여성상을 꼽을 수 있다. (고고학박물관 것은 사실 다른 박물관과 그다지 구별점이 뚜렷하지 않은데, 기하학문양 도기가 많고, 상고시대 쿠로스상, 채색된 코레상 등이 눈에 띈다.) 청동기시대 도기들에는 조선 백자 등에 그려진 것처럼 자연스런(양식화되지 않은) 문양들이 많이 그려져 있다. 꽃이나 제비, 돌고래, 풀잎 등이다.

청동기시대 제비 문양 도기.
피라의 선사박물관.

산토리니의 다른 유적지로 섬 동남쪽 바닷가, 우뚝 솟은 산비탈에 '옛 테라'가 있다. 이곳은 사람이 좀 오래 살았던 곳이라 거듭 재개발되었기 때문에, 지금 가서 보면 로마시대 유적지 같은 분위기가 강하다. 이곳에는 대략 기원전 9세기부터 기원후 8세기까지 사람이 살았는데(이 시기엔 이곳이 섬의 유일한 도시였다), 도시가 가장 활발하던

옛 테라 유적지.

시기는 기원전 3~2세기다. 이집트를 차지한 프톨레마이오스 왕조의 해군 기지가 이곳에 있었기 때문이다. 이 시기에 거리가 격자형으로 재조직되고, 가옥들도 나중에 로마에서 자주 보이는, 주랑으로 에워싸인 건물 구조peristylum를 갖추게 된다. 그 뒤로 별로 두드러진 역할은 없지만 그래도 제법 번영하는 도시로 이따금 역사 기록에 등장하다가, 726년 화산 분출로 도시가 덮이면서 사람들이 떠나게 되었다.

건축물의 기초들은 대체로 헬레니즘시대 것부터 남아 있기 때문에 상고시대나 고전기 것은 얼른 알아보기 어렵다. 하지만 여기서 발굴된 유물 중에는 상당히 연대가 올라가는 것들이 끼어 있다. 가장 중요한 유물은 문자 기록들이다. 우선 페니키아문자가 처음 도입되었을 때의 모습을 보여 주는 새김글들인데, 이것은 대체로 여러 신의 이름을 격변화에 따라 여러 형태로 보여 준다. 그보다 나중 시기의 재미있는 유물

테라의 쿠로스.

로, 체육관을 둘러싼 바위벽에 운동 시합의 결과와 연애 경험담 등이 새겨진 게 있다. 그리고 여기서 상고시대의 젊은이상kouros이 발굴되어 '테라의 쿠로스'로 아테나이 국립고고학박물관에 전시되어 있다. 하지만 이 화산섬에서는 대리석이 산출되지 않기 때문에 낙소스에서 재료를 가져와야 했고, 그래서 그런지 별로 독자적 스타일을 개발하진 못했다는 평가를 받는다.

아폴론의 섬 델로스

산토리니에서 배를 타고 북쪽으로 이동하면 파로스와 낙소스 사이를 지나, 뮈코노스에 당도한다. 이곳도 그럭저럭 관광객이 많이 찾는 섬으로, 풍차들이 꽤 여럿 있고, 길에는 펠리컨이 돌아다니며, 바닷가에 조성된 관광촌 '리틀 베니스' 따위가 인터넷에 소개되어 있다. 하지만 그보다 중요한 것은 여기에서 델로스로 들어가는 배를 탈 수 있다는 점이다.

델로스로 들어가기 전에, 그래도 뮈코노스 자체를 조금만 보자면, 시내에 작은 박물관이 하나 있고 여기에 신화적으로 중요한 유물 한 점이 소장되어 있다. 기원전 7세기 초에 만들어진 것으로 보이는 항아리pithos인데, 그 목에 트로이아 목마가 돋을새김으로 그려져 있다. 이것은 원래 옹관으로 사용된 것으로, 1961년 처음 발굴될 때 그 안에서 유해 일부가 발견되었다. 여기 그려진 목마는 마치 놀이동산의 탈것처럼 창문porthole이 그려지고, 그 안에 숨은 병사들의 팔이 창문 바깥으로 뻗어 나와 칼을 들고 있는 것으로 묘사되었다. 그 바깥에는 이미 몇몇 병사들이 나와서 움직이기 시작한 것이 목마의 위아래에 그려졌다. 한편 항아리의 배 부분에는 가로 방향으로 셋으로 구역이 나뉘어 있고, 그것을 다시 정사각형에 가깝게 칸을 나눠서, 각 칸마다 도시가 점령된 다음에 일어난 끔찍한 사건들이 그려져 있다. 병사가 어머니 앞에서 아이를 죽이는 장면 따위다. 이 역시 돋을새김이다.

뮈코노스 암포라. 아래는 암포라의 목 부분에 돋을새김되어 있는 목마.

델로스라는 말은 역사에 조금 상식이 있는 분이라면 '델로스 동맹'이란 이름 때문에, 신화를 조금 아는 분이라면 아폴론과 아르테미스의 탄생지로 알고 있을 것이다. 이곳은 2차 페르시아 침입 이후, 재침을 경계하기 위

크레테와 다른 섬들 213

해 희랍 도시국가들이 맺었던 델로스 동맹의 중심지였고, 신화적으로는 레토-아폴론-아르테미스에게 속했던 성역이다. 이곳과 관련된 신화적 사건 하나만 더 언급하자면, 로마 건국 서사시 『아이네이스』에서 트로이아를 떠난 아이네아스 일행이 이곳에 들러 신탁을 받았다는 얘기가 있다. 그는 처음엔 트로이아에 가까운 트라케 지역에 정착하려 했으나 조짐이 불길해서 그곳을 떠났고, 델로스에 들러서 신에게 갈 길을 물었던 것이다. 『변신 이야기』에는, 이때 델로스를 다스리던 아니오스왕이 아이네아스 일행에게 자기 딸들 얘기를 들려주는 것으로 되어 있다. 세 딸은 각기 만지는 대로 밀가루, 기름, 포도주를 만들어 내는 재능이 있었는데, 희랍군에 의해 트로이아로 끌려가서 군대를 위해 식량을 만들어 주다가 지쳐서 도망쳤고, 그들이 다시 데리러 오자 새로 변해 달아났다는 얘기다. 아니오스왕의 신전도 성스러운 호수 동남쪽, 이탈리아인들의 아고라 동북쪽에 터가 남아 있다.

델로스에 직접 도착해서 보면 매우 황량한 느낌이 드는데, 키 큰 나무가 거의 없어서 더욱 그러하다. 유적들은 이 작은 섬의 북서쪽에 집중되어 있고, 나머지 부분에는 별다른 도시 흔적 따위가 없다. 섬이 워낙 척박하고 곡식이나 과수 등을 자급할 수 없는 곳이어서 자생적인 도시국가가 생기지 못했고, 이곳이 성역으로 기능할 때도 거의 모든 생활 자원을 외부 공급에 의존했었다.

섬 서쪽의 선착장에 내리면 동쪽을 바라보면서 전체 영역이 두 구역으로 나뉜다. 왼쪽(북쪽)은 종교적 용도의 건물과 오래된 건물이 많이 포함된 성역이고, 오른쪽은 일반인용 주거지도 많이 섞인, 좀 더 나중에 발전한 구역이다. 이 남쪽 부분도, 서쪽인 바닷가 쪽(극장 구역)에는 주로 민간인용 건물들이 있었으며, 동쪽인 퀸토스산 비탈(퀸토스 구역)에는 종교적 용도의 건물이 꽤 많았는데, 주로 이집트 신들을 위한 성역이

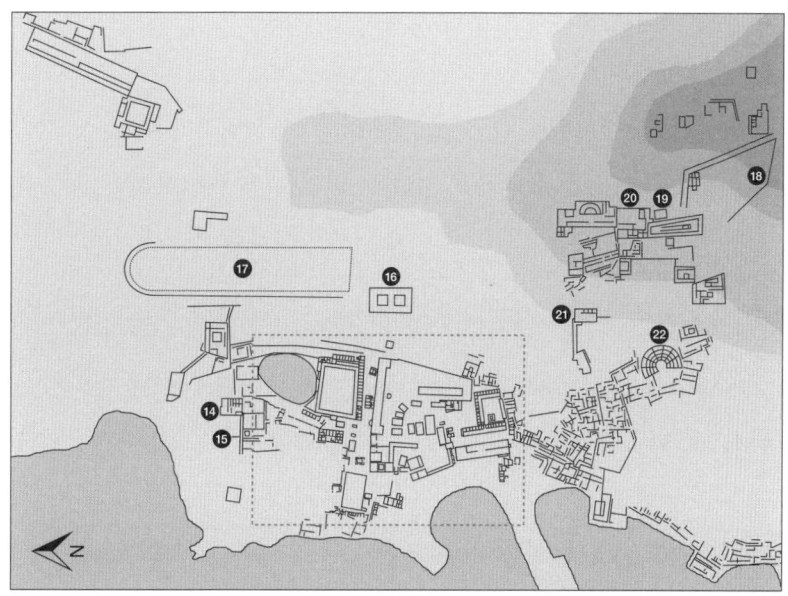

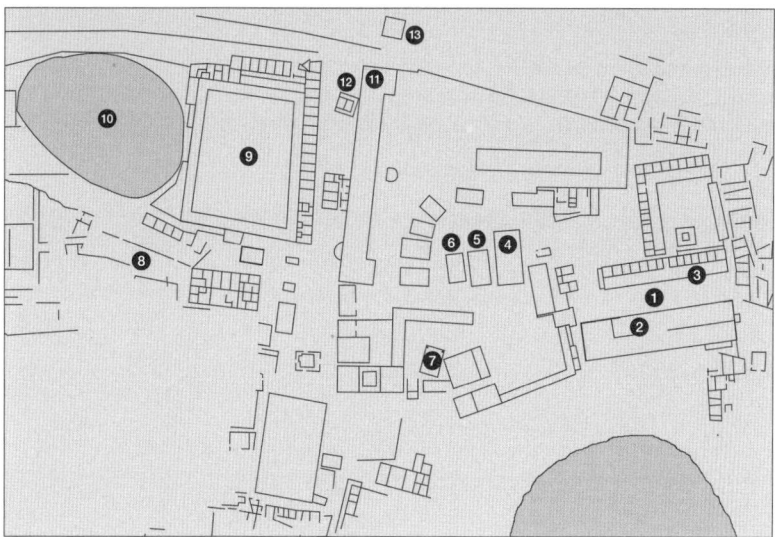

델로스 유적지 안내 지도(아래는 점선 부분 확대).
① 신성한 길 ② 필립포스 5세 스토아 ③ 남쪽 스토아 ④ 델로스인들의 아폴론 신전
⑤ 아테나이인들의 아폴론 신전 ⑥ 포로스 아폴론의 신전 ⑦ 아르테미스 신전 ⑧ 사자 테라스
⑨ 이탈리아인들의 아고라 ⑩ 성스러운 호수 ⑪ 안티고노스의 스토아 ⑫ 미노아시대의 샘
⑬ 디오뉘소스 신전 ⑭ 머리띠를 매는 남자의 집 ⑮ 포세이돈 클럽 ⑯ 박물관 ⑰ 전차 경주장
⑱ 퀸토스 동굴 ⑲ 헤라 신전 ⑳ 이시스 신전 ㉑ 헤르메스의 집 ㉒ 극장

었다. 더 자세히 나누자면 성역 북쪽의 호수 구역과 그 동쪽의 경기장 구역도 있다.

먼저 오늘날의 부두에서 볼 때, 왼쪽(북쪽)의 성역부터 보자. 이 구역도 남과 북 두 구역으로 구성되어 있다. 먼저 남쪽 부분 동선은 '북쪽을 향해 직진-동쪽으로 우회전 후 직진-유턴 후 서쪽을 향해 직진'의 세 단계로 보면 좋다. 이어지는 성역 북쪽 구역 동선은 '북쪽으로 호수 근처까지 직진-출발점으로 복귀-진행 방향 기준으로 좌회전 후 동쪽으로 직진'하는 게 에너지를 아끼는 방법이다. 이 동선의 동쪽 끝부분에 박물관과 거기 딸린 카페가 있어서, 다시 땡볕으로 나가기 전에 약간 휴식을 취할 수 있다.

이 성역 부분에서 가장 오래된(상고시대와 고전기) 건물들은 대체로 전체 부지의 중앙부에 있다. 이곳은 아폴론의 여러 신전(입구 건물을 통과하면 세 개의 아폴론 신전이 잇달아 있었다)과 아르테미스 신전 등이 차지하고 있다. 건물들은 대체로 크지 않다. 헬레니즘시대에 그 외곽에 여러 개의 주랑이 덧붙고, 마지막으로 로마시대에 이곳에서는 가장 큰 건물군인 '이탈리아인들의 아고라'가 북쪽에 지어졌다. 그 북쪽에는 '성스러운 호수'가 있다. 이 호수는 헤로도토스의 『역사』 2권에 이집트의 호수보다 낫다고 칭찬을 받고 있지만, 지금은 물이 담겨 있지 않아 풀밭이 되어 있다. 세균이 번식할 가능성이 있어서 그랬다는 게 보통 하는 설명이다. 그 한가운데에 종려나무가 한 그루 자라고 있어서, 아폴론이 태어날 때 레토가 종려나무를 잡고서 진통을 견뎠다는 이야기를 떠올리게 한다.

성역으로 들어가면 별로 깊은 인상을 받을 수 없는데, 아마도 기둥들이 숫자는 꽤 많지만 너무 가늘고 멋없게 생겨서인 듯하다. 이곳이 아주 오랫동안 유지되었기 때문에 초기에 만들어진 건물은 다 없어지고 나중 것들만 남아서 그런 모양이다. 그 기둥들 위로 보가 얹혀 있으면 좀 나으련만 그런 것은 두세 곳밖에 없다. 그래도 이 중요한 성역을 그냥 지나칠 수는 없으니 입구에서부터 조금 빨리 훑어보는 것으로 하자.

우선 성역을 남쪽에서 북쪽을 보면서 들어서면, 입구 양쪽에 남북으로 뻗은 두 개의 스토아(남쪽 스토아와 필립포스 5세 스토아) 사이로 진행하게 되고('신성한 길'), 그 통로 끝에 입구 건물(프로퓔라이아)이 있다. (물론 이

아기 낳는 레토. 기원전 4세기 퓍시스. 아테나이 국립고고학박물관.

건물들은 기초와 약간의 기둥만 남아 있다.) 입구 건물을 통과하면 아폴론 신전 터 세 개가 남쪽부터 북쪽으로 연이어 나오지만, 현재 동선은 입구 건물을 통과하는 게 아니라, 그 앞에서 우회전해서 반시계 방향으로 반원을 그리면서 돌아가게 되어 있다. 세 신전 중 제일 먼저 만나는 것(델로스인들의 아폴론 신전)이 가장 규모가 컸었다. 하지만 시기적으로는 제일 안쪽(북쪽) 것(포로스 아폴론의 신전)이 제일 오래된 것이다. 그 중간에 놓인 것이 '아테나이인들의 아폴론 신전'이다. (위성 사진을 보면 기초와 윤곽선이 꽤 뚜렷이 보인다.) 포로스 아폴론의 신전은 기원전 6세기 아테나이 사람들이 만든 것으로 지금은 부지 한쪽에, 기초 위에 거대한 벽체 일부와 좀 작은 납작돌들을 벽돌처럼 쌓아서 원래의 높이 가깝게 만들고 그 위에 돌림띠장식과 일부 지붕 가장자리 부분까지 복원해 놓았다. 반면에 다른 두 신전은 그냥 기초와 부재들만 노출되어 있다.

이 중심 신전들 왼쪽에는 원래 이곳에 있던 거대한 석상(낙소스인들

포로스 아폴론의 신전.

의 거상) 좌대가 남아 있다. 15세기 초기 답사자의 기록에 따르면 이 석상에 '낙소스인들이 아폴론께'라고 쓰여 있었다고 한다. 그래서 대체로 이것이 아폴론상이었으리라고들 보고 있다. 이 석상은 약 3백 년 전까지만 해도 제법 사람 모습 같아 보였지만, 지금은 그저 거대한 상체와 하체 일부가, 이 자리보다 조금 더 서쪽 아르테미스 신전 터 곁에 남아 있다. 이 거상의 손 하나는 제법 온전한 채로 발견되어 현지 박물관에 전시되어 있고, 발 하나는 대영박물관에 소장되어 있다. 한편, 앞에 말한 아폴론의 세 신전 너머(북쪽)에는 거의 남북 방향으로 길쭉한 여러 개의 보물 창고가 약간 둥글게, 부채꼴에 가까운 형태로 둘러서 있었다. 우리는 이와 비슷한 보물 창고들을 델포이에서 보게 될 것이다. 건물 보존 상태가 좀 더 좋고 복원도 잘 되어 있다.

이번에는 성역 북쪽 구역을 보자. 북쪽을 향해 직진하면 이 성역에서 가장 깊은 인상을 주는 '사자 테라스'와 만나게 된다. 남북으로 길게 뻗은 통로의 왼쪽으로 길을 따라서 좌대 위에 사자들이 하체는 앉고 상체는 앞다리를 뻗어 일으킨 자세로 놓여 있다. 그리고 이 통로의 동쪽에는, 남쪽부터 차례로 '이탈리아인들의 아고라'와 '성스러운 호수' 자리가 있다. ('이탈리아인들의 아고라'에—이 유적지에서 보기 드문 것으로—기둥 두 개 위에 보가 하나 얹힌 게 있어서, 한글 ㅠ자처럼 보인다.)

사자 테라스에는 원래 대리석을 깎아 만든 사자들이 죽 있었는데, 원본은 모두 부지 동쪽의 박물관으로 옮겨졌고, 원래의 자리에는 석고로 뜬 모사품들이 서 있다. 석고와 대리석의 질감이 다르고, 이 모사품들도 만든 지 오래되었기 때문에 좀 조악한 느낌을 준다. 이럴 때는 상상력을 발휘해서 3D 입체 영상으로 옛 모습을 떠올려 보는 게 좋겠다.

박물관에 옮겨진 사자는 모두 4마리인데, 원래는 기원전 7세기 말이나 6세기 초에 만들어진 것으로 전체 숫자는 9개에서 19개(12개라는 주장도 있음) 정도였던 것으로 추정된다. 앞에서(페이라이에우스 부분 참고)

아르테미스 신전 터 곁에 남아 있는 낙소스인들의 거상.

설명했듯이, 그중 하나는 1716년 베네치아로 옮겨져—엉뚱한 얼굴을 새로 얻은 채—'페이라이에우스의 사자'와 더불어 병기창 입구를 장식하는 네 마리 돌사자 중 하나가 되었다. 지금 원래의 자리에는—아마도 베네치아로 옮겨진 것까지 복제해서—다섯 마리가 앉아 있고, 그 밖에도 두 마리의 엉덩이 부분이 좌대를 하나씩 차지하고 있다. 온전한 복제품 중 가운데 두 마리는 앞다리도 잃어서 가느다란 쇠꼬챙이로 받쳐 놓은 것이 좀 보기 안쓰럽다. (박물관에 모셔진 진품들은 그래도 쇠꼬챙이가 아니라 나무 재질로 보이는 사각기둥으로 받쳐서 조금 덜 안쓰럽다.)

사자 테라스가 끝나는 곳 북서쪽에 좀 넓은 건물터가 남아 있는데, 이곳은 옛날 이 도시를 드나들던 동방 상인들의 클럽하우스가 있던 곳이다. 그 이름은 '베이루트 사람들의 포세이돈 클럽koinon of Poseidoniasts' 정도로 옮길 수 있겠다. 이 사람들은 바알Baal 신을 주로 섬겼는데, 이 신의 역할이 희랍에서의 포세이돈과 같다고 해서 이런 이름이 붙었다고 한다. 사실 건물터 자체는 별로 두드러지는 게 없지만, 그래도 두 가지 특기할 만한 점이 있다. 하나는 바로 이곳에, 이 성역에서는 좀 드물게 기둥 위에 보가 얹힌 것이 남아 있다는 점이다. 기둥 네 개가 ㄱ자 모양으로 서 있는데, 그중 세 개에 보가 얹혀 있다. 다른 특이한 사항은, 이 건

사자 테라스.

포세이돈 클럽 터에 남아 있는 기둥들.

물터에서 아주 좋은 유물 하나가 수습되었다는 점이다. 이미 우리가 아테나이 국립고고학박물관에서 본 〈아프로디테와 판〉이라는 작품이다. 판 신이 아프로디테의 손목을 잡자 여신이 샌들로 그의 뺨을 치려는 모습, 그리고 에로스도 판 신을 함께 밀치고 있는 그 작품이다. 이것은 기원전 2세기 중후반의 것으로 여겨진다. (기원전 100년 것으로 추정하는 학자도 있다.)

'포세이돈 클럽' 뒤에 있는 '머리띠를 매는 남자의 집 house of diadumenos'이라는 이름이 붙은 집에서도 좋은 유물이 발견되었다. 머리띠를 맨 남자가 팔을 양쪽으로 들어서 춤추는 듯한 동작을 하고 있는 대리석상인데, 양손만 빼고 전신이 완전하게 보존된 대단한 작품이다. 이와 비슷한 동작을 하고 있는 작품이 다른 데서도 몇개 발견되었는데, 좀 더 완전한 조각상을 보면 머리띠가 양쪽으로 길게 뻗은 것을 양손으로 당기는

크레테와 다른 섬들 221

자세이다. 이것은 기원전 5세기 조각가인 폴뤼클레이토스의 아폴론상을 모각한 것으로 추정되고 있다. 곁에 있는 나무둥치에 화살통이 걸려 있는 것으로 이 사내가 아폴론임을 알 수 있다. 델로스에서 발견된 원본은 지금 아테나이 국립고고학박물관에 소장되어 있다.

한편 다시 '머리띠를 매는 남자의 집' 동쪽, 호수의 북쪽에는 레슬링 연습장palaestra들이 있었는데, 그중 하나에서도 좋은 작품이 발견되었다. 매우 사실적으로 그려진 레슬러의 청동 두상이 그것이다. 기원전 1세기 초반 것으로 추정되며, 이것 역시 아테나이 국립고고학박물관에 전시 중이다.

이렇게 로마시대의 작품들이 델로스에서 발견되는 것은, 제2차 포에니 전쟁 이후 로마 세력이 이곳까지 진출했고, 아테나이의 주도권이 약

델로스에서 발견된 〈아프로디테와 판〉(왼쪽)과 〈머리띠를 매는 남자〉. 아테나이 국립고고학박물관.

화된 결과이기도 하다. 한편 로마는 처음에 로도스와 사이가 좋았지만 결국에는 관계가 악화되고, 그래서 로도스 대신 이곳을 지중해의 상업 중심지로 삼게 된다. 특히 이곳에서 활발했던 것이 노예무역이었는데, 상인들이 점점 더 많이 드나들게 되면서 점차 이 섬의 종교적인 성격은 약화되었다. 극장 구역과 성스러운 호수 근처의 민간인 구역이 점차 확장된 것도 이와 관련이 있다. (기원전 146년 코린토스가 제압된 다음에는 이곳이 더욱 번성했는데, 그로부터 약 1백 년 뒤에 무역 중심이 이탈리아의 푸테올리로 옮겨 가면서 이곳은 쇠락하게 된다.)

델로스의 레슬러 청동 두상.

더 동쪽으로는 전차 경주장도 있었는데, 이는 이곳에서 4년마다 운동경기대회가 있었기 때문이다. 펠로폰네소스 전쟁 중에 아테나이 사람들이 이곳을 정화하고 시작한 경기대회이다. (투퀴디데스 『펠로폰네소스 전쟁사』 3권에 나온다.)

다시 사자 테라스가 시작된 지점으로 돌아와서, 동쪽으로 직진해 보자. 앞에 말한 대로, 아폴론의 세 신전 북쪽을 부채꼴로 에워싸고 보물창고들이 놓여 있는데, 그 뒤(북쪽)에 동서로 길쭉하게 주랑(안티고노스의 스토아)의 터가 있고, 관람자의 동선은 그 건물의 북쪽면을 따라서 동쪽으로 진행하게 된다. 그 주랑이 거의 끝나는 부분에, 꽤 볼 만한 유적이 남아 있다. '미노아시대의 샘 Minoan Fountain'이란 것이다. 거의 정사각형 부지에—축선이 약간 어긋나긴 했지만, 거의—남북으로 길쭉한 직사각형으로 돌 테두리를 친 샘이다. 널찍한 계단을 통해 남쪽에서부터 물 있는 곳까지 내려갈 수 있고, 계단 중간에 층계참이 있는데, 거기에

미노아시대의 샘.

기둥도 하나 서 있어서 꽤 멋이 있다. 전체 계단은 아홉 칸인데, 여섯 칸을 내려가면 계단참이 있고, 그 다음 칸에 기둥이 서 있으며, 그 밑으로 세 칸이 더 내려간다. 물은 대개 기둥 바로 밑 부분에 있는 경우가 많지만, 상황에 따라 수위가 조금씩 오르내린다. 근래의 사진을 보면 중간의 계단참에 울타리를 쳐서 더 밑으로는 내려가지 못하게 막아 놓은 모양이다.

거기서 조금 더 동쪽으로 나아가서 안티고노스 스토아 동쪽까지 가면 디오뉘소스 신전이 있는데, 그 앞에 특이한 조형물(stoibadeion, exedra of Dionysus)이 서 있다. 양쪽으로 좌대가 있고 그 위에 돌로 만들어진 거대한 남성의 성기가 놓여 있는 것이다. 우리가 볼 때 오른쪽 것은 남근 부분은 거의 완전히 떨어져 나가서 남근 뿌리와 고환 부분만 남아 있고, 왼쪽 것은 남근 부분이 상당히 길게 남아 있지만 고환 부분 아래쪽이 좀 떨어져 나갔다. 오른쪽 것은 좌대 정면에 닭이 돋을새김되어 있고, 양 옆면에는 디오뉘소스 추종자들의 행렬이 돋을새김되어 있다. 디오뉘소스 숭배에 풍요를 비는 의식이 포함되어 있어서 남성적 풍요의 상징을 이렇게 새겨 놓은 것이다. 이 오른쪽 조각의 고환 부분 뒤쪽에는 어찌 보면 새의 날개 같기도 하고, 어찌 보면 짐승의 다리 같기도 한 문양이 덮여 있어서 거의 살아 있는 짐승같이 그려진 게 아닌가 싶다. (반면에 왼쪽 것의 좌대는 그냥 별 장식 없이 밋밋하게 되어 있다.)

이제 전체 유적지 북쪽의 성역은 대체로 다 보았다. 사자 테라스 조금 전에 '열두 신의 신전'과 '레토 신전'도 있지만, 그다지 언급할 것은 없고 현지에 가서 확인하면 될 것이다. 디오뉘소스 신전 앞에는 기원전 105년 아시아 총독이었던 로마 장군 Gaius Billienus의 조각상도 하나 서 있는데, 아주 중요한 것은 아니고 그저 멀리서도 보이니, 그냥 로마시대에

디오뉘소스 신전 앞의 스토이바데이온.

도 이곳이 중요한 성역이었구나 생각하면 될 것이다.

이제 박물관 카페에서 휴식을 취하고, 성역의 동쪽 면을 따라서 전체 부지의 남쪽 극장 구역을 보는 것으로 하자. 이 구역에서 가장 중심적인 구조물은 극장이지만, 이곳에는 민간인의 주거지도 많이 있어서, 대체로 거기서 발견된 모자이크나 조각상에 따라 이름이 붙여져 있다. 북쪽에서 남쪽으로 가면서 차례로 '디오뉘소스의 집', '클레오파트라의 집', '삼지창의 집' 등이 나온다. 여기서 '디오뉘소스'와 '삼지창'은 그 집의 바닥에 그려진 모자이크에서 유래한 것이다. 한편 '클레오파트라'는 우리에게 잘 알려진 이집트의 여왕이 아니라, 그냥 이곳에 살던 여성의 이름이다. 그녀의 남편 디오스쿠리데스와 함께 둘의 조각상이 집 앞에 서 있다. (머리 부분은 사라져서 어떻게 생긴 사람들인지는 알 수 없다.) 조각상 좌대에 두 사람의 이름과 그들이 살던 시기의 집정관 이름이 쓰여 있다(기원전 138/7년).

이 집들을 지나면 왼쪽에는 극장이, 그 앞에는 물 저장고cistern가 보인다. 극장은 퀸토스산 비탈에 서쪽을 보면서 놓여 있는데, 보존 상태가 아주 좋지는 않다. (델포이보다 훨씬 안 좋다.) 관람자에게 더 인상적인 것은 그 앞에 있는 지하 물 저장고이다. 아치형의 다리 같은 것이 여러 개, 땅속을 꽉 채우고 있어서다.

극장 앞을 지나면 곧 길이 왼쪽으로 퀸토스산을 향해 꺾어지고, 차례로 '가면의 집', '돌고래의 집'을 만나게 된다. 이어서 왼쪽으로 여러 건물터가 보일 텐데, 제일 동쪽부터 보고서 서쪽으로 이동하는 게 좋을 것이다. 이 구역(이노포스 구역)은 전체적으로 동방 신들의 성역이라고 할 수 있는데, 제일 동쪽에는 '헤라클레스 신전'이란 것이 있다. 그냥 '퀸토스 동굴'이라고도 하는데, 바위와 바위 사이에 자연적으로 우묵하게 된 지형에 거대한 돌판으로 지붕을 얹은 공간이다. 그 앞에는 제단이 조성되어 있다. 상고시대 것이고 꽤 영험한 느낌을 주긴 하지만, 뙤약볕 아래서 보면 어떨지 모르겠다.

거기서 서쪽으로 가면 '헤라 신전'이 있는데, 그냥 입구의 기둥 두 개만 남아 있다. 좀 더 서쪽으로 가면 신전의 정면이 꽤 잘 남아 있는 건물이 있는데, 이시스 신전이다. 벽을 돌벽돌로 쌓아 둔 것이 그다지 볼품은 없다. 그래도 이 섬에서 유일하게 신전의 정면이 보존된 것이라서, 그나마 인상적인 유적이다. 박공과 돌림띠장식, 문설주와 인방, 입구의 두 기둥 등이 남아 있다.

여기서 다시 더 서쪽으로 가면 극장 터같이 반원형의 기초가 보이는데, 이는 시리아 신들을 위한 성역의 흔적이다. 위성사진으로 보면 더욱 극장 유적같이 보인다. 이 신전들 맞은편에는 물 저장고가 하나 더

델로스의 극장 앞에 있는 물 저장고.

크레테와 다른 섬들 227

헤라클레스 신전이라는 퀸토스 동굴.

이시스 신전의 정면.

있다. 이것은 '이노포스 물 저장고cistern of Inopos'라는 것으로, 이노포스는 이 지역의—말라 버린—강이다. 원래는 돌을 캐내어 우묵하게 패인 자리인데, 그것을 물 저장고로 이용하던 것이다. 여기도 '미노아시대의 샘'처럼 계단이 있어서 아래로 내려갈 수 있다. 극장 앞에 있는 물 저장고처럼 다리 모양의 구조물이 있는 것은 아니어서 아주 인상적이지는 않다. 여기 모인 물은 지하로 해서 나일강과 연결되어 있다는 믿음도 있어서, 이 물로 동방의 신들께 바치는 제의를 수행했다고 한다. (시칠리아의 쉬라쿠사이에 있는 아레투사샘이 바다 밑으로 해서 희랍과 연결되어 있다는 믿음과 유사하다.)

그리고 이 건물 무리의 남서쪽에 '헤르메스의 집'이란 것이 있는데, 산비탈에 원래 5층으로 지어졌던 것이 지금은 세 층만 남아 있다. 멀리서 보면 현대식 건물의 아래층을 지어 놓고, 그 위에는 슬래브 지붕에 기둥만 몇개 세운 것처럼 보인다. 여기서 '세 층이 남아 있다'고 한 것은, 우리가 '3층집'이라고 할 때처럼, 수직으로 세 층이 있는 것은 아니고, 언덕의 비탈을 따라서 좁은 계단을 올라가면 한층 더 온전한 모습을 볼 수 있다는 뜻에서 세 층이다. 가장 잘 보존된 두 층은 로마의 전형적인 가옥 구조로 한가운데의 지붕이 뚫려서 중정으로 햇빛과 빗물이 들어가는 모양새다peristyle court. 기원전 2세기 주거 유적이다.

아리아드네의 섬 낙소스

앞에 델로스의 중심적인 신전 지역을 볼 때 낙소스인들의 건물이 자주 눈에 띄었는데, 여기서 잠깐 낙소스의 유적을 짚고 넘어가자. (앞에서 언급하지 않았는데, 델로스 성역에서 입구 건물 바로 안쪽에도 '낙소스인들의 집oikos of Naxians'이라는 것이 있고, 그 왼쪽에도 '낙소스인들의 주랑stoa of Naxians'이라는 건물이 남아 있다. 아폴론의 세 신전 중 제일 안쪽 것도 사실은 낙소스인들이 먼저 지었던 건물터에 아테나이 사람들이 새 건물을 세운 것이다. 그리고 앞에서도 얘기했지만, 지금은 다 부서져 버린 거상도 낙소스인들의 봉헌품이다.)

신화적으로 낙소스와 관련된 가장 유명한 이야기는, 테세우스가 아

낙소스 아폴론 신전의 돌 문틀.

크레테와 다른 섬들 229

낙소스의 퀴클라데스 인물 조각상.

리아드네의 도움을 받아 미노타우로스를 처치한 후, 그녀를 데리고 아테나이로 향하다가 이 섬에 그녀를 버리고 갔다는 얘기다. 리하르트 슈트라우스가 이 이야기를 소재로 〈낙소스섬의 아리아드네〉라는 음악극을 만들었다. 물론 이 사건은 그냥 비극으로 끝나지 않고 대개는 해피엔딩으로 전해진다. 디오뉘소스가 동방을 제압하고 돌아오다가 아리아드네를 보고는 자기 아내로 삼았다는 것이다.

지금 이 섬에 가면 방문할 곳이 세 군데 있다. 두 군데는 신전이다. 하나는 아폴론 신전인데, 다른 부재는 거의 남아 있지 않지만 직사각형의 거대한 돌 문틀이 바닷가에 서 있어서, 그 너머로 바다와 하늘이 보이는 것이 마치 다른 차원으로 이동하는 통로 같은 느낌을 준다. 도시에서 바다로 튀어나와 가느다란 지협으로 연결된 곳에 신전이 있다. 이 신전으로 가는 길에는 매우 아름다운 여성 나체 조각상이 하나 서 있는데, 미완성작이다. 여성의 가슴과 배 부분, 왼쪽 다리까지만 다듬어지고, 머리는 없으며 나머지 부분은 거친 원재료 그대로 노출된 입상이다. 미켈란젤로가 자신은 돌 속에 숨어 있던 형상을 끌어낼 뿐이라는 말을 했는데, 그 말에 딱 맞는 중간 형태다. 마치 돌이 조금씩 변해서 인간이 되다가 중간에 그친 듯하다. 대개 아프로디테상이라고들 하는데, 사실 옛날 여신상 중에 이런 식으로 노골적인 나체를 보여 주는 것이 달리 없어서 다소 의아하다. 아폴론 신전 문으로 가는 좁은 해안 통로가 막 시작되는 길가에 서 있다.

 방문할 신전 중 다른 하나는 데메테르 신전이다. 아폴론 신전이 도심에서 가까운 북쪽 바다에 있는 반면에, 이 신전은 도시 남쪽으로 약간 내륙에 있다. 하지만 차로 30분 이내에 닿을 만한 거리다. 벽체와 기둥, 보 등 많은 부분이 복원되어 있고, 여기에도 내부에 큰 돌 문틀이 남아 있어서 인상적이다.

 이 섬에서 마지막 방문할 곳은 박물관이다. 이른바 퀴클라데스 양식이라는 돌 조각상들, 눈도 입도 표현하지 않고 코만 돌출시킨 얼굴에 팔짱을 낀 듯한 자세로(사실은 두 팔을 안쪽을 향해 ㄴ자로 접어서 오른팔이

〈낙소스의 스핑크스〉. 델포이 고고학박물관.

크레테와 다른 섬들 231

아래, 왼팔이 위로 가게끔 층을 둔 자세다) 살짝 가슴이 튀어나오게 표현한 여성상이다. 크놋소스나 뮈케나이 청동기 유물보다 1천 년 정도 앞선 시대(기원전 2800~2300년경) 것이다. 이미 아테나이 국립고고학박물관에서 많이 보았지만, 지역 박물관으로서 이런 조각상을 가장 많이 보유한 곳이 바로 낙소스 박물관이다. 〈하프 타는 사람〉과 비슷하게 의자에 앉은 인물상도 있다.

그리고 지금 낙소스섬에 있는 것은 아니지만, 이곳 사람들이 바친 멋진 봉헌품이 델포이에 보존되어 있다. 〈낙소스의 스핑크스〉라는 것이다. 이 작품은 기원전 6세기 중반에 만들어진 것으로 상고시대의 특징(예를 들면 땋은 머리)이 뚜렷한데, 높직한 기둥stele에 앉은 채로 델포이 유적지의 중심 건물인 아폴론 신전 바로 아래 길가를 지키고 있었다. 지금 이 유물은 델포이 박물관에 소장되어 있으며, 아폴론 신전 남쪽 축대 밑에 그것을 받치던 기둥 토대가 남아 있다. 얼굴은 옆으로 돌리거나 하지 않고 정면을 향하고 있어서 아마도 서쪽을 등지고 동쪽을 바라보고 있었던 듯하다.

사실 이 낙소스는 우리가 움직인 동선에서는 이미 지나쳤던 곳이다. 산토리니에서 뮈코노스로 올 때 바로 낙소스 앞을 지나서 오게 된다. 그러니 낙소스에 들르려는 분은 산토리니에서 배로 이동하는 게 좋겠다.

이제 본토에 가깝고, 비교적 찾아가기 쉬운 섬들은 모두 다 보았다. 이오니아 해안의 섬과 소아시아 바닷가 도시들에 대해서는 다음 기회에 알아보기로 하고, 본토로 돌아와서 펠로폰네소스로 향하자.

펠로폰네소스반도

지협의 북쪽 지역, 메가라

아테나이에서 엘레우시스를 지나 서쪽으로 조금 더 가면 희랍반도가 펠로폰네소스로 연결되는 좁은 지협이 시작된다. 그 지협의 북쪽 대부분을 차지하고 있던 도시국가가 메가라이다. 이 메가라는 펠로폰네소스 전쟁의—명목상의—이유를 제공한 것으로 유명하다. 아테나이 쪽에서, 메가라 시민은 아테나이 시장에 접근하지 못하도록 결정한 것이 그 전쟁의—당시 일반인의 시각에서 볼 때의—단초였고, 이후에도 계속 그 문제가 협상 때마다 걸림돌이 되었기 때문이다. 그래서 희극작가 아리스토파네스는 「아카르나이인들」이라는 작품에서, 메가라 사람들이 페리클레스의 애인 아스파시아가 운영하던 유곽에서 여자를 몇명 납치했기 때문에 전쟁이 난 것이라고 우스개를 지어내기도 했다. 트로이아 전쟁이 헬레네 납치 사건 때문에 일어난 것에 빗대어 하는 말이다.

철학적으로는 소크라테스의 제자였던 메가라 출신 에우클레이데스가 스승의 어떤 특성을 강조하여, 이른바 메가라학파를 만든 것으로 유명하다. 논리학의 발전에 크게 기여했다는 학파이다. 신화적으로는, 테세우스가 자기 외가가 있던 트로이젠을 떠나서 육로로 아테나이로 가면서 여러 악당을 이 지협 부근에서 퇴치한 것으로 알려져 있는데, 특히 메가라에서는, 지나가는 사람을 잡아 발을 씻게 한 다음에 갑자기 걷어차서 절벽 아래로 떨어뜨려 버리는 스케이론(스키론)을 제압했다고 한다. 그 밖에도 『펠로폰네소스 전쟁사』에 보면, 아테나이가 초기 몇년간은 여름이면 늘 메가라로 진군했다 하며, 나중에 데모스테네스와 브라시다스가 이 도시를 두고 한 차례 겨룬 사건도 기록되어 있다.

하지만 현재 메가라에는 크게 언급할 만한 유적이 남아 있지 않고, 자체적인 고고학박물관이 있긴 하지만 아주 대단한 유물이 소장되어 있지도 않다. 그저 마니아급의 희랍 애호가로서 모든 박물관을 하나도 남김없이 둘러보겠다 하는 분이 있으면, 이런 곳도 있다는 걸 아시라고 여기 적어 둔다. (이따금 인터넷으로 검색하면 '메가라 휘페르블라이아'에서 나온 유물이 함께 뜨는데, 이곳은 시칠리아에 있는 식민 도시이니 혼동하면 안 된다. 쉬라쿠사이 동쪽에 있던 작은 도시다. 이곳에서 발굴된 유물들은 거의 다 쉬라쿠사이 파올로 오르시 박물관에 소장되어 있다.)

코린토스운하, 배 운반로, 장벽

지협의 남쪽 끝부분에 오면, 지협이 가장 좁아지는 곳에 운하가 놓여 있다. 이미 네로 황제 때 시도되었던 것을 19세기에 완성한 것이다(1881~1893). 네로는 기원후 67년 이스트미아 경기에 참석했다가, 이곳에 운하를 놓으면 자기 명성을 영원히 남기리라고 생각해서 노예 6천 명을 동원해 작업을 시작했지만, 그 다음 해에 죽었기 때문에 결국 완성을 보지 못했고 이 야심찬 계획도 곧 포기되었다. 사실 근대의 기술로도 12년이나 걸린 대사업이니, 아무리 토목공사에 이골이 난 로마인들이라 해도 삽과 곡괭이만으로 단기간에 그 작업을 완수해 내긴 어려웠을 것이다. 네로는 황금 삽을 들고 직접 첫 삽을 떴다고 한다. (근대에 공사가 지연된 것은 사실 기술보다 돈 문제가 컸다. 처음 사업을 시작했던 회사는 파산하고 말았다.)

운하의 전체 길이는 6킬로미터 조금 넘고, 폭은 겨우 20미터 남짓이어서 현재는 경제적 가치가 그다지 크지는 않고, 오히려 관광용으로 더 인기가 있다고 한다. (하지만 1년에 1,600척 정도가 통과한다니, 하루에 네다섯 척은 지나가는 셈이다.) 운하 위로 지나는 여러 다리 중 하나에서는 번지점프를 할 수도 있게 되어 있으며, 운하의 동쪽과 서쪽 양끝에 있는 다리는 배가 지나갈 때 물속으로 가라앉게 만들었다(1988년 완공). 중심적인 다리 곁에는 (아테나이 쪽에서 가자면 다리를 건너기 전에) 운하를 기획하고 지휘했던 헝가리인들을 기리는 기념비가 붉은 돌로 꽤 웅장하게 세워져 있다. 비석은 두 개로, 하나는 이 운하의 길이, 폭, 공사 기간, 개막식 참석자 등을 기록한 것이다. 이전에는 없던 것으로 2009년에 세웠다. 그래서 전에 가본 곳이라도 다시 가야 한다. 자꾸 새로운 복원물과 전시물이 생기고, 전시 기법도 점점 좋아지고 있다.

사실 이 운하는 이전부터 있던 배 운반로diolkos를 따라서 만든 것이다.

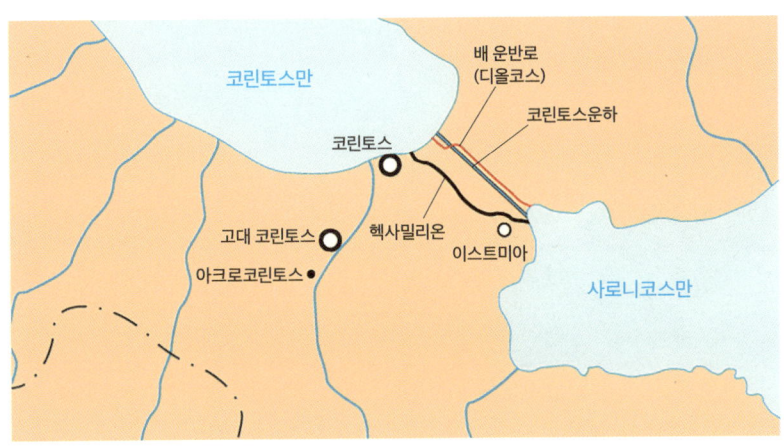

코린토스운하와 배 운반로, 그리고 헥사밀리온.

길을 잘 닦고 수레에 배를 얹어 끌어 가던 통로이다. 이 길은 동에서 서로, 운하의 북쪽 부분을 따라서 진행하다가 거의 서쪽 출구 다 간 지점에서 남쪽으로 조금 방향을 틀어 다시 서쪽으로 진행했었다. 지금 남아 있는 흔적은 운하의 서쪽 출구 부근에 있는데, 길 양쪽에 홈이 팬 것은 바퀴에 닳아서일 것이다. 좀 더 보존 상태가 좋은 길이 운하 옆 군사기술학교 영내에 있다는데, 일반인에게 공개되어 있지는 않다.

또 하나 운하와 나란히 구축된 구조물이 있으니, 헥사밀리온이라고 불리는 장벽이다. 원래는 페르시아 침입 때 적들을 막기 위해 펠로폰네소스인들이 쌓은 것인데, 나중 로마 말기에 북쪽 야만인들의 침입을 막기 위해 보강되고, 유스티니아누스 같은 동로마 황제들도 이것을 보수하는 데 상당한 노력을 기울였다. 하지만 콘스탄티노플이 함락되고 희랍까지 이슬람의 세력하에 들어가자 이후 이 장벽은 방치, 훼손되었다. 이 유적 역시 약간의 흔적을 남기고 있는데, 가장 뚜렷한 것은 운하의

헥사밀리온 유적.

중간쯤에, 운하 남쪽 부분, 그러니까 코린토스 쪽에 남아 있다. 동쪽 이스트미아 포세이돈 신전 부근에도 약간의 흔적이 남아 있다. 명칭은 6마일에 이르는 장벽이라고 해서 헥사밀리온Hexamilion이라 불렸다.

헤로도토스의 『역사』에 따르면, 이 장벽이 완성되자 펠로폰네소스인들은 자기들은 이제 페르시아의 위협으로부터 안전하다며 적들과 해전으로 맞붙기를 거부했다고 한다. 그러자 이미 수도를 적들에게 점령당한 아테나이인들은, "우리의 나라는 지금 배 위에 있다. 우리와 함께 해전에 참여하지 않겠다면, 우리는 사르디니아로 이주하겠다."고 위협해서 결국 이들의 참여를 이끌어 냈다고 한다. (사실 이 장벽을 믿는 것은 어리석은 일이었다. 적들이 압도적인 해군을 이용해서 장벽을 우회하고, 펠로폰네소스반도 어디에나 상륙할 수 있었기 때문이다.)

고대 경기대회가 열리던 이스트미아

운하의 동쪽 입구 남쪽에는 이스트미아 도시 유적이 남아 있다. 이스트미아는 고대에 여러 도시국가 사람들이 겨루던 '4대 경기대회'의 하나인 이스트미아 경기대회가 열리던 곳이다. 고대 '4대 경기대회'로는 올륌피아 경기와 델포이에서 열리던 퓌티아(퓌토) 경기, 그리고 네메아 경기 등이 꼽혔다. 이 경기대회들은 기원전 5세기 초반에 활동한 시인 핀다로스가 그 우승자들을 기리는 송시〈4대 경기 우승 축가Epinikion, Victory Odes〉를 써서 남긴 게 있어서 더욱 유명하다. 이곳은 또 거대한 포세이돈 신전이 있던 곳으로도 알려져 있는데, 이 지역이 코린토스에 속했었고 바다를 양쪽에 낀 코린토스는 당연히 포세이돈을 높이 섬겼기 때문이다.

유적지는 비교적 단출하다. 신전 하나와 경기장 그리고 극장이 전부이다. 물론 그 북쪽에 헥사밀리온 장벽과 거기 딸린 요새와 목욕장 흔적이 조금 남아 있지만, 이것들은 신전보다 1200년 정도 뒤의 것이다. 최초의 신전은—코린토스의 아폴론 신전과 더불어—기원전 7세기 초반에 지어진 것으로, 그때 벌써 규모가 엄청나서 코린토스가 아테나이보다 먼저 강대국이 되었음을 입증해 준다. 헤로도토스에 따르면 아테나이는 초기에 함대도 없어서 다른 도시에서 빌리곤 했단다. 신전은 같은 자리에 모두 세 차례 지어졌는데, 첫 신전(상고시대 신전)은 470년 화재로 소실되었다. 이 신전은—코린토스의 아폴론 신전과는 달리—나무 기둥을 하고 있었다 하니, 불에 타기 더 쉬웠겠다. 이 신전은 조금 특이하게도 맞배지붕이 아니라 우진각지붕(지붕면이 네 개)을 하고 있어서 박공이 따로 없었다고 한다. 그 다음 신전(고전기 신전)은 흔히 보는 것처럼 맞배지붕에 돌기둥을 한 것이었는데, 이 역시 화재에 소실되었고(기원전 390년), 그 직후 같은 자리에 다시 지은 신전은 기원후 6세기까지 유지되었다고 한다.

첫 신전의 기둥 수는 7×18이었고 내부에도 지붕을 받치기 위해 기둥이 있는데, 첫 신전에는 길이 방향으로 한 줄만 있던 것이 나중에 다시 지으면서 두 줄로 바뀐 것으로 추정된다. 신전의 동쪽 입구 앞에는 길게 남북으로 뻗은 제단이 있었다.

이스트미아 경기가 열리던 운동장은 원래 포세이돈 신전 가까이에 북서-동남 방향으로 뻗어 있었지만, 나중에는 신전에서 조금 떨어진 곳으로 옮겨져서 남서-북동 방향으로 놓이게 되었다. 여기서 열리던 경기는 이노와 아타마스의 아들인 멜리케르테스를 기리기 위해 창립(기원전 584년)된 것으로 알려져 있다. 이노와 아타마스는 디오뉘소스의 이모와 이모부인데, 이들은 아기 디오뉘소스를 길러 준 것 때문에 헤라의 미움을 사서 재앙을 당했다고 한다. 먼저 남편이 미쳐서 아이 하나를 죽이자, 아내가 남은 아이를 안고 바다에 몸을 던졌다는 것이다. 하

첫 신전인 상고시대 포세이돈 신전의 복원도와 평면도. 지붕면이 네 개인 우진각지붕을 하고 있다.

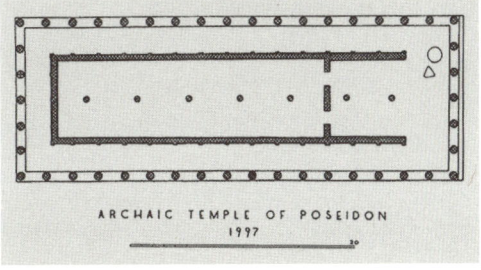

지만 결국 그 둘은 신들에 의해 바다 신으로 바뀌게 되었다고 하는데, 어머니 이노는 레우코테아, 아들 멜리케르테스는 팔라이몬이라는 이름을 얻었다고 한다. 이 멜리케르테스를 위해 개최된 경기가 바로 이스트미아 경기이다. 이 소년의 시신을 돌고래가 싣고 이곳까지 와서 소나무 아래 놓았으며, 소년의 아저씨인 시쉬포스(코린토스 건립자)가 그를 위해 경기를 개설했던 것이다. 옛날 이곳 신전에 봉헌된 조각상 중에는 한 소년이 돌고래 등에 타고 있는 모습도 있었다는데, 역시 돌고래를 타고서 살아났다는 가객 아리온이 바로 옆 도시 코린토스로 왔다니, 어쩌면 같은 이야기의 다른 판본인지도 모르겠다.

이스트미아 경기는 2년에 한 번씩 개최되었는데, 처음에는 우승자에게 야생 셀러리 관을 씌우다가 나중에는 소나무 관을 씌우는 것으로 바뀌었다 한다. 올림피아 경기와 비슷하게 여러 운동경기가 있고, 거기 덧붙여 음악 경연도 있었으며 여기에는 여자들도 참여할 수 있었다 한다.

핀다로스가 〈4대 경기 우승 축가〉에 이 경기 우승자들을 위해 남겨 놓은 노래들이 전해진다.

이스트미아에서 볼 수 있는 가장 흥미로운 유물은, 다소 아이러니하게 로마시대의 모자이크와 색유리 장식opus sectile이다. 앞에서 운하 건설 계획과 관련해서 네로가 이곳을 방문했었다고 밝혔지만, 고대의 4대 경기대회가 개최되던 도시들은 로마시대까지 제법 융성했다. 게다가 이 곳이 지협을 방어하는 중요한 기지 부근이기 때문에 더더욱 그랬던 모양이다.

우선 모자이크는 신전 근처, 로마 목욕탕에 딸린 건물 바닥 장식이다. 바다를 헤엄치는 요정, 트리톤, 바다 생물 들이 검은색 돌조각(테세라)으로 그려져 있다. 다른 놀라운 유물인 색유리 장식은 이 도시 남쪽의 항구 켕크레아이(이 항구도시도 투퀴디데스『펠로폰네소스 전쟁사』에 몇번 언급된다)에서 온 것이다. 원래는 요정을 모시던 신전Nympheion의 내부를 장식하던 것으로, 여러 색깔의 유리판을 잘라서 바다 주변의 여러 건물과 바다 위를 떠가는 배들, 그리고 물속의 여러 생물을 그려 놓았다. 특

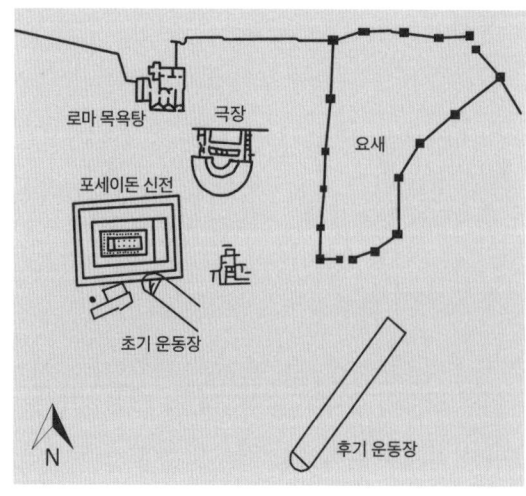

이스트미아 전체 부지 평면도.

이스트미아 색유리 장식.

히 오징어를 묘사한 것이 재미있다. 사실은 지금 전시된 것보다 훨씬 많은 양이 발견되었지만 유리판들끼리 오랜 세월 눌려 있어서, 떼어 내다가는 전체가 망가질 위험이 있어서 더는 복원하지 못한 상태라고 한다. 이곳 박물관이 지닌 놀라운 유물을 하나 더 소개하자면, 여성상이 다리 역할을 하며 떠받치고 있는 돌대야이다. 대야를 떠받친 여성들의 모습이 이집트 여신과 흡사하다.

바다를 양쪽에 품은 코린토스

이제 지협의 남쪽에서도 서쪽 부분에서 번성하던 도시 코린토스로 가 보자. 앞에 말했듯 이 도시국가는 아테나이보다 먼저 발전했던 곳이고 고전기에는 내내 아테나이와 앙숙이었으며, 기원전 5세기 말 펠로폰네소스 전쟁 끝에 아테나이가 항복하자 이 위대한 도시를 갈아엎자고 주장했던 나라이다. 신화적으로는 날개 달린 말 페가소스를 차지했던 벨레로폰이 이 도시 출신이고, 역사적으로 유명한 인물은 상고시대의 두 참주 쿕셀로스와 페리안드로스, 그리고 헬레니즘시대에 이곳에서 활동했던 견유학파 디오게네스가 있다. 기독교 역사에 밝은 독자라면 사도 바울이 이곳을 방문했었다는 것, 그리고 이곳 교회 사람들에게 보냈던 유명한 편지가 『신약성서』에 포함되고 매우 유명한 구절들("사랑은 오래 참고, 사랑은 온유하며……")을 담고 있다는 것을 기억할 것이다. 고향 트로이젠을 떠나서 아테나이로 아버지를 찾아가던 테세우스가 이 부근(사실은 메가라와의 경계)에서 크롬뮈온의 암퇘지를 퇴치하고, 시니스라는 소나무 사나이를 제압했다는 얘기도 있고, 메데이아가 남편 이아손을 따라 이곳으로 이주해서 살다가 결국 왕과 공주를 죽게 하고 자기 아이들마저 죽인 후 떠나갔다는 곳도 이곳이다.

벨레로폰이 페가소스를 얻었다는 샘 페이레네는 잠시 후에 유적지에서 보기로 하고, 우선 역사적 인물 둘을 보자. 기원전 7세기 코린토스의 참주였던 쿕셀로스는 이름 뜻이 '상자'이다. 그는 코린토스 출신의 여인 랍다가 낳은 아이였는데, 이 여자는 다리를 절어서 고향에서는 짝을 찾을 수 없어 이웃 도시 남자를 만나 아이를 낳았다. (그녀의 이름이 '랍다'가 된 것은 다리가 희랍글자 람다(람다, λ)처럼 휘어져 있었다는 뜻일 것이다. 오이디푸스의 할아버지 랍다코스도 마찬가지였다고 보는 학자가 있다.) 한데 그 아이가 나중에 큰 인물이 된다는 신탁을 듣고서, 코린토스 사람들이 아이를 죽이도록 열 명의 자객을 보냈다. 그들은 랍다의 집에 도착해서, 여자가 제일 먼저 아기를 안겨 주는 사람이 그 아이를 죽이는 것으로 약속하고 그 집으로 들어갔다. 멋모르는 랍다는 그저 고향 사람들이 반가워서 아기를 데려다 안겼다. 한데 아기가 첫 사람에게 안기는 순간 방긋 미소를 지었다. 그러자 그 사람은 마음이 약해져서 아기를 다음 사람에게 넘겨주었다. 그 사람도 다음 사람에게, 다시 다음 사람에게. 이렇게 열 명이 모두 아기를 한 차례씩 안아 본 후에 바깥으로 나왔고, 나오자마자 서로 비난을 하며 다투게 되었다. 한데 랍다가 문 뒤에서 이들이 다투는 소리를 들었다. 랍다는 얼른 아기를 상자에 숨겼고, 다시 들어온 그들은 아기를 찾지 못한 채 허탕치고 돌아갔다. 그래서 아기 이름이 '상자'라는 뜻의 큅셀로스가 되었단다.

이 이야기는 헤로도토스의 『역사』에 나오는 것인데, 큅셀로스 자신보다는 그의 아들 페리안드로스의 행적이 더 많이 기록되어 있다. 이 사람은 기원전 7세기 말부터 6세기 초에 걸쳐서 코린토스를 통치한 인물

페리안드로스 흉상.
기원전 4세기 작품의 로마시대 모각. 바티칸 박물관.

이고, 당시 가장 현명했던, 이른바 '칠현인'으로 꼽힌다. 역시 일곱 현자 중 하나인 아테나이의 솔론과 거의 동시대인이다. 하지만 헤로도토스는, 그가 현명하다기보다는 그저 머리가 잘 돌아가는 사람일 뿐이고(우리가 앞에서 본 디올코스를 처음 건설한 사람도 페리안드로스라고 알려져 있다) 도덕적으로는 상당히 문제가 있는 인물인 것으로 전하고 있다.

페리안드로스의 악행 중 가장 유명한 것은, 자기 아내를 죽게 만들고 (어떤 수단을 썼는지는 알려져 있지 않다) 그 이후에 한 짓이다. 그는 나중에, 잃어버린 물건을 찾기 위해 영매를 시켜서 아내의 혼령을 불러올리게 된다. 그러자 아내의 혼령은 자기가 지금 옷이 없어서 추우니 옷을 달라고 요구한다. 페리안드로스는 도시의 여인들에게 모두 옷을 잘 갖춰 입고 모이도록 포고를 내린다. 여자들이 다 모이자, 옷을 전부 빼앗아서 벌거숭이로 돌아가게 하고, 그 옷들은 한군데 구덩이에 넣고 태워서 자기 아내에게 바쳤다고 한다.

이 정도면 그저 황당할 뿐 특별히 악랄한 것 같지는 않은데, 사실은 이보다 훨씬 가혹한 짓도 시도한 적이 있다. 코린토스의 식민 도시였던 케르퀴라의 가장 뛰어난 젊은이 3백 명을 뽑아서, 모두 내시로 만들라고 페르시아로 보내 버린 것이다. 이 명령이 그대로 시행되었다면 케르퀴라는 거의 한 세대를 잃어버리는 꼴이 되었을 텐데, 다행히 중간에 사모스 사람들이 젊은이들을 빼돌려서 가까스로 대참사는 면했다고 한다. 한데 페리안드로스가 이런 가혹한 조치를 취한 것은 이 케르퀴라 사람들이 먼저 페리안드로스의 아들을 죽였기 때문이다. 그 아들은 아버지가 어머니를 죽인 것을 뒤늦게 알고서는 아버지를 멀리했고, 아버지는 이 반항적인 아들을 코린토스에서 멀리 떨어진 섬 케르퀴라로 보냈다. 그러다가 늙어서 통치가 힘들어지자, 아들을 본국으로 부르고 대신 자기가 케르퀴라로 가서 그곳을 다스리겠노라고 제안했다. 그러자 케르퀴라 사람들은 이 악독한 통치자가 자기들 땅으로 오는 게 싫어서, 그 아들을 죽였던 것이다.

한편, 해적들을 만나서 죽게 된 가객 아리온이 돌고래에게 구원 받은 후 기착한 곳도 이곳 코린토스이고, 때는 페리안드로스가 다스리던 시기이다. 마지막으로 노래나 한번 부르고 죽게 해달라고 청해서 해적들의 허락을 받은 후, 아리온이 노래를 마치고 바다로 몸을 던졌더니 음악에 감동한 돌고래들이 그를 등에 태워 이곳으로 데려다 주었다는 것이다. 나중에 페리안드로스가 아리온과 해적들을 대면시켰고, 결국 해적들은 엄벌에 처해진다.

코린토스 유적지는 다소 심심하단 인상을 주는데, 입구에 있는 아폴론 신전 기둥들 말고는 땅 위에 서 있는 게 거의 없어서다. 유적지의 전체적 그림은 이렇다. 방문객은 부지 전체의 북쪽 중앙에서 남쪽을 향해, 바다를 등지고 산봉우리(아크로코린토스)를 바라보면서 진입하게 되는데, 진입로 바로 왼쪽에 아폴론 신전이 서 있다. (하지만 현재 입구는 약간 서쪽으로 치우쳐 있어서, 부지 전체를 세로로 통과하는 중앙선을 따라 들어가지는 않는다.) 그 신전 남쪽으로 커다란 직사각형을 그리면서 부지가 남아 있는데, 옛날 아고라다. 이 광장을 에워싸고 여러 건물들, 그러니까 주랑과 바실리카, 작은 신전과 상점 들이 빙 둘러 있었다. 그리고 이 광장에서 북쪽의 항구를 향해—아폴론 신전의 동쪽을 통과해서—길이 쭉 뻗어 있어서, 이 중심 공간을 망치같이 보이게 한다. 한편 이 광장 서쪽으로, 그러니까 부지 중앙선을 따라 조금 나아간 곳의 오른쪽에 다시 앞의 것보다는 조금 작은 사각형 공간이 있는데, 주랑으로 둘러싸인 부지 가운데에 신전이 있(었)다. 이 신전은 대개 옥타비아 신전이라고 알려져 있고, 그냥 '신전 E'라고 부르기도 한다. 한편 이 유적지로 들어서기 전에 오른쪽으로, 좀 더 북쪽으로—그러니까 바다 쪽으로—고전기의 극장과, 그 남쪽에 로마시대 음악당(오데이온)의 흔적이 남아 있다.

〈돌고래에게 구조되는 아리온〉, 프랑수아 부셰, 1748, 프린스턴대 예술박물관.

(현재 이 두 유적은 유료 입장하는 유적지 울타리 바깥에 있다. 로마 음악당은 돌로 된 객석이 몇 줄 남아 있어서 알아보기 쉽지만, 주차장 북쪽으로 좀 떨어진 고전기 극장은 객석 한 줄 없이 그냥 반원형의 테두리만 남아 있어서 잘 알아보기 힘들다.)

다시 한번 정리하자면, 전체 부지를 네 조각으로 나누는 가로 세로 가상의 십자선을 그으면 (남쪽을 바라보고) 왼쪽 앞쪽은 광장(상업 구역), 오른쪽 앞쪽은 신전 부지(종교 구역), 왼쪽 뒤쪽은 아폴론 신전, 오른쪽 뒤쪽은 음악과 예술 구역이 되겠다. (아폴론 신전 북쪽에도 나중에 시장 건물이 하나 덧붙었으니, 위의 설명은 그냥 대충의 묘사라고 아시기 바란다.)

이 유적지에서 무엇보다 눈에 띄는 것은 아폴론 신전이다. (인터넷으

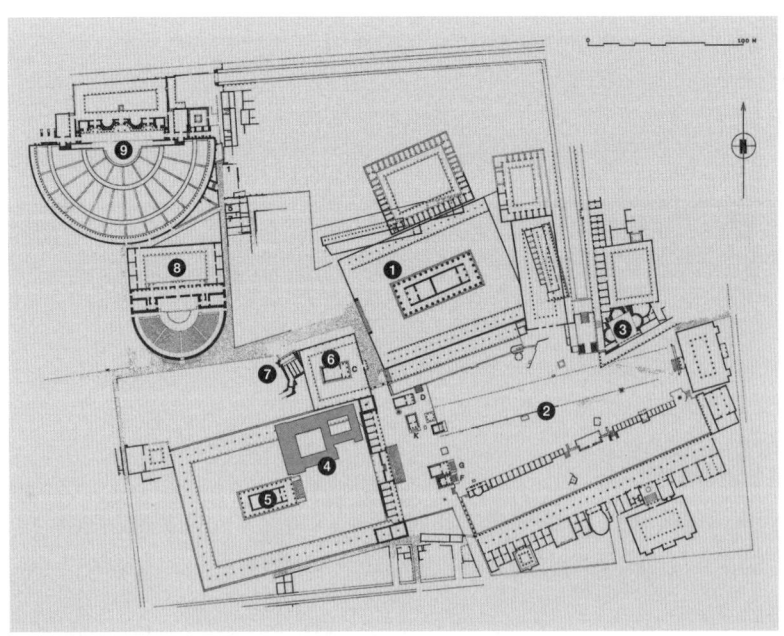

고대 코린토스 유적지 전체 도면.
① 아폴론 신전 ② 아고라 ③ 페이레네샘 ④ 박물관 ⑤ 신전 E ⑥ 신전 C ⑦ 글라우케의 샘
⑧ 오데이온 ⑨ 극장

로 사진을 검색해 보면 거의 이 신전 사진뿐이다.) 사실은 이 신전과, 몇걸음 더 가서 오른쪽에 있는 '글라우케의 샘'만 상고시대 것이고, 나머지 건물은 모두 후대의 것이다. 물론 진입로 오른쪽 뒤쪽에 흔적이 보이는 극장은 고전기에 지어진 것으로, 이 셋까지만 고전기 이전 것이다. 나머지는 모두 헬레니즘과 로마시대의 구조물이어서 좀 뒤늦은 시기의 것인 데다가 아주 중요한 건물도 없다. (하지만 페가소스가 나타났었다는 페이레네샘은 상업 구역 한가운데에 있다.) 그러니 아주 옛것만 좋다 하시는 분이라면 굳이 입장료 내고 안으로 들어갈 것 없이, 담장 밖에서 신전만 보고 돌아서도 무방하지 않나 싶기도 하다. 코린토스는 아테나이처럼 문화가 번성했던 나라도 아니고, 스파르타처럼 군사력으로 유명했던 나라도 아니었다. 그저 양쪽에 항구를 끼고 지협의 목에 위치해 있다는 지리적 이점을 이용해서 상업적 번영을 누리던 도시이다. 그러니 유적지가 심심한 것도 이해가 된다. (하지만 최근에 이곳 박물관에 아주 귀한 유물이 전시되기 시작했으니, 그냥 돌아서지는 마시기를 권한다.)

이 유적지에서 가장 눈에 띄는 아폴론 신전은 보통 두 번째 신전으로 알려져 있다. 이전에 그 자리에 좀 더 작은 신전이 있었는데 없어지고 같은 곳에 더 큰 신전을 지었단 말이다. 큅셀로스가 지었다는 옛날 신전에 대해서는 알려진 것이 거의 없는데, 앞에 이스트미아에서 본 첫 번째 포세이돈 신전처럼—박공을 갖춘 맞배지붕형이 아니라—사면으로 지붕(우진각지붕)이 있는 건물이었던 것으로 추정된다. 그리고 이 신전이, 타일 기와를 얹은 최초의 신전이라는 추정도 있다. 한편 위에 언급했던 참주 페리안드로스는 집에서 쫓겨난 자기 아들이 이집 저집에서 대접을 받으면서 돌아다니는 것을 보고는, 포고를 내려서 이 왕자를 대접하는 걸 금지하고 그 명을 어기는 자는 아폴론께 벌금을 바치도록 했다. 이렇게 모인 돈을 보관했던 곳도 아마 이 신전이었으리라고 학자들은 추정한다.

　현재 남아 있는 신전은 원래 6×15개(네 모퉁이는 중복 계산)의 기둥을 두르고 있었지만 지금은 서남쪽 모서리에 7개만 남아 있다. 기둥 양식은 도리스식인데, 아마도 이 신전이 이런 양식의 최초 사례 중 하나였던 것으로 보인다. 건립 연대는 확실치 않지만 보통 기원전 6세기 중반이라고들 보고 있다. 신전 내부는 동서 두 개의 방으로 나뉘어 있고, 흔히 그렇듯 동쪽 방이 조금 더 컸다. 서쪽의 작은 방은 그냥 보물 창고였으리라는 주장과, 아르테미스를 모시던 공간이었을 것이라는 주장이 맞서고 있다. 멀리서 보면 기둥이 그다지 높지 않아서 좀 답답하지 않았을까 싶지만, 가까이 가서 보면 사실 꽤 높은 기둥이다. 거기에 보와 지붕이 얹혔다고 생각하면 매우 장엄한 인상을 주었을 것이다.

　아폴론 신전 옆을 지나 조금 더 전진하면 바로 오른쪽으로 신전('신전 C', '데메테르 신전') 흔적이 하나 있고, 그 너머 서쪽으로 커다란 바윗덩어리 하나가 있는데, 이것이 '글라우케의 샘'으로 알려진 구조물이다. (지금 전체 부지를 네 구역으로 나눠서 설명하고 있지만, 실제로 현지에 가서 보면 진입로가 서쪽으로 치우쳐 있어서, 매표소를 통과하면 바로 왼쪽에 이 구조물이 있고, '신전 C'는 그 동쪽에 있다. 그래서 이 두 유적을 왼쪽에 끼고 빙 돌아서 유턴하여 아폴론 신전을 보러 가게 된다.)

　글라우케샘은 그냥 수원지일 뿐 아니라, 사실은 샘과 거기에 딸린 물 저장고이다. 큰 바위를 파내어 만든 일종의 석조 건물이다. 이 샘의 이름은 이아손과 결혼하려다가 메데이아에게 죽음을 당했다는 코린토스 공주에게서 따온 것이다. 에우리피데스의 유명한 비극 「메데이아」에 따르면, 그녀는 메데이아가 보낸 독 묻은 드레스를 입었다가 온몸에 불이 붙어 죽었다고 하지만, 일설에는 불이 붙은 채로 샘에 몸을 던졌다고도 한다. 이 공주의 이름은 크레우사라고도 하고 글라우케라고도 하

코린토스의 아폴론 신전.

는데, 둘 다 '빛나다'의 뜻이어서 그냥 '공주'라는 의미이다. 이 이름을 가진 수많은 다른 귀족 여인들이 있다.

가상의 중앙선을 따라가든, 현실적으로 아폴론 신전을 가까이서 보고 돌아서든 다음 순서는 대개 박물관으로 들어가게 되어 있다. 이 박물관은 앞에 말한 서쪽의 사각형 부지('종교 구역') 한 귀퉁이에 지어진 것이다. 그래서 '옥타비아 신전(신전 E)' 부지는 이 박물관 남서쪽에 박물관 건물과 모서리를 맞대고 있는 듯 놓이게 된다. 박물관 남쪽의 입구로 들어가기 전에 먼저 이 신전을 보게 되는데, 코린토스식 머리를 한 세 개의 기둥이 서 있고 그 위에 보가 얹혀 있다. 현재 복원된 모습으로는 기둥 굵기에 비해 높이가 매우 낮아 보여서, 원래 높이만큼이 아니라 그냥 좀 짧게 복원한 것이 아닌가 싶기도 한데, 기존 자료에서 복원에 대한 정보는 찾을 수 없다. (후대로 갈수록 기둥 굵기에 비해 기둥 길이가 길

펠로폰네소스반도 251

어지는 것이 일반적인 흐름이다.) 조금 더 원래 모습을 상상해 보자면, 처음에는 3층 기단 위에 전면에만 6개의 도리스식 기둥이 있는 신전이었다고 한다. 지금 기둥 몇개라도 복원해 놓은 것은, 기원후 1세기에 기단을 더 높이고 코린토스식 기둥으로(6×12 형식) 다시 지은 것이다. 신전 둘레도 원래는 남쪽과 북쪽 면은 주랑으로, 서쪽은 그냥 담장으로 에워쌌던 것을 나중에는 모두 주랑으로 둘렀다. 이 신전은 로마의 중심적인 세 신, 읍피테르, 유노, 미네르바를 모시던 곳일 가능성이 큰데, 대개는 파우사니아스의 기록에 따라서 아우구스투스의 누이 옥타비아를 신격화해서 모시던 곳, 즉 '옥타비아 신전'으로 부르고 있다.

다시 박물관으로 돌아가자면, 이 작은 박물관은 중앙의 안뜰을 둘러싸고 네모꼴로 빙 돌아가며 전시실이 배치된 형국이다. 사실 이전에 이 박물관에 들렀을 때는 그리 대단한 유물이 없었다. 그저 의술의 신 아스클레피오스 성역에서 발굴된 봉헌물들, 다리, 가슴, 귀, 성기 모양의

옥타비아 신전의 기둥.

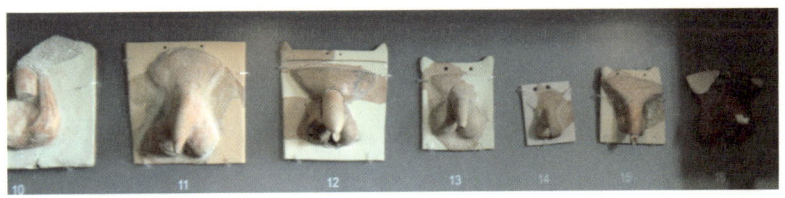

의술의 신에게 바쳐진 신체 모형들.

테라코타 모형들이 다소 신기했을 뿐이었다. 각 사람이 이 의술의 신 덕분에 치유된 부위를 모형으로 만들어 바친 것이다. 유적지 전체 지도를 봐도 아스클레피오스 성역은 나와 있지 않은데, 고전기 극장 북쪽 약 4백 미터 지점에 있었다고 한다.

하지만 몇년 사이에 이 박물관에 대단한 귀물貴物이 모셔졌으니, 이래서 한 번 갔던 곳이라도 시간이 흐르면 다시 방문해야 하는 법이다. 그 귀물이란, 2010년에 도굴꾼들에게서 압수한 한 쌍의 쿠로스상(기원전 6세기 말 제작)이다. 코린토스 유적지 남쪽의 클레니아Klenia라는 지역의 묘지에서 출토된 것으로, 처음에는 목과 팔, 다리가 다 토막 난 채로 발견되었지만 지금은 복원 작업을 거쳐서 멋진 모습으로 박물관에 전시되어 있다. 이 두 청년상은 희랍 본토의 무덤에서 발굴된 사례로는 처음이라 하며, 이들이 전시된 방은 조명이나 전시 방식에 있어서 다른 방들과 확연히 구별되는 아주 현대적이고 세련된 면모를 보인다. 아마 방문객들은 왜 이 전시실(과 그 옆방)만 유독 멋지게 꾸며졌는지 의아할 것이다. 이 방들은 2016년 7월부터 일반에 공개되고 있다.

또 하나 이 박물관에서 볼 수 있는 좋은 유물은 기원전 6세기의 스핑크스상이다. 원래는 근처 묘지의 돌기둥stele 위에 세워졌던 것으로, 다소 손상된 것을 포함해서 여러 점이 발견되었지만 이 중 하나는 거의 완벽한 모습을 유지하고 있다. 이 스핑크스는 자세도 표정도 아주 매력

적이다. 고개를 오른쪽으로 돌려서 측면과 정면을 동시에 보여 주는 자세에 상고시대의 미소archaic smile를 띠고 있다. 괴물이라기보다는 미인에 더 가깝다. 원래 이것이 봉헌물이었는지, 아니면 지붕장식이었는지 학자들 사이에 의견이 엇갈리고 있다. 이것도 이전에는 못 보던 것인데, 쿠로스상과 함께 발굴된 여러 유물들을 위해 재정비한 두 전시실 중 하나에 전시되어 있다. 이런 종류의 조각상은 테라코타로 만든 것도 많아서, 이것은 특히 '대리석 스핑크스'라고 부른다.

박물관은 출구가 북쪽에 있어서 거기로 나오면 다시 멀리 아폴론 신전이 보인다. 그것 앞(남쪽)에 아치 하나가 주변보다 높이 솟아 있어서 뭔가 특별한 건물일까 하고 다가가는 경우가 많은데, 막상 가까이 가서 보면 그냥 옛날 상점 건물의 일부라고 설명되어 있어서 약간 실망스럽다. 어쨌든 이 유적지에서는 사진 찍을 데가 별로 없기 때문에 이 구조물 사진도 많이들 찍는다.

앞에서 '상업 구역'이라고 했던 광장 한가운데는 산을 바라보면서 연

코린토스 대리석 스핑크스.

멋진 모습의 클레니아 쿠로스상.

단Bema이 있는데, 사도 바울이 여기서 연설했을 것이라 하여 곁에는 희랍어와 영어로 성서 한 구절을 새긴 일종의 비석도 놓여 있다. 그 광장 동쪽 부분에서 산을 등지고 바다 쪽을 보면 길이 항구로 뻗어 있다. 그 길이 시작되는 부분에는 개선문 비슷하게 생긴 입구 건물propylaia도 있었다. 물론 기원전 146년 로마 장군 뭄미우스에 의해 도시 전체가 파괴되었다가, 기원전 44년에 로마의 식민 도시로 재건되었을 때의 모습이다. 이 시기에 도시 동북쪽에는 원형극장과 전차 경주장까지 만들어졌

펠로폰네소스반도 255

사도 바울이 연설했을 것이라는
연단과 그 기념비석.

었다.

 항구로 통하는 길을 바라보면서 오른쪽으로 지표면보다 낮은 곳에 정원 같은 공간이 보이는데, 이곳이 페이레네샘이다. 그 공간으로 내려가서 남쪽으로 몸을 돌리면 정면에 문이 6개 보인다. 예전부터 문 6개가 있는 반지하 건물이었는데, 로마시대에 지금 남은 것처럼 아치형 문으로 바꾸었다. (희랍인은 아치를 사용하지 않았다.) 여기에서 벨레로폰이 페가소스를 만났다는데, 그런 신비로운 존재가 이런 시내까지 들어왔을까 의심스럽기도 하다. 하지만 아크로코린토스에 또 하나의 페이레네샘이 있으니('위쪽 페이레네Upper Peirene'), 이 날개 달린 말이 나타난 데

페이레네샘.

는 거기라고 하면 큰 문제는 없겠다.

코린토스는 옛날부터 음란한 도시로 알려졌고, 그 이유가 이곳에서 아프로디테 숭배가 번성하였으며 그 신전에서 '성스러운 매춘'이 이루어졌기 때문이라고 한다. 하지만 정작 시내에는 아프로디테의 성역이 따로 있지 않다. 그 성역은 저 멀리 남쪽의 산봉우리에 있었다는데, 후대에 여러 차례 개축해서 요새 건물로 이용하고, 나중에는 교회로도 사용되었기 때문에 지금은 원래의 흔적이 거의 남아 있지 않다. 혹시 열성적인 분이라면 그곳에 올라가도 좋겠지만, 후대에 지은 성벽들만 남아 있어서 고대 유적지라고 하기는 어려운 형국이다.

고대 국제 운동경기 제전의 현장, 네메아

코린토스에서 남쪽으로 얼마 떨어지지 않은 곳에 네메아가 있다. 이곳은 헤라클레스가 괴물 사자를 제압한 곳이고, 그것을 기념하여 운동경기대회를 열었다는 곳이다.

물론 다른 이야기도 있다. 테바이를 공격하기 위해 진군하던 일곱 영웅이 이곳에 이르러 샘을 찾기 위해, 아기를 돌보던 한 여인의 안내를 받았다. 그런데 그들이 잠깐 자리를 비운 사이에 뱀이 나타나서 아기를 죽여 그 아기를 위해 만든 행사가 이 경기라는 것이다. 죽은 아기는 네메아 왕 뤼쿠르고스의 아들 오펠테스고, 그를 돌보던 여인은 렘노스에서 쫓겨난 휩시퓔레이다. 휩시퓔레는 렘노스 여인들이 모두 자기 집안 남자를 죽이는데, 그녀만 아버지를 몰래 빼돌렸다가 나중에 탄로 나서 쫓겨난 것이다.

어쨌건 이 경기는 고대 올림픽보다는 약 200년 뒤에 시작되어 2년마다, 그러니까 올륌피아 경기 개최 1년 전과 1년 후에 한 번씩 열렸으며, 우승자에게 처음에는 올리브 가지로 만든 관을 씌우다가 나중에는 야생 셀러리 관으로 바꾸었다고 한다. 이름은 네메아 경기지만 사실 경기장은 이 도시 저 도시로 옮겨 다니다가, 기원전 4세기 말에 다시 네메아로 돌아왔으며, 이 시기에 만들어진 경기장이 근래에 발견되었다.

상고시대의 경기장 흔적은, 제우스 신전 서쪽, 초기 기독교시대의 강이 흘러가던 길 아래에 남아 있다. 지금 발굴된 후대의 경기장은 신전 동남쪽으로 약간 떨어진 데에 있다.

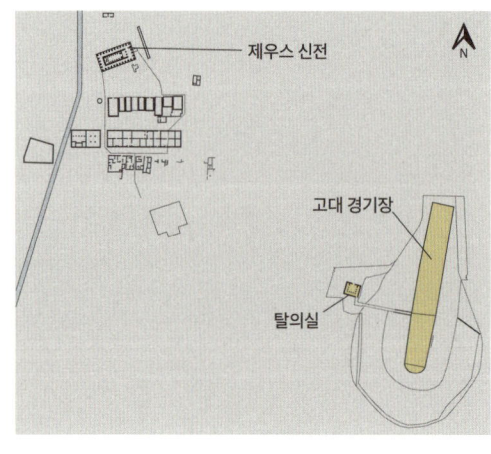

네메아 유적지 전체 약도.

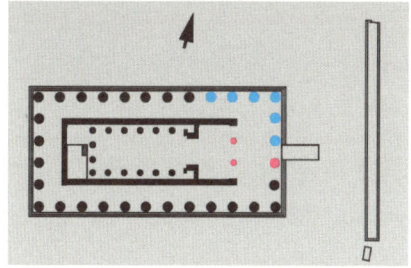

네메아 제우스 신전. 평면도에는 이전에 복원된 3개의 기둥(붉은색)과 최근에 복원된 6개의 기둥(파란색)이 표시되어 있다.

    네메아와 관련해서 재미있는 사실이 두 가지 있다. 하나는 이곳의 유적지가 계속 복원 중이어서 거의 매년 기둥 숫자가 늘어 왔다는 사실이다. 이곳에서 가장 두드러지는 건물은 제우스 신전(기원전 330년경 건립)인데, 서 있는 채로 보존된 기둥은 셋뿐이었다. 거기에 2002년에 두 개, 2007년에 네 개를 더 복원해서 지금은 기둥이 무려 9개로 늘었다. 기둥 위에 보가 얹힌 것은 세 군데이다. 이 신전은 헬레니즘시대 초입에 세워진 것이어서 그 시대의 특징을 보여 주고 있는데, 기둥이 지름에 비해 매우 길어지고 있다는 점이다. 같은 도리스 양식을 취하고 있는 코린토스의 아폴론 신전이 거의 뭉툭해 보이던 것과 비교하면 그 차이를 알 수 있다. 거기서 더 나가면 아테나이의 올륌포스 제우스 신전(물론 이것은 코린토스식이지만)처럼 더욱 길쭉하게 된다.

재미있는 사실 다른 하나는, 네메아 경기를 복원해서 요즘도 행사가 이뤄지고 있다는 점이다. (1996년부터 4년마다) 사람들이 옛날 복장을 하고서, 옛날식 출발선(부정 출발 방지 장치가 되어 있다)에서 달리기하는 사진들이 인터넷에 많이 떠돌고 있다. 옛날에는 여러 종목이 있었지만, 지금은 달리기 경주만 열린다. 단거리와 장거리 달리기를 연령별, 성별로 나누어 진행하며, 현대에도 우승자에게 메달은 수여하지 않고, 종려나무와 야생 셀러리로 만든 관을 씌워 준다. 현대 경기 중에는 완전무장 달리기가 가장 볼 만한 것으로 꼽히고 있다. 사람들이 저마다 개성적인 분장을 하고 출전하기 때문이다. 고대의 경기는 겨울에 열렸다는 기록도 있는데, 현대의 경기는 대개 6월에 열린다. 외국인에게도 개방되어 있으니, 올림픽에 출전할 정도의 능력이 안 되는 사람이라면 이 대회에 출전해 보는 것도 꽤 의미 있는 일이 되겠다. 어쨌든 국제대회 아닌가, 그것도 유서 깊은 대회!

경기장 가까이에 정사각형 부지가 노출되어 있고 아랫부분만 남은 몇개의 기둥이 둘러서 있어서, 여기는 또 뭔가 하는 의문을 불러일으키는데, '탈의실apodyterium' 유적이다. 이런 이름이 붙은 곳은 대개 로마 목욕탕에 딸린 방인데, 이 유적지에도 목욕탕이 있었고, 어쩌면 운동경기 참가자들이 옷을 갈아입고 보관하던 시설일 수도 있다.

아가멤논의 근거지, 뮈케나이

네메아 동남쪽, 승용차로 2~30분 거리에 뮈케나이 유적지가 있다. 보통 트로이아 전쟁 때 희랍 연합군을 지휘했던 아가멤논의 궁성으로 알려진 곳이다. 하지만 이곳은 아주 오래된 유적지로, 아가멤논 시대보다 1800년 전쯤부터 도시(라고 할 만한 대규모 주거지)가 있었다. 이 도시를 포함해서 주변 지역을 아르골리스라고 부르며 그 안에 큰 도시가 셋 있었는데, 하나는 뮈케나이, 다른 둘은 아르고스와 티륀스이다. 이곳은 페르세우스의 영역이어서, 그의 후손인 헤라클레스와도 연관이 깊다. 티륀스는 헤라클레스의 본향이다. 고전기에는 이 지역의 중심 도시가 아르고스여서 그런지, 비극 작가들은 아가멤논이 아르고스에 살고 있는 것으로 꾸몄으며, 더러는 그의 동생 메넬라오스도—스파르타가 아니라—아르고스에 형과 함께 살고 있는 것으로 설정하기도 했다.

뮈케나이에 가면 꼭 봐야 하는 것이 일단 세 군데다. 사자문과 아트레우스의 보물 창고, 그리고 박물관이다. 물론 사자문 안으로 들어서면 고대의 매장지(원형 묘지 A, 기원전 16세기)가 보이고, 언덕 위로 올라가면 왕궁자리의 큰방megaron 흔적도 확인할 수 있다. 그 밖에 성 바깥의

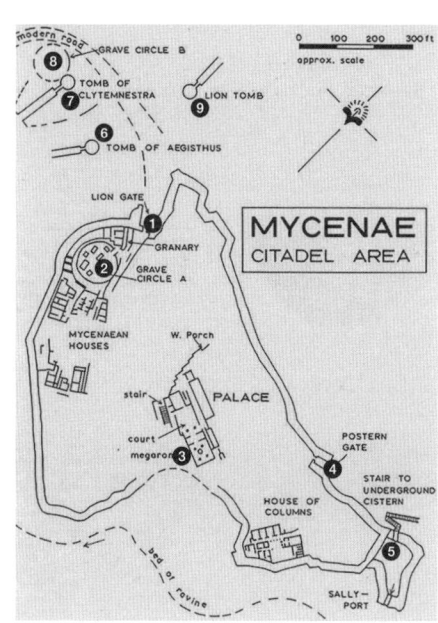

뮈케나이 유적지 전체 약도.
① 사자문 ② 원형 묘지 A ③ 메가론
④ 암문 ⑤ 지하 물 저장고 계단
⑥ 아이기스토스 무덤
⑦ 클뤼타임네스트라 무덤
⑧ 원형 묘지 B ⑨ 사자 무덤

원형 묘지 B(기원전 17세기)와 '클뤼타임네스트라 무덤', '아이기스토스 무덤', '사자 무덤' 등이 있다.

먼저 사자문이 딸린 성채를 보자. 이 성은 아주 높지는 않은 언덕을 반달 모양으로 둘러싼 것이라고 보면 편하다. 북쪽은 직선으로, 남쪽은 원에 가까운 테두리를 하고 있다. 물론 남쪽의 동쪽 부분은 심하게 성 안쪽으로 찌그러져 들어와 있기 때문에 '반원형'이라고 말하기 좀 민망하다. 입구는 서쪽에, 직선으로 된 북쪽 벽이 원형의 남쪽 벽으로 이어지는 부분에 있다. 문 남쪽에 성벽이 튀어나와서(치성雉城) 멀리서 보면 얼른 입구가 보이지 않게 되어 있고, 유사시에 적들이 문 앞으로 몰려오면 그 튀어나온 성벽에서 적을 공격할 수도 있게 되어 있다. 이 문이 유명한 것은 인방 위에 돌사자 두 마리가 버티고 서 있어서다. 그 둘 사이에는 기둥이 새겨져 있는데, 아래는 가늘고 위는 굵은 미노아식이다. 사자들의 머리는 사라졌는데, 원래는 금속으로 만들어서 얹지 않았나 생각된다. 또 하나 이 성채에서 감탄할 면모는 그것을 이루는 돌덩이가 엄청나게 크다는 점이다. 청동기시대에 어떻게 이런 것을 옮겨 왔는지 놀라운데, 예부터 사람들은 이 돌을 퀴클롭스들이 옮긴 것이라 해서 이런 성벽을 '퀴클롭스 성벽cyclopean wall'이라고 부른다.

사자문을 통과하면 길 오른쪽으로 약간 아래쪽에 원형 묘지 A가 보인다. 두 겹의 원으로 테두리를 치고 그 안쪽에 주로 서쪽 부분에 무덤을 조성했(었)다. 현재 우리가 보기에, 바깥쪽 두 겹의 원은 넓적한 네모꼴 돌판으로 가장자리를 대서 일종의 순환로처럼 보인다. 하지만 원래는 이 두 겹의 돌판 테두리 위에 얇은 네모 돌판을 덮어서 일종의 터널이 공간 전체를 두르고 있었다. 슐리만의 초기 스케치를 보면 그때까지는 아직도 상당히 많은 돌판이 덮여 있었는데, 현재 덮개 돌판은 그저 한 개만 제자리에 남아 있다. 이 원형 공간으로 들어오려면 사자문 쪽

뮈케나이 퀴클롭스 성벽의 사자문.

으로 열린 북서쪽 입구를 이용해야 한다. 그리고 지금은 이 공간에 서쪽으로 치우쳐서 찌그러진 원형의 돌벽으로 둘러쳐진 깊은 구덩이가 있는데, 구덩이 속을 들여다보면 석실묘shaft grave가 있던 공간이 보인다. 그 안의 무덤은 모두 6개였고, 여러 사람을 함께 묻어서 유해는 모두 19구 발굴되었다. 무덤은 석실 위에 흙으로 덮고 그 위에 묘비를 세웠었는데, 나중에 묘역 높이가 조정되면서 비석은 좀 더 높이 돋우어진 평면으로 옮겨졌다가, 지금은 이곳 박물관에 전시되어 있다. 대개는 소용돌이무늬가 새겨져 있고, 전차 타고 싸우는 장면이나 사냥 장면 등이 소박하게 새겨져 있다.

한편 이 무덤군과 성벽 바깥에 조성된 원형 묘지 B 사이의 관계와 차이는 무엇인지 학자들 사이에 논란이 있다. 서로 다른 두 왕계를 보여주는 것이란 주장이 좀 끌리는데 별다른 근거는 없고, 그냥 시대 차이 뿐이라는 주장이 거기 맞서고 있다. 사실은 성이 처음에는 좀 작은 것이어서—지금은 성 안에 있는—원형 묘지 A도 성벽 바깥에 있었는데 기원전 13세기 중반에 성을 확장하면서 이 무덤군이 안쪽으로 들어오게 되었다고 한다. (묘역 전체를 흙으로 돋워서 묘비가 좀 더 높은 위치로 옮겨졌다고 한 게 바로 이때다.) 사자문도 이때 만들어진 것으로 추정된다.

대단한 유물들은 대개 이 무덤들에서 발견되었는데, 가장 유명한 것은 '아가멤논의 황금 가면'이란 것이다. 하지만 이 유물은 트로이아 전쟁이 있었다고 여겨지는 기원전 13~12세기보다 적어도 300년은 앞선 시대 것으로 추정된다. 이와 비슷한 황금 가면이 여럿 발굴되었는데, 유독 이 황금 가면은 이목구비가 입체적으로 돌출되어 있고, 눈 모양이나 머리카락, 수염 등이 다른 것보다 공을 많이 들여 돋을새김되어 있어서, 한때 조작 시비까지 있었다. 발굴자 슐리만이 유물을 위조해서 미리 묻어 놓고는 처음부터 여기 묻혀 있던 것처럼 파냈다는 말이다. (워낙 유물을 잘 찾아내서 '황금의 손'이란 별명을 가졌던 일본 고고학자 하나도 비슷한 혐의로 퇴출된 적이 있다.) 요즘은 대체로 진품이라는 쪽으로 보는 학자가 다수인 모양이다. 어쨌든 다른 가면들을 볼 때 이것과 대조하여 좀 더 자세히 살펴볼 계기가 되니, 나쁘지 않은 논란이다.

유물 중 또 하나 눈에 띄는 것은 사자 사냥 장면이 새겨진 칼이다. 특히 사냥에 나선 사람들이 손 방패hand shield가 아니라, 몸

원형 묘지 A의 묘비.

사자 사냥 장면이 새겨진 칼.

에 걸치는 몸 방패body shield를 걸치고 있다는 점에서 이채롭다. 이런 몸 방패는 『일리아스』에서 주요 전사들이 갖춘 무장으로—이따금—소개된다. 몸 방패와 손 방패의 구별에 대해서는 이미 크레테 부분에서 설명했다.

주목할 만한 또 다른 유물은 돼지 이빨 투구이다. 이것 역시 『일리아스』에 언급되는 물건인데, 이곳에서 발굴되었다. 크레테에서 발견된 것과 유사한 황소 머리 모양 뿔잔도 여기서 발굴된 것이 있다. 지금 여기 언급된 유물들은 모두 아테나이 국립고고학박물관에 있어서, 약간 어려움이 있다. 대개는 현장에 가서야 이곳에서 발굴된 특별한 물건에 대한 해설을 듣게 되는데, 그때는 이미 아테나이를 떠나온 참이니 다시 확인하기가 어렵다. 미리 아테나이에서 잘 보아 두거나, 희랍을 두 번 이상 방문하는 수밖에 없다.

그러면 이곳 박물관에는 아무 중요한 유물이 없다는 것일까? 그렇지는 않다. 여기서는 특히 뮈케나이 문명에서 사용되던 선문자 B 서판들을 많이 확인할 수 있다. 물론 이런 것도 아테나이 국립고고학박물관에 꽤 소장되어 있지만, 뮈케나이 문명의 본산에서 확인하면 느낌이 좀 다르다.

무덤의 주인들이 전사임을 보여 주는 무기들도 있는데, 특히 황금과 은, 상아를 이용해서 굉장히 공들여 만든 손잡이를 갖춘 칼이 멋지다.

펠로폰네소스반도 265

박물관에는 이 유물들을 재현한 것도 함께 전시하고 있는데, 애당초 모습을 보면 거의 엑스칼리버급의 보검으로 보인다. 혹시 성채가 너무 작아서 실망한 사람이라면 이 칼을 보고서 위안을 얻을 수도 있겠다.

다른 뮈케나이 문명 유적지와 마찬가지로 여기서도 벽화를 확인할 수 있는데, 그중 눈에 띄는 것은—이미 크레테 부분에서 본 적이 있는—8자 모양 방패를 그린 것이다. 벽에 직접 방패를 걸기도 했지만 방패 그림을 그려 넣는 것으로 대신했을지도 모르겠다. (조선의 책거리 그림 책가도를 보면 그 심정이 이해된다.)

사자문 바로 안쪽의 원형 묘지 A를 설명하다가 유물 이야기로 빠져들었다. 다시 성채를 올라가 보자. 앞에 본 무덤 주변의 낮은 지대는 대체로 제의 공간이었고, 왕의 가족이 거주하는 공간은 좀 더 높은 곳에 자리 잡고 있다. 대개 이런 성은 두 겹으로 되어 있어서 왕궁 주변을 두른 또 하나의 성벽이 있는데, 이곳은 성벽까지는 아니고 비탈의 축대로 내성을 대신했다. 터만 남아 있기 때문에 특별히 볼 것은 없지만, 그래도 왕실의 중심 공간은 가운데에 화덕자리가 남아 있어서 청동기시대 주거의 전형적 구조 megaron를 확인할 수 있다. 화덕 주위에는 네 개의 기둥 받침이 남아 있다.

왕궁에서 언덕을 넘어 북쪽으로 내려다보면 적의 눈에 띄지 않게 드나들 수 있는 암문이 있고, 북동쪽에는 깊숙한 물 저장고로 내려가는 계단과 감옥 비슷한 공간도 있다.

성채의 바깥으로 나오면 몇개의 도토리형 tholos 무덤을 볼 수 있다. 돌을 쌓아서 원기둥 모양으로 내부 공간을 만들고 지붕은 덮개돌이 아래층부터 위로 갈수록 조금씩 안으로 들어오게 해서 마침내—안쪽에서 볼 때—도토리 모양의 천장을 이루게 만드는 것이다. 원기둥의 한쪽에는 문을 내고, 바깥에서 그 문에 이르는 통로가 있다. 전체는 흙으로 덮어서 통로 정면에서 보지 않으면 그냥 봉분같이 보이게 조성한 것이다. 이런 무덤 중 가장 유명한 것이 '아트레우스의 보물 창고'라는 것이다. (아트레우스는 아가멤논의 아버지이다. 자기 형제가, 왕권이 걸린 황금양털가죽을 훔쳐 가자, 신에게 탄원해서 우주의 회전 방향을 반대쪽으로 바뀌게 만들었다는 인물이다.) 이런 양식은 대체로 석실묘보다 나중 시대의 것으로 알려져 있다. 이들 도토리형 무덤 중에서도 '사자 무덤 Lion Tomb'(사자문 가까이에 있어서 이런 이름이 붙었단다)이 더 오래된 것이고, '아트레우스 보물 창고'나 '클뤼타임네스트라 무덤'은 뒷시대 것으로 여겨진다. 이 무덤들의 문 위에는 삼각형 공간이 있는데, 이는 그 위의 돌 무게가 문의 상인방에 바로 걸리면 위험하기 때문에 조금씩 무게를 양옆으로 나누어서 문설주에 힘이 걸리게 하는 장치이다. 이런 것을 코르벨 아치 corbel-arch라고 부르는데, 성채 안의 물 저장고로 내려가는 길도 그런 구조로 이루어진 터널이다.

이런 도토리형 무덤은 지금 박물관이 있는 언덕 너머에도 몇개 더 있는데, 일반인이 찾아가긴 좀 어렵다. 사자문 주변에 있어서 우리가 쉽게 가볼 수 있는 것 중, 가장 멋지고 유명한 곳은 '아트레우스의 보물 창고'이다. 이곳 역시 퀴클롭스식의 거대한 돌로 이루어졌으며(바깥 통로 시작하는 부분의 오른쪽을 잘 보시기 바란다. 기단을 이루는 석재가 엄청나다), 실내까지 들어갈 수 있도록 개방되어 있다. 하지만 발굴 당시에 이미 도굴되어 있어서 새로 건진 유물은 거의 없다. 이 '아트레우스의 보물 창고'는 옆에 작은 방이 하나 더 딸려 있다. 이 고대 분묘로 접근하는 통로 dromos는 동향인데, 사진으로 봐도 그렇고 실제로 가서 볼 때에도 착시 때문에 이 통로가 시작 부분은 넓고 문 쪽은 좁은 나팔 모양같이 보이지만, 사실은 길 폭이 처음부터 끝까지 같다. 큰 공간에 부속된 작은 방은 문으로 들어서면서 볼 때 오른쪽, 그러니까 북쪽에 붙어 있다. 거기

아트레우스 보물 창고의 바깥 통로와 입구.   실내에서 바라본 상인방과 천장.

로 들어가는 문 위에도 역시 삼각형 공간이 남아 있다.

 입구 부분도 이 무덤 것이 가장 멋지고 잘 보존되어 있는데, 좌우의 문설주뿐 아니라 상인방에도 장식홈이 패어 있어서, 세 겹으로 문 안에 또 문이 있는 것 같은 꼴로 되어 있다. 원래는 전면에 다른 장식판을 덧대고 여러 색깔로 치장했던 것으로 추정된다. 또 원래는 입구 양쪽에 기둥이 서 있었고, 지금도 그것의 기반이 남아 있다. 이 기둥 중 하나는 파편들을 수습해서 대영박물관에 복원 전시되어 있으며, 다른 하나는 아테나이 국립고고학박물관에 복원되어 있다. 이 두 기둥 위에는 다시 작은 기둥이 하나씩 서 있었으며, 여러 색깔로 치장한 장식판이 문 위의 삼각형 빈 곳을 가리고 있었던 듯하다. 상인방은—그냥 입구 폭만큼만 덮은 게 아니라—문설주 양쪽으로 바깥 통로 폭만큼 뻗어 나간 매우 거대한 돌로 되어 있다. 추정 무게는 120톤이어서 세상에서 가장 무거운 상인방으로 알려져 있다. 이 상인방 부분은 바깥에서 볼 때는 직선이지만, 묘실 내부에서 보면 전체 실내공간의 원통형 곡선에 맞춰서 둥그스름하게 깎았다. 입구로 들어서서 내실에 닿기 전에 실내 통로의 머리 위를 잘 보면 위쪽을 덮고 있는 돌판이 두 장으로 되어 있는데, 안쪽 것이 더 넓고 크다. 실내는 33층으로 쌓은 돌벽돌로 이루어져, 나중에 로마의 판테온이 생길 때까지 세상에서 가장 큰 실내 공간이었다고 한다. 여기저기 구멍들이 있는 것으로 보아, 원래는 많은 장식판으로 내부를 마감했던 것으로 보인다. 입구에도 원래는 나무로 된 문짝이 있어서 여닫을 수 있었고, 이 문짝의 돌쩌귀 흔적이 지금도 남아 있다. 한편 바깥 통로가 시작되는 곳에는 양쪽으로 길을 막듯 큰 성벽 부재 같은 것이 몇 개 남아 있어서 대체 이건 뭘까 하는 의문을 불러일으키는데, 원래 무덤에 아무나 들어가지 못하게 막는 돌벽이 있었던 흔적이다.

 이와 유사한 다른 무덤 중 사자문에 가장 가까운 것이 '아이기스토스 무덤'이란 것이다. 보존 상태가 그다지 좋지 않아서, 문설주 부분의 돌

아트레우스 보물 창고 복원도.

펠로폰네소스반도 269

크기도 양쪽이 서로 다르고, 상인방 돌도 상당히 거칠어 보이는 데다가 천장이 뚫려 있다. 그보다 서쪽에 '클뤼타임네스트라 무덤'이 있는데, 이것은 '아이기스토스 무덤'보다는 들인 공에 있어서나, 보존 상태에 있어서나 좀 나아 보이긴 한다. 그러나 이것도 상인방이 빈약해 보이고, 문이 좀 위험해서 철제 보강 장치를 덧대어 놓은 것이 눈에 거슬린다. 이 '클뤼타임네스트라 무덤' 바로 옆이 원형 묘지 B이다. 앞의 두 무덤은 사자문으로 통하는 길 남쪽에 언덕 아래 있는데, 사자문에서 바로 내려갈 수는 없고, 원형 묘지 B 앞으로 돌아서 내려가야 볼 수 있다. 아가멤논을 살해한 그의 아내와 그녀의 애인 이름이 붙어 있긴 하지만, 이 무덤들은 아가멤논 시대보다 반세기 이상 전에 지어진 것이다. 그 밖에 언덕 너머에 있어서 찾아가기 힘들다는 무덤들도 보존 상태가 썩 좋지는 않은데, 그저 이름이라도 알아 두면 인터넷에 이따금 사진이 올라오니 확인할 수는 있다. '카토 푸르노스Kato Phournos의 무덤', '요정Genii의 무덤', '사자 무덤' 등이 그것들이다.

페르세우스의 본향 아르고스

뮈케나이를 떠나 다시 남쪽으로 15~20분 이동하면 아르고스에 닿는다. 페르세우스의 외할아버지인 아크리시오스가 살았다는 곳이고 나중에 페르세우스가 물려받았지만, 자기가 외할아버지를 죽게 만든 것(운동경기에서 원반을 던진 것이 관중석에 있던 외할아버지에게 맞았단다)에 죄책감이 들어서 티륀스와 맞바꾸었다는 도시이다. 그리고 앞에 말했던 대로 더러는 아가멤논이 이곳에 살았다고도 한다. 『일리아스』에 따르면 이곳은 디오메데스의 영역이었고, 그 이전에는 테바이를 공격했던 일곱 영웅들의 출발지였다. (즉, 디오메데스의 외할아버지인 아드라스토스의 도시라는 말이다.) 이곳은 페르세우스 계통이 죽 다스리다가 중간에는 셋으로 나뉘어, 그중 2/3는 멜람푸스, 비아스 형제와 그 후손들의 통치를 받기도 했다. 이는 아크리시오스의 형제인 프로이토스가 디오뉘소스 숭배를 거부하다가 벌을 받았기 때문이다. 도시의 여자들이 미쳐서 날뛰는 바람에 예언자 멜람푸스의 도움을 청했고, 그가 나라의 2/3를 요구해서 관철했던 것이다. (1차 테바이 전쟁 때 땅속으로 사라진 예언자 암피아라오스가 멜람푸스의 손자이다.) 고전기의 아르고스는 펠로폰네소스의 도시국가로서는 다소 특이하게 스파르타와 맞서서, 때로는 중립, 때로는 아테나이 쪽에 섰던 도시이기도 하다.

하지만 아르고스 시내에는 청동기시대나 고전기 유적보다는 로마 유적이 더 많이 남아 있다. 이시스 신전, 로마 목욕탕, 로마시대의 음악당과 아고라, 하드리아누스 수도 유적(신기하게 아트레우스 보물 창고 문 위의 세모꼴 공간과 비슷한 것이 벽돌 구조물 중간에 뚫려 있다) 등이다. 아르고스 박물관에는 그래도 좋은 유물이 하나 있으니, 퀴클롭스의 눈을 찌르는 오뒷세우스 일행이 그려진 아주 고졸한 도기 그림이다. 하지만 지금 이 박물관은 현대식으로 리모델링하느라고 문을 닫은 상태다. 코린토스 박물관처럼 멋진 모습으로 재개장되기를 기대해 본다.

현재 시내에서 가장 인상적인 유적지는 헬레니즘시대 초기에 지어진 극장이다. 객석이―반원형이 아니라―거의 사각형으로 생긴, 좀 특이한 극장이다. 기원전 320년에 지었고 기원후 120년경에 개축되었다.

하지만 고대 아르고스와 관련해서 가장 유명한 유적은 헤라 신전이다. 아르고스의 헤라 숭배는 아주 뿌리 깊고, 널리 알려진 것이었다. 『일리아스』에서는 헤라를 '아르고스의 헤라'라고 지칭하는 경우가 많았다. 사실 이 여신은―나중에야 도착한―제우스의 부인이라기보다는, 그 이전부터 섬겨지던 대지모신이다. 이 여신 숭배가 얼마나 중요한 것이었는지는 투퀴디데스가 펠로폰네소스 전쟁이 일어난 해를 표시하기 위

아르고스 헬레니즘시대 극장.

해 썼던 방식에서 드러난다. 그는, 그 해(기원전 431년) 아테나이의 연도집정관eponymos archon, 스파르타 왕의 감독관ephoros과 더불어 아르고스 헤라 여사제의 이름과 재위 몇 년째인지를 적어 두었던 것이다. 또 이곳은 메데이아가 자기 자식들을 죽인 다음 그 시신을 옮겨온 곳이라고도 한다. 신탁소도 있어서 헤로도토스의 『역사』에도 이곳에서 신탁을 받은 사례들이 기록되어 있다. '헤라이아'라는 축제도 있어서, 고대 올림픽이 열린 다음 해에 개최되었으며 상으로는 청동 방패를 주었다고 한다. (앞에 소개한 대로 네메아 경기는 이리저리 개최지를 옮겨 다녔는데, 이곳 아르고스로 왔던 적도 있으며 이 경기와 헤라이아 경기대회는 나중에 겨울로 개최 시기를 옮긴 일도 있다. 새로운 운동경기대회가 많이 생겨서 여름철에 선수들이 너무 바빠서라고 한다.) 아마도 이 축제의 원형이라고 할 것이 헤로도토스의 『역사』에 소개되어 있는데, 집집마다 소가 끄는 수레 위에 집안의 어머니를 모시고 헤라 신전까지 행진하는 것이 관행이었다고 한다. 헤라를 꾸며 주는 수식어 중 하나가 '황소 눈을 가진'인데, 원래 이 여신은 황소 모습으로 섬겨졌을 가능성이 있다.

헤라 성역에는 원래—주랑과 로마시대 목욕탕까지—건물이 10여 동 있었다. 신전은 원래 상고시대 것(기원전 620년경, 6×14)이 있다가 기원전 5세기 말에 화재로 소실되고(투퀴디데스가 그 이름을 기록한 여사제 크뤼시스 때다. 그녀는 이 사건 때문에 다른 나라로 도피했다), 그것보다 약간 남쪽 부지에 새 신전(기원전 5세기, 도리스 양식 6×12)이 지어졌다. 이 성역은 로마시대까지도 꽤 번성했던 듯, 아우구스투스, 네로, 하드리아누스 같은 황제들도 이곳에 봉헌물을 바쳤다고 한다. 하지만 지금은 기둥 하나 없이 고전기 신전의 테두리만 남아 있고, 주변에서 모아 한곳에 정렬한 부재들뿐이다. 고전기 신전 남쪽에 마치 크레테에서 본 청동기 유적지같이 거대한 계단도 있었는데, 지금은 흔적조차 잘 남아 있지 않다. (화재 피해도 있었지만, 12세기에 뷔잔티온인들이 교회를 짓는 데 부재들을 가져다 사용한 탓이 크다.) 그래도 고전기 신전 동쪽 입구 앞에 테라스가 튀어나와 있는 것은 다른 데 없는 특이한 구조여서 주목할 만하다. 사실 이 유적지에 기둥이 전혀 안 남은 건 아니고 좀 빈약한 기둥의 밑동이 몇개 남아 있는데, 신전 주위의 주랑에 속한 것들이다. 여기서 발굴된 유물 중 중요한 것으로 기하학문양 시기에 제작된 테라코타 신전 모형이 있다. 맞배지붕형의 단순한 건물 입구에 평평한 눈썹지붕이 있고, 그 양옆으로 기둥이 하나씩 있는 모습이다. 이 유물은 아테나이 국립고고학박물관에 전시되어 있다. 그리고 여기서 발굴된 제사용 꼬챙이들도 있는데, 이것은 아테나이의 화폐박물관에 소장되어 있다.

이 유적지 위치는 현재의 아르고스 시내 북동쪽, 뮈케나이 유적지로

아르고스의 헤라 신전 터와 복원도.

부터 15~20분 거리이다.

아르고스를 포함하는 펠로폰네소스 지역은 십자군 전쟁 이후에 여러 세력의 각축장이 되어서 뷔잔티온과 베네치아, 오토만제국 등의 요새들이 꽤 많이 남아 있다. 고대 이후의 역사에 관심이 있는 사람이라면 그런 곳을 찾아봐도 좋을 것이다. 또 하나 재미있는 것은 그리스가 독립한 후에 수도를 어디로 할 것인지 논의가 있었는데, 이 아르고스도 그 후보 중 하나였다는 점이다. 아르고스에서 가까운 나우플리온은 잠깐이지만 실제 수도이기도 했었다.

헤라클레스의 본향 티륀스

아르고스 헤라의 성역을 떠나 남쪽으로 15분 정도 이동하면 티륀스의 성채가 있다. 이곳은 페르세우스가 다스리던 곳이고, 헤라클레스의 본향으로 알려져 있다. (헤라클레스가 태어났을 때 그의 부모님이 살던 곳이 이곳이라는 설도 있고, 테바이라는 설도 있다.) 작가에 따라서는 헤라클레스에게 12노역을 시켰던 에우뤼스테우스가—아르고스 왕이 아니라—티륀스 왕이었다고도 한다.

이곳 유적지는 매우 단출하여, 언덕 위에 자리 잡은 성채 하나뿐이다. 뮈케나이 문명 시대(기원전 1500~1200년)에 번성했던 곳이다. 성채는 겉껍질 속에 콩알이 두 개 들어있는 땅콩처럼 생겼고, 남북 방향으로 길쭉하게 놓여 있다. 원래의 주된 출입구는 동쪽의 중간쯤에 있었다. 성내의 북쪽 구역(약간 낮다)은 평민들의 구역이고, 남쪽은 왕들의 구역(좀 더 높다)으로—청동기시대 유적이 대개 그러하듯—여러 개의 방이 다닥다닥 붙은 미로형이다. 남쪽 구역으로 들어가려면 좁은 통로를 지

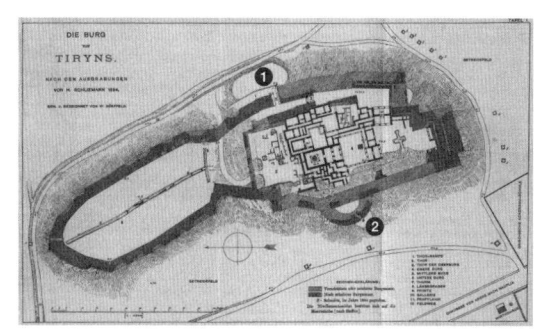

티륀스 유적지 평면도.
① 동쪽 주출입구
② 서쪽 출입구

나고 몇개의 문을 통과해야 한다. 복잡한 내부 깊은 곳에 뮈케나이에서 본 것 같은 큰방(메가론)이 있다. 성벽의 서쪽에도 바깥으로 나갈 수 있는 비밀스런 출입구가 있다. 방문자들은 현재 이쪽으로 들어간다. 성채의 중간쯤이다.

 이 유적지에서 가장 인상적인 것은 거대한 돌로 이루어진 통로이다. 성채 북쪽 구역의 중심을 관통해서 성벽 가까이 있던 샘에 이르는 길이(었)다. 지붕 부분의 석재를 양쪽에서 기울여 쌓아서는 서로 이마를 마주 대고 선 사람처럼 세모꼴이 되게 했다. 이 성채도 거대한 돌로 이루어진 퀴클롭스식 건축물인데, 부재들의 크기와 중량감이 일상적 차원을 넘어선다.

 여기서 발견된 유물 중 가장 주목할 만한 것은 궁전의 벽을 장식하던 프레스코이다. 그중에서도 멧돼지를 추격하는 사냥개들을 그린 것, 황소 묘기 장면, 우아한 여인의 모습 등의 그림이 복원되어 아테나이 국립고고학박물관에 전시되어 있다. 그 밖에 전사들이 그려진 도기 등은 가까운 나우플리온 박물관에 전시되어 있다.

 티륀스 성채에서 남쪽으로 10분 거리에 나우플리온(나우플리아, 나프플리오) 항구가 있다. 이곳은 지중해 여러 세력이 각축하던 곳이고, 잠깐이지만 현대 그리스의 수도였던 적도 있다. 남쪽에 도시를 감싸 안고 있는 꽤 높은 언덕이 있는데, 이곳을 차지했던 여러 세력(십자군, 뷔잔티온, 베네치아, 터키)이 계속 개축한 요새가 아주 잘 보존되어 있다. 이 언덕은 쌍봉낙타 등처럼 두 개의 봉우리가 있어서 서쪽 것은 아크로나프플리오라고 부르고, 동쪽 것은 팔라미디성(팔라메데스 성채)이라고 부른다. 두 봉우리는 성벽과 통로로 연결되어 있다. 그중 더 높은 동쪽 요새의 명칭은 트로이아 전쟁 때 죽은 팔라메데스의 이름을 딴 것이다. 그는 매우 영리한 사람으로, 오뒷세우스가 전쟁에 가기 싫어서 미친 척하

티륀스 거석 통로.

는 것을 적발했으며 그것 때문에 오뒷세우스의 미움을 사서, 결국 적과 내통했다는 누명을 쓰고 죽은 사람이다. 한편 이 도시 이름은 그의 아버지 나우플리오스에게서 따온 것인데, 아들이 억울하게 죽은 것에 원한을 품고서 트로이아에서 돌아오는 희랍군에게 복수했다는 인물이다. 일부러 암초가 많은 지역의 바닷가에 화톳불을 지펴서 배들을 그리로 유인하여 파선되게 만들었다는 것이다.

팔라메데스 성채에는 여러 요새가 있는데, 재미있는 것은 그것에 각기 희랍이 배출한 영웅들의 이름이 붙어 있다는 점이다. 그중에는 아킬레우스 같은 신화적 인물도 있고, 밀티아데스(마라톤 전투)나 테미스토클레스(살라미스 해전), 레오니다스(테르모퓔라이 전투), 알렉산드로스 같은 역사적 인물도 있다. 우리에게 약간 낯선 인물을 몇 소개하자면, 기원전 4세기 초반부터 알렉산드로스가 죽은 다음까지 아테나이를 이끌었던 장군 포키온, 장창과 쐐기형 전열을 고안해 낸 테바이 장군 에파메이논다스(기원전 4세기) 등도 거기 포함되어 있다. '쐐기형 전열'이란 것은, 전투를 위해 좌우로 길게 병사들이 늘어설 때, 한쪽은 두툼하게 사람을 앞뒤로 많이 세우고 다른 쪽은 일부러 사람을 적게 세워 앞뒤로 얇게 만든 대열이다. 전투가 벌어지면, 앞뒤로 얇은 부분은 뒤로 물러서면서 자기들 앞의 적병과 접전을 피하고, 두툼한 쪽은 자신들 앞의 적들을 격파한 다음, 적군 무리 뒤로 돌아서 남은 적을 포위 섬멸하는 것이다. 알렉산드로스의 아버지 필립포스가 희랍 전체를 차지한 것도, 알렉산드로스가 동방을 제압한 것도 모두 이 전열과 전투 방식 덕이다.

앞에 말한 것처럼 이 도시에는 조촐한 박물관이 있어서 이 부근에서 발굴된 유물들을 전시하고 있다.

아스클레피오스의 성지 에피다우로스

나우플리온에서 동쪽으로 3~40분 거리에 에피다우로스가 있다. 이곳은 희랍 문화권 전체에서 가장 잘 보존된 극장 유적으로 유명하다. 사실 이 극장은 고대에 지중해 세계 전체에서 환자들이 몰려들던 아스클레피오스 성역의 일부이고, 일종의 치료 시설로, 요즘식으로 하자면 예술 치료를 위한 것이었다. 신화적으로는 이 지역과 관련된 이야기가 별로 없고, 그저 오비디우스가 『변신 이야기』에서 아스클레피오스가 이곳을 떠나 뱀의 모습으로 로마로 이주했다고 꾸민 정도다.

이 성역에는 음악당, 체육관, 경주장 등도 있었고, 지금은 작은 박물관이 하나 있다. 극장에서는 지금도 꽤 자주 공연이 열린다. 극장은 전체 부지의 동남쪽에 있으며, 객석에서 보자면 북서 방향을 보고 있다. 극장의 북서쪽에 아스클레피오스 신전이 있고 그 서쪽에 거대한 도토

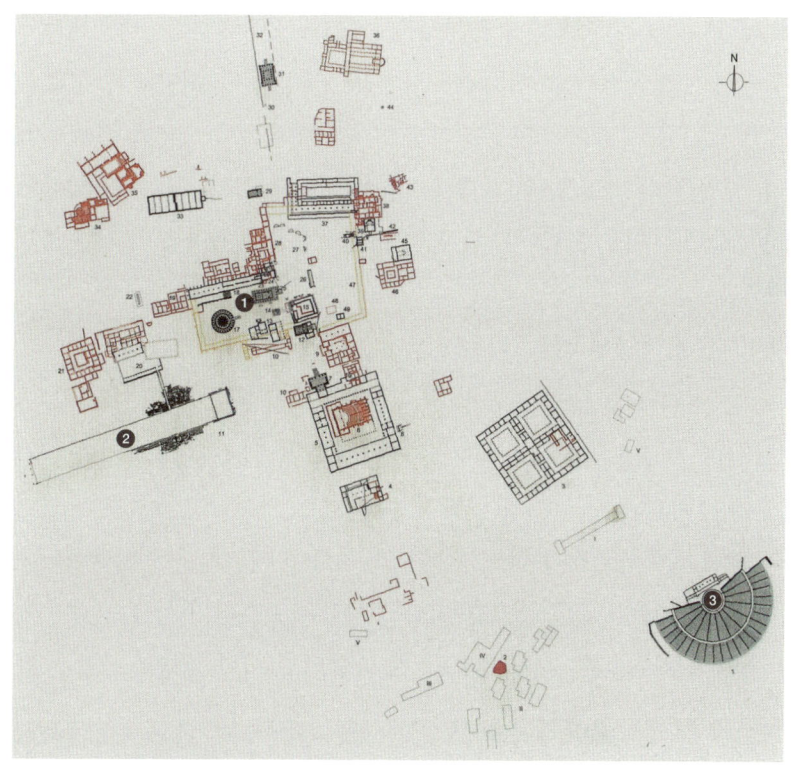

에피다우로스 유적지 평면도. ① 아스클레피오스 신전 ② 운동경기장 ③ 극장

희랍 문화권에서 가장 잘 보존된 에피다우로스 극장.

리형 건물tholos이 있었으며, 이들의 서남쪽에 운동경기장이 있었다. 이 중심 공간을 둘러싸고 숙소, 목욕탕, 식당, 물 저장고 등 여러 부속 건물들이 있었다. 지금도 복원 공사가 진행 중이어서 계속 모습이 변하고 있다. 아스클레피오스 신전 북쪽에 지성소adyton 건물이 상당히 복원되어 이전과 다른 면모를 보이고 있다. 박물관도 개축 계획이 잡혀 있다.

뜻밖에도 유적이 부족한 스파르타

다시 남서쪽으로 방향을 돌려 펠로폰네소스 중심부에 있는 스파르타로 간다. 에피다우로스로부터—다시 아르고스 또는 나우플리온을 거쳐서—2시간 남짓 달려가야 한다. 이 도시는 아름다운 헬레네와 그녀의 남편 메넬라오스가 살았던 곳이고, 나중에 페르시아가 쳐들어왔을 때(기원전 480년) 좁은 협로를 막다가 산화한 3백 명 전사의 고향이다. 이렇게 신화적으로도, 역사적으로도 유명한 도시에 실제로 가보면 놀랍게도 거의 아무 유적이 없다. 젊은이들이 성년식을 올렸다는 아르테미스 신전이 다소간 초라한 기초를 보이고 있는 게 거의 전부다. 사정이 이렇게 된 것은 고대 스파르타가 건물보다는 사람에게 더 신경을 썼기 때문이다. 길이 남을 기념비적 건물을 세우기보다는 전사들을 훈련하고 전력을 유지하는 데 훨씬 노력을 기울였다는 말이다. 그래서 이미 투퀴디데스가, 후대 사람들은 건물만 보고서 스파르타가 아테나이만큼 강력한 국가였다는 것을 실감하지 못할 것이라고 예언한 바 있다. 그리고 탁월한 전투력을 자신하듯 고전기에는 제대로 된 성벽을 세우지도 않았다. 제해권을 지녔던 미노스의 크놋소스가 별도의 성벽을 세우지 않은 것과 마찬가지다.

현대의 우리가 스파르타를 찾아간다면, 대체로 땅기운을 느껴 보는 데 의미가 있지 않나 싶다. 특히 겨울이면 도시 바로 서쪽으로 2,400미터급의 타위게토스산이 눈을 덮어쓴 채 다가와 보인다. 여기가 저 용감한 전사들을 배출한 땅이구나 하는 느낌을 온몸으로 실감하게 된다. 현재 도심 한가운데에 작은 박물관이 있는데, 소장된 유물 중 가장 유명한 것은 '레오니다스' 반신상이다. 양쪽 입꼬리가 미소 짓듯 올라간 전사의 대리석상이다. 그 밖에 신전 봉헌물들, 묘지에 세웠던 얕은 부조 비석들(신 또는 망자에게 술을 바치는 듯한 그림이 많다), 로마시대의 모자이크, 테라코타 가면 모형 등이 눈에 띈다.

스파르타 고고학박물관의 레오니다스 대리석상.

박물관이 있는 사거리의 서쪽으로 2~3백 미터 가면 스파르타의 입법자 뤼쿠르고스의 청동상이 서 있다. 현대에 만든 것이지만, 고전기 스파르타의 안정된 정치체제를 만들어 낸 인물을 돌이켜보는 데 도움이 된다. (두 명의 왕이 서로 견제하고, 그들을 5명의 감독관이 감독하는 체제였다.) 박물관 사거리에서 북쪽으로 3~4백 미터 가면 레오니다스의 청동상이 서 있다. 받침대에는 '와서 가져가라 molon labe!'라고 쓰여 있다. 페르시아인들이 '무기를 버리고 항복하라'고 외치자, 스파르타 전사들은 '그렇게 우리의 무기가 탐난다면 직접 와서 가져가라'는 뜻으로 이렇게 짧게 대꾸했다는 것이다. 이처럼 짧게 말하는 것을 '스파르타식 laconic'이라고 한다. ('라코니아'는 스파르타가 속한 이 지역 전체를 아우르는 명칭이었다.) 이 청동상으로부터 남서쪽으로 1백 미터 정도 떨어진 곳에 레오니다스 무덤으로 알려진 유적이 있다. 얼른 보기에는 큰 성벽의 일부가 남은 것처럼 보이는데, 꽤 큰 돌벽돌이 3층까지 쌓인 것이다. 사람들이 그 앞에 꽃다발을 바치곤 한다.

레오니다스 청동상. 받침대에
'와서 가져가라'고 쓰여 있다.

레오니다스 청동상은 현재 일종의 울트라 마라톤 대회의 결승점이기도 하다. 페르시아대군이 닥쳐올 때 아테나이에서 스파르타의 지원을 요청하기 위해(기원전 490년, 마라톤 전투 직전) 전령인 페이딥피데스가 달렸다는 거리를 다시 달려 보는 '스파르타슬론Spartathlon' 경기이다. 1983년에 시작된 이 경기는 240킬로미터 남짓한 거리를 쉬지 않고 달려야 하는데, 중간에 1천 미터가 넘는 산을 넘어와야 하기 때문에 상당히 고난도의 경기라 하겠다. 우승자들은 남자부의 경우 20~26시간에 이 거리를 주파하고, 여자부 우승자들의 기록은 25~35시간에 걸쳐 있다. 중간에 1백 킬로미터 지점, 2백 킬로미터 지점 등에 체크포인트가 있어서 기준 시간까지 거기 도착하지 못하는 사람은 중도 탈락시킨다. 일본 선수들은 남자고 여자고 여러 차례 우승을 차지했고, 3등 이내에 든 기록도 많다. 놀랍게도 여기에 한국 여성이 참여해서 우승한 적이 있는데, 2008년도 우승자인 허숙희라는 분이다. 마라톤의 강국인 케냐나 에티오피아 선수들은 참여한 기록이 없는데, 아마도 금전적인 보상이 없어서 그런 모양이다. 우승자에게는 올리브 관을 씌워 주고, 기념 메달과 상패를 준다. 이 경기의 출발점은 아테나이 아크로폴리스 아래 앗티쿠스 음악당 옆이고, 우승자들의 명단이 새겨진 비석이 스파르타 레오니다스 청동상에서 한 블록 남쪽의 사거리에 서 있다.

다시 유적으로 돌아가서, 레오니다스상 뒤쪽(북서쪽)으로 3~4백 미터 거리에 스파르타의 아크로폴리스 유적이 남아 있다. 원래는 '청동집의 아테네' 신전이 이곳에 있었다고 알려져 있는데 현재 그 신전의 흔적은 희미하고, 주변에 로마인들이 지은 건물의 기초들이 훨씬 더 눈에 띈다. 어쨌든 그럭저럭 반원형의 극장 객석이 확인된다. 페르시아 전쟁 때 플라타이아이 전투(기원전 479년)를 승리로 이끌었던 스파르타 장군 파우사니아스는 나중에 페르시아와 내통한 혐의를 받아서 체포 위기에 처한다. 그는 일단 신전으로 도피해서 당장의 위험을 피하는데, 그때 들어간 성역이 바로 이곳에 있었던 '청동집의 아테네' 신전이다. 그는 당국이 신전을 봉쇄하는 바람에 그 안에서 굶어 죽게 된다. (투퀴디데스 『펠로폰네소스 전쟁사』 1권에 나오는 얘기다.)

그보다 더 중요한 유적으로, 레오니다스상으로부터 북동쪽으로 약 5백 미터 거리에―앞에서 잠깐 언급한―'오르티아 아르테미스' 신전이 있다. 여기서는 소녀들이 춤을 추고, 소년들이 어른으로 인정받기 위해 제의적인 채찍질을 당했다고 한다. 이 신전은 기원전 9세기에 처음 지어져서, 기원전 4세기와 기원전 2세기에 재건축되고, 로마시대에 극장까지 덧붙여져서 상당히 큰 성역이 되었다. 지금도 극장의 계단식 좌석이 보존되어 있다. 하지만 그다지 복원 노력을 하지 않아서 상태는 매우 안 좋다.

박물관으로부터 동쪽으로 메넬라오스 신전Menelaion이란 건물이 발굴

스파르타슬론 우승자 기념비.

미스트라스 옛 그림과 현재의 모습.

되어 있다. 신화적 인물인 메넬라오스와 헬레네가 거기 살았다고 보기는 좀 어렵겠지만, 이들은—특히 헬레네는—나중에 신으로 섬겨졌으니 이곳이 숭배지일 가능성이 있다. 헤로도토스의 『역사』에는 헬레네 신전을 참배하고 기도를 드려 원래는 못생긴 여자아이가 매우 예뻐져 나중에 왕비가 된 사례가 기록되어 있다. 유적 자체는 건물 기초와 성벽 아랫부분뿐이라서 별 매력은 없다.

도심으로부터 서북쪽(레오니다스상으로부터 서너 블록 서쪽)으로는 로마와 뷔잔티온시대의 목욕탕 등 유적이 남아 있어서, 탐방객에게 약간의 위안을 준다. 도시 북쪽에 발굴이 계속되는 곳이 있으니, 몇년 뒤에는 심심한 분위기가 좀 덜할지도 모르겠다. 도시 서쪽 산비탈에는 뷔잔티온 유적지인 미스트라스(Mystras 또는 Mistras, 13세기 건립)가 있다. 뷔잔티온의 귀족들이 머물던 거처이자 요새였는데, 유네스코 문화유산으로 등재되어 있다. 시대에 따라서 오토만제국, 베네치아 세력 등이 교대로 이곳을 차지했고, 19세기 초반까지 계속 유지되던 성채였다. 스파르타 일정이 너무 심심하다 싶은 분들은 이곳을 방문하면 중세의 기분을 느낄 수 있다.

뜻밖에도 유적이 풍부한 멧세네

스파르타에서 남서쪽으로 1시간 20분 정도 달려가면 멧세네 유적지에 닿는다. (지역 이름은 멧세니아, 중심 도시 이름은 멧세네이다). 고전기에 이 도시는 전혀 중요한 도시가 아니었고, 그저 스파르타의 속국(기원전 8세기 후반부터)으로서 이따금 대지진처럼 스파르타에 곤란한 일이 터지면 반란을 일으켰다가 진압되던(기원전 685년, 기원전 464년) 약소국이었다. 하지만 기원전 4세기에 들어서서, 스파르타의 운이 다하고(기원전 371년 레욱트라 전투) 테바이가 강력해지면서 이곳도 해방되어 번영을 누리기 시작했다. 그래서 대단한 건축물들을 지었고, 지금 남아 있는 유적을 보면 오히려 스파르타보다 번성한 도시국가였던 듯한 인상을 준다.

신화적으로 이곳과 관련해서 유명한 이야기는 두 가지밖에 없다. 하나는 헤라클레스의 후손들이 다시 펠로폰네소스를 지배하게 되었을 때, 자기들이 차지한 지역을 셋으로 나누고 제비뽑기를 했는데, 크레스폰테스라는 사람이 약간의 속임수를 써서 멧세네를 차지했다는 얘기다. 제비뽑기 방법은 물이 가득한 항아리에 각기 자갈을 넣고, 각자 자신의 자갈이 나오는 대로 아르고스-라케다이몬-멧세네를 차지하기로 약속을 했단다. 한데 크레스폰테스는 자갈 대신 흙덩이를 넣었고 그 흙덩이는 물속에서 풀어져서, 돌을 건질 때마다 그의 것은 나오지 않고 다른 두 사람의 것이 차례로 나왔다. 결국 두 사람이 아르고스와 라케다이몬을 받고, 마지막 남은 멧세네는 크레스폰테스의 몫이 되었다 한다.

멧세네와 관련된 다른 신화는 이곳이 이다스와 륑케우스의 고향이라는 점이다. 이들은 한 사람은 천리안을 가진 존재(륑케우스), 다른 하나는 엄청난 힘을 가진 존재로서 아르고호의 모험, 칼뤼돈 멧돼지 사냥 등에 참여했다. 이들은 흔히 '디오스쿠로이'로 알려진 스파르타의 쌍둥

영웅 사당.

이 폴뤼데우케스와 카스토르의 사촌이면서 적수이기도 했는데, 결국 마지막엔 이들과 싸워서 모두가(혹은 폴뤼데우케스만 빼고 모두가) 죽게 되었다고 한다. 그 밖에도 멧세니아의 남서쪽 해안에 퓔로스가 있어서 거기서 네스토르 집안이 대대로 거주했고, 예언자 멜람푸스도 한때 이곳에 살았던 것으로 전해진다. (이다스와 륑케우스는 더러 포세이돈의 자식들이라고도 하는데, 어떤 때는 이들을 '스파르타의 디오스쿠로이'에 맞서는 '멧세니아의 디오스쿠로이'라고도 부른다. '디오스쿠로이'가 '제우스의 젊은이들'이란 뜻이라면―이다스 형제는 포세이돈의 아들들이므로―잘못된 표현이긴 하지만.)

유적지 전체 부지는 남쪽에서 북쪽을 향해 볼 때 ㄱ자 모양으로 생겼다. 제일 남쪽에는 조촐한 신전 비슷한 건물이 있는데, 영웅들의 사당(heroon, mausoleum)이라고 한다. 전체를 에워싼 기둥은 없고 입구 앞에 네 개의 기둥을 세운 맞배지붕 건물이다. 거의 온전하게 복원해 놓아서 보기에 좋다. 지금은 이 건물 기단을 옛돌과 새돌을 한 층씩 번갈아 쌓아서 마치 시루떡처럼 보이는데, 정면에서는 잘 보이지 않으니 조금 돌아가서 보아야 한다.

영웅 사당 북쪽으로 거대한 경기장stadion이 있는데, 북쪽 끝부분의 U자형 석조 관람석을 잘 복원해 놓았다. (1998년 사진을 보면 돌들이 말굽 모양으로 그냥 흐트러져 있었다.) 무엇보다 압도적인 인상을 주는 것은 이 경기장 북쪽 부분을 ㄷ자 모양으로 에워싼 기둥들이다. ㄷ자의 두 팔 중 한쪽은 좀 짧고 다른 쪽은 좀 더 길게 멀리까지 복원해 놓았는데, 긴 변의 기둥이 50여 개여서 매우 장대한 인상을 준다. 원래는 그 위에 지붕이 덮였던 듯 두 겹으로 경기장을 감싸고 있었는데, 지금은 ㄷ자의 막힌 부분만 두 겹으로 복원했다. 상당수의 기둥 위에 보가 얹혀 있다는 점도 장대한 분위기에 기여한다. 이렇게 대단한 기둥들의 행렬이 남은 곳은 희랍 문화권에서는 여기뿐 아닌가 싶다. 이 경주장의 서쪽에는 정사각형의 체육관(palaistra 또는 gymnasium) 부지가 남아 있는데, 이것

멧세네 경기장.

기념물형 가족묘.

역시 기둥들을 거의 원래 높이로 복원해 놓았다. 한 변에 기둥 13개(모서리는 중복 계산)이니, 이 역시 매우 인상적이다.

경기장의 서쪽 부분 중 제일 남쪽에 있는 것이 체육관 유적이고, 그보다 북쪽에 정육면체처럼 보이는 돌 건물이 있다. 그 위에는 점점 좁아지는 원기둥 모양의 구조물이 얹혀 있다. 이것은 기념물형 가족묘grave monument이다. 원래 정육면체 하부구조 위에는 마치 동남아시아의 스투파처럼―싹이 난―양파 윗부분 절반같이 보이는 상층구조가 있었는데, 지금 그 일부가 남은 것이다. 기원전 3세기에 지어져 기원후 1세기까지 사용되었던 이 가족묘는 모두 세 개인데, 하나만 원형에 가깝게 남았다. 안에 들어가서 보면 지하에 칸막이를 해서 여러 사람분의 유골을 모실 수 있게 해놓았다. 거기서 북쪽으로 경기장의 북서쪽 모서리를 보면 입구 건물propylaia이 보인다. 원기둥 네 개가 보를 얹은 채 서 있다.

경기장 북쪽으로는 아스클레피오스 성역이 있다. 동서로 길쭉하게 지어진 신전(6×12)을 에워싸고 주랑이 있었고, 그 주랑의 동쪽에는 음악당(odeon 또는 ekklesiasterion)이 부속된 건물군이 있다. 이 건물군은 세 부분으로 되어 있고 그중 제일 북쪽 부분이 음악당이다. 이곳도 돌로 된 관람석(남쪽을 보고 있다)이 잘 복원되어 있어서 매우 인상적이다. 관람석 앞의 둥근 공간orchestra에는 바둑판 모양의 바닥 장식까지 덮여 있어서, 상당히 세련된 느낌을 준다. 음악당 바로 남쪽 칸은 입구 건물이다. 이 입구 건물 맨 앞에 네 개의 사각기둥은 지금도 제대로 서 있다. 한편 이 입구 건물의 왼쪽 공간은 회의장bouleuterion으로 테두리 기초가 잘 남아 있다.

아스클레피오스 신전 북쪽으로 작은 신전들과 스토아 등 여러 부속 건물들이 있고, 전체 부지의 서북쪽에는 산비탈을 이용하여 남쪽을 보게끔 조성한 극장이 있다. 이것 역시 거의 절반 정도까지 객석을 복원해 놓아서 보기에 매우 근사하다. 이곳에도 네메아와 비슷한 현상이 나타나는데, 계속 복원 작업이 진행되고 있어서 시간이 가면 사진이 달라지고 점점 완벽에 가까워지고 있다는 점이다. 초기 사진에는 이 극장도 객석이 겨우 맨 앞 두세 줄만 복원되어 있다.

극장 동쪽에는 아르시노에샘Arsinoe Fountain이 있다. 거대한 벽 아래에 옛날 샘터를 둘러쌌던 건물의 기둥들이 몇개 서 있다. 맨 앞에는 거대한 돌대야도 남아 있다. 이곳은 지금 물이 나지 않지만, 그것의 북동쪽 산 밑에 '물시계klepsydra'샘은 여전히 꽤 많은 물을 쏟아 내고 있다. (지금은 Mavrommati라는 마을 가운데 있다. 박물관과는 반대쪽, 즉 동쪽이다.)

멧세네 음악당(위)과 극장.

박물관은 극장의 북서쪽에 있다. 3면으로 새겨진 헤카테 석상, 사슴을 공격하는 사자 석상, 헤라클레스의 상반신을 얹은 헤르메스 기둥 herm, 뿔이 돋은 것처럼 표현된 인물 두상 등이 조금 인상적일 뿐, 아주 대단한 물건은 없다. 다만 지역 박물관에 가면 늘 옛 건물들의 모형이 준비되어 있어서, 이 도시의 옛 모습이 어떠했는지 전체를 조감하기에 좋다.

박물관 서쪽 멀리 4~5백 미터 떨어진 곳에 옛날 성벽이 남아 있다. 특히 서쪽으로 통하는 아르카디아문Arcadian Gate의 상인방이 성벽에 기대어 비스듬히 걸쳐져 있는데, 그 거대한 돌기둥이 주는 인상도 대단하다. 그 돌기둥 옆으로 나가면 성벽으로 둘러싸인 둥근 공간이 나오고, 오른쪽으로 성벽이 산비탈을 따라 올라간다. 사실 이 성벽은 도시 북쪽에 있는 이토메산의 남쪽 비탈을 둥글게 에워싼 것으로, 현재 남아 있는 유적지의 남쪽 부분에 있던 성벽은 다 사라지고, 서쪽 부분과 동쪽 부분만 남은 것이다. 동쪽 문은 '라코니아문'이라고 불렀는데, 그 부근에 지금 불카노 수도원이 있다. ('불카노'는 이토메산을 부르는 여러 이름 중 하나다. 원래 그 수도원은 산꼭대기에 있었는데, 지금은 산 위의 것은 버려져 있다.) 이 성벽이 산비탈을 따라 구불구불 올라가는 것을 보면 마치 만리장성을 보는 것 같다. 규모도 상당하다. 중간 중간 꽤 육중한 탑도 서 있고, 성벽 사이 공간으로 들어가는 계단도 몇군데 있는데, 그 입구 위의 인방은 '코르벨 아치' 형태로 삼각형이다.

이토메Ithome산은 옛날 멧세니아 반란 세력이 끝까지 버티며 저항하던 근거지이기도 했다. 기원전 5세기 전반부에 대지진을 틈타서 일어났던 반란은 결국 스파르타와—아테나이를 포함한—주변 도시국가에 의해 진압되었지만, 마지막 남은 세력이 이곳에 자리 잡고 끈질기게 저항했다. 스파르타로서도 그들을 완전히 제압할 수 없어서 골치를 썩이

아르카디아문의 거대한 상인방이
비스듬히 누워 있다. 아래는
아르카디아문의 복원도.

던 차에 아테나이가 중재해서 이들을 나우팍토스로 데려갔다. 하지만 약 30년 뒤에 펠로폰네소스 전쟁이 발발하자, 아테나이는 이들 멧세니아인들을 다시 고향에 투입해서 스파르타를 괴롭히는 유격대로 이용한다. 어쨌든 유적지 북쪽에 솟은 산에 그런 사연이 있다는 걸 알아야 조금 다른 눈으로 경관을 볼 수 있다.

네스토르의 본향 필로스

멧세네에서 남서쪽으로 1시간 10분 정도 달려가면 필로스가 있다. 트로이아 전쟁에 갔던 사람 중 가장 나이가 많았다는 네스토르의 본향이고, 더 전에는 그의 아버지 넬레우스와 네스토르의 형들이 살던 곳이다. 그 형들은 모두 헤라클레스에게 죽었다고 하는데, 특히 여러 모습으로 변신할 수 있었던 페리클뤼메노스는 독수리로 변했다가 헤라클레스의 화살에 죽었다고 한다. 또 이곳은 오뒷세우스의 아들 텔레마코스가 아버지의 행방을 찾아 방문했다는 곳이기도 하다. 텔레마코스가 도착했을 때 이곳 사람들은 바닷가에서 포세이돈에게 제사를 드리고 있었다는데, 지금 네스토르의 궁전 터로 알려진 발굴지는 바다에서 5킬로미터 이상 떨어져 있으니, 이 궁전 터가 정말 '모래가 많은 퓔로스'인지는 의구심이 든다. 어쨌든 그 궁전 터에는 멋진 화덕과 그 둘레에 네 개의 기둥 구멍을 갖춘 큰방megaron이 있고, 주변에는 아트레우스의 보물창고와 유사한 도토리형 무덤도 있다. 그 밖에 궁전에는 인상적인 계단과 목욕실이 있었고, 여기서 프레스코 벽화와 선문자 B 글자판도 발굴되었다. 발굴지는 현대식 지붕을 덮어서 2016년부터 다시 공개하고 있다. 이곳에서 발굴된 유물들은 대개 이 유적지에서 북동쪽으로 10분 거리에 있는 코라Chora의 고고학박물관에 전시되어 있다. (2018년에 현대

네스토르 궁전 메가론 바닥에 화덕과 기둥 흔적이 보인다.

아고라 박물관의 스파르타 방패.

필로스 시내의 16세기 요새인 니오카스트로 Niokastro 옆에 새 박물관이 문을 열었다. 앞으로 네스토르 궁전 유물은 아마도 이곳에서 보게 될 것이다.)

역사적으로는 펠로폰네소스 전쟁 초기에 아테나이 사람들이 뜻밖의 성과를 올렸던 스팍테리아섬이 이 궁전 터에서 남쪽으로 10킬로미터 정도 떨어져 있다. 데모스테네스와 클레온은 필로스 근처의 곶에 요새를 건설했고, 스파르타군이 그것을 견제하기 위해 스팍테리아섬으로 들어가자 역공을 가해서 이들을 격파했다(기원전 425년). 이때 상당수의 포로를 잡아서 아테나이가 한때 기세등등하게 유리한 협상을 이끌어 냈고, 클레온은 두고두고 이것을 자랑했었다. (아리스토파네스의 「기사들」에 잘 나온다.) 이때 노획한 청동 방패 중 하나가 용케도 보존되어 지금 아테나이 아고라 박물관에 전시 중이다.

스팍테리아섬에는 마을이 따로 없고, 그저 섬 중앙 부분 동쪽 해안에 작은 부두가 있어서 배가 드나들게 되어 있다. 스파르타군이 만들었던 옛 요새 자리는 발굴하지 않았는지, 지금은 작은 교회가 하나 있고 길가에 옛 역사를 희랍어와 영어로 적은 돌판 두 개가 나란히 서 있을 뿐이다. 물론 기원전 425년 사건이 맨 위에 적혀 있고, 그리스 독립전쟁 중의 전투도 소개하고 있다. (밑에 적힌 연도를 보니 2006~2007년에 세운 모양이다. 다시 한번 확인하게 되는, 그리스에 여러 차례 찾아갈 이유이다.)

산속 외딴곳에 숨어 있는 밧사이

펠로폰네소스반도 한가운데는 높은 산지가 버티고 있다. 아르카니아라는 지역이다. 보통 이 말은 일종의 낙원을 가리키는 것으로 되어 있는데, 그곳이 살기 좋아서 그런 게 아니라 오히려 험하고 살 만한 데가 못 되기 때문이다. 즉 외적이 쳐들어왔을 때 이곳으로 도망치면 적들이 더는 추격하지 않기 때문이다. 이 외진 산속에서도 정말로 외딴 곳에 한국에는 거의 알려지지 않은 유네스코 문화유산—그것도 그리스 최초의—이 숨어 있다. 지역은 밧사이Bassae라는 곳이고 유적은 '도움을 주시는 아폴론Apollon Epikourios'의 신전(기원전 5세기 중반)이다. 이곳은 스파르타에서 가든, 아니면 멧세네나 퓔로스에서 가든 거의 어디서나 1시간 40분에서 2시간 정도 거리인데, 산속을 꼬불꼬불 들어가야 하는 데다가 다시 그런 길로 빠져나와야 다른 유적지로 갈 수 있기 때문에, 현지 안내자들도 일정에 넣기를 꺼리는 곳이다. 달랑 신전 하나 보자고 그 산속으로 들어가는 게 별로 경제적이지 않아 보이기 때문이다.

이 신전에는 두 가지 특이한 점이 있는데, 하나는 신전 전체가 보호 장막으로 덮여 있어서 멀리서 보면 마치 현대의 대형 경기장같이 보인다는 점이다. 비바람으로부터 건물을 보호하기 위해 전체를 일종의 텐트로 덮어 놓았기 때문이다. 전체적인 보존 상태는 상당히 좋지만(너무 외진 데 있어서 재료 반출도, 교회로 이용된 적도 없었다), 부재들의 석질(대부분 석회암을 썼다)이 좋지 않아 비늘처럼 껍질이 일어나고 갈라지고 있어서다. 물론 탐방객은 텐트 안에 들어가서 신전 내부를 관찰할 수 있게 되어 있다.

또 하나 특이한 점은 이 건물이 남북 방향으로 길쭉하게 서 있다는 점이다. 이것은 아르카디아 지방만의 특징이다. 대개 희랍 신전들은 동서로 길쭉하게 서 있어서, 동쪽이 정문 역할을 한다. 반면에 이 건물은 북쪽이 정문이다. 무슨 이론적인 배경 때문이라기보다는 가파른 산지에 신전을 조성하다 보니 넓은 부지를 마련할 수가 없어서 이렇게 되었다

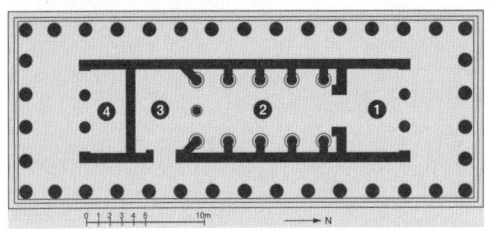

텐트로 덮인 밧사이 아폴론 신전의
현재 모습과 평면도.
① 전실 ② 내실 ③ 지성소 ④ 후실

는 것이 보통의 설명이다. 이 신전 전체는—자주 그러하듯—세 칸으로 이루어져 있는데, 북쪽 두 칸은 문으로 서로 연결되어 있고 남쪽 칸 opisthodomos과 신전 중앙 부분naos 사이에는 벽이 막혀 있다. 중앙 부분의 동쪽에 또 하나의 출입문이 뚫려 있는데, 이는 건물 전체가 북향이어서 건물 안으로 빛을 끌어들이기 위해서다. 내실 기둥들은 벽체와 연결되어 있는데 제일 안쪽 기둥 둘은 벽과 연결된 부위가 비스듬히 뻗어 있었다. 그 앞쪽(남쪽) 공간은 일종의 지성소였다. 이것 역시 다른 데서 별로 보이지 않는 특징이다. 기둥 숫자는 6×15이다.

다른 특징으로 이 건물이 세 가지 양식을 모두 사용했다는 점도 있다.

맨 바깥의 테두리 기둥들은 도리스식, 내부 기둥은 이오니아식, 그리고 중앙 부분 제일 안쪽에 단독으로 서 있는 기둥은 코린토스식이다(코린토스식 중에서는 최초의 것으로 여겨진다). 이 단독 기둥은 아폴론을 상징하는 것으로, 신상을 모시지 않고 이 기둥으로 대신했을 가능성도 있단다.

 건물 내부에는 아마존과의 전투, 켄타우로스와의 전쟁 프리즈가 있었는데, 현대까지 남아 전해진 것들은 거의 다 대영박물관으로 옮겨져서 지금―앞에 아테나이의 아크로폴리스 부분에서 설명했던―엘긴 마블스 곁에 전시되어 있다. 이들의 석고 복제품은 옥스퍼드의 애쉬몰린 박물관에서도 볼 수 있다. 나중에 러시아 발굴단이 찾아낸 것들은 모스크바의 푸쉬킨 박물관에 전시되어 있다. 푸쉬킨 박물관에는 슐리만이 발굴한 '프리아모스의 보물'도 소장되어 있는데, 원래 독일 정부가 슐리만에게서 구입한 것을 2차대전 때 독일을 점령한 소련군이 자기 나라로 반출한 것이다. 이것들은 사실 트로이아 전쟁 때의 유적층인 VI, 또는 VIIa보다 훨씬 아래인 II층에서 나온 것이어서, 트로이아 전쟁보다는 수백 년 전의 것이다. 어쨌든 독일과 러시아 사이에 소유권 분쟁을 겪고 있는 유물이다. 러시아는 이것이―독일이 소련에게 빚진―전쟁 배상금의 일부라고 주장하고 있다.

대영박물관에 전시되고
있는 밧사이 신전의
프리즈.

국제적 운동경기가 열리던 올륌피아

밧사이에서 1시간 40분 정도 북쪽으로 이동하면 올륌피아가 있다. (퓔로스에서 가도 비슷한 시간이 걸린다.) 사실은 고대에 올륌피아는 종교 제전이 열리던 곳이고, 그 일대를 다스리던 도시국가는—잠시 후에 수정하겠지만, 일단—엘리스였다. 헤라클레스가 아우게이아스의 외양간을 하루 만에 청소했다는 곳이다. 하지만 엘리스에 유적이라고는 그저 허술하게 복원된 극장 하나뿐이어서 직접 방문하기엔 좀 싱겁다. 신화적으로 이 도시는, 달의 여신 셀레네에게 납치되어 그녀의 애인이 되었다는 엔뒤미온의 고향이기도 하다.

고대 올림픽 경기대회가 생긴 것은 보통 펠롭스와 오이노마오스의 전차 경주를 기념하기 위해서라고 한다. 피사의 왕 오이노마오스가 자기 딸에게 구혼하는 사람이 있으면, 그에게 전차 경주를 제안하면서 이기면 결혼이고 지면 죽는다는 조건을 내걸었다. 이미 여러 사람이 죽은 다음에 소아시아에서 온 펠롭스가 도전하였고, 오이노마오스의 마부인 뮈르틸로스를 매수하여 마차 바퀴의 핀을 밀랍으로 채워 넣어 오이노마오스는 마차가 부서져서 죽고 말았다. 이 사건을 기념하는 것이 올림픽 경기라는 것인데, 사실 고대 올림픽에 전차(마차) 경주가 처음 도입된 것은 제4회 올림픽 때부터였다. 펠롭스는 트로이아 전쟁의 지휘관 아가멤논에게는 할아버지에 해당되니 기원전 14~13세기 인물이다. 고대 올림픽은 그로부터 5백 년은 뒤에 생겨났으니, 사실 펠롭스의 경주가 그것의 근원이라고 말하기는 좀 어렵다.

한데 펠롭스의 경주가 벌어졌다는 피사는 어디인가? 이 도시국가는 바로 올륌피아 주변을 차지했던 나라라고 한다. 그런데 피사가 흔적도 없이 사라진 이유는 무엇인가? 바로 올림픽 경기 관할권을 두고 엘리스와 계속 다투었기 때문이다. 여러 차례 전쟁을 통해서 엎치락뒤치락하

펠롭스의 전차 경주
돋을새김. 기원전 1세기 ~
기원후 1세기 로마
테라코타 장식판.
메트로폴리탄 박물관.

다가, 기원전 6세기 초반에 피사가 결정적으로 패해서 도시가 완전히 없어졌다는 것이다. 그래서 심지어 고대 후기에는 정말 이 도시가 존재한 적이 있는지 의혹이 생겨나기도 했다. 하지만 헤로도토스는 피사가 바로 올륌피아와 같은 도시라고 보고 있다.

이제 고대 올림픽이 열리던 종교 성지 올륌피아의 유적을 둘러보자. 올륌피아 유적지는 중앙에 넓은 공간(Altis, '숲'이란 뜻)이 있고, 그것을 사면으로 에워싼 건물들의 무리라고 생각하면 좋다. 중앙 공간은 물론 비어 있지 않고 여러 신전과 기념물로 채워져 있었는데, 가장 눈에 띄는 건물은 당연히 제우스 신전과 헤라 신전이(었)다.

방문객들은 현재 북쪽의 매표소에서 남쪽을 향해 들어가게 된다. 그러면 자연스럽게 제일 먼저, 앞에 말한 중앙 공간의 서쪽 테두리를 보게 된다. 이 부분은 올림픽에 참여했던 선수들의 연습장과 숙소가 있었던 곳이라고 하면 되겠다.

맨 먼저 보게 되는 것은 진입로 오른쪽에 있는 건물의 기초와 기둥들이다. 진입로를 따라서 한 줄로 길게 늘어선 이 기둥들은 체조장 gymnasion에 속하던 것들이다. 이 건물은 원래 남북으로 길쭉한 직사각형

펠로폰네소스반도 299

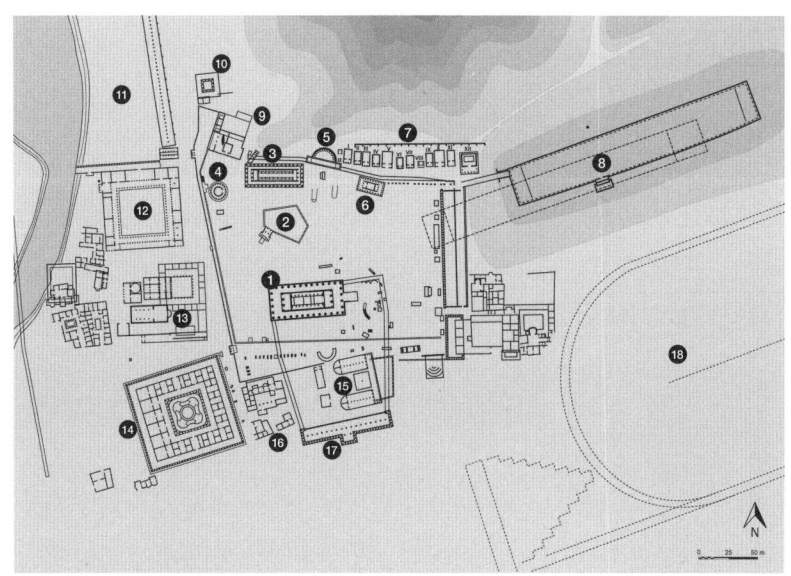

올림피아 유적지의 전체 평면도.
① 제우스 신전 ② 펠롭스 성역 ③ 헤라 신전 ④ 필립페이온 ⑤ 요정의 샘 ⑥ 어머니 신의 신전(메트로온)
⑦ 보물 창고들 ⑧ 스타디온 ⑨ 관리위원회 ⑩ 입구 건물 ⑪ 체조장 ⑫ 레슬링장 ⑬ 페이디아스의 작업장
⑭ 레오니다이온 ⑮ 회의장 ⑯ 목욕장 ⑰ 스토아 ⑱ 전차 경주장(발굴중)

공터의 사면을 주랑으로 에워싼 것이었다. 지금은 건물 기둥들이 대개 부러진 채로 아랫부분만 남아 있어서, 뒤에 볼 레슬링장에 비해 좀 빈약한 인상을 준다. 하지만 원래는 지붕이 얹혀 있었고, 길이가 상당히 길기 때문에 이 역시 근사한 시설물이었을 것이다.

그 다음에 마주치는 건물은 레슬링장palaistra이다. 이것은 정사각형 부지의 한가운데를 비워 두고 사면을 방들이 둘러싼 건물이었다. 현재 중심 공간을 둘러쌌던 기둥들이 꽤 높게 줄지어 서 있고, 주위 방들의 테두리였던 기둥들도 나란히 서 있어서, 두 줄로 된 기둥들의 복도가 정사각형으로 가운데 마당을 둘러싼 것같이 보인다. 기둥들은 좀 가늘긴 하지만 기둥머리까지 온전하게 남은 것이 많다. 기둥을 구성하는 부재

drum는 두 개인데, 신전을 받치는 것들보다는 많이 낮고 가늘어서 좀 약한 인상을 준다. 하지만 그 위에 지붕이 쭉 얹혔다고 생각하면 원래는 상당히 장대한 모습이었을 터다.

그 다음 건물군은 여러 용도의 작은 건물들이 모인 것인데, 이들 중 가장 주목되는 것은 아테나이 출신 건축가이자 조각가였던 페이디아스의 작업장이다. 이 건물은 나중에 기독교 교회로 사용되었기 때문에 동쪽 머리에 후진apse이 돌출해 있다.

그 다음 건물은 부지 서쪽 테두리의 제일 남쪽에 있는 것으로, 말하자면 '선수촌' 건물이다. 경기 출전 선수들의 숙소였던 것이다. 이 건물은 레오니다이온이라고 하는데, 레오니다스가 돈을 대서 지은 건물이기 때문이다. 하지만 이 레오니다스는 우리가 잘 아는, 3백 명의 전사를 이끌고 테르모퓔라이 협로를 막았던 스파르타 왕이 아니라, 그로부터 약 150년 뒤에 살았던 낙소스 출신 인물이다. 건물은 조금 전에 본 레슬링

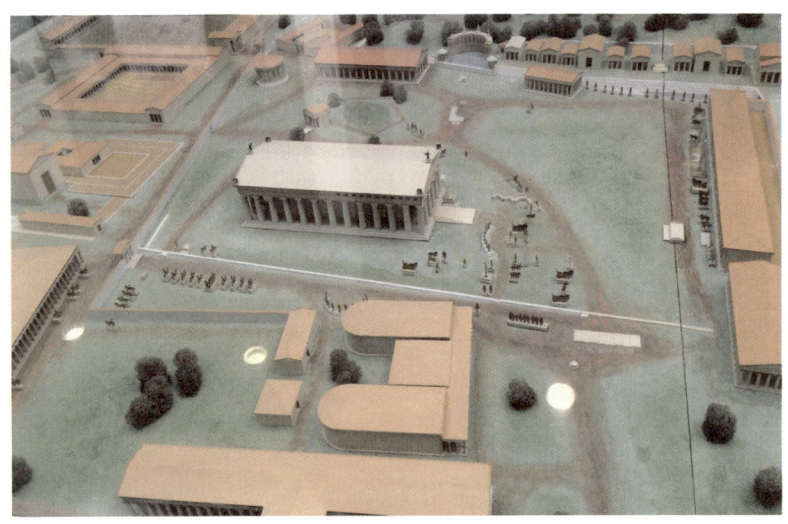

남쪽에서 북쪽을 향해 본 유적지 복원 조감도. 올륌피아 박물관.

장보다 조금 더 큰 정사각형 꼴이다. 중앙에 정원이 있고, 그것을 둘러싸고 방들이 나뉘어 있었다. 이 건물은 나중에 지진으로 파괴되고, 고대 후기에 게르만족의 침입을 막기 위한 방벽을 쌓는 데 부재들이 이용되어서 보존 상태가 좋지 않다. 기둥은 하나도 남지 않았고 기초뿐이다.

이제 중앙 공간의 서쪽 테두리는 모두 보았다. 방문객들이 몸을 왼쪽으로 돌리면 중앙 공간의 남쪽 테두리를 이루던 건물군의 잔해가 오른쪽에 보이는데, 이들은 그냥 사무용 건물들이었다고 생각하면 된다. 여기는 회의장bouleuterion 등이 있었고, 좌우의 빈 공간에 나중에 스토아와 목욕장 등이 들어섰다. 이 남쪽 테두리의 동쪽 끝에는 네로의 별장이 지어지기도 했었다.

이제 몸을 다시 왼쪽으로 돌리면(진입하던 방향으로 U턴하면) 중앙 공간을 남쪽에서 북쪽으로 바라보게 된다. 이 공간에는 중요한 성소 3개가 나란히 있다. 남쪽부터 북쪽으로 가면서 꼽자면, 제우스 신전, 펠롭스 성역, 헤라 신전의 순서다. 방문객들은 이들을 남쪽에서부터 S자를 그리면서 둘러보는 게 좋다. 그렇게 중앙 공간의 북쪽 테두리까지 갔다가 우회전, 고개를 왼쪽으로 돌려 북쪽 테두리 건물들을 보면서 동쪽으로 직진하면 육상경기장stadion으로 들어가게 된다. (중앙 공간의 동쪽 테두리는 길쭉한 스토아들이 있던 자리라서 특별히 언급할 게 없다. 그냥 상가 구역이라 하면 되겠다.)

이곳의 제우스 신전은 고대의 7대 불가사의 중 하나를 품고 있었다. '황금과 상아로 만들어진chryselephantine' 제우스의 거대한 조각상이 그것이다. 아테나이 아크로폴리스의 아테네상과 마찬가지로 이것 역시 페이디아스의 작품으로 알려져 있는데, 높이가 13미터 정도로 제작에도 12년이 걸렸다고 한다. 너무나 거대해서 이것을 안치하기 위해 건물 일부를 허물었다가 다시 세우고, 바닥도 이때―상아에 습기가 차는 것을

체조장 유적(위)과 레슬링 연습장의 현재 모습.

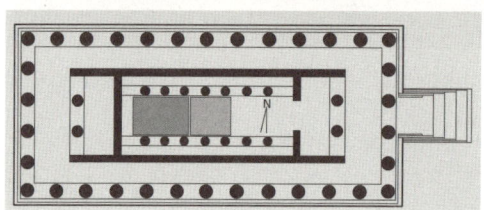

올륌피아 제우스 신전의
현재 모습과 평면도.

막기 위해—방수성 재료로 바꾸었으리라는 추정이 있다. 물론 이 조각상은 지금—귀한 재료로 만든 것들이 흔히 그러하듯—부스러기 하나 전해지지 않는다. 건물 자체는 동서로 길쭉하게, 3층으로 된 계단식 기단crepidoma 위에 놓인 6×13의 원주식peripteros 건물이었다. 이 신전과 가장 유사한 것으로 꼽히는 신전이 이탈리아 파이스툼에 있는 헤라 신전 II이다. (하지만 이 헤라 신전 기둥 수는 6×14이다.) 이 제우스 신전은 페르시아 전쟁 직후인 기원전 470년부터 짓기 시작해서 기원전 457년경에 완성된 것으로 추정된다.

신전 내부에는 7개의 기둥이 두 줄로 나란히 동서 방향으로 서 있어서, 실내 공간이 세 개의 복도aisle로 나뉘어 있었다. 건물 동쪽에는 비탈식 진입로ramp가 있었다. 완전한 경사로는 아니고, 한 칸과 다음 칸의 높

올륌피아의 제우스 신전과 유사한 것으로 꼽히는 이탈리아 파이스툼의 헤라 신전 II.

이 차이가 매우 적고, 한 칸에서 다음 칸까지의 거리가 매우 먼 완만한 계단이라고 생각하면 된다. 지금은 신전 전체에서 그저 기둥 하나만 복원해 두었다. 도리스식 기둥이다. 신전의 기둥은 이 지역 석회암을 재료로 사용해서 약간 볼품이 없었기 때문에 기둥 바깥쪽에 회칠stucco을 해서 조금 더 값지게 보이도록 했었다. 대신에 지붕 타일은 아테나이 근교 펜텔리코스산의 대리석Pentelic marble을 얇게 쪼개 덮은 것이어서, 맑은 날이면 반투명으로 내부를 꽤 밝게 비추었다고 한다. 지붕 테두리에는 빗물이 빠지도록 사자 머리 장식을 붙였는데, 그중 약 40개가 출토되어 가까운 박물관에 전시 중이다. 조금씩 형태가 다른 것으로 보아 오랜 세월 계속 보수하고 교체한 모양이다.

동쪽 박공에는 펠롭스의 전차 경주, 서쪽 박공에는 켄타우로스와의 전쟁이 장식되어 있었는데, 많이 손상된 것들을 발굴하여 원래 배치대로 맞춰서 박물관에 전시 중이다. 신전 벽을 돌아가며 장식했던 교차돌림띠의 주제는 헤라클레스의 12위업이었고, 이 역시 박물관에 전시 중

제우스 신전의 동쪽 박공(위)에는 펠롭스의 전차 경주가, 서쪽 박공(아래)에는 켄타우로스와의 전쟁이 장식되어 있었다. 복원 전시 사진.

이다. 그중 몇개는 보존 상태가 꽤 훌륭하다. 제우스 신전에 왜 헤라클레스의 업적을 장식했었는지 의문이 들 수 있는데, 아마도 제우스가 낳은 인간 자식 중에는 헤라클레스가 가장 뛰어난 존재여서 그럴 것이다. 헤라클레스가 아우게이아스의 외양간을 청소했다는 장소도 이곳에서 멀지 않고, 그의 업적 중 전반부에 속하는 것들은 모두 이곳과 아주 널지는 않은 데서 벌어진 일이다.

제우스 신전의 동남쪽 모서리 가까이에는 꽤 높은 삼각기둥(11미터)이 하나 서 있어서 호기심을 자아내는데, 이것은 '파이오니오스의 니케' 받침대이다. 파이오니오스는 제우스 신전의 동쪽 박공과 지붕 귀꽃장식acroteria 작업을 맡았던 조각가이다. 희랍 북쪽 칼키디케 출신인 그는 우리가 앞서 본 밧사이 아폴론 신전 조성에도 관여한 것으로 알려져 있으며, 어쩌면 아테나이 아크로폴리스의 니케 신전 담장 장식에도 참여했을 수 있다. (기법이 이곳 제우스 신전 것과 유사하기 때문인데, 물론 학자들 사이에 여전히 논란이 있다). 기둥 밑에는 이 기념물이 조성된 사연이 적혀 있다. 멧세니아인들과 나우팍토스인들이 스파르타를 이긴 기념으로 이것을 세웠다는 말이다. 이는 기원전 425년에 퓔로스에 가까운 스팍테리아에서 아테나이군이 스파르타군을 제압하고 상당수를 포로로 잡은 사건을 가리키는 것이다. 앞에도 설명했듯 멧세니아는 스파르타와 철천지원수였고, 펠로폰네소스 전쟁 당시 아테나이와 연합하여 스파르타와 싸웠다. (나우팍토스 사람들도 한 세대 전에 멧세니아에서 옮겨 간 사람들이다.)

이 받침대 위에 세워졌던 니케 여신상은 지금 올륌피아 고고학박물관에 전시되어 있는데, 얼굴 전면이 사라져서 아쉽다. 머리의 남은 부분을 가느다란 금속 막대로 목에 꽂아 놓아 좀 우습기도 하지만, 몸을 앞으로 기울이고 왼발을 앞으로, 오른발을 뒤로 한 채 발 끝으로 서 있는

'헤라클레스의 12위업' 메토프 중 크레테의 황소.

것이 매우 역동적인 자세이다. '사모트라케의 니케'와 더불어 니케 조각상의 대표로 꼽히며, 이 여신상을 복원한 모습이 2004년 아테나이 올림픽 메달에 새겨지기도 했다.

제우스 신전 바로 북쪽에는 펠롭스 성역이 있다. 펠롭스는 장인자리와 마차 경주를 했다는 그 인물이다. 이 성역은 담장으로 둘러싸인 5각형 부지가 있고, 그 남서쪽에 입구 건물이 하나 딸린 꼴로 되어 있다. 입구 건물은 정면에 기둥 4개가 있는 단순한 신전 형태이다. 그 앞에는 제우스 신전과 비슷하게 경사식 진입로가 있었다. 현재는 그저 입구 건물과 진입로의 토대가 남아 있을 뿐이다. 이 성역은 밝음의 신 제우스와 대비되어 '어두운 얼굴의 펠롭스'를 섬기던 곳으로, 제우스 신전의 입구가 동쪽인 것과 대비되게 이 성역 입구는 서쪽에 있으며, 여기서 바쳐지

파이오니오스의 니케 받침대와 그 위에 세워졌던 니케 여신상.

펠롭스 성역(펠로피온)의 현재 모습과 복원 모형.

던 제물들도 검은색이었다고 한다. 이 성역과 제우스 신전 사이에 동쪽으로 치우쳐서 제우스 제단이 있었다. 이것은 높직한 봉분에 계단이 있어서, 사제가 그 꼭대기로 올라가서 신에게 제물을 바치는 형태였다. 이 역시 펠롭스의 성역과는 동쪽-서쪽에 놓여서 대비를 이루던 것이다.

펠롭스 성역 북쪽에는 헤라 신전이 있다. 이 중심 공간을 차지하는 주요 건물 셋 중 가장 오래된 것이다(기원전 590년경). 제우스 신전보다는 규모가 좀 작다. 기둥 수는 6×16으로 흔히 보는 표준형보다는 장축이 길게 조성된 신전이다. 기둥 양식은 도리스식이다. (길이 방향으로 길쭉한 것이 초기 도리스식의 특징이다.) 처음에는 나무로 된 기둥들이 었는데 수리가 필요할 때마다 조금씩 교체해서 결국 모두 석조 기둥으로 바뀌었으며, 2세기에 파우사니아스가 보러 왔을 때만 해도 서쪽 방 opisthodomos 입구의 두 기둥 중 하나는 여전히 나무 기둥이었다고 한다. 현재는 석조 기둥 중 정면 세 개를 복원해 놓았는데, 이들도 모두 머리 부분이 조금씩 다르게 생겼다. 각기 만든 시기가 달라서 그랬다는 주장도 있고, 다른 장인이 만들어서 그랬다는 주장도 있다. 기둥 위에 얹혔던 보는 달리 발굴되지 않았는데, 이것도 나무로 만든 부재였으리라는 추정이 있다. 현재 방문객이 보자면 기둥들이 좀 낮은 듯도 싶지만, 그 앞에 사람이 서 있는 것을 보면 그 규모를 알 수 있다.

흔히 올림픽성화 채화 의식이 치러지는 곳이 바로 이 헤라 신전 앞이다. 올림픽성화를 여기서 채화하여 이어달리기로 개최국까지 옮기는 관행은 1936년 베를린 올림픽 때 시작되었다. 당시 그 성화가 달려간 길목에 있던 나라들은 몇해 안에 모두 나치 독일에게 점령당하게 된다. 그러니 이제 전통이 된 이 의식 뒤에는 어찌 보자면 나치의 선전 책임자 괴벨스의 그림자가 어른거리고 있는 셈이다. (성화가 처음 사용된 것은 1928년 암스테르담 올림픽이었으며, 그 다음의 로스앤젤레스 올림픽 때도 이 아이디어가 이어졌는데, 이 두 올림픽 때는 성화를 개최국의 스타디움에서 채화했다.)

헤라 신전의 서쪽 방은 보물 창고로 이용되었는데, 여기서 발굴된 유물 중 가장 유명한 것이 아기 디오뉘소스를 안고 있는 헤르메스상이다. 아기를 안고 있는 이 멋진 젊은이상은 지금 올륌피아 고고학박물관의 별도 전시실에서 특별한 조명을 받고 있다. 이 유물이 헤라의 신전에 보관되었다는 것도 좀 아이러니하다. 디오뉘소스는 원래 세멜레와 제우스 사이에 태어날 자식이었다. 한데 세멜레가 헤라의 꾐에 넘어가서 제우스의 본모습을 보고 싶어하다가 벼락에 타 죽고 만다. 그래서 제우스가 여자 뱃속의 아기를 얼른 꺼내어 자기 허벅지에 심었고, 디오뉘소스는 아버지의 허벅지에서 태어나게 된다. 이 아이를 제우스의 지시에 따라 헤르메스가 데려다 양육자들에게 맡겼다고 한다. 한데 바로 그 아이를 데려가는 장면이 담긴 조각상이 헤라의 신전에 있었다니, 헤라는 시앗의 자식을 자기 집에 보호했던 셈이다.

이 헤라 신전의 보물 창고에 있었지만 지금은 전해지지 않는 유명한 보물이 큅셀로스의 상자이다. 이미 코린토스 부분에서 얘기했듯, 나중에 코린토스 참주가 되는 큅셀로스는 아기 때 암살자들에게 죽을 뻔한 것을 어머니가 상자에 숨겨서 목숨을 건졌다. (그래서 아기 이름이 큅셀로스, '상자'가 되었다고 한다.) 나중에 이 상자는 감사의 뜻으로 이 신전에 봉헌되었는데, 황금과 상아, 삼나무로 만들어진 상자의 표면에는 여러 신화가 그려지고 거기에 인물들의 이름도 함께 새겨져 있었다고 한다.

헤라 신전.

아기 디오뉘소스를 안고 있는 헤르메스상.

코가 좀 깨지긴 했지만 상당히 잘 보존된 여신(아마도 헤라) 두상이 발견된 곳도 이 헤라 신전과 레슬링 연습장 사이 공간이다. (하지만 스핑크스의 머리 부분이라는 주장도 있다.) 이 건물에 속한 유물로 눈길을 끄는 것 또 하나는 거대한 테라코타 지붕장식acroterion이다. 대개 고전기 것들은 식물 줄기가 피어나는 것 같은 문양이 많은데, 이 신전의 꼭대기장식은 거대한 원반 모양이다. 물론 합각머리의 삼각형에 맞춰야 하니, 피자 한 판에서 한 조각 덜어 낸 것처럼 되어 완벽한 원 모양은 아니다. 뒤에서 보면 큰 그릇처럼 생겼다. 원래의 부분은 아주 적고 복원된 부분이 훨씬 더 커서, 대체 전체 모양을 어떻게 추정해 냈는지 그저 놀라울 뿐이다.

헤라 신전과 펠롭스 성역 사이 약간 서쪽으로 다시 눈길을 끄는 구조

헤라 두상(위)과
헤라 신전의 지붕장식.

물이 하나 서 있다. 도토리형 건물tholos의 기둥 세 개를 복원하고 보를 얹은 것이다. 이것은 알렉산드로스의 아버지 필립포스가 지었다고 해서 필립페이온이라 부른다. (알렉산드로스가 지었다는 설도 있다.) 바깥에는 18개의 이오니아식 기둥을 두르고 내부에는 9개의 코린토스식 반기둥이 벽에 박혀 있었다고 한다. 실내에는 필립포스와 그의 아내 올륌피아스, 그리고 알렉산드로스와 그의 할아버지 부부 조각상이 황금과 상아로 조성되어 모셔졌다 한다. (아무래도 알렉산드로스가 짓게 했다는 설이 더 맞는 듯하다. 필립포스에게는 부인도 자식도 여럿이었다.) 기원전 338년 카이로네이아 전투에서 아테나이와 테바이 연합군을 제압한 후, 마케도니아 왕가의 위세가 거의 신으로 모셔질 수준에 이르렀다는 뜻이겠다. 이 성역 전체에서 실제로 존재한 인간을 숭배하기 위한 공간은 이 것뿐이다. 펠롭스는 이들로부터 거의 천 년 전 사람이라, 거의 인간으로 보기 어렵다.

헤라 신전의 서북쪽에 건물 자리가 두 군데 있는데, 이것은 '관리위원회prytaneion' 건물과 입구 건물propylaia이다. 다시 헤라 신전을 지나 동쪽으로 진행하자. 고개를 왼쪽으로 돌리면 우선 헤라 신전 바로 동쪽에 반원형의 벽이 보인다. 한쪽에는 돌로 만든 대야 비슷한 그릇이 있고 그 뒤에 좀 가늘어 보이는 기둥 두 개가 서 있으며, 그 앞쪽에는 둥근 형태로 건물 기단이 남은 게 보인다. 이것은 로마시대에 헤로데스 앗티쿠스(아테나이에 음악당을 기증한 바로 그 사람)가 봉헌한 '요정의 샘nymphaeum'이다. 원래 이런 구조물은, 요정들에 경의를 표하는 동시에 참배객들에게 물을 공급하자는 목적도 함께 있어서, 자연적인 샘 위에 짓기도 하고 다른 데서 물을 끌어다 솟아나게 만들기도 했다. 헤로데스 앗티쿠스는 수도를 끌어다 이곳에 물을 공급했다고 한다. 덥고 먼지 많은 이 지역에서 시원한 물로 가득 찬 수조는 많은 사람에게 큰 도움이 되었을 것이다.

원래는 이 요정의 샘을 둘러싸고 뒤쪽으로—콜로세움을 절반으로 자른 것 같은—두 층으로 된 반 원통 구조물이 있어서, 위층의 여러 칸에는 헤로데스 앗티쿠스의 가족상들이, 아래층에는 로마황제와 그의 가족들 상이 모셔져 있었다. 그 앞에는 우선 반원형의 위쪽 수조가 있고, 단 차이를 두어서 그 앞에 다시 계단처럼 낙차를 두고 가로로 길쭉한 아래쪽 수조가 있었다. 그리고 약간 특이하게, 두 수조 사이를 나누는 벽 위 한가운데 대리석으로 만든 황소 한 마리가 서 있었다. 이 황소상은 헤로데스의 아내 안니아 레길라Annia Regilla가 데메테르의 여사제 자격으로 제우스께 바친 것으로, 지금도 옆구리에 봉헌의 말씀이 새겨진

현재의 필립페이온.

채로 올림피아 고고학박물관에 전시되어 있다. 한편 아래쪽 수조의 양옆으로 일종의 정자가 서 있어야 하는데, 지금은 물도 마르고 남은 부재도 몇 안 되어 전체 모습을 떠올리려면 상당한 상상력이 필요하다. 헤로데스 앗티쿠스의 아내는 사고로 일찍 죽어서, 남편이 아내를 기리기 위해 지은 건물 중 하나가 바로 아테나이 음악당이라고 한다.

요정의 샘을 지나 죽 동쪽으로 가면서 왼쪽을 보면 여러 건물의 기초들이 더러는 기둥과 함께 남아 있는데, 모두 여러 도시들이 지어 바친 보물 창고들(12개)이다. 이런 것을 델포이에서도 많이 보게 될 것이다. 그 뒤쪽으로는 언덕이 있는데, 크로노스의 언덕이라 부르며 어쩌면 이 것이 이 성역 전체의 근원일 수 있다. 이 보물 창고들 앞에는 작은 신전 터가 하나 남아 있는데, 이는 '어머니 신의 신전metroon'이다. 대개는 대

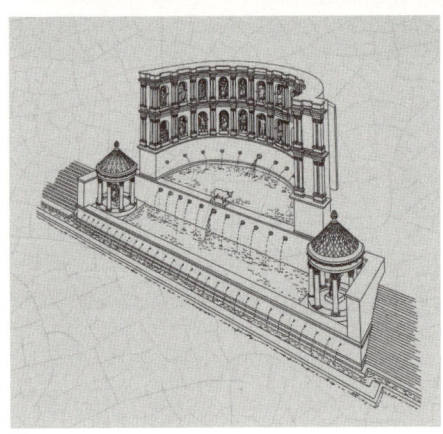

요정의 샘 현재 모습과 복원도.
요정의 샘 수조에 놓였던 황소상이
박물관에 전시 중이다.

지모신의 성격을 띤 여신을 모신 곳으로, 가이아, 데메테르, 퀴벨레, 레아, 또는 이들을 모두 합친 듯한 여신의 성역이다. 기둥 수는 6×11로 가로 방향이 좀 짧다는 느낌도 없지 않다.

이곳을 지나치면 동쪽으로, 머리 위로 아치를 두른 통로가 보이고, 그곳을 빠져나가면 스타디온(달리기 경주장)이다. 아치가 있는 진입 통로는—아치를 사용한 것을 보면 알 수 있듯이—헬레니즘시대에 조성한 것이다. 스타디온 주변에는 길게 타원형으로 비탈진 풀밭이 있고, 거기 앉아서 경기를 관람할 수 있었다. 남쪽 관람석 중앙에서 약간 서쪽으로 치우친 위치에는 심판석exedra의 기단이 남아 있고, 그 맞은편에는 데메테르 제단의 일부가 남아 있다. 주로의 서쪽 끝에는 대리석으로 된 출발선balbis이 있다. 가로 방향으로 두 줄의 홈이 있어서, 발끝을 맞추고 신호에 맞춰 박차고 나가기 좋게 되어 있다. (현대에 하듯 웅크려 앉았다

아치가 있는 달리기 경주장 입구와 경주장. 대리석으로 된 출발선이 보인다.

가 출발하지 않고, 선 채로 출발했다고 한다.) 이곳에서도 네메아에서 본 것 같이, 부정 출발을 막기 위한 장치가 쓰였던 것으로 추정된다.

한편 이곳에서도 아주 유명한 유물이 발굴되었는데, 가뉘메데스를 납치하는 제우스 테라코타상이 그것이다. 달리기 경주장의 서쪽과 남서쪽에서 두 조각이 50년 간격을 두고 따로 발견되어, 지금은 가능한 데까지 복원, 전시되어 있다. 이 작품에서 눈여겨볼 것은 제우스가 데려가는 소년의 손에 닭이 한 마리 들려 있다는 점이다. 옛 희랍에서는 남성 동성애가 유행이었고, 소년들에게 구애하는 남성들은 오늘날 남자들이 여성에게 그러하듯 선물 공세를 펼치는 경우가 많았다. 그때 선물로 많이 주고받던 것이 닭이다. 따라서 지금 이 작품에 닭이 그려진 것은 가뉘메데스가 제우스에게 그저 술 따르는 시동 역할만 한 게 아니라, 그의 애인이기도 했다는 뜻이다.

전차 경주장은 스타디온과 평행하게 남쪽에 있었는데, 아직 발굴되지 않은 상태이다. (사실은 21세기 들어서서야 정확한 위치가 확인되었다. 유적지 남쪽으로 흘러가는 알페오스강의 퇴적물에 덮여 있어서 지표만 보아서는 알기 힘들다.) 2세기에 파우사니아스가 방문했을 때는 약 8백 미터 길이에 폭은 320미터 정도 되는 경주장이었다. 여기서—사람이 직접 말 등에 타고 달리는—경마 경기도 열렸지만, 이 종목은 곧 사라지고 사두마차 경기와 이두마차 경기만 남았다. 이 경기장에도 빙 둘러서 둔덕이 있고 관람자는 거기서 경기를 볼 수 있었는데, 북쪽 둔덕의 서쪽 부분에 심판석이 있었다. 전차 경주자의 모습이 어떠했는지는 델포이 부분에서 다시 보자.

올륌피아 박물관도 희랍의 4대 박물관 중 하나로 꼽힐 만한데, 유물 중 가장 중요한 것들에 대해서는 이미 다 얘기했다. 제우스 신전의 동서 박공장식, 헤라클레스 메토프, 아기 디오뉘소스를 데려가는 헤르메

가뉘메데스를 데려가는
제우스.

스상, 파이오니오스의 니케상, 가뉘메데스를 데려가는 제우스 테라코타상, 헤라 신전의 지붕 꼭대기장식 등. 그저 한 가지만 더 짚고 가자면, 이곳과 델포이 박물관 소장품들은 종교 성지에 속한 것이어서 그런지 작품 수준이 매우 높다는 점이다. 아테나이 국립고고학박물관의 경우 생활용품이 많이 끼어 있어서 다소 투박하다 싶은 것들도 꽤 되지만, 여기 있는 것들은 거의가 명품 수준의 것이다. '박물관은 지겨워'파에 속한 분들, 그리고 이른바 '가성비'를 생각해서 박물관 관람은 최소로 줄이고 싶다 하는 분이라면 아테나이 박물관보다는 이곳을 보는 게 낫겠다.

스포츠의 역사라는 측면에서 접근하는 사람이라면, 유적지 서북쪽에 올림픽경기박물관이 따로 있으니 그곳을 방문하면 좋다. 그리고 유적지 동북쪽에는 근대 올림픽 창설에 크게 기여했던 쿠베르탱 남작의 기념비가 있으니 찾아가 보는 것도 좋겠다. 그 근처에 올림픽아카데미도 있다.

희랍 중북부

아테나이 해군 기지, 근세의 대해전이 있었던 나우팍토스

올륌피아를 떠나 북쪽으로 가다가, 이탈리아행 배를 탈 수 있는 항구도시 파트라(파트라이)를 지나, 리온(현대명은 리오)이라는 항구에서 다리를 통해 북쪽으로 코린토스만을 건너면 안티리온('리온 맞은편')에 닿는다. 거기서 동쪽으로, 바다를 오른쪽에 끼고 달려서 도합 3시간 반 정도면 델포이에 닿는다. 리온-안티리온 사이는 이전에는 차를 싣고 다니는 페리를 타고 건넜었는데, 2004년 아테나이 올림픽 때 다리를 놓아서 쉽게 건널 수 있게 되었다. 다리 북쪽 요금소 곁에 건립 기념관이 있어서 다리 건설 과정 전시물을 볼 수 있다. 길을 사이에 두고 이 건물과 마주 보는 곳에 중세의 요새가 서 있어서, 이곳이 예전부터 전략적 요충지라는 사실을 일깨워 준다. 투퀴디데스의 『펠로폰네소스 전쟁사』에는 이 근처에서 벌어진 해전을 묘사하는 도중에 리온이라는 지명이 나온다. 아테나이 해군과 코린토스 해군이 이 좁은 수로에 서로 먼저 도달하려고 애쓰는 대목이다.

안티리온에서 동쪽으로 20분 정도 달려가면 나우팍토스 항구에 닿는다. 이곳은 아테나이 사람들이, 스파르타에 대항하여 반란을 일으켰던

나우팍토스의
세르반테스 조각상.

멧세니아인들을 정착시킨 곳이고, 나중까지도 아테나이의 중요한 해군 기지로 이용된 곳이다. 중세에는 레판토라고 불렸는데, 1571년에 이 항구 앞바다에서 엄청난 해전이 있었다. 스페인과 베네치아 등이 연합한 서쪽 기독교 세력과 오토만제국이 격돌한 것이다. 나중에 『돈키호테』를 쓰게 될 세르반테스도 23세의 나이로 이 해전에 참여했다가 부상을 당해 이후 왼팔을 쓰지 못하게 되었다. 지금도 나우팍토스에 가면 옛 항구 한쪽에 세르반테스의 조각상이 서 있다. (바다를 바라보며 오른쪽 기슭 안쪽 제일 깊은 곳에 있다.) 실물보다는 호리호리하게 생겼다. 받침대 위에 높이 서 계신 데다 오른손을 높이 들고 계셔서 악수를 할 수 없다는 점이 아쉽다.

영험한 분위기의 아폴론 성지, 델포이

델포이는 기본적으로 아폴론의 성역이다. 하지만 디오뉘소스와 아테네도 함께 숭배되었으며, 애초부터 이곳을 차지하고 있던 땅의 여신도 여전히 성역을 유지하고 있었다. 이곳과 연관된 영웅은 헤라클레스와 테세우스다. 헤라클레스는 이곳에서 신탁을 받아 12위업을 달성했고, 또 이곳에 와서 행패를 부리다가 제우스의 명에 의해 옴팔레 여왕에게 종살이를 한 적도 있다. 테세우스는 그가 태어날 때 아버지 아이게우스가 이곳에 와서 신탁을 받았다고 한다. 오이디푸스가 이곳에서 이상한 신탁, '너는 아버지를 죽이고 어머니와 결혼하게 될 것이다'를 받고, 자기 고향 코린토스를 피해 다른 데로 간다는 것이 그만 원래의 고향인 테바이로 가게 되었다는 이야기도 유명하다. 그 밖에 아킬레우스와 그의 아들 네옵톨레모스도 이곳과 연관되어 있는데, 아킬레우스가 아폴론과 파리스의 화살에 죽었다고 해서 네옵톨레모스가 찾아와 보상을 요구하며 소동을 일으키다 여기서 죽었다는 것이다. 한편 트로이아 전쟁 때 희랍군 전체를 지휘했던 아가멤논도 이곳과 연관되어 있다. 그의 아들 오레스테스가 이곳에서 신탁을 받아 자기 어머니를 죽였고, 그 후에 복수의 여신을 피해 도망친 곳도 이곳이기 때문이다. 역사적으로 이곳은 페르시아 2차 침입 때, 신이 스스로 지킨 곳으로 유명하다. 적들이 몰려올 때 산사태가 일어나고 신적 존재들이 적군을 몰아냈다는 것이다. 또한 아테나이 사람들에게 '나무로 성을 둘러라'라는 신탁을 내려서, 아테나이가 해군을 증강하는 계기가 되었다고도 한다. 이곳은 고대 4대 경기대회 중 하나인 퓌티아 경기(기원전 582년부터 4년마다)의 현장이기도 했다.

델포이 성역은 크게 두 구역으로 나뉜다. 큰길이 이 유적지를 동서로 관통하고 있는데 동쪽을 보면서 왼쪽, 그러니까 산비탈 쪽인 북쪽은 아폴론의 성역이다. 한편 길 오른쪽, 그러니까 계곡 쪽에는—조금 더 동쪽으로 가다가—체육 시설과 아테네의 성역이 있다.

아폴론 성역에서는 '성스러운 길'을 따라 S자 모양으로 구불구불 산비탈을 올라가며 몇개의 중요 유적을 만나게 된다. 먼저 서쪽을 향해 들어서자마자 길 양쪽으로 둥글게 반원을 그린 축대를 보게 된다. 대개 남아 있는 건물 기초들이 네모꼴로 되어 있기 때문에, 이런 특이한 모양은 주의를 끌기 마련인데, 이것은 원래 아르고스 사람들이 바친 기념물이 있던 자리다. 들어가는 사람이 볼 때 오른쪽 반원에는 아르고스의 첫 번째 왕(다나오스)부터 10명의 왕과 영웅들(헤라클레스까지)의 청동상을 모셨다고 한다. 왼쪽 반원에는 테바이를 공격했던 일곱 영웅의 자식들(테바이를 함락한 에피고노이Epigonoi)의 조각상이 있었다고 한다. 그러면 그 이전 세대의 '테바이를 공격한 일곱 영웅'은 안 모셨나, 하는 의문이 생길 수 있는데, 이들은 왼쪽 반원 직전의 네모꼴 공간에 모셔졌었다. 사실은 왼쪽 기념물들은 아르고스가 테바이와 사이가 안 좋았을 때 사건들이고, 오른쪽은 나중에 아르고스가 테바이와 힘을 합쳐 스파르타를 제압하고 멧세네를 재건한 사건을 기념하는 구조물이다.

사실 이런 일은 시대의 흐름 속에서 자주 일어나는 일이어서, 우리가 그냥 지나온 진입로 초입에도 비슷한 것이 있었다. 이 '테바이를 공격하는 일곱 영웅' 기념물 직전에, 마라톤 전투(기원전 490년)에서—스파르타의 도움 없이—혼자 힘으로 페르시아군을 물리쳤던 아테나이인들의 기념물이 있는데, 그 맞은편에는 펠로폰네소스 전쟁에서 아테나이를 결정적으로 제압한 사건(기원전 404년, 아이고스포타모이 해전)을 기념하여 스파르타가 봉헌한 기념물이 서 있었다. 이것만 해도 아이러니한 상황인데 더 우스운 것은 이 둘 사이에, 펠로폰네소스 전쟁 중에 아르고스가 스파르타를 공격해서 성공을 거두고(기원전 414년 튀레아티스

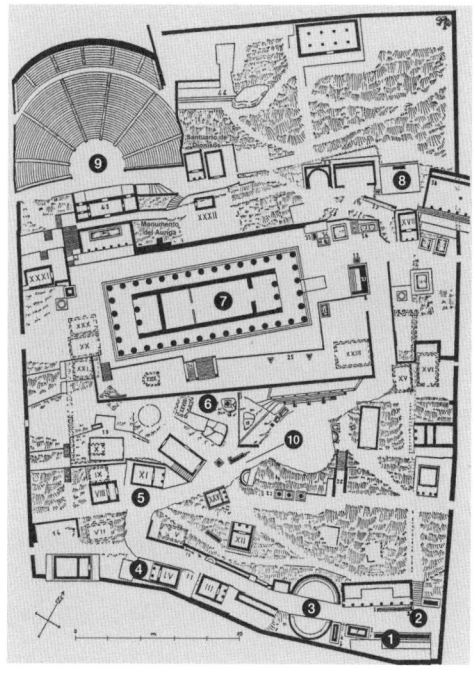

델포이 아폴론 성역 평면도.
① 아테나이 기념물
② 스파르타 기념물
③ 아르고스 기념물
④ 시프노스 보물 창고
⑤ 아테나이 보물 창고
⑥ 낙소스의 스핑크스 기둥
⑦ 아폴론 신전
⑧ 네옵톨레모스 사당
⑨ 극장
⑩ '신성한 길'

Thyreatis 침입) 바친 기념물이 자리 잡고 있었다는 점이다. 델포이가, 여러 도시가 함께 모이는 성역이다 보니 이런 일도 생겼던 것이다. 이 기념물들의 토대는 모두 진입로 왼쪽에 있다.

조금 더 진행하면 길 왼쪽에 시프노스 사람들의 보물 창고 자리가 있다. 앞에 말한 S자 길의 첫 번째 굽이 직전이다. 헤로도토스가 기록했던 것처럼 이 섬은 대단히 질 좋은 은광을 보유하고 있었고, 그 부를 이용하여 지어 바친 건물이다. 지금 그 자리에는 기초만 남아 있지만, 건물의 문틀과 박공장식, 연속돌림띠장식이 상당히 좋은 상태로 발굴되어 박물관에 전시되어 있다. 이 건물은 원래 입구에 여성상 기둥caryatides 둘을 세운, 전실pronaos과 내실naos, cella로 이루어진 두 칸짜리 맞배지붕 건물이었다. 전실의 좌우 벽은 내실의 벽이 앞으로 연장된 형태antae였다.

다소 특이하게 서향이다. 여성상 기둥 중 하나는 상체가 남아서 박물관에 전시되어 있다.

동쪽 박공에는 헤라클레스가 아폴론과 세발 의자를 서로 빼앗으려 다투는 장면이 있었다. (건물의 정면인 서쪽 박공의 장식은 남아 있지 않다.) 동쪽 돌림띠에는 트로이아 전쟁 중에 아킬레우스와 멤논이 싸우는 장면, 북쪽 돌림띠에는 거인과의 전쟁, 서쪽에는 파리스의 판정(보존 상태가 좋지 않다), 남쪽은—많이 마모되어 분명치 않지만—어떤 여성을 납치하는 장면(헬레네 납치, 펠롭스의 전차 경주, 디오스쿠로이가 레우킵포스의 딸들을 납치하는 장면 등 여러 주장이 맞서고 있다)이 있었다. 이것들은 그대로 또는 할 수 있는 데까지 복원해서 박물관에 전시되어 있다. 기원전 6세기 말~5세기 초의 것이라 매우 고졸한, 거의 동방적인 느낌을 준다.

S자 굽이를 돌면 바로 왼쪽으로 아테나이 사람들의 보물 창고가 서 있다. 원래는 이 길 좌우에 여러 도시에서 지어 바친 건물이 빽빽이 있었는데, 그나마 부재가 많이 남아 있어서 복원한 것이 이 건물이다. 입구에 기둥을 두 개 세운 맞배지붕의 간단한 건물이다. 기원전 6세기 말

시프노스
보물 창고 복원도.

시프노스 보물 창고 동쪽 박공장식(위). 헤라클레스가 아폴론과 세발 의자를 놓고 다투는 장면이다.
북쪽 돌림띠장식(아래)에는 사자가 끄는 수레를 타고 와서 거인을 공격하는 퀴벨레 여신이 그려져 있다.

~5세기 초에 세워진 것인데, 여기에 마라톤 전투의 전리품도 봉헌되었다는 것이 기단석 남쪽 면에 새겨져 있다. (혹은 이 건물 자체가 마라톤 전투 이후에 지은 것이라 보기도 한다.)

이 건물에는 교차돌림띠의 중간면장식이 30개 있는데, 절반은 헤라클레스, 절반은 테세우스의 업적을 그려서, 이 무렵에 벌써 아테나이 사람들이 자기들의 초기 왕 테세우스를 헤라클레스급으로 놓았음을 알 수 있다.

다른 건물의 터를 하나 더 지나면 길 왼쪽에 작은 공터가 있는데, 거기에 돌 하나가 좌대에 얹혀 있다. 이것이 제우스 대신 아버지 크로노스

아테나이 보물 창고.

의 뱃속에 들어갔다 토해져 나온 돌, 이른바 옴팔로스라는 것인데, 사실 박물관 안에 좀 더 공들여 만든 옴팔로스가 하나 더 있어서 혼란스럽다. 다른 자료를 찾아보면 바깥에 있는 것은 '복제품'이라고 되어 있지만, '복제'는 아니고 그냥 '대용품' 정도라 하겠다. 전에는 방문객이 만질 수도 있게 그냥 길가에 놓여 있었는데, 요즘은 그래도 철제 테두리를 쳐놓았다. 그저 여기가 원래의 '세계의 중심'이구나 생각하면 될 것이다. 사실은 박물관 안의 옴팔로스도 원래 아폴론 신전의 깊은 곳(지성소)에 모셔졌던 원본의 모사품이다. (헬레니즘시대, 또는 초기 로마시대에 만든 것 같다.) 지금 박물관에 전시된 것을 보면 뭔가 그물 비슷한 것으로 씌운 듯한 문양이 새겨져 있는데, 진품 옴팔로스에 씌웠던 양털로 짠 덮개를 그런 식으로 표현한 것이다. 2세기에 이곳을 방문했던 파우사니아스는 신전 앞에서 옴팔로스를 보았다니, 그가 본 것도 지금 박물관에 전시된 것일 듯하다.

'대용품' 옴팔로스 뒤에는 원래 높직한 기둥이 있고 그 위에 낙소스 사람들이 봉헌한 스핑크스상이 얹혀 있었다. 스핑크스는 지금 박물관 안에 전시되어 있고, 원래의 위치에는 좌대 기단만 남아 있다. 이 스핑크스는 코린토스에서 본 것과 비슷하지만 정면을 보고 있다는 점에서 조금 평범한 쪽이다. (물론 멋진 작품이다. 보존 상태도 상당히 좋다.) 그 앞에는 상당히 큰 바위가 하나 있는데, 이것은 '시뷜라의 바위'라고 부르는 것이다. 아폴론 숭배가 도입되기 전부터 여기서—아폴론의 신탁이 아니라, 대지모신의—신탁을 내렸다고 한다. 그 부분에서 청동기 유물들이 수습되기도 했다. '시뷜라의 바위' 오른쪽으로는 작은 바위가 하나 더 있는데, 이것은 '레토의 바위'라고 한다. (사실은 작은 바위가 두 개여서, 어느 게 진짜 레토의 바위인지 혼동된다.) 레토가 아기 아폴론을 안고 그 위에 앉아서는 아들에게 퓌톤을 죽이도록 부추겼고, 아폴론이 화살로 퓌톤을 죽여서 이 성지를 차지하게 되었다는 것이다. (더러는 그 퓌톤이 땅의 자식이라고도 한다.)

이 바위들 앞의 공터를 할로스(halos, '타작마당')라고 하는데, 20세기

바깥의 '대용품' 옴팔로스(왼쪽)와 박물관의 옴팔로스.

초반에 이 부근에서 유물 구덩이 두 개가 발견되어 그 안에서 여러 소중한 유물들이 나왔다. 옛날에는 화재 등으로 훼손된 봉헌물은 재활용하거나 팔아넘길 수 없고, 성역 안에서 처리해야 한다는 관행이 있었다. 그래서 오늘날 우리가 보기엔 소중한 성물들을 구덩이 apothetes에 묻었던 것이다. 그렇게 해서 전해진 유물들은 현재 박물관에 전시 중이다. 황금과 상아로 만든 인물상과 신상, 은박으로 만든 황소상 등이 그것들이다. 이 할로스에서는 매 8년마다 아폴론이 퓌톤을 죽이고 정화 받은 것을 재현하는 의식을 치렀는데, 그것이 나중에 퓌티아 경기로 바뀌었다는 설도 있다.

바위들 뒤쪽으로는 그 위쪽의 아폴론 신전의 기단부를 지지하는 축대가 쌓여 있는데, 돌들을 다각형으로 정교하게 깎아 맞춰(polygonal wall, '다각형 벽체') 보기에도 좋고 매우 안정되어 보인다. 이 석축의 동쪽 부분 앞에는 기둥 몇개가 남아 있는데, 아테나이가 봉헌한 주랑의 일부이다. 기원전 478년 아테나이가 페르시아와의 해전에서 승리한 것을 기념하는 건물이다. 페르시아가 아시아와 유럽을 잇기 위해 만들었던 배다리의 밧줄과 뱃머리 장식도 함께 바치노라고, 건물 기단의 제일 위층에 새겨져 있다. 기둥은 단일 석재로 된 이오니아식 기둥이다.

거기서 길이 왼쪽으로 굽어서 계단을 올라간다. 계단을 다 오르면 왼쪽에는 아폴론 신전이 있는데, 그 전에 계단 오른쪽에 2015년에 세운 복원품이 하나 있다. 청동으로 만든 뱀 기둥의 아랫부분이다. 원래 이것은 페르시아 2차 침입 때 플라타이아이에서 페르시아의 30만 육군을 물리치고(기원전 479년) 그것을 기념하여 여러 도시가 함께 바친 것이다. 한데 이 귀중한 유물을 콘스탄티누스 황제가 뷔잔티온으로 가져다가 전차 경주장 hippodrome에 세웠고, 나중에는 그것이 분수대(또는 수도관)의 출수구로 쓰인 모양이다. 이 뱀 기둥은 뱀 세 마리가 서로 몸을 꼬

다각형 석축과 아테나이 스토아.

아서 곧추세우고 꼭대기에서 뱀 머리 세 개가 각기 다른 방향으로 뻗어 나온 것이었다. (분수대로 사용할 때는 세 마리 뱀의 입에서 물이 쏟아져 나왔다고 한다.) 지금도 진품이 이스탄불의 옛 전차 경주장 자리(성소피아 대성당과 블루 모스크에 가까운 술탄 아흐메트 광장)에 두 개의 오벨리스크 사이에 놓여 있다. 하지만 이 진품도 머리 부분을 잃어버려서, 델포이에 다시 세운 것도 그냥 머리 없는 상태로 복원한 것이다. (나중에 이 뱀 머리 중 하나가 발견되어 이스탄불 고고학박물관에 전시 중이다.) 한편 이 뱀의 또아리 칸칸의 바깥 면에 플라타이아이 전투에 참여한 도시국가들의 이름이 새겨져 있는데, 아무래도 공이 큰 순서대로(아니면 국력 순서로) 이름을 적은 듯하다. 제일 위에 스파르타, 그 다음이 아테나이 그리고 코린토스의 순이다. 투퀴디데스에 따르면 스파르타 장군 파우사니아스가 자기 이름을 기둥 기단에 새겨 넣었는데, 나중에 사람들이 그것을 지

델포이 성역에 복원해 놓은 뱀 기둥.

우고 전투에 참여한 31개 도시 이름을 뱀의 몸체에 새기기로 결의했다고 한다. 원래 이 뱀 기둥 위에는 세발솥이 있었다고 하는데, 다리가 뱀 기둥만큼 높은 거대한 솥이었는지, 아니면 좀 작은 솥을 뱀 머리에 얹었던 것인지 분명치 않다.

뱀 기둥 뒤로는 로도스 사람들이 봉헌했던 태양신의 청동마차 기단이 있다. 원래의 봉헌품은 지금 전해지지 않는데, 일설에 따르면 베네치아 산마르코 대성당 앞에 있던 네 마리 말이 바로 여기 것을 옮겨 간 것이라 한다. 콘스탄티누스 황제가 그것도—뱀 기둥과 함께—뷔잔티온(콘스탄티노플, 이스탄불)으로 옮겨 갔는데, 4차 십자군 전쟁 때 엉뚱하게도 십자군이 이 도시를 함락하고 전리품들을 챙겼는데, 네 마리 말도 그때 베네치아로 옮겨졌다는 것이다. 하지만 현재 그 네 마리 말은—마르쿠스 아우렐리우스 기마상처럼—로마시대 작품으로 여겨지고 있다. 베네치아 사람들이 콘스탄티노플에서 빼앗아 간 것은 맞지만, 희랍 것이 아니라 후대의 작품이란 말이다. 조금 더 설명하자면, 이 말들은 대기오염 때문에 지금은 성당 내부로 옮겨지고 바깥에는 청동 모사품이 서 있다. 실내에 있는 것들은 청동이라기보다는 거의 완전한 구리로 되어 있어서 빛깔이 매우 좋다. 콘스탄티노플에서 베네치아로 옮길 때 목을 잘라서 가져갔기 때문에, 접합부를 숨기기 위해 지금은 목 칼라를 둘러놓은 상태다.

아폴론 신전을 보기 전에 계단 진행 방향 끝까지 가서 다각형 석축 앞에서 두 가지 챙길 것이 있다. 하나는 이곳에 네옵톨레모스 사당이 있었다는 점이다. 트로이아가 함락될 때 앞장서서 싸웠던 이 젊은이는 귀국해서 곧 죽게 되는데, 아폴론 때문에 자기 아버지 아킬레우스가 죽었다고 그 죽음을 보상하라며 이곳에 찾아와 난동을 피우다가 피살되었다는 것이다. (사제들이 죽였다는 설, 그에게 약혼녀 헤르미오네를 빼앗긴 오레스테스가 죽였다는 설, 오레스테스의 선동에 의해 사제들이 죽였다는 설 등이

베네치아 산 마르코 대성당의 네 마리 말(사두마차).

있다.) 희랍에는 적이라도 자기 땅에서 죽으면 그 땅을 지켜 주는 신령이 되는 사례가 많이 있었는데, 네옵톨레모스도 그렇게 된 것이라 보아야겠다. 주목할 또 하나는, 이 네옵톨레모스 사당 뒤에 '크로노스의 바위'라는 것이 있다는 점이다. 크로노스가 자식들을 모두 삼킬 때 제우스 대신 아버지 뱃속에 들어갔다 나온 돌이 바로 이것이라고 한다. (대개는 옴팔로스가 바로 그 돌이라고 알려져 있다.) 어쨌든 이 돌도 섬김을 받아서, 사람들이 날마다 이 바위에 기름을 붓고 손질하지 않은 양털을 바쳤다고 한다. 고대에는 짐승 제물을 바치기 전에 먼저 그 짐승의 머리털을 조금 잘라 불에 던지는 관행이 있었는데, 이 관행의 변형인 모양이다. 일종의 약식 제사라 하겠다.

다시 아폴론 신전으로 돌아와서, 계단 곁 신전 바로 앞에 키오스 사람들이 지어 바친 거대한 제단이 있다. 제단의 위 아래 부분은 하얀 대리석으로 되어 있지만 중간층은 키오스에서 직접 옮겨온 검은 대리석으로 되어 있어서, 지금 복원된 제단에도 일부 검은 부재가 쓰였다. 이 제단에는 새김글이 있어서 우리의 이해를 도와주는데, 제일 위층 정면에는 '키오스인들이 아폴론께 바친다'라고 새겨져 있고, 제단 왼쪽 면 맨 밑에는 '델포이인들이 키오스인들에게 신탁을 먼저 받을 권리promanteia를 주었다'라고 새긴 것이다. 델포이에 특별히 잘해 준 도시에게는 다른 도시, 다른 사람들보다 먼저 신탁 받을 권리를 주는 관행이 있었는데, 키오스도 그런 특권을 얻었다는 뜻이다. 항공기 탑승할 때 1등석이나 비즈니스석 승객이 일반석 승객보다 먼저 타는 것과 비슷하다.

델포이 성역을 누가 관장할 것인지를 두고 몇 차례 전쟁이 있었을 때 (신성 전쟁), 언제나 델포이 사람들의 편을 들었던 스파르타에게도 이런 특권이 주어졌다고 한다. 주변 도시국가인 크릿사나 포키스가 델포이 성역 관할권을 주장해서 전쟁이 네 번이나 있었다. 결국 여러 도시가 참여하는 협의체(인보鄰保 동맹amphictyonia, '성지 관리위원회')를 두는 것으로 결정되었는데, 이 위원회는 델포이뿐 아니라 테르모필라이 부근 데메테르 성역도 관장했다. 포키스는 그 후로도 여러 차례 관할권을 주장하며 말썽을 부리다가 협의체에서 축출되고, 결국 기원전 4세기 중반에 마케도니아가 이 도시를 대신하게 된다.

이제 이 성역의 가장 중심적 유적인 아폴론 신전을 보자. 지금 우리가 보는 것은 세 번째 신전이다. (전설에 따르면 여섯 번째 신전이다. 처음 것은 월계수 가지로, 두 번째 것은 밀랍과 깃털로, 세 번째 것은 청동으로 지어졌다고 한다. 하지만 고고학적으로 입증된 것만 따지기로 하자.) 처음 지어진 것(기원전 650년경)은 지금 것보다 약간 작은 신전으로 기단부만 대리석을 쓰고 벽체는 벽돌로, 그 위는 목재로 지어졌는데 화재로 소실되었다(기원전 548년). 이 첫 번째 신전의 잔해 중 일부는 현재 신전의 남쪽에 있는 급수 시설fountain 재료로 재활용되었다. 이 신전이 불타자, 여러 도시와 개인들에게서 후원금이 몰려들어 두 번째 신전이 지어진다(기원전 505년경 완성). 기둥 수 6×15의 도리스 양식 건물이었다. 이전 것보다 넓은 부지가 필요해서 신전 남쪽에 축대를 쌓고 지반을 다졌는데, 이때 지금 우리가 보는 다각형 석축이 조성되었다. 하지만 이 두 번째 신전도 기원전 373년 대지진으로 파괴되어, 다시 지은 것이 현재의 신전이다(기원전 330년 완성). 그러니까 기원전 7세기, 6세기, 4세기에 한 번씩 신전이 지어졌다고 생각하면 되겠다. 세 번째 신전도 도리스 양식의 기둥 수 6×15이며, 폭은 두 번째 것과 거의 같고 길이는 약간(1미터 조금 못 미치게) 길어졌다. 동쪽과 서쪽에 현관(전실과 후실)이 있어서 각기 그 앞에 두 개의 기둥이 있었다. 지금은 테두리 기둥 중 동남쪽 모서리 기둥 여섯 개만 복원되어 서 있다.

실내 공간은 현관을 포함해서 일단 셋(전실, 내실, 후실)으로 나뉘고,

중앙 공간(내실, cella, sekos)에는 길이 방향으로 이오니아식 기둥을 8개씩 두 줄로 세워 두었다. 중앙 공간 내부가 어떻게 이루어져 있었는지는 전하는 사람들의 말이 일치하지 않고, 현재 발굴에 의해서도 알기 힘들게 되어 있다. 기독교인들이 파괴한 것일 수도 있고, 이전 사람들이 자신들의 성역이 기독교의 손아귀에 들어가는 게 싫어서 파괴했을 수도 있다. 하지만 전하는 말들을 종합하고 다른 성역(예를 들면 소아시아의 디뒤마)의 경우를 참고하면, 대체로 이렇게 되어 있었던 듯하다. 내실의 제일 안쪽에는 아래로 내려가는 계단이 있어서 반 층 정도 깊은 별도 공간(지성소adyton, '들어갈 수 없는 곳')이 있다. 그 공간 중앙에는 옴팔로스가 놓여 있고, 아폴론 신상과 신성한 월계수, 그리고 정신을 몽롱하게 하는 가스가 스며 나왔다는 틈chasm—여사제를 취하게 해서 신탁을 이끌어 내는 장치—이 있다. 그리고 계단을 내려가기 직전에 신성한 화덕이 있다. 한편 우리로서는 조금 놀라운 요소도 있었는데, 이 지성소에 있었다는 디오뉘소스의 무덤이 그것이다. 디오뉘소스가 '죽었다가 살아나는 신'이고, 델포이가 그의 영역이기도 했다니 사실 이해 못할 일은 아니다. (겨울철 두 달은 아폴론이 북풍 너머에 사는 사람들에게로 떠나고 디오뉘소스가 이곳을 관장한다고 한다.) 게다가 내실로 들어서면 동북쪽에 포세이돈 제단도 있었다고 한다. 아폴론 숭배가 도입되기 전에 이곳은 땅의 여신의 영역이었고 포세이돈은 그녀의 남편이기 때문이다. ('포세이돈'은 '땅의 남편'이란 뜻으로 해석되기도 한다.) 지금은 대체로 전체가—내려가는 계단도 없이—평평하게 남아 있어서 이런 요소들이 정말로 갖춰져 있었는지, 있었다면 어떻게 배치되었는지 짐작하기 어렵다.

   신전 안에 정말 가스가 스며 나오는 틈이 있었는지는 알 수 없지만, 적어도 물은 샘솟았던 것 같다. 지금도 신전 남쪽에 샘이 있어서 계단을

델포이 아폴론 신전의 현재 모습.

통해 내려갈 수 있으며(물은 없다), 이 샘의 서쪽으로 신전 기단 밑에도, 물이 밖으로 흘러나오던 틈이 세로의 길쭉한 공간으로 남아 있다.

  신전의 동북쪽 모서리 앞에는 사각기둥 하나가 높직이 서 있어서, 이건 뭔가 하는 의문을 일으키는데, 그것은 기원전 2세기 소아시아 북쪽 흑해 연안의 비튀니아 왕이었던 프루시아스Prusias 2세가 봉헌한 기념 기둥이다. 아주 중요한 사람은 아니고, 아주 중요한 구조물도 아니다. 그저 현재 주변이 모두 평평한데 그 기둥만 두드러져서 특별해 보일 뿐이다.

  아폴론 신전을 왼쪽에 두고 '성스러운 길'을 따라 계속 진행하면, 길이 다시 S자로 굽어지기 직전에 오른쪽에 꽤 잘 보존된 극장을 보게 된다. 이곳에서 벌어진 퓌티아 경기대회에는 음악 경연도 있었는데 아마도 이곳에서 벌어졌겠다. '연극의 신' 디오뉘소스는 극장 곁에 성역을

아폴론 신전 동쪽에서 바라본 모습. 오른쪽으로 프루시아스 기념 기둥이 보인다.

갖는 경우가 많은데, 이곳도 마찬가지여서 객석에서 볼 때 오른쪽 앞에 그 성역이 있었다. 그리고 객석 전면의 무대 기단에는 헤라클레스의 12가지 위업이 새겨져 있었고, 그중 꽤 많은 부분이 살아남아서 지금 박물관에 전시 중이다. 조금 투박한 느낌의 연작 부조이다.

 극장을 지나면 한동안 아무 건물 부지도 없이 비탈길이 이어지는데, 이 성역 제일 높은 곳에 달리기 경주장(스타디온)이 있다. 아마도 희랍 문화권에서 가장 높은 곳에 조성된 경기장이 아닌가 싶다. 예전에는 탐방객들이 운동장 안에 들어갈 수 있었는데, 지금은 출입할 수 없게 해놓았다. 전체를 내려다보려면 길의 서쪽 끝, 제일 높은 데까지 가야 한다. 전차 경주장은 비탈에 조성된 이 성역의 특성상 이곳에 있지 않고, 저 멀리 바닷가 가까운 벌판에 있었던 듯한데 아직 정확한 위치가 확인되지 않았다.

 다시 큰길까지 내려와 동쪽으로 이동해서 아테네의 성역을 볼 차례다. 동쪽으로 몇걸음 이동하면 우선 길 왼쪽(북쪽)에 카스탈리아샘이 있다. 무사 여신들이 관장하는 샘이고, 이 샘물이 시적 영감을 불어넣어 주는 것으로 되어 있다. 샘이라고 하면 땅속에서 바로 물이 솟아나는 것으로 생각하기 쉬운데, 서양의 샘이라는 것은 사실 한국으로 치면 학교 운동장 한쪽에 있던 '수돗가'와 비슷한 것이다. 대개는 멀리서 도수로를 이용하여 물을 끌어오고, 한 개 또는 여러 개의 출수구(대개는 사자 머리 모양)를 통해 물이 쏟아져 나오며, 그 밑에는 작은 풀장이라고 할 만한 수조가 있는 것이 보통이다. 요즘 절집에 가면 흔히 볼 수 있는 음수대 또는 약수터와 비슷하기도 하다. 델포이에 있는 카스탈리아 샘도 그런 것이어서 길가의 바위벽 앞에 돌을 깎아 만든 수조가 꽤 크

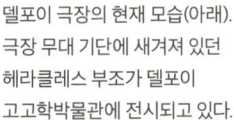
델포이 극장의 현재 모습(아래).
극장 무대 기단에 새겨져 있던
헤라클레스 부조가 델포이
고고학박물관에 전시되고 있다.

19세기에 그리스를 여행한 에드워드 도드웰이 그린 카스탈리아샘(위)과 현재 모습.

게 있는데, 지금은 물이 없다. 바위벽에는 벽감을 파서 전에는 신상 등을 모시고, 그 벽감 중 하나는 매우 커서 이곳에 세례자 요한의 작은 교회를 조성한 적도 있단다. (세례자 요한이라면 샘물과 잘 어울리긴 했겠다.) 지금 카스탈리아샘에 조금 못 미쳐 작은 수로가 있고, 이곳으로—계절마다 다르긴 하겠지만—물이 꽤 풍성하게 쏟아져 큰길 아래로 흘러간다. 조금 실망스럽지만 그럭저럭 이것을 새로운 카스탈리아라고 하면 되겠다.

　카스탈리아샘을 지나 더 앞으로 나아가면 길이 S자로 굽어서 남쪽으로 향하게 되는데, 큰길 오른쪽으로 내려가는 샛길이 있다. 그리로 내려가면—넓은 의미의—아테네 성역이라고 할 수 있는데, 사실은 이 구역도 둘로 나뉘어서 서북쪽은 '스포츠 구역', 동남쪽은 '종교 구역'으로 되어 있다. 현재 출입로는 그 둘 사이로 내려가는데, 우선—큰길에서 내려가는 사람이 볼 때—오른쪽의 '스포츠 구역gymnasion'을 보자. 큰길 밑으로 북서-동남 방향으로 길쭉하게 주랑xystos이 있었는데, 길이는 178미터 남짓('델포이 스타디온' 단위)이고 바닥에는 모래가 깔려 있었다. 기둥 수는 83개, 처음에는 도리스식이었다가 나중에 이오니아식으로 교체되었다. 그 앞에는 달리기 연습장paradromis을 사이에 두고 한 단 아래에 세 개의 구조물이 서쪽으로 놓여 있었다. 레슬링 연습장, 탈의실, 목욕장 등의 건물인데, 지금은 그중 한가운데 것인 원형 '풀장'이 눈길을 끈다. 선수들이 여기서 헤엄을 치기도 했으리라고 추정된다. 물은 카스탈리아샘에서 끌어왔고, 출수구로 해서 수조에 담겼다가 '풀장'으로 들어간 것 같다. 주랑 자리는 완전히 발굴하지 않고, 일부만 발굴해서 현재 기둥 받침들 몇개가 노출되어 있다. 상당히 육중한 육면체 돌덩이다.

사실은 19세기 말까지 이 자리에 교회가 서 있었는데, 그것을 헐고 발굴해서 지금처럼 기초가 드러난 것이다. 19세기 초에 이곳을 방문했던 바이런은 이 교회에 재활용된 옛 기둥에 자기 이름을 새겼다고 한다. 수니온 포세이돈 신전 기둥에 있던 낙서처럼 이것도 관광자원이 될 법한데 특별히 전시되지는 않은 모양이다. 이 자리에 있던 수도원의 벽화 등은 아테나이의 뷔잔티온-그리스도교 박물관에 전시되어 있다.

이 '스포츠 구역'에서 몸을 돌려 동남쪽으로 좀 더 이동하면 살짝 좌회전하면서 아테네 여신의 성역으로 들어간다. (부지 자체가 동서로 길쭉하기 때문에 이곳 건물들은 신전들까지도 모두 남향이다.) 한데 이 영역의 주인을, 독자들이 어려워할까봐 그냥 아테네 여신이라고 했지만 사실 이 여신에게는 별칭이 하나 더 따라붙는다. 정확히 하자면 '아테네 프로나이아'이다. '프로나이아pronaia'는 '신전 앞에 있는'이란 뜻이다. 아마도 예전에 동쪽 지역에서 이곳을 찾아오면 이 성역을 아폴론 성역보다 먼

스포츠 구역(귐나시온).

저 만나게 되기 때문에 이런 이름이 붙은 모양이다. 하지만 원뜻을 생각해 보면 '아테네 프로나이아의 신전'은 '신전 앞의 아테네의 신전'이 되기 때문에 좀 어색하다.

이 구역에는 10여 개의 건물이 있었지만 가장 중요한 것은 지금도 세 개의 기둥으로 서 있는 도토리형 건물tholos과 그 좌우의 두 신전이다. 먼저 가장 눈에 띄는 도토리형 건물을 보자. 사실은 이 성역을 특별히 찾아가 볼 이유를 제공하는 것이 바로 이 건물의 살아남은 기둥들이다. 기둥 세 개가 둥글게 서서 보를 얹고 있는데, 키가 매우 크고 정말 멋들어진 구조물이다. 이 건물은 기원전 390~380년경에 세워진 것으로 바깥에는 20개의 도리스식 기둥을 두르고, 그 안에 돌로 원통형의 실내 공간을 조성했으며, 내부에는 원기둥 10개가 벽에 바짝 붙어 서 있었다. 문은 거의 남쪽으로 나 있었다. 이 건물은 용도가 무엇이었는지 전해지지 않는데, 대개는 이전부터 섬겨지던 땅의 신들을 위한 것이 아니

아테네 성역의 도토리형 건물과 좌우의 두 신전 터.

었을까 추정된다. 이곳에서 청동기시대 사람들이 바친 많은 봉헌물이 발견되었다.

이 원형 건물은 지금, 외부 원기둥 중 동남쪽의 세 개만 복원하고, 나머지는 그냥 맨 아래 부재만 제자리에 심어 놓았다. 복원된 세 기둥은 심하게 깨진 기둥 조각들을 모아서, 나머지 부분을 채워 넣었기 때문에 기둥이 얼룩져 보인다. 원래의 부분과 새로 채워 넣은 부분이 거의 5대 5 비율이다. 이 건물은 바깥쪽의 보 위에 교차돌림띠장식을 갖고 있었는데, 내용은 아마존과의 전투 그리고 켄타우로스와의 전투였다고 한다. 지금 복원된 기둥들 위에도 중간면(메토프)이 몇개 남아 있고, 그중 하나에서는 말 한 마리를 알아볼 수 있다.

이번에는 이 중심 건물 좌우의 신전을 보자. 아폴론 성역 쪽에서 진입하는 사람이 먼저 만나게 되는 신전은 사실 제일 나중에 세워진 신전이다(기원전 370~360년경). 이 건물(신전 C라고도 한다)은 우리가 잠시 후에 보게 될 옛 신전(신전 B)이 대지진(기원전 373년)으로 무너지고 나서, 그것을 대체하기 위해—조금 더 서쪽에—세워진 것 같다. 이 신전이 아테네 여신에게 봉헌되었는지에 대해서는 논란이 있다. 이것이 아르테미스를 위한 신전이라는 기록이 있기 때문이다. 이 신전은 사실 먼저 있던 것보다 웅장하지 못하다. 먼저 있던 것은 전체를 기둥으로 둘렀는데, 이것은 정면에만 여섯 개의 기둥을 세우고 나머지 세 면은 그냥 바로 벽체가 바깥에서 보이도록 조성했기 때문이다. 정면으로 들어서면 전실에서 내실로 통하는 통로에 다시 두 개의 기둥이 있었다.

다음으로 중앙의 도토리형 건물—남쪽에서 볼 때—오른쪽에 있는 옛 신전을 보자. 이것도 원래는 기원전 7세기(650~630년경)에 지은 건물(신전 A)이—아마도 지진으로—무너지고, 같은 자리에 6세기(기원전 510~500년경)에 다시 지은 것이다. 바깥 테두리 기둥 수는 6×12, 후실 없이 전실과 내실만으로 이루어져 있었으며, 전실 앞에는 두 개의 기둥이 있었다. 이 신전은 대개 기원전 373년 대지진 때 무너진 것으로 추정

델포이 아폴론 성역 복원 모형. 델포이 고고학박물관.

하늘에서 내려다본 델포이 아폴론 성역의 현재 모습. 제일 높은 곳에 스타디온이 보인다.

되지만, 기원전 480년 페르시아 전쟁 때 파괴되었을 가능성도 있다. 어쩌면 이 신전이 완전히 파괴되지 않아서, 서쪽에 새 신전(신전 C)이 세워진 다음에도 여전히 사용되었을 가능성이 있다. 이 건물 기둥은 15개가 발굴되어 복원되었다가, 1905년에 산사태로 다시 무너지고 말았다.

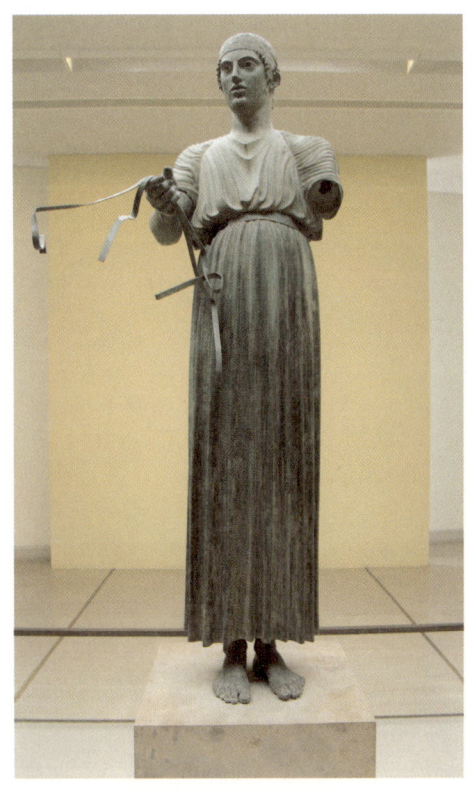

델포이 고고학박물관에서
가장 유명한 〈청동 마부상〉.

지금은 서 있는 기둥이 하나도 없다.

이 신전과 도토리형 건물 사이 공간에는 두 개의 보물 창고가 있었고, 동쪽 부지에도 다른 보물 창고들이 있었다. 옛 신전 옆에는 제단들이 남아 있는데, 거기 새겨진 글자들이 인상적이다.

박물관에 소장된 유물들에 대해서는 이미 꽤 설명을 했다. 그 밖에도 세 가지 인물상이 주목할 만하다. 가장 유명한 것은 〈청동 마부상〉이다. 기원전 478년 또는 474년 퓌티아 경기의 전차 경주에서 우승한 시칠리아 겔라의 참주 폴뤼잘로스Polyzalos, 그리고 470년에 같은 종목에서 우승한 그의 형제 히에론Hieron이 만들어 바친 것으로 알려져 있다. 180센

티미터 정도의 키에 엄정한 자세, 준보석으로 따로 박아 넣은 눈과 세련된 의상 등으로 고대 조소 작품의 대표라고 할 수 있다. 1896년에 발굴되었을 때, 이런 청동상으로는 최초의 사례여서 엄청난 주목을 받았었다. 물론 그 이후로 이와 유사한 작품들(예를 들면, 이탈리아 리아체Riace의 청동상)이 꽤 발굴되었다. 이 마부가 모는 말들의 부분 조각들도 발견되어 박물관에 함께 전시되어 있다.

다른 인상적인 인물상으로 〈클레오비스와 비톤〉이 있다. 이들은 아르고스 헤라 축제 때 자기들의 어머니를 수레에 싣고 신전까지 달려갔었다는 청년들로, 헤로도토스에 따르면 현자 솔론이 '세상에서 두 번째로 행복한 사람'으로 꼽았다는 인물들이다. 하지만 이들을 디오스쿠로이로 보는 사람도 있다. 도상 자체는 좀 초기 형태의 쿠로스상으로 보인다. 기원전 580년경의 작품이다.

주목되는 인물상 중 마지막 것은 기원후 130년 하드리아누스를 따라 이집트에 갔다가 나일강에서 익사한 미남 청년 안티노오스의 조상이다. 원래는 아폴론 신전 입구에 세워졌던 듯하며, 표면을 잘 연마하고

 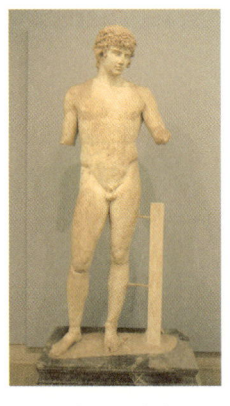 

왼쪽 '세상에서 두 번째로 행복한 사람'들인 〈클레오비스와 비톤〉. 가운데 미남 청년 안티노오스의 조상. 오른쪽 아칸서스 기둥 위의 춤추는 세 처녀 조각상.

까마귀 앞에 술을 붓고 있는
아폴론 도기 그림.

기름을 발라서 상당히 잘 보존된 채 발굴되었다. 이 셋은 각기 상고시대(클레오비스와 비톤), 고전기(청동 마부상), 로마시대(안티노오스)를 대표하는 인물 조각이라고 할 수 있겠다.

이 박물관에 소장된 것 중, 크기는 작지만 신화적으로 중요한 유물을 몇가지 꼽자면, 멧돼지를 메고 오는 금속제 헤라클레스상(항아리에 숨는 에우뤼스테우스의 표정이 우습다), 하르퓌이아를 추격하는 북풍신의 아들들 상아 조각, 양의 배 밑에 매달려서 외눈박이 괴물의 동굴을 탈출하는 오뒷세우스 금속 조각, 까마귀 앞에 술을 붓고 있는 아폴론 도기 그림 등이 있다. 그 밖에 아테나이 사람들이 봉헌한, 아칸서스 기둥 위의 춤추는 세 처녀 조각상, 세 명의 코레가 떠받치고 있는 성수 그릇 등이 눈에 띄는 유물이다. 앞에도 말했듯 올륌피아 박물관처럼 이 박물관도 신께 바친 봉헌품이 주를 이루고 있기 때문에 유물들의 수준이 매우 높다. 정선된 명품만 모아 놓은 격이다.

멧돼지 사냥으로 유명한 칼뤼돈

델포이를 떠나 북쪽으로 가자면 동쪽으로 갈 수도 있고, 서쪽 길을 택할 수도 있다. 동쪽으로 가면(혹은 델포이에서 바로 북쪽으로 향해도) 결국, 페르시아 2차 침입 때 3백 명의 스파르타 전사가 좁은 길을 막다가 모두 전사했다는 테르모퓔라이로 가게 된다. 반면에 서쪽 길을 택하면 영웅들의 멧돼지 사냥으로 유명한 칼뤼돈을 지나, 제우스 신탁소가 있었던 도도네로 향하게 된다. 우리는 이 서쪽 길로 가는 것으로 하자.

 칼뤼돈은 그저 신화 속의 지명인 듯하지만, 뜻밖에 이곳에도 고대의 유적이 남아 있다. 대중적인 안내서에는 잘 나오지 않기 때문에 사실 정보를 얻기도 어려운데, Archeologikos Choros Kalidon으로 검색하면 지도에서 찾을 수 있다. 리오-안티리오 다리 북단에서부터 도도네를 향해 가는 도중 메솔롱기 조금 전에 5번 고속도로에서 벗어나서 5번 국도를 5분 정도 달리면 길 오른쪽에 있다. 그 직전에 Kokori라는 마을이 있으니, 거기서 찾아가면 된다. 아르테미스 신전과 작은 아폴론 신전, 특이하게도 네모꼴로 만들어진 극장(헬레니즘시대), 그리고 영웅 사당 heroon(헬레니즘시대)과 지하 무덤 등이 발굴되어 있다.

 유적지 규모는 크지 않고 지상에 남은 것도 거의 없지만, 거대한 멧돼지가 나타나고, 영웅들이 그것을 사냥하고, 멜레아그로스의 어머니가 아들의 목숨이 달려 있는 장작을 불에 던지고, 멜레아그로스가 죽는 등등의 사건이 일어났던 배경이다. 『일리아스』에서 아킬레우스 대신 활

네모꼴의 칼뤼돈 극장.

약하는 영웅 디오메데스는 아르고스 출신이지만, 그의 아버지이자 테바이를 공격했던 일곱 영웅 중 하나인 튀데우스는 바로 이 칼뤼돈 태생이다. 이러한 신화들은 청동기시대를 배경으로 하고 있는데, 이에 걸맞게 이곳은—북서부 지역으로는 드물게도—청동기시대 유적이 확인된 곳이기도 하다.

또한 이 부근은 로마의 첫 번째 황제인 아우구스투스와도 인연(어찌 보면 악연)이 있다. 그는 악티움 해전(기원전 31년)에 승리한 다음에 그것을 기념하고자, 이곳보다 약간 북쪽에 니코폴리스를 만들어 주민들을 이주시켰다. (지금도 니코폴리스에 가면 로마 원형극장과 아우구스투스 기념비 등을 볼 수 있다.) 그러면서 이곳 성역에 모셔졌던 아르테미스 신상, 디오뉘소스 신상 등은 바다 건너 아카이아 사람들에게 넘겨주어 버렸다. 그래서 이 신상들은 한동안 파트라이에 모셔졌었다고 한다. 이 신상들이 바다 건너 아카이아로 가게 된 것은 관할권 분쟁의 역사와 관계가 있다. 칼뤼돈 부근 지역을 크게 아이톨리아라고 부르는데, 이 지역은 펠로폰네소스 전쟁 이후 패권을 잡은 스파르타에 의해 아카이아에게 일종의 선물로 주어지게 된다. 스파르타는 아카이아와 돈독한 사이였기 때문이다. 하지만 스파르타가 레욱트라 전투에서 패배하고 테바이가 패권을 잡게 되자, 이 부근 도시들의 관할권이 다시 아이톨리아인들에게로 넘어온다. (스파르타의 지배를 받다가 테바이에 의해 독립을 얻은 멧세니아와 비슷한 운명이다.) 그러다가 세월이 지나서 더 북쪽에 신도시 니코폴리스가 생기고 거기로 중심이 옮겨 가자, 로마 당국은 이 남쪽 변두리 지역 관할권을 아카이아에 넘겨 버린 것이다. 하지만 이렇게 다른 데로 갔다가 귀환했다는 신상들은 지금 전해지지 않는다. 칼뤼돈 유적지에서 발굴된 유물들은 아테나이 국립고고학박물관과 칼뤼돈 북쪽 아그리니오의 박물관에 전시되어 있는데 특별히 언급할 만한 것은 없다.

신성한 참나무가 신탁을 내리던 도도네

칼뤼돈에서 두 시간 정도 북쪽으로 이동하면 도도네에 닿는다. 최단 거리로 가자면 내륙으로 가는 길을 택하면 되고, 만일 악티움 해전으로 유명한 악티움을 거쳐 가고자 한다면 서쪽으로 바다 가까운 길을 택하면 된다. 하지만 정작 악티움이란 지명을 차지한 지역에는 지금 거의 아무것도 없고 농경지뿐이다. 악티움 해전의 흔적을 찾으려면 앞에 언급한 니코폴리스에 가야 하는데, 뜻밖에도 악티움이란 이름을 차지한 것이 이 부근에 또 하나 있다. 니코폴리스로 가는 길 바닷가에 자리 잡은 악티움 공항이 그것이다. 북유럽의 저가 항공사들이 주로 이용하는 공항이다.

한편, 지도를 놓고 보자면 오뒷세우스의 고향인 이타케로 건너가는 길이 이 부근 어딘가에 있을 듯한데, 사실은 거기로 건너가기가 쉽지 않다. 악티움에 이르기 전에 왼쪽으로 빠져나가 다리를 통해 레우카스섬으로 건너간 다음(이 섬은 고대부터 얕은 모래톱으로 육지와 연결되어 있어서, 바깥 바다에서 이 길목으로 배를 끌어 넘겨 내해로 들어오는 일도 잦았다), 이 섬의 중간쯤 동쪽 해안에 있는 니드리 항구로 가면 이타케로 떠나는 배가 있다. 하지만 이타케는 아무 유적이 없기로 유명한 곳이니, 그냥 오뒷세우스의 고향 분위기를 느끼러 가는 사람이 아니라면 굳이 찾아갈 필요는 없겠다. (이 섬에 닿는 다른 방법으로, 올륌피아에서 북서쪽으로 한 시간 정도 떨어진 퀼레네 항구에서 케팔로니아섬의 포로스로 건너간 다음, 거기서 다시 이타케로 건너가는 수도 있다. 이런 방법이 너무 번거롭다고 생각한다면 케팔로니아 공항을 이용하는 방법도 있다. 희랍은 거의 모든 섬에 공항이 있고 유럽 여러 도시에서 직접 연결된다.)

도도네는 희랍에서 가장 오래된 신탁소가 있던 곳이다. 인류를 멸망시킨 대홍수에서 살아남은 두 사람, 데우칼리온과 그의 아내 퓌르라가 세운 신탁소라고 전해진다. 이들은 '어머니의 뼈'를 어깨너머로 던지라는 신탁을 받았는데, 이것을 '어머니'는 '대지', '뼈'는 '돌'이라고 해석해서 돌을 어깨너머로 던졌단다. 그러자 남자가 던진 돌에서는 남자들이, 여자가 던진 돌에서는 여자들이 생겨났다고 한다. 하지만 헤로도토스는 『역사』에서, 이집트의 테바이로부터 검은 피부의 여사제 둘이 이주해서 만든 신탁소라고 전한다. (헤로도토스는 희랍 종교의 거의 모든 신과 제의들이 다 이집트에서 온 것이라고 주장한다.) 그것이 와전되어 '검은 비둘기' 두 마리가 이곳에 와서 신탁을 내렸다고 전해졌다는 것이다. 여기서 '검은'은 피부색을 가리키는 것이고, '비둘기'란 이곳 사람들이 알아듣지 못하는 언어를 뜻한다고.

이 신탁소는 호메로스의 서사시에도 언급되어 있다. 『일리아스』에서 아킬레우스가 파트로클로스를 전장으로 보내기 전에 도도네의 제우스에게 기원을 드리는 장면, 그리고 『오뒷세이아』에서 늙은 거지꼴의 오뒷세우스가 자기 집에 도착해서는 '이 집 주인이 지금 도도네에 신탁을 받으러 가 있다'고 말하는 장면에서다.

도도네와 관련해서 하나 기억할 만한 것은 이곳에서 제우스의 부인 디오네가 숭배되었다는 사실이다. 보통 제우스의 부인은 헤라로 알고들 있지만, 『일리아스』에는 아프로디테가 제우스와 디오네 사이에 태어난 것으로 되어 있으며, 디오네도 올륌포스에 함께 살고 있는 것으로 되어 있다. 그 밖에도 페르세포네를 낳은 데메테르, 아폴론과 아르테미스를 낳은 레토도 올륌포스의 제우스 궁전에 함께 살고 있으니, 이 서사시에서 제우스는 적어도 부인 넷을 한집에 데리고 사는 격이다. 물론 헤라의 지위가 가장 높은 것으로 되어 있긴 하다.

도도네는 원래—델포이도 그러하듯—청동기시대부터 있었던 대지모신의 숭배 성지였던 듯하다. 그래서 그 땅의 여신이 나중에는 디오네라는 이름으로 섬겨진 모양새다. 디오네는 '제우스의'라는 뜻일 수도 있고, 그냥 '신적인 존재'라는 뜻일 수도 있다.

도도네가 아주 오래된 성지라고 소개했는데, 정작 도도네에 가면 놀라게 된다. 현재 남아 있는 유적들이 상당히 뒷시대 것이기 때문이다. 즉, 대부분의 구조물이 헬레니즘시대인 기원전 300년 이후 것이다. 이곳도 델포이나 올륌피아처럼 관할권 다툼이 치열했는데, 처음에는 테스프로토이 사람들이, 나중에는 몰로소이 사람들이 이곳을 관장했다고 한다. 그러다가 기원전 3세기에 이 지역(에페이로스, 에피루스) 출신의 전쟁 영웅 퓌르로스(아킬레우스의 아들과 동명이인. 로마에 쳐들어갔던 것으로 유명하다)가 이 성역을 특별한 지위로 올렸다. 나중에 이곳이 아이톨리아인들의 침입(기원전 219년)으로 불타자 마케도니아의 필립포스 5세가 재건을 도와주고, 다시 로마 장군 아이밀리우스 파울루스 때(기원전 167년) 파괴된 것을 아우구스투스 황제가 지어 주었다. 이런 식으로 파괴와 재건을 거듭하다 보니 결국 좀 늦은 시기의 건물만 남게 된 것이다. 이곳은 테오도시우스가 이교를 금지할 때(391년)까지 유지되었다. 제우스의 신성한 참나무도 이때 베어 버렸다 한다. 지금 그 자리에 서 있는 나무는 일종의 복제품인 셈이다.

도도네 성지는 북쪽에 낮은 언덕을 등지고 남쪽을 바라보는 비탈에 조성되어 있다. 델포이처럼 복잡하지 않고 아주 단순한 구조이다. 북서쪽에 있는 주차장에서 들어가면 우선 보존 상태가 아주 좋은 극장을 왼쪽(북쪽)에 보게 된다. 무대를 이루던 돌 구조물이 대여섯 층까지 남아 있고, 아치문도 보존되어 있다. 그 남서쪽(진입로 오른쪽)에는 운동 경기장(스타디온)의 흔적이 조금 발굴되어 있다. 극장 동쪽, 그러니까 극장 정면에 서서 보면 오른쪽에는 옛 회의소 bouleuterion가 있고, 그 동쪽으로 작은 몇개의 신전 자리가 있는데, 제일 중요한 것은 제우스 신전 또

도도네의 제우스 신전 터와
신전의 복원도.

는 '신성한 집'이라는 것이다. 이곳에는 신성한 참나무가 있어서 그것이 바람에 우수수 흔들리는 소리를 듣고 사제들이 신의 뜻을 해석해 주었다고 하는데(혹은 참나무 자신이 말을 했다고도 한다), 제우스 신전은 그 참나무를 에워싼 정사각형 담장이 큰 윤곽을 이룬다. 남쪽인 정면에는 현관 건물이 있고, 제일 안쪽에 남북 방향으로 길쭉한 신전 본관이 네모꼴 담장 밖으로 일부 튀어나오도록 조성되어 있었다. 물론 아주 초기에는 낮은 담장과 더 간단한 건물만 있었던 듯하다.

그 밖에도 제우스 신전 주변에 아프로디테 신전, 헤라클레스 신전, 그리고 디오네를 모신 작은 신전 두 개가 있었고, 그 뒤로는 거의 네모꼴의 작은 성채(아크로폴리스)가 있었다. 현재 다른 구조물은 모두 기초만 남아 있고, 회의소만 좀 높게 벽체를 보존하고 있다. 이런 곳은 사실 건물보다는 성스러운 분위기를 느끼러 가는 곳이니, 델포이, 엘레우시스와 비교하면 좋을 것이다. 그리고 운동 경기장과 극장이 있는 것은 여기서 종교 제전이 벌어져서 운동경기, 음악 경연, 비극 경연 등이 있었기 때문이다. 이 종교 제전은 '나이아Naia'라고 불렸는데, 이곳에서 섬겨지던 제우스가 '제우스 나이오스'였기 때문이다. '나이오스Naios'는 '샘의'라는 뜻인데, 좀 쉽게 풀어 '샘물을 주시는'이라 하면 되겠다. 이곳의 샘은 신성한 참나무 밑에서 솟아났었다고 한다. 이 제전은—운동 경기장이 기원전 3세기 후반에 조성된 것으로 보아—아마도 뒤늦게 생겨난 듯하다.

도도네에서 발굴된 상고시대의 제우스상. 뮌헨 조각관.

이 성역에서 발견된 가장 중요한 유물은 벼락을 던지는 제우스 청동상이다. 크기는 별로 크지 않아서, 가정에 모셔 놓고 섬기던 신상이거나 여행용이 아니었을까 추정된다. 비슷한 모양의 것 둘이 있어서, 하나는 아테나이 국립고고학박물관에, 다른 하나는 가까운 도시 요아니나 박물관에 소장되어 있다. 사실은 여기서 나온 것 중에 상고시대의 제우스상이 제일 멋진데, 이것은 현재 뮌헨의 조각관Glyptothek에 있다. 벼락뿐 아니라 왼손에 홀도 들고 있는 것이다. 그 밖에도 청동 기물의 장식이었던 것으로 보이는 청동제 독수리 손잡이, 사자 모양 손잡이, 청동제 인물상(불교의 공양상처럼 손을 공손히 내밀고 있다), 석조 사자상, 로마시대의 석관 등이 눈길을 끈다.

나우시카아의 섬, 케르퀴라

도도네까지 왔으면 서쪽으로 조금 더 가서 케르퀴라(코르퀴라, 코르푸)를 방문하는 것도 좋다. 오뒷세우스를 구해 준 나우시카아의 고향이다. 오뒷세우스는 요정 칼륍소에게 7년 동안 붙잡혀 있다가 뗏목을 만들어 타고 떠났지만, 포세이돈이 그것을 파선시키는 바람에 이곳으로 표류해 온 참이었다. 또, 그보다 한 세대 전에 황금양털을 찾아 떠났던 이아손이 추격자들과 마주쳐, 급히 메데이아와 결혼식을 올린 곳이기도 하다. 역사적으로는 강력한 함대를 갖고 있어서 페르시아 2차 침입 때 희랍 연합군이 도움을 청한 나라이고(그때 케르퀴라는 눈치를 살피다가 결국 도움을 주지 않았다), 그로부터 약 50년 뒤에 이곳에서 내분이 시작되어 그것이 펠로폰네소스 전쟁으로 번진, 전쟁의 진원지이기도 하다.

하지만 오늘날 고전과 신화에 관심 있는 여행객이 이곳을 찾아갈 가장 큰 이유는 아킬레우스의 사당(아킬레이온)이 있기 때문이다. 이것은 사실 오래된 것은 아니고, 19세기 말에 오스트리아 황제비 '바바리아의

아킬레이온 벽화.

엘리자베스'가 기획하여 지은 현대 건축물이다. (그 후 독일 황제의 소유가 되었다가 군용 병원, 고아원, 군사령부, 카지노 등으로 계속 용도 변경된 끝에 지금은 박물관이 되었다.) 건물의 구조나 장식을 옛날식으로 해서 주랑과 벽화가 멋지고, 정원은 일종의 조각 공원처럼 꾸며서 영웅들의 조각상이 여럿 서 있다. 특히 내부 계단 정면에 아킬레우스가 헥토르를 죽인 후 전차에 묶어 끌고 달리는 장면을 그려 놓았는데, 『일리아스』의 결정적 장면을 꽤 잘 전달해 준다.

한편 이 섬을 찾을 두 번째 이유는 코르푸 고고학박물관에 아주 좋은 유물이 있어서다. 바로 상고시대의 아르테미스 신전(기원전 580년경) 서쪽 박공장식이다. 이 시기 것으로 이렇게까지 전체가 많이 남아 전해지는 박공장식은 거의 없다. 중앙에는 고르곤 메두사가 달리는 자세로 새겨지고 좌우에는 사자가 한 마리씩 새겨져 있는데, 고르곤의 양팔에는 각기 페가소스와 크뤼사오르가 안겨 있다. (페가소스는 앞부분을 이루는 조각이 사라져서 엉덩이뿐이다.) 제일 오른쪽 구석에는 벼락으로 티탄(아마도, 프로메테우스의 아버지인 이아페토스)을 공격하는 제우스가 새겨져 있다. 이것이 발굴된 신전 터는 국제공항 바로 동쪽에 있다. 기둥 수 8×

코르푸 고르곤 박공장식.

17의, 전체가 돌로 된 신전으로는 거의 최초의 것이었다는데 지금은 초석조차 남지 않은, 말 그대로 흔적뿐이다. 바로 이 자리에 수도원이 세워지면서 자재들이 재활용되었기 때문이다. 그나마 신전 동쪽에 있었던 장대한 제단의 일부가 보존되어 약간의 위안을 준다.

고고학박물관 유물 중에 또 하나 주목할 만한 것으로 바다에서 건져낸 헤라클레스 청동상이 있다. 이 부근에는 헤라 신전 터도 하나 있는데, 아르테미스 신전 터에서 동남쪽으로 5백 미터 정도 떨어진 곳이다. 하지만 이곳도 약간의 석축만 남은 정도여서 아쉽다. 시내에 베네치아의 요새와 등대, 고대 건축을 모방한 멋진 건물들(신전을 본뜬 성 조지 교회 등)과 기념비 등 다른 근세 유적이 많고, 박물관도 여러 개 있다. (그 중에는 아시아 예술박물관도 하나 끼어 있다.)

케르퀴라로 가려면 도도네 서쪽의 이구메니차 항구에서 페리를 타면 된다. 항구는 도도네 유적지에서 4~50분 거리에 있다. 케르퀴라섬에는 항구가 북쪽(코르푸)과 남쪽(레우킴미) 두 군데 있는데, 이구메니차항에서 이 두 곳 중 어느 쪽으로든 갈 수 있다. 한편 도도네에 들르지 않고 다른 지역에서 직접 가고자 한다면 그냥 코르푸 공항을 이용하는 방법도 있다. 여러 유럽 도시에서 연결된다.

300명의 전사가 최후까지 지키던 테르모퓔라이

도도네와 케르퀴라(코르푸)에서 다시 동쪽으로 돌아서면 대개는 메테오라를 들르게 된다. 외떨어진 높직한 봉우리에 수도원들이 위태롭게 올라앉은 산지이다. 이 수도원들은 11~12세기부터 하나씩 생겨나기 시작했고, 처음에는 연을 날려서 사람을 보내고 밧줄과 도르래 등으로 자재를 날라서 건물을 지었다 한다. 이전에는 위태로운 사다리나 밧줄을 통해서나 속세와 겨우 연결되던 묵상과 수행의 공간이었지만, 지금은 대개 다리를 놓거나 계단과 터널 경사로를 통해 들어갈 수 있게 해 놓았다. 대여섯 군데 수도원이 내부를 공개하니, 수려한 풍광도 누리고 영성 가득한 분위기에도 잠시 젖어들 기회다. 수도원마다 일종의 박물관을 보유하고 있는데, 대다수 소장품은 양식화된 틀을 따르고 있어서 개성이 두드러지지 않지만 이따금 가슴을 울리는 작품들도 만날 수 있다.

다시 약간 길을 되돌려 남동쪽으로 가보자. 델포이에서—우리가 앞에 택했던 경로 말고 좀 더 동쪽 길로 해서—북쪽으로 향하는 길목에 테르모퓔라이가 있다. 기원전 480년 페르시아 백만 대군에 맞서다 스파르타 전사 3백 명이 최후를 맞이했다는 곳이다. 지금은 널찍한 들판이지만 약 2천5백 년 전에는 바다가 가파른 산 밑까지 바짝 다가와 있던 좁은 길목이었다. (테르모퓔라이 협곡이라고 알고 있는 사람이 많지만, '협곡' 아니고 그냥 '협로'였다.) 스파르타는 당시에 종교 축제 중이어서 전체 군대를 보낼 수가 없었고, 사태가 워낙 위급해서 임시로 아들 가진 사람 중에 3백 명만 뽑아서 먼저 보냈다고 한다. 하지만 이곳을 지키던 사람이 처음부터 3백 명뿐이었던 것은 아니고, 스파르타가 앞장선 희랍 연합군이 적어도 5천 명은 모였었다. 마지막에 적들이 산길을 통해 뒤에서 나타나자(에피알테스라는 자가 길을 안내했다고 헤로도토스는 적시하고 있다), 스파르타 왕 레오니다스는 어차피 적을 끝까지 막기는 어렵다고 판단해서, 희생자를 줄이기 위해 다른 군대는 철수하게 하고 자기들끼리만 남아 최후를 맞이했다.

겨우 3백 명으로 얼마나 오래 막을 수 있었을까 싶지만, 길목이 워낙 좁아서 페르시아군은 수적 우세를 제대로 활용할 수가 없었다. 그리고 마지막 전투 때도 사실은 3백 명이 아니라, 거의 3천 명 정도가 이곳에 남아 있었다. 스파르타 전사들은 종자들을 데리고 다니기 때문에, 마지막 순간 이 부근에 있던 사람 중 스파르타 소속이 대충 2천 명은 되었을 것이다. 더구나 테바이 사람들이 배신할 가능성이 있어서 이들도 붙잡아 두었고(4백여 명), 테스피아이 사람들 7백여 명도 끝까지 함께 하고자 남았다. 마지막에 이들은 적들에게 포위된 상태가 되었기 때문에 좁은 길목을 지키는 것은 의미가 없다고 생각해서, 넓은 곳으로 나가 정규전으로 최후를 맞이했다. 헤로도토스는 이들이, 창과 칼이 부러지면 맨주먹으로 싸우고 이로 물어뜯으며 끝까지 저항했다고 전한다. 이들이 최후를 맞이한 것으로 추정되는 작은 언덕 위에는 이미 2천5백 년 전에 그 자리에 있었다는 기념비의 새김글을 다시 새긴 청동판이 놓여 있다. (이 언덕의 위치도 비교적 근래에 발굴을 통해 수정된 것이다. 거기서 많은 페르시아 무기가 발굴되었다. 당시에 3백 명의 전사가 발 딛고 있던 지면은 현재 20미터 지하에 묻혀 있다.)

지금 테르모퓔라이에 찾아가면 고속도로 북쪽에, 그러니까 아테나이 쪽에서 가자면 길 오른쪽에(이 부근에서는 길이 거의 동서로 뻗어 있다) 기념비와 레오니다스 청동상이 서 있다. 가로로 길쭉하게 조성된 담장식 기념물인데 벽면에 전사들의 전투 장면이 돋을새김되어 있고, 그 가운데 높은 받침대에 레오니다스가 서 있다. 오른손에 창을 치켜들고 왼팔에는 방패를 장착해서, 스파르타에 있는 칼 든 청동상과는 약간 다르게

테르모필라이에 있는 레오니다스 청동상과 기념비.

그리고 훨씬 높게 조성했다. 좌대에는 역시 '와서 가져가라Molon Labe!'라고 쓰여 있다. 기념비 양 끝에는 반쯤 누운 젊은이 석상 두 개가 서로 등을 마주 향하고 바깥을 보는 자세로 놓여 있는데, 방문객이 볼 때 왼쪽 석상의 좌대에는 에우로타스Eurotas강 오른쪽에는 타위게토스Taygetos산 이름이 적혀 있다. 스파르타 곁의 강과 산 이름이다. 고국의 자연이 전몰자를 애도한다는 뜻이리라.

좀 더 왼쪽(서쪽)으로는 테스피아이 전몰자를 추모하는 기념물이 따로 있다. 남성의 몸통에 팔 대신 날개를 가진 청동 토르소가 받침대 위에 선 것이다. 테스피아이 사람들이 주로 섬기던 에로스를 형상화한 것이라 한다. 가슴을 앞으로 내밀고 날개는 뒤로 뻗었다. 두 날개 중 우리가 볼 때 왼쪽 날개는 부러진 상태다. 이들의 도전이 현실에서는 패배로 끝났기 때문이다. 하지만 이들의 기백은 당당하고 완벽한—우리가 볼 때—오른쪽 날개에 여전히 살아 있다.

길 건너편 약간 왼쪽(동남쪽) 언덕 위에는 시모니데스가 쓴 추모의 시를 새긴 동판이 놓여 있다. 헤로도토스의 『역사』에 나오는 구절이다.

나그네여 전하라, 라케다이몬 사람들에게,
  그들의 명에 복종하여 우리가 여기 누워 있노라고.

한편 기념비에서 볼 때 길 건너편 오른쪽인 남서쪽(아테나이에서 더 먼 쪽)으로 약 5백 미터 거리의 산 밑에는 온천이 솟아나고 있다. 일설에 따르면 헤라클레스가 쉴 수 있도록 신들이 솟아나게 한 것이라 한다. 하지만 희랍이 좀 더운 나라여서 그런지 별달리 무슨 리조트 따위가 형성되지도 않았고, 심지어 작은 매점 하나 없이 그저 몇몇 사람이 찾아와 발을 담그거나 수영복을 입고 노천에서 몸을 담그는 정도다.

이곳에서 북서쪽으로 20분 정도 거리에 있는 트라키스(트라키아와는 다른 지명임)라는 도시가 헤라클레스 일가가 마지막으로 살던 곳이라 하며, 테르모퓔라이 서쪽에 있는 오이테(현재 이름은 Oiti)라는 산에서 헤라클레스가 장작더미 위에 올라가 스스로 불타 죽었다고 한다. 헤라클레스가 오이칼리아를 함락하고 이올레라는 젊은 여자를 데려온다는 소식을 듣고서, 그의 아내 데이아네이라가 남편의 사랑을 잃지 않으려 켄타우로스 넷소스의 피가 적셔진 옷을 보냈고, 그것을 입은 헤라클레스는 온몸에 독이 퍼

테스피아이 전몰자를 추모하는 청동상과 시모니데스의 추모시를 새긴 동판.

져 고통에 몸부림치다가 스스로 불타 죽었다. 그 현장이 바로 이 부근이다.

그리고 이 부근에 데메테르의 유명한 신전이 있어서, 앞에 델포이 대목에서 얘기한 '성지 관리위원회(Amphictyonia, '주변에 사는 사람들')'가 이곳도 관리했다. 데메테르는 사실 대지모신으로 저승도 관장하기 때문에 테르모퓔라이('뜨거운 문')는 '저승문'을 상징한다는 설명이 있다. 그 신전의 정확한 위치는 아직 확인되지 않았다.

알렉산드로스의 본향 마케도니아

메테오라에서 두 시간 남짓, 테르모퓔라이에서는 세 시간 남짓 북쪽으로 가면 알렉산드로스 대왕 집안의 본향인 마케도니아에 닿는다. 이 집안의 유적지는 세 군데다. 오래된 순서로 그리고 남쪽에서부터, 종교 성지인 디온, 옛 궁전과 가문의 매장지가 있는 베르기나 그리고 강대국으로 성장하면서 새 왕궁이 지어졌던 펠라. 거기에 이 부근의 유물이 대부분 모여 있는 테살로니키 고고학박물관을 더하면, 고전에 관심을 가진 방문객이 찾아갈 곳은 대충 다 꼽은 게 된다.

디온은 올림포스산 바로 아래 있어서 이 유명한 산의 위용을 느끼기에 좋지만, 아주 오래된 유적은 그다지 많이 남아 있지 않다. 사실 이 도시에 대한 첫 언급도 상당히 뒤늦은 시기의 것이고, 그나마도 그저 지나치는 길에 한 구절 나온 것뿐이다. 투퀴디데스의 『펠로폰네소스 전쟁사』에서 스파르타의 군사 지도자인 브라시다스가 신속하게 통과한 도시 중 하나로 언급된 것이다. 이 도시가 번성하게 된 것은 기원전 5세기 말, 에우리피데스를 초대했던 아르켈라오스 때부터다. 그는 9일간의 축제를 창설하고 여기서 운동시합과 비극 경연대회를 열었다고 한다. 알렉산드로스 대왕이 동방으로 출정하기 전에 신들께 제사를 바친 곳도 이곳이다. 그는 이후 전장에서 쓰러진 자기 동료들의 조각상을 만들어 이곳에 모시도록 했다. 이 도시가 좀 더 규모를 갖춘 것은 캇산드로스 (잠시 후에 다시 소개하겠지만, 알렉산드로스 대왕의 아들을 죽인 사람이다) 때다. 그는 이곳에 장대한 방벽을 쌓고 많은 기념물을 세웠다. (지금도 유적지 동쪽으로 흘러가는 강가에 그 방벽 일부가 남아 있다.) 그 후에 전쟁과 로마의 침략으로 황폐화되었다가, 기원전 1세기 말에 아우구스투스가 이곳에 식민도시를 세우면서 다시 번영기를 맞아 그 기세가 기원후 3세기까지 지속된다. 이는 대체로 알렉산드로스의 명성 때문이고, 로마 황제들이 이 대정복자를 존경했기 때문이다. 이 도시가 버려진 것은 지진과 홍수 때문이다. 지금도 유적지 한쪽은 늪지대가 차지하고 있다.

유적지 대부분을 차지하는 것은 로마시대 구조물들이다. 목욕장 터에서는 로마 특유의 '온돌hypocaust' 하부 구조도 볼 수 있다. 유적지에는 극장 터가 두 개 남아 있는데, 하나는 헬레니즘시대 것이고, 다른 하나는 로마시대 것이다. 헬레니즘시대 극장은 객석을 목조 좌석으로 꾸며서 복원해 두었다. 이를 보면 옛날 아테나이에 돌로 된 극장이 생기기 전, 연극이 아직 아고라에서 공연되던 시절에 극장 모습이 어떠했는지 대충 짐작할 수 있겠다. 전체적으로 평탄하고 넓은 유적지 안에 제우스, 디오뉘소스, 아스클레피오스, 데메테르, 이시스 신전과 성역이 기초를 드러내고 있지만 아주 인상적이지는 않다. 몇몇 건물터에서는 모자이크 바닥 장식을 볼 수 있다.

이곳에서 발굴된 유물들은 유적지에서 남서쪽으로 5백 미터 정도 떨어진 디온 고고학박물관에서 볼 수 있다. 모자이크 바닥 장식들과 수많은 조각상, 주화 등이 소장되어 있다. 신화와 관련된 유물로는 백조와 결합하는 레다 대리석상이 있는데, 레다의 머리 부분이 떨어져 나가서 아쉽다. 한편 이곳에서 발견된 놀라운 유물이 하나 있으니, 바로 수

디온의 수압식 파이프 오르간.

압식 파이프 오르간hydraulis이다. 기원전 3세기 이집트의 알렉산드리아에서 크테시비오스Ctesibios라는 사람이 발명해서 곧 지중해 세계 전체로 퍼져 나간 건반 악기이다. 네로 황제도 이 악기에 상당한 관심을 보였다고 한다. 오르간은 1995년에 발굴되어 복원 작업을 거쳐서 1999년부터 이 박물관에서 공개하고 있다. 우리는 이 악기가 새겨진 부조를 이스탄불에서 보게 될 것이다.

디온에서 1시간 정도 북쪽으로 달려가면 베르기나(아이가이)에 닿는다. 이곳은 알렉산드로스 가문이 막 흥성하기 시작할 때까지 근거지로 삼던 곳이다. 기원전 5세기 말에 에우리피데스를 초대했던(에우리피데스는 여기서 죽었다) 아르켈라오스가 기원전 4세기 초에 수도를 좀 더 북쪽의 평야 지대인 펠라로 옮겼지만, 그 후로도 이곳은 중요한 종교 성지로 남았고, 왕궁도 여전히 유지되었다. 알렉산드로스 대왕(알렉산드로스 3세)의 아버지인 필립포스가 딸의 결혼식을 치르다가 암살된 곳도 바로 이곳이다. 가장 중요한 유적 두 가지는 필립포스의 무덤이 포함된 거대 봉분과 그 남쪽의 궁전 터이다.

먼저 봉분을 보자. 필립포스의 무덤은 이 부근에 있는 거대 봉분 속 4

개의 묘실 중 하나이다. 묘실 둘은 이미 도굴되었는데, 다행히도 필립포스 무덤은 도굴되지 않았다. 한편 도굴을 피한 다른 묘실은 대체로, 알렉산드로스가 동방에서 결혼한 록사네(록사느)에게서 태어난 아들(알렉산드로스 4세)의 것으로 여겨진다. (하지만 여전히 논란이 있다. 여기서 '필립포스 무덤'이라고 하는 것도 사실은 알렉산드로스 대왕의 것이라는 주장이 여전히 있다.)

자꾸 같은 이름이 반복되어서 조금 혼란이 있을 수 있는데, 사실 '알렉산드로스'라는 이름은 '지켜 주는 남자'라는 뜻이기 때문에 꽤 흔히 쓰인다. 『일리아스』에서 자주 등장하는 파리스의 별칭도 바로 이것이다. 마케도니아 왕조에서 이 이름을 처음 쓴 사람(알렉산드로스 1세)도 아주 명민한 왕자였는데, 페르시아의 2차 침입 때 어려운 가운데서도 자기 나라를 유지하고 희랍군에게 도움을 주려 노력했던 인물이다. 그의 활약은 헤로도토스의 『역사』에서 확인할 수 있다. 한편 이 집안에서 두 번째로 그 이름을 사용한 사람(알렉산드로스 2세)은 대알렉산드로스의 삼촌이다. 그는 알렉산드로스 대왕의 아버지 필립포스(2세)보다 손위였는데, 어린 나이에 왕좌에 올랐다가 암살되었다(기원전 369년 사망). 어쩌면 필립포스는 그 형에 대한 아쉬움 때문에 자기 아들(기원전 356년 생)에게 같은 이름을 주었는지도 모르겠다. 한편 여기 함께 묻힌 알렉산드로스 4세는, 아버지 알렉산드로스 대왕이 죽은 직후(기원전 323년)에 태어났다. 할머니 올림피아스(알렉산드로스 대왕의 어머니)가 그를 록사네와 함께 마케도니아로 데려다 돌보아 주었지만, 기원전 316년 이 할머니마저 암살되고 난 뒤, 캇산드로스에 의해 어머니와 함께 유폐되었다가 기원전 310년경에 둘 다 살해되었다. 독자들은 그저 첫째와 셋째 알렉산드로스만 기억하면 될 것이다. 필립포스의 경우, 다른 동명이인들은 별로 중요하지 않으니 그냥 알렉산드로스 대왕의 아버지만 알아 두면 충분하겠다.

필립포스 무덤이 속한 봉분은 현재 일종의 박물관으로 꾸며서 공개되어 있다. 그 입구는 마치 아트레우스의 보물 창고처럼 꾸몄다. 묘실들은 한쪽에 유리를 대서 안을 들여다볼 수 있게 했고, 유물들도 따로 전시되어 있다. 특히 필립포스 묘실tomb II의 대리석 문과 좌우의 기둥, 그 위의 사냥 장면 벽화가 인상적이다. 이 묘실은 내실과 전실, 두 부분으로 나뉘어 있는데, 안쪽 방에서는 남자 유골이, 바깥방에서는 여자 유골이 나왔다. 이 유골들은 각기 황금 상자에 담겨 다시 대리석 관 안에 안치되어 있었다. 내실의 상자는 순금 11킬로그램의 육중한 물건으로 뚜껑에는 마케도니아의 태양 무늬가 돋을새김되어 있으며, 그 안에 유골과 함께 황금으로 만든 참나무관冠이 들어 있었다. 그 밖에도 화려한 침상과 무구, 의상, 잔치용 기물 들이 다수 출토되었다. 바깥방에서 발견된 여성 유골은 필립포스의 여러 아내 중 하나의 것으로 추정되며, 아마도 필립포스가 죽자 자신도 자결했다는 메다Meda가 아닐까 싶다. 이 방에서도 황금 머리장식과 머리에 쓰는, 금으로 만든 도금양(떨기나무)관이 나왔다.

도굴되지 않은 또 하나의 묘실tomb III도 두 칸으로 되어 있지만, 유골은 내실에서만 나왔다. 아마도 아직 결혼하지 않은 젊은 사람의 무덤이어서, 순장도 없었던 모양이다. 이 묘실의 정면도 인상적이지만, 필립포스의 것과 달리 문 양옆의 기둥은 없다. 대신 정면의 벽면에 둥근 방패가 돋을새김된 것이 조금 특이하다. 그 내실에는 석조 좌대 위에 은으로 된 물항아리hydria가 놓여 있고 그 안에는 유골이 들어 있었으며, 역시 황금으로 만든 참나무관이 얹혀 있었다. 여기서도 화려한 침상의 파편들과 무구, 잔치 기물 들이 발굴되었다. 함께 발굴된 유물 중 가장 뛰어난 것은 상아를 깎아 만든 작은 조각들인데, 필립포스 두상, 알렉산

필립포스 묘실에서 나온 황금 상자와
황금 참나무관(왼쪽)과 도굴되지 않은
또 하나의 묘실에서 발굴된
황금 고르고네이온.

드로스 두상, 마이나데스들과 함께 춤추는 디오뉘소스상 등이다. 황금으로 만든 것들도 당연히 공이 많이 들어갔는데, 가장 눈에 띄는 것은 필립포스의 무구에 붙었던 고르고네이온, 즉 메두사의 두상이다.

또 하나 이 봉분에 속한 예술품 중 유명한 것이, 하데스가 페르세포네

묘실의 페르세포네 납치 벽화.

를 납치하는 장면이 그려진 벽화이다. 이것은 이미 도굴된 묘실tomb I 벽에 그려진 것으로 고대 벽화의 희귀한 사례로 꼽힌다. (수렵도가 그려진 고구려 무용총이 6세기 것이라면, 이 벽화는 그보다 적어도 8백 년 이상 앞선 시대 것이다.)

이미 도굴된 다른 묘실tomb IV은 아마도 이 묘실들을 봉분으로 덮은 안티고노스 2세의 것으로 보인다. 그 이전에 갈리아족이 이곳까지 침입하여 묘역을 약탈했기 때문에, 다시 그런 일이 생기는 것을 막기 위해 봉분으로 주요 묘실들을 덮으면서 자기 묘실도 마련한 것 같다. 한편 이전에 있던 무덤들을 큰 봉분으로 덮는 과정에서, 부근에 있던 영웅 사당heroon도 봉분 안에 끼어 들어갔으며, 많은 묘석도 이 안에 묻혀 들어갔다. 영웅 사당도 지금은—무너진 채로—이 지하 박물관에서 볼 수 있고, 묘석들 역시 그 안에 전시되어 있다.

그 밖에 이 부근에서 옛 무덤들이 많이 발굴되었고, 그중에는 알렉산드로스 집안의 무덤도 있으며 거기서도 상당한 유물들이 출토되었다. 특히 필립포스의 어머니 에우뤼디케의 것으로 보이는 무덤에서는 대리석 벽면에 채색된 아름다운 프레스코가 발견되었다. 사두마차를 탄 남녀의 그림을 화려한 문양으로 테두리 친 것이다. 대개 하데스와 페르세

에우뤼디케 무덤에서
발견된 프레스코.

포네를 그린 것으로들 본다.

다음으로 궁전을 보자. 앞에 소개한 봉분에서 남쪽으로 1킬로미터 정도 떨어진 산비탈에 옛 왕궁터가 있다. 이곳은 2018년 여름부터 공개되고 있어서 아직 대중에게 많이 알려지지 않았다. 우리는 북쪽에서 남쪽을 향해 내려다보는 것에 익숙하기 때문에, 이렇게 궁전이 남쪽에 있는 것이 조금 이상하게 느껴질 수도 있는데, 이런 배치를 택한 것은 지형 때문이다. 이 부근을 피에리아라고 부르는데, 이곳은 올림포스산의 북쪽 기슭으로, 여기서부터 마케도니아 평야가 북쪽으로 펼쳐져 있고 왕궁 위치에서는 평야 전체가 한눈에 내려다보인다. 이 피에리아는 무사 여신들의 영역으로도 유명하다.

이곳의 왕궁은 필립포스 때인 기원전 350~340년경에 지어진 것이다. 희랍 문화권에서 가장 큰 건물로, 파르테논의 3배 정도 규모이다. 당시로서는 시대를 앞서가는 디자인으로, 이후 헬레니즘시대 궁전의 모델이 되었다고 한다. 건물을 설계한 사람은 할리카르나소스의 마우솔레움을 지은 퓌테오스Pytheos이리라고 추정된다. 이 궁전은 한가운데 중앙 마당을 둘러싸고 사면을 건물로 둘렀다. 정면과 후면은 2층(또는 3층)으로, 양쪽 측면은 단층으로 조성했다. 두 2층 건물 앞에는 주랑이 튀어나와 있었다. (아니면 주랑 위까지 2층 부분이 연장되었을 수도 있다.) 건물 기단부와 기둥 받침, 모자이크 바닥 장식 등이 남아 있다.

궁전에서 조금 아래쪽(북쪽)에서는 극장(기원전 4세기 후반) 터가 발굴되었는데, 객석 두세 줄 정도만 석재가 남아 있어서 아주 웅장하다고는 할 수 없다. 극장 북쪽에는 작은 신전

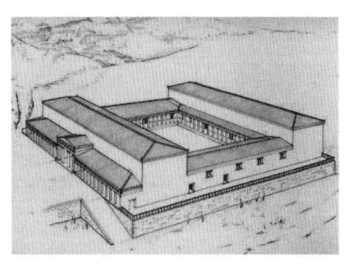

베르기나(아이가이) 궁전 복원도.

터 하나가 있다. 카리스 여신 중 하나인 에우클레이아 신전이다. 정면에 도리스식 기둥을 두 개 두고, 본체는 전실과 내실, 두 부분으로 구성되어 있는 동서로 길쭉한 신전이다. 내실에는 성스러운 식탁의 다리 밑을 받치던 버팀돌이 두 개 남아 있다. 신전 주변에 봉헌 조각상의 좌대가 남아 있는데, 그중 하나에는 필립포스의 어머니 에우뤼디케의 이름이 쓰여 있다.

다시 북쪽으로 1시간 정도 달리면 알렉산드로스 집안이 크게 융성할 무렵에 건설된 펠라에 닿는다. 이곳은 그 이후로 줄곧 마케도니아 최대 도시였고, 로마시대에는 마케도니아 속주의 지역 거점이기도 했다. 이 시대에는, 뷔잔티온에서 필리피, 테살로니키를 거쳐 서쪽 이탈리아로 건너가는 항구 뒤르라키움까지 이어지는 이그나티아 가도가 통과하는 교통 요지이기도 했다.

지금 펠라 고고학박물관이 있는 곳의 남쪽 부분이 옛 시가지이다. 전체는 격자형으로 현대적 계획도시처럼 되어 있는데, 이런 것을 힙포다모스식 도시라고 부른다. (힙포다모스Hippodamos는 밀레토스 출신으로 기원전 5세기 초반부터 5세기 말까지 살았던 인물이다. 그의 제안을 좇아 구획한 대표적인 도시가 아테나이 남쪽의 페이라이에우스다.) 시가지 한가운데에는 네모꼴 광장이 있는데, 아고라였다. 고고학박물관 바로 남쪽이다. 옛 시가지의 동북쪽 모서리 부분은 현대의 펠라가 깔고 앉았다. 전체 부지의 중심부에서부터 남서쪽 부분이 주로 발굴되어 있다. 원래 옛 시가지 남동쪽에 도로 두 개가 교차하는 십자로가 있었는데, 이 도로들을 부분적으로 폐쇄하고 발굴 중이다.

시가지는 시야를 가리는 것이 거의 없는 평야에 있어서 그런지 좀 황량한 느낌을 준다. 여기저기 모자이크 바닥 장식을 보여 주는 건물 기단이 보이고, 기둥들이 서 있다. 이곳에서 발굴된 가장 좋은 유물은 자갈 모자이크들인데 사슴 사냥 장면, 사자 사냥 장면, 사슴을 공격하는 그리핀의 모습, 그리고 표범 위에 올라탄 디오뉘소스의 모습, 헬레네를 납치하는 테세우스 등이다. 그 밖에도 여러 건물의 바닥을 장식하고 있는 반복 무늬 모자이크들도 볼 수 있다. 이 도시는 약간 폼페이 비슷한 데가 있어서, 개인용 욕조가 사면으로 둘린 공중목욕탕 같은 구조물도 발견할 수 있다. 건물터 중에 제일 눈에 띄는 것은 네모난 중앙 정원을 두 개 지닌, 그리고 그중 하나는 온전한 것과 부러진 것을 포함해서 7~8개의 기둥으로 둘러싸인 집, '디오뉘소스의 집'이다. 여기서 표범을 탄 디오뉘소스 모자이크가 나왔다.

  이 유적지에서 출토된 유물들은 펠라 고고학박물관에 전시되어 있는데, 모자이크들 다음으로 눈길을 끄는 것은 전사의 무덤에 부장품으로 묻혔던 무구들이다. 특히 방패의 얼굴 테두리를 금박으로 두르고 때로는 황금 가면으로 얼굴 전체를 가리고, 때로는 두 눈과 입을, 대개는 입 부분을 가린 것들이 다른 무구와 함께 벽에 일렬로 전시된 곳에서는 고대의 전사 대열과 마주친 것같이 박력이 느껴진다. 여성들의 무덤에서 나온 장신구들도 머리장식, 옷장식과 함께 벽면에 선 채로 전시되어 화려한 행렬을 보여 준다. 황금으로 만든 올리브관도 볼 수 있는데, 이런 것은 테살로니키 박물관에서 더 많이 보게 될 것이다. 마케도니아가 희랍의 다른 지역과 구별되는 점 하나는 이곳에 황금으로 된 물건이 많다는 점이다. 전체적으로 섬세함은 좀 덜한 듯한데, 아무래도 이 나라가 성공적인 전사들의 국가여서 그런 것 같다. 이 부근에서는 계속 새로운 무덤이 발견되고, 아주 좋은 유물들이 계속 나오고 있기 때문에 펠라를 이전에 방문한 적이 있는 사람이라도 시간이 지나면 다시 방문해야 할 것이다.

  왕궁은 도시의 북쪽에, 남쪽으로 흘러내리는 산비탈 중턱에 따로 떨

표범을 탄 디오뉘소스 모자이크.

어져 있었다. 아직 발굴 중이어서 전모가 완전히 드러나지 않았는데, 왕족만 거주하는 게 아니라 정부 청사를 겸하고 있었기 때문에 베르기나의 옛 왕궁보다 훨씬 규모가 컸던 것으로 추정된다.

한 가지 주의할 점, 같은 이름을 가진 고대 도시가 근동에도 하나 있다. 요르단의 펠라Pella가 그곳으로, 갈릴리호수에서 사해로 흘러드는 요르단강 중류의 동쪽에 있는 도시다. 인터넷에서 자료를 찾으면 이곳 사진이 나오는 수가 있는데, 특히 산중에 상당히 큰 계단을 앞세우고 높직한 기둥이 여럿 둘린 꽤 잘 보존된 유적이 있으니 마케도니아 유적으로 오인하지 말아야 한다.

펠라 유적지에서 4~50분 동쪽으로 이동하면 현재 그리스에서 두 번째로 큰 도시인 테살로니키에 닿는다. 이곳을 방문할 주된 이유는 박물관이다. 헤로도토스나 투퀴디데스의 저작에는 이 도시 이름이 나오지 않는데, 그것은 이 도시가 기원전 315년에야 세워졌기 때문이다. 필립포스의 딸이자, 캇산드로스의 아내인 텟살로니케의 이름을 딴 것이다. 그녀의 이름은 아버지가 텟살리아를 완전히 장악하는 승리Nike를 거두

희랍 중북부 375

었다는 뜻에서 그렇게 지은 것이다.

투퀴디데스에는 테르마라는 도시가 이곳에 있었던 것으로 나온다. 기원전 168년 마케도니아가 로마에 멸망한 뒤 얼마 있다가 이곳은 마케도니아 속주의 수도로 정해졌고, 더 나중에는 로마제국이 넷으로 나뉘어 통치tetrarchy될 때 그 1/4 중 하나의 수도가 되었다. 그때 이곳에 자리 잡은 갈레리우스 부황제caesar는 새로운 궁전과 전차 경주장, 개선문 등을 세웠고, 지금도 이 유적들이 남아 있다. 나중까지도 이 도시는 동로마에서 두 번째로 큰 도시 지위를 유지했다.

이 지역의 유적으로 중요한 것은 갈레리우스 개선문, 로톤다(원통형 건물), 로마 포룸 등이다. 개선문과 로톤다는 갈레리우스의 궁전(또는 저택)에 딸린 것이다. 궁전의 북쪽에 동서로 뻗은 길(즉, 뷔잔티온으로 통하는 길)에 개선문을 세우고, 그 개선문 북쪽으로 아령처럼 통로로 연결되어 밖으로 튀어나오게 지은 건물이 로톤다이다.

개선문은, 지금은 동서 방향에서 볼 때 무지개 모양이 보이게 구조물이 남아 있지만, 원래는 이것이 일종의 십자로 가운데 서 있었기 때문에, 문이 네 방향으로 열려 있었다. 로톤다 쪽으로 남북 방향 길도 이 문을 통과해서 뻗어 있었던 것이다. 그러니까 그냥 문이라기보다는 사면으로 문이 여러 개 뚫린 거대한 건물이었다고 할 수 있다. 현대의 큰 정거장 건물 같은 것이었다고 생각하면 된다. 동서 방향으로 볼 때는 삼중문이어서 아치가 세 개씩, 남북 방향으로 볼 때는 아치가 하나씩만 있었다(8중문, octopylon). 지금은 동서 방향 길의 삼중문 두 세트 중 한 세트(서쪽 것)만 남았고, 이 세트에서도 남쪽의 작은 아치 하나는 없어지고, 중앙의 큰 아치와 북쪽의 작은 아치 하나만 남아 있다. 이 개선문은 페르시아 사산 왕조에게 승리를 거둔 것(298년, 사탈라Satala 전투)을 기념하여 세워졌다고 하는데, 중앙 아치의 사각기둥에는 로마의 트라

갈레리우스 개선문의 동서 방향으로 남아 있는 삼중문. 그 북쪽으로 로톤다가 보인다.
아래는 갈레리우스 개선문과 로톤다의 복원도.

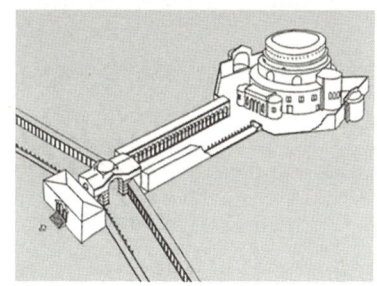

야누스 기념 기둥이나 마르쿠스 아우렐리우스 기념 기둥처럼 갈레리우스의 업적과 행적을 새겼다. 전쟁 장면, 제사 장면, 로마 네 구역의 황제들이 함께 모인 장면 등을 그린 것이다.

이 구조물들은 사실 하나의 복합 건물군으로, 위치는 지금 테살로니키의 옛 시가지 동쪽(화이트타워 근처)이었다. 이 건물군에 속하는 각 요소의 상대적 위치를 남쪽부터 보자면, 우선 제일 남쪽 바닷가에 팔각형 건물octagon이 있다. 이것은 목욕장의 입구 건물이었다. 그 동쪽에는 거의 바닷가에 닿을 정도로, 남북으로 길쭉한 전차 경주장이 있었다. 팔각형 건물의 북쪽이자 전차 경주장 서쪽 부분은 갈레리우스의 궁전이 차지하고 있었고, 그 북쪽에 갈레리우스 개선문, 그 북쪽에 로톤다, 이런 순서로 있었다. 로톤다는 원래의 목적이 불분명한데, 갈레리우스의 무덤으로 조성된 것이라고도 하고, 제우스 신전으로 계획된 것이라고도 한다. 어쨌든 나중에 기독교 교회로, 그리고 이슬람 사원으로 사용되었으니 종교적인 목적에 봉사하긴 했다. 이 건물이 교회로 개조된 것은 테오도시우스 황제 때인데, 나중에 성상 파괴 운동을 주도하게 되는 이 황제는 테살로니키와 악연이 있다. 이곳 시민들이 그가 고용한 고트족 용병들의 존재를 못마땅히 여겨 폭동을 일으켰는데 그 와중에 고트족 용병 대장이 죽었다. 그러자 황제는 시민들을 대량 학살함으로써 보복을 가했다. 그는 이 일로 암브로시우스 교황에게 일시적이지만 파문까지 당했다. 로톤다는 현재 문화재로 관리되고 있지만, 이따금 '성 게오르기오스 교회'로서 종교 행사에 이용되고 있다. 그 곁에는 이슬람 사원 시절의 첨탑minaret이 여전히 서 있다.

이 유적들을 남긴 갈레리우스에 대해 조금 더 알아보자. 로마에 황제정이 시작된 이래 몇번의 위기가 있었는데, 첫 번째 위기는 68년에 네로가 국고를 털어먹고 자결한 직후의 '네 황제 시대'였다. 아우구스투스에서부터 이어져 온 혈통이 끊어지면서 야심가들이 저마다 황제를 자처하던 때다. 이 혼란은 베스파시아누스 황제(재위 69~79년) 집안이 들어서면서 가라앉는다. 하지만 온건하던 장남 티투스가 일찍 죽고, 차남인 도미티아누스가 지나치게 강압적인 통치를 펼치다가 암살되면서 (96년) 이 집안 혈통도 끊긴다. (도미티아누스의 통치에 대해 옛 저자들은 모두 비판했지만, 근래의 연구자들은 비교적 좋은 점수를 주는 모양이다.) 하지만 곧바로 네르바가 제위에 오르고, 그를 포함하는 '5현제 시대'가 이어진다. 이 번영과 안정의 시대는 철학자 황제 마르쿠스 아우렐리우스가 자기 아들 콤모두스에게 권력을 물려주면서 막을 내린다. 콤모두스가 도시 로마의 이름도 바꾸고 검투사 흉내도 내는 등 여러 미친 짓을 일삼다가 암살(192년)된 후, '다섯 황제의 해'라는 혼란이 이어진다. 이 난국을 수습한 이가 셉티미우스 세베루스이다. 하지만 이 집안 권력도 카라칼라 같은 폭군, 엘라가발루스 같은 기이한 존재에게로 이어지다가 젊은 황제 세베루스 알렉산데르가 암살(235년)되면서 저물고 만다. 그 후로 약 50년 동안 스무 명 이상의 황제가 난립하는 '3세기의 위기(235~284년)'가 이어진다. 그 위기를 수습한 사람이 디오클레티아누스(재위 284~305년)인데, 이 디오클레티아누스의 부황제caesar였다가 나중에 디오클레티아누스가 물러나면서 동로마의 황제augustus 자리를 이어받은 사람이 바로 갈레리우스다(재위 305~311년). 그가 동쪽의 황제 자리를 차지했을 때, 서쪽에서는 콘스탄티누스가 권력을 잡았고 나중에 동서로마를 통괄(324~337년)하는 대권력자가 된다. 여러 이름이 나와서 혼란스럽겠지만, 그냥 로마의 포룸에 개선문을 남긴 황제들(티투스, 셉티미우스 세베루스, 콘스탄티누스)만 기억하면 충분하겠다.

다시 유적 이야기로 돌아가자. 갈레리우스 건물군에서 서쪽으로 로마시대의 포룸 유적이 남아 있다. 동쪽의 음악당과 남쪽의 상가 지역이 꽤 잘 보존되어 있다. 그 밖에 이곳 사람들이 늘 안내하는 곳이 화이트 타워와 성 데메트리우스 교회이다. 성 데메트리우스는 갈레리우스 시대에 순교한 성인이라고 하는데, 사실은 이곳 출신이 아니라 좀 더 북쪽의 시르미움 사람이어서, 그곳 시르미움에서 섬겨지다가 군사-행정 중심이 이곳으로 옮겨 오면서 성인 숭배도 함께 딸려 왔다는 설이 있다. 어쨌든 그의 이름을 딴 교회는 5세기에 세워진 것이니 1천5백 년 역사를 지닌 건물이다. 로마 포룸 바로 북쪽에, 로마시대의 목욕장 자리에 세워진 것이다. 한편 화이트타워는 12세기쯤에 세워진 것을 오토만제

데르베니의 청동 항아리.

국 때 좀 더 보강해서 바다를 통제하는 데 썼던 건물이다. 원통형 탑을 낮은 방벽이 두르고 있었는데, 20세기 초에 없앴다. 이 탑은 이전에 테살로니키 전체를 두르던 성벽의 동남쪽 끝을 지켰다.

화이트타워에서 5백 미터 정도 동쪽으로 테살로니키 고고학박물관이 있다. 마케도니아 지역에서 발굴된 거의 모든 유물을 보유하고 있는 곳이다. 통째로 옮겨 온 작은 신전, 수많은 조각상들, 비문들, 그림이 그려진 도기, 무구, 황금 상자와 황금관, 장신구, 여러 기물 들이 있지만, 가장 눈에 띄는 것은 테살로니키 북쪽 데르베니의 무덤에서 발견된 청동제 혼주기(술 섞는 항아리, crater)이다. 높이가 1미터 가까이 되는 거대한 물건인데, 얼핏 보기에 금으로 만든 게 아닐까 싶게 황금색으로 빛난다. 사실은 주석이 15%나 들어가서 그런 색이 나왔다고 한다. 겉면에는 디오뉘소스를 따르는 무리들이 돋을새김되어 있는데, 특히 디오뉘소스가 아리아드네의 허벅지에 자신의 다리를 얹은 장면이 눈길을 끈다. (이는 신성한 결혼식의 표현이다.) 신화 관련 다른 유물로, 배 앞에서 싸우는 사람들이 새겨진 석관이 있는데, 트로이아 전쟁 때 희랍군의 배까지 적들이 몰려온 것을 아이아스 혼자서 막아 내는 장면으로 해석할 수 있다. 이 석관은 옥외 전시장에 전시되어 있다.

전체적으로 이 박물관에는 금으로 된 물건이 많지만 섬세함은 좀 덜한 느낌이고, 도기도 그림이 아주 뛰어난 것은 별로 없다. 하지만 다른 유적지를 돌아볼 시간 여유가 없을 때는 이곳을 방문하면 단번에 마케도니아 문화권에 속한 거의 모든 종류의 유물을 볼 수 있으니 이른바 '가성비'는 으뜸이라 하겠다.

테살로니키 동쪽으로, 아리스토텔레스의 고향인 스타게이라(아리스토텔레스 테마파크가 있다), 투퀴디데스가 지키려 파견되었지만 방어에 실패했던 암피폴리스, 사도 바울이 방문했고, 기원전 42년 카이사르의 살해자들(브루투스, 캇시우스)과 복수자들(안토니우스, 옥타비아누스)이 결전을 벌였던 필리피 등의 유적지(포룸과 극장이 꽤 잘 남았다. 현재의 크리니데스Krinides 서쪽에 있다)가 있지만, 다음을 기약하고 그냥 지나치기로 하자.

동로마의 근거지 이스탄불

한여름 성수기에 전세기가 뜨는 경우가 아니라면 한국 여행자들은 대개 이스탄불을 경유해서 돌아오게 된다. 이 도시는 원래 희랍인들의 식민도시일 때 뷔잔티온이라고 불리다가, 콘스탄티누스 황제 이후 콘스탄티노플이 되었고, 이슬람제국이 차지하면서 이스탄불로 개칭되었다. 이곳에 갈 이유는 대체로 이스탄불 고고학박물관 때문이지만, 동로마시대의 인상적인 유적 몇가지도 함께 볼 수 있다.

가장 엄청난 유적은 성소피아 대성당(하기아 소피아, 아야 소피아)이다. 하느님의 지혜Sophia, Logos를 찬미하는 교회이다. 이것은 로마법 대전을 정리하게 한 동로마 황제 유스티니아누스(재위 527~565년) 때 지어진 건물(537년 완공)로 한동안 세계에서 가장 큰 교회였다. 4차 십자군 침입 이후 로마 가톨릭 교회가 되었다가(1204~1261년), 콘스탄티노플 함락 이후 1931년까지 이슬람 성전으로 쓰였고, 1935년부터 박물관이 되어 있다. 이 건물은 남쪽에 있는 블루 모스크(술탄 아흐메트 모스크, 1616년 완공) 건립에 영향을 주었다. 이전에 그 자리에 있던 바실리카 양식의 옛 소피아 성당은 니카 폭동 때 불타서 파괴되었다.

니카 폭동은 당시 전차 경주에서 라이벌이던 청색팀과 녹색팀 사이의 분란에서 야기된 폭동이다(532년). 당시에는 이런 운동경기 파벌이 네 개 있었는데, 이 파벌들이 정치적 분파이기도 했다. 다른 두 파벌은 적색팀과 백색팀이었다. 이 폭동으로 도시 절반이 불타고 3천 명 이상이 죽었다. 폭도들이 왕궁을 포위했을 때 유스티니아누스 황제는 피신하려 했지만, 황제비인 테오도라가 남편을 설득해서 결국 폭동을 진압했다고 한다. '니카Nika'라는 말은 '승리'라는 뜻으로, 당시 전차 경주장에 모인 대중이 외치던 구호였다.

현재 성소피아 대성당 안에는 이슬람 성전 시절에 훼손됐던 기독교 모자이크 등이 가능한 데까지 복원되어 있지만, 바깥에는 여전히 이슬람 첨탑 4개가 서 있다.

니카 폭동이 일어났던 전차 경주장 자리는 지금 술탄 아흐메트 광장이며, 옛날 경주장 한가운데를 나누던 '중앙 분리대spina' 자리에 두 개의 오벨리스크와, 델포이에서 옮겨 온 청동 기념물이 서 있다. 이 청동 기념물은—앞에서 설명했듯—뱀 세 마리가 서로 얽혀 서 있는 것으로, 델

성소피아 대성당.

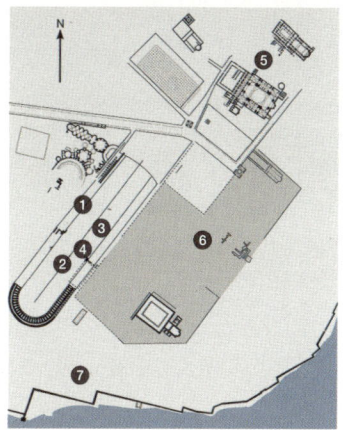

콘스탄티노플의 성소피아 대성당 주변 배치도.
① 전차 경주장 ② 콘스탄티누스 오벨리스크
③ 테오도시우스 오벨리스크
④ 델포이 청동 기념물 ⑤ 성소피아 대성당
⑥ 대궁전 ⑦ 부콜레온궁

포이에 있던 플라타이아이 전투 승리 기념물을 콘스탄티누스 1세가 이리 옮겨 온 것이다. 이 뱀 기둥의 머리 위에는 세발솥이 있었지만 사라졌고 뱀 머리 부분도 없어졌는데, 그 머리 하나의 앞부분 일부가 발견되어 지금 이스탄불 고고학박물관에 전시되어 있다.

오벨리스크 두 개 중 북쪽 것은 이집트에서 옮겨 온 것으로, '테오도

델포이에서 옮겨 온 뱀 기둥과 그 위에 있던 뱀 머리의 일부.

시우스 오벨리스크'라고 부른다. 이 오벨리스크는 원래 이집트의 제18왕조 파라오인 투트모세 3세(기원전 1479~1425년)가 카르낙의 아문 대신전 앞에 세운 것 중 하나이다. 이런 오벨리스크 두 개를 로마 황제 콘스탄티우스 2세Constantius(콘스탄티누스가 아니라 '콘스탄티우스'이다. 대콘스탄티누스의 아들이다. 재위 337~361년)가 나일강 뱃길을 이용해서 가져다가 하나는 로마 대경주장(막시무스 키르쿠스)의 중앙 분리대에 세웠었는데, 지금은 로마 시내 라테라노 대성당 앞으로 옮겨져 있다. 다른 오벨리스크 하나는 콘스탄티우스 2세가 자신의 재위 20주년을 기념하여 알렉산드리아에 세워 두었는데, 이것을 390년 테오도시우스 1세가 콘스탄티노플로 옮겨 온 것이다. 그때 이 단일 석재 구조물(원래 30미터 높이)을 세 조각으로 나눠서 옮겨 왔고, 지금은 맨 윗부분만 남은 것(현재 19미터 정도)이라 한다. 이 오벨리스크의 대좌에는 경기 우승자에게 월계관을 내리는 테오도시우스의 모습이 새겨져 있는데, 그 밑의 악사들 가운데—앞서 마케도니아의 디온 박물관 대목에서 설명했던—수압식 오르간이 보여서 흥미를 끈다. 이 대좌에는 라틴어와 희랍어로 글자도 새겨져 있다. 테오도시우스를 찬양하는 말에 덧붙여, 이 오벨리스크를 일으켜 세우는 데 32일이 소요되었음을 알리

이집트에서 옮겨 온 테오도시우스 오벨리스크. 오른쪽은 대좌의 세부 모습과 수압식 오르간(아래).

는 시구이다. 오벨리스크 몸통에는 이집트 상형문자로 투트모세 3세의 군사적 승리가 기록되어 있다.

한편 남쪽 오벨리스크는 돌벽돌로 만든 것으로 '콘스탄티누스 오벨리스크'라고 부른다. 이 남쪽 것은 원래 청동판으로 겉을 치장했었는데 현재 이 청동판은 사라지고 돌벽돌이 드러나 있다. 1204년 4차 십자군이 청동판을 떼어 녹여 갔기 때문이다. 이 오벨리스크가 세워진 게 정확히 언제였는지는 불확실한데 콘스탄티누스 7세(재위 913~959년)가 수리했기 때문에 그의 이름을 따서 '콘스탄티누스 오벨리스크'로 불린다. 사라진 청동판에는 그의 할아버지인 바실레이우스 1세(재위 867~886년)의 업적들이 새겨져 있었다고 한다. 나중에 오토만제국 때 술탄의 용병들이 자주 이 구조물에 올라가는 묘기를 과시했기 때문에 더욱 손

사냥 장면을 묘사한 모자이크. 이스탄불 모자이크 박물관.

상이 심해졌다고 한다.

　전차 경주장 중앙 분리대를 이루던 조각 중 한 가지는 6세기의 전설적인 마부 포르퓌리오스의 조각상이다. 원래는 6개가 있었다는데, 지금은 대좌 두 개만 남아 이스탄불 고고학박물관에 전시되어 있다.

　이곳에 있다가 4차 십자군에 의해 약탈된 또 하나의 유명한 예술품이 앞에 한 번 설명한 '사두마차Quadriga'다. 이것은 기원전 4세기 조각가 뤼시포스의 작품이란 주장도 있었지만, 지금은 대체로 로마시대 작품이라고들 보고 있다. 하지만 8~9세기 기록에는 키오스섬에서 콘스탄티노플로 옮겨 온 것이라고도 한다. 어쨌든 베네치아로 옮겨져서 산마르코 대성당 앞에 5백 년 이상 서 있었는데 1798년에 나폴레옹이 빼앗아 가서, 이 말들은 한동안 파리의 카루젤 개선문(Arc de Triomphe du Carrousel, 튈르리 공원 앞의 작은 개선문. 보통 많이 알려진 개선문은 '별의 개선문L'arc de triomphe de l'Étoile'이라고 부른다. 카루젤 개선문은 아치형 문이 세 개, '별의 개선문'은 아치형 문이 한 개다) 위에 서 있기도 했다. 그러나 1815년 워털루 전투에서 나폴레옹이 패하고 나서 이 네 마리 말은 다시 베네치아로 돌아갔으며, 지금은 성당 내부로 옮겨져 있다. 산마르코 대성당 앞에는 청동제 모사품이 대신 서 있고, 파리의 작은 개선문 위에도 역시 다른 청동 사두마차가 서 있다.

유스티니아누스 황제가 전차 경주를 내려다보던 대궁전Great Palace은 전차 경주장 바로 동쪽에 있었는데, 이 자리에 지금 블루 모스크가 서 있다. 그 궁전은 원래 콘스탄티누스 황제가 이곳으로 옮겨 오면서 지은 것인데(330년), 니카 폭동 때 많이 훼손된 것을 확장 수리했으며, 다시 콘스탄티누스 7세 때 크게 개수했다. 하지만 11세기에 들어서 황제들은 도시 북서쪽에 있는 블라케르나이Blachernae궁을 주로 이용했다. 이 건물군은 나중에 4차 십자군 침입 때 약탈당하고, 라틴 황제들은 부재를 헐어서 팔아 치우기도 했다. 심지어 더 나중엔 감옥으로 이용되기도 하던 이 건물의 부지에 지금 블루 모스크가 자리 잡고 있어서 발굴도 어려운 실정이다. 일부 발굴한 부분에서 좋은 모자이크들이 발견되어 블루 모스크 동남쪽의 모자이크 박물관에 전시되어 있다. 건물 부재 일부는 지금 이스탄불 고고학박물관 마당에서 볼 수 있다.

부콜레온궁에 있던 돌사자상.
이스탄불 고고학박물관.

색깔을 입힌 모형을 함께 전시하고 있는 알렉산드로스 석관.
이스탄불 고고학박물관.

이 대궁전 자리 남쪽에는 부콜레온궁의 벽체들이 남아 있다. 이 궁전은 테오도시우스 2세(재위 402~450년) 때 지은 것으로 추정된다. [희랍 신전을 파괴하게 한, 그리고 이집트 오벨리스크를 옮겨 온 테오도시우스 1세(재위 379~395년)와는 다른 사람이다.] 4차 십자군 침입 이후, 라틴 황제들이 이 궁을 이용했지만 콘스탄티노플 탈환(1261년) 이후 점차 잊혀갔다. 궁전에 황소bous와 사자leon상이 서 있어서 이런 이름(Boukoleon, Bucoleon)이 붙었다고도 하는데, 지금 돌사자상은 이스탄불 고고학박물관에서 볼 수 있다.

이스탄불 고고학박물관에서 꼭 보아야 하는 것은 대충 언급한 듯하다. 이곳은 동로마 유물도 많이 소장하고 있지만, 오토만제국이 차지했

베네치아 산마르코 대성당에 있는 네 공동 황제상. 그 일부 조각 파편은 이스탄불 고고학박물관에 있다.

던 넓은 영역에서 모아들인 유물들도 많이 있어서 거의 근동박물관이라고 해도 좋을 것이다. 거대한 석관과 이집트 미라형 돌관, 동방 왕궁의 타일 벽장식, 건물 부재들, 조각상, 묘지석, 비문, 쐐기문자 서판, 부장용 조각상, 내장병 등 소장품의 숫자와 규모가 엄청나다. 특히 이쉬타르문이 강렬한 인상을 주며, 알렉산드로스의 전투 장면이 새겨진 '알렉산드로스 석관'도 유명하다. 요즘은 전시 기법이 발달해서, 이 석관에게는 특별한 자리를 부여하고, 그 부조의 원 모습이 어떠했을지 색깔을 입힌 모형도 함께 전시해 놓았다. 건물이 세 동 있어서 도자기 박물관과 이슬람 박물관도 같은 구내에 있다.

베네치아의 산마르코 대성당 전면의 한쪽 귀퉁이에는 자주색 반암에 새겨진 네 공동 황제의 조각상tetrarchs이 박혀 있다. 이것도 4차 십자군 때 콘스탄티노플에서 가져간 것인데, 그것의 일부 조각이 현지에 남아 있다가 지금은 이스탄불 고고학박물관에 전시되어 있다. 원래 성소피아 대성당에서 서쪽으로 2킬로미터 정도 떨어진 필라델피온Philadelphion이란 광장에 있던 것이다. 300년경의 작품으로 추정된다.

그 밖에 동로마의 유적으로 옛날 수도 물저장고와 옛 성벽, 작은 성소피아 성당, 성이레네 바실리카 등이 있고, 오토만시대의 톱카프 궁전 등도 많이들 둘러본다. 이 모든 것을 다 소개하기는 곤란하니 이 정도로 그치기로 하자.

터키의 서쪽 해안과 그 주변 섬들에 대해서도 별도의 책에서 다뤄야 할 것 같다. 독자들께서 자신이 가진 지식과 사고방식의 원류를 찾아서 그랜드투어를 떠나실 때 이 책이 다소라도 도움이 되기를 기대해 본다. 부디 그런 기회를 누리시길!

고대 그리스 연표

상고시대(기원전 776-480년)

766년경	1회 올륌피아 경기 개최
750년경	그리스 알파벳 등장
700년경	호메로스의 서사시 『일리아스』, 『오뒷세이아』
	헤시오도스, 『신들의 계보』, 『일들과 날들』 창작
7세기 후반	여성 시인 사포Sappho 활동
620년경	드라콘, 아테나이에서 성문법 제정
600년	밀레토스 태생 철학자 탈레스 활동
594년	솔론, 드라콘의 성문법 혁파, 정치 개혁
557년	페르시아 퀴로스 대왕 등극
546년경	퀴로스, 뤼디아 왕국의 크로이소스왕 격파
545-510년	참주 페이시스트라토스, 아테나이 정권 장악
530년	페르시아 캄뷔세스 대왕 등극
521년	페르시아 다레이오스 대왕 등극
508년	아테나이, 클레이스테네스의 개혁으로 민주정 도입
499-494년	이오니아 소재 그리스계 도시들, 페르시아 지배에 맞서 봉기
490년	1차 페르시아 전쟁: 마라톤 전투 - 밀티아데스
486년	페르시아 크세륵세스 대왕 등극
480년	2차 페르시아 전쟁: 테르모퓔라이 전투 - 레오니다스
	아르테미시온 해전, 살라미스 해전 - 테미스토클레스

479년	플라타이아이 전투 – 파우사니아스
478년	아테나이, 델로스 동맹 결성

고전기(기원전 480-323년)

462년	에피알테스와 페리클레스, 아테나이 민주주의 개혁
458년	아이스퀼로스의 비극「오레스테이아」초연
454년	델로스 동맹 금고, 델로스섬에서 아테나이로 이전
447년	파르테논 신전 착공(432년 완공)
441년	소포클레스, 비극『안티고네』완성
431년	펠로폰네소스 전쟁(431-404)
430년	아테나이 대역병
431년	에우리피데스의 비극「메데이아」초연
429년	페리클레스 사망
425년경	헤로도토스,『역사』완성
423년	아리스토파네스의 희극「구름」초연
421년	니키아스의 평화
418년	아테나이가 적대 행위를 재개함
	만티네이아 전투(아테나이가 가담한 연합군을 스파르타 연합군이 이김)
416년	아테나이가 멜로스를 멸망시킴
415년	아테나이, 시칠리아섬 원정. 알키비아데스가 스파르타로 망명함
	에우리피데스의 비극「트로이아 여인들」초연
413년	아테나이의 시칠리아 원정대가 쉬라쿠사이에게 궤멸됨
411년	아테나이, 민주정 체제 전복되고 쿠데타로 '400인 체제'가 들어섬
	아리스토파네스「뤼시스트라테」초연
410년	아테나이, 민주정 회복
406년	에우리피데스의 비극「박코스의 여신도들」초연
404년	아테나이, 펠로폰네소스 전쟁에서 최종 패배,

	민주정 다시 전복되고 '30인 참주' 체제가 들어섬
403년	아테나이, 민주정 회복
401년	소포클레스의 비극 「콜로노스의 오이디푸스」 작가 사후 초연
400년	투퀴디데스 사망, 『펠로폰네소스 전쟁사』는 미완성으로 끝남
399년	소크라테스 처형됨
4세기 초	플라톤, 대화편 「소크라테스의 변명」, 「파이돈」, 「향연」, 「국가」 등 완성
385년경	플라톤 철학 학교 아카데메이아 건립
371년	스파르타가 레욱트라에서 패배함
362년	테바이가 만티네이아에서 스파르타를 제압함
359년	마케도니아 왕 필립포스 2세 등극
338년	카이로네이아 전투(아테나이와 연합 세력이 마케도니아에 패배함), 이 전투의 승리로 마케도니아의 필립포스 2세가 그리스 세계 전체의 지배자가 됨
	코린토스 동맹 성립
336년	필립포스 암살됨. 알렉산드로스 대왕 등극
335년	아리스토텔레스, 아테나이에 철학 학교 뤼케이온 설립
334년	알렉산드로스가 그라니코스강에서 페르시아를 이김
333년	잇소스 전투
332년	튀로스 함락
331년	알렉산드로스의 이집트 정복. 알렉산드리아 건설. 알렉산드로스가 가우가멜라에서 페르시아를 제압함.
329년	알렉산드로스의 부대 박트리아(아프가니스탄) 도착
327년	알렉산드로스가 박트리아 공주 록사네와 결혼
326년	알렉산드로스의 군대가 인디아에 도달함
323년	알렉산드로스 대왕 사망

헬레니즘시대(기원전 323-30년)

322년	그리스계 도시들, 마케도니아에 완전 정복됨
	아테나이 민주정치 종언

	아리스토텔레스 사망. 『니코마코스 윤리학』, 『정치학』
310년	스토아 철학자 제논이 아테나이에 학교 설립
307년	에피쿠로스가 아테나이에 학교 설립
300년	프톨레마이오스 1세가 알렉산드리아에 무세이온 설립
287년	아르키메데스(287-212) 탄생
284년	아카이아 동맹 결성
279년	갈리아인의 희랍 침입
238년	앗탈로스 1세가 갈리아인들을 제압함
214년	1차 마케도니아 전쟁(214-204)
	로마가 마케도니아의 필립포스 5세를 제압함
200년	2차 마케도니아 전쟁(200-196)
	플라미니우스가 퀴노스케팔라이Cynoscephalae에서 승리함
172년	3차 마케도니아 전쟁(172-168/7)
	퓌드나 전투(로마의 아이밀리우스 파울루스가 마케도니아의 페르세우스를 제압함), 마케도니아는 네 개의 공화국으로 분해됨
146년	로마가 희랍으로 진격함
	뭄미우스의 코린토스 약탈. 아카이아 동맹 해체. 이후로 로마가 희랍을 지배함

(그 이후(146-30)를 후기 헬레니즘 또는 그레코-로만기로 지칭함)

86년	술라가 이끄는 로마군이 아테나이를 약탈함
31년	악티온 해전. 옥타비아누스가 마르쿠스 안토니우스와 클레오파트라를 제압함
30년	클레오파트라의 죽음

로마 연표

기원전

753년	로마 건국: 로물루스, 레무스
750-265년	**초기 로마**
509년	공화정 성립: '오만한' 타르퀴니우스, 루크레티아, 집정관 브루투스
	에트루리아 왕 포르센나, 무키우스 스카이볼라, 코클레스, 클로일리아, 레길루스 호수 전투
501년	독재관 선출
494년	평민의 분리운동(성산 사건), 호민관 선출
458년	킨킨나투스 독재관직 수락
449년	12표법 제정
430년경	Aequi와 Volsci 정복
407-396년	Veii 정복
390년	갈리아인의 로마 침입: 브렌누스(vae victis!)
387년	카밀루스가 아르데아에서 갈리아족 격퇴('로마의 제2 건설자')
367년	리키니우스-섹스티우스법 제정(집정관 중 한 명은 평민으로)
327-290년	삼니움 전쟁에서 로마 승리
280-275년	퓌루스의 이탈리아 침입
265년	에트루리아 복속
264-241년	**제1차 포에니 전쟁**(레굴루스 포로됨), 시칠리아 속주화

237년	사르디니아 속주화
218-201년	**제2차 포에니 전쟁**: 한니발, '지연자' 파비우스, 마르켈루스(214년 쉬라쿠사이 함락, spolia opima), 스키피오 아프리카누스(zama 전투)
218년	트레비아강 전투에서 한니발에게 패배
217년	트라수멘누스(트라시메네) 호수 전투에서 한니발에게 패배
216년	칸나이 전투에서 한니발에게 패배(L. 아이밀리우스 파울루스 전사)
212년	쉬라쿠사이가 로마군에게 함락됨
207년	한니발의 동생 하스드루발, 메타우루스에서 전사
202년	자마 전투에서 한니발 패배
214년	1차 마케도니아 전쟁(214-204) 로마가 마케도니아의 필립포스 5세를 제압함
200년	2차 마케도니아 전쟁(200-196) 플라미니누스가 퀴노스케팔라이에서 승리함
172년	3차 마케도니아 전쟁(172-168/7) 퓌드나 전투(로마가 마케도니아를 제압함)
149-146년	제3차 포에니 전쟁: 스키피오 아이밀리아누스(소 스키피오)
146년	로마가 코린토스 정복함: 뭄미우스의 코린토스 약탈.
136-132년	시칠리아 노예 전쟁
111-106년	누미디아 왕 유구르타Jugurtha와 전쟁
133-121년	그라쿠스 형제와 농지 개혁을 둘러싼 투쟁
107년	마리우스의 병제 개혁(재산 가격 철폐)
91-89년	동맹시 전쟁, 이탈리아인의 로마 시민권 획득
88년	술라의 로마 진군, 마리우스 도주
88-85년	1차 미트리다테스 전쟁: 폰투스 왕 미트리다테스가 소아시아의 로마 영토 침입
87-81년	로마 내란, 마리우스파와 술라파의 혈전
87년	마리우스가 술라파 숙청
86년	마리우스 사망
81년	술라 독재관 취임, 원로원 의원 수를 600명으로 확대 제2차 미트리다테스 전쟁

79년	술라 종신 독재관직을 버리고 은퇴, 78년 사망
74-63년	제3차 미트리다테스 전쟁
73년	스파르타쿠스의 노예 반란
67년	폼페이우스가 해적 소탕
63년	키케로 집정관 당선, 카틸리나 음모 발각
	유대가 로마의 속주가 됨
60년	1차 삼두정 결성(폼페이우스, 카이사르, 크라수스)
58년(~51)	카이사르의 갈리아 원정 시작
53년	크라수스, 파르티아인과의 전투에서 전사
49년	카이사르가 루비콘을 건넘
48년	카이사르가 폼페이우스 군대를 격파함(파르살루스 전투),
	폼페이우스는 이집트로 도주 후 암살됨
49-45년	카이사르가 독재관에 취임, 율리우스력 제정(~1582)
46년	소 카토 자결
45년	카이사르가 히스파니아의 문다에서 폼페이우스파 잔군 토벌
44년	카이사르 암살
42년	필리피 전투에서 공화파 패배(브루투스, 카시우스)
43년	2차 삼두정(안토니우스, 옥타비아누스, 레피두스)
40년	브룬디시움 조약, 옥타비아누스와 안토니우스가 각기 서방
	속주와 동방 속주를 양분하여 통치하기로 결정함
31년	악티움 해전
30년	클레오파트라 자살, 이집트 병합
29년	기원후 14년까지 아우구스투스의 원수정
8년	『아이네이스』/ 기원전 70-19년 베르길리우스
기원전 27년~	**율리오-클라우디우스가의 황제들**
기원후 68년	Augustus 기원전 27년-기원후 14년
	Tiberius 기원후 14-37년
	Caligula 37-41년
	Claudius 41-54년
	Nero 54-68년

로마 연표 397

기원후

64년	로마시 대화재 발생
65년	세네카 죽음
70년	예루살렘 성전 파괴
79년	베수비우스 화산 폭발, 폼페이 매몰, 콜로세움 건설
69-79년	**네 황제 시대**

        Galba, Otho, Vitellius 69년

        Vespasian 69-79년

69-96년   **플라비우스가 황제들:** 베스파시아누스, 티투스, 도미티아누스

        Vespasian 69-79년

        Titus 79-81년

        Domitian 81-96년

96-180년   **오현제 시대**

        Nerva 96-98년

        Trajan 98-117년

        Hadrian 117-138년

        Antoninus Pius 138-161년

        Marcus Aurelius 161-180년

        Lucius Verus 161-169년

        Commodus 180-192년

116년	트라야누스 황제, 메소포타미아 원정
212년	카라칼라 황제, 제국의 모든 자유인에게 시민권 부여
235년	병영 황제 시대 시작
284년	디오클레티아누스 황제의 4분 체제 도입
306년	콘스탄티누스 황제 즉위(~337)
330년	콘스탄티노플로 천도
361년	반기독교적인 율리우스 황제 즉위
410년	테오도릭 알라릭의 로마 약탈
430년	아우구스티누스 죽음
476년	로물루스 황제 폐위

도판 출처

20, 23, 39, 46(위), 47(왼쪽), 48, 51, 61, 74(아래), 75, 80(아래), 83, 93, 97, 101, 110, 111, 112, 113(아래), 114, 117, 146(위), 179, 181, 184(왼쪽), 185(아래), 186, 188, 194, 199(아래), 203, 222, 231, 251, 252, 253, 256(위), 257, 263, 268(왼), 279(아래), 282, 301, 303, 304, 305, 307, 308(오른쪽), 311, 312, 313, 315, 317(아래), 319, 329, 330, 331, 333, 339, 340, 341, 345, 348, 349, 350, 363, 364(위), 384(아래), 385(왼쪽) **홍창의**

48(왼쪽), 58(위) **김시본**

62 **차민**

70 **r.nagy / Shutterstock.com**

89(위), 142, 243, 256(아래), 268(오른쪽), 287, 292, 334, 346, 351, 356 **구본섭**

123(오른쪽) **윤대봉, 박충식**

154 **photo stella / Shutterstock.com**

19, 29, 87(왼쪽), 120(왼쪽 위), 199 Jebulon 25 Claus Ableiter 33 Berthold Werner 37 Durand collection 42 Qirille, Tomisti 47(오른쪽), 58 Tilemahos Efthimiadis 54 Dean Dixon, Alan LeQuire 71, 212, Tetraktys 72, 111(아래), 130, 132(아래), 164(오른쪽), 165(아래), 197, 198(오른쪽), 213(위), 218, 219, 225, 254 Zde 74 Sharon Mollerus(왼쪽), Dorieo(오른쪽) 77 Storeye 82 Madmedea 84 Dennis Jarvis 89(아래) Thermos 113(오른쪽), 132(위) Tkoletsis 119, 122 Marsyas 121(왼쪽), 165(위), 223, 288 George E. Koronaios 123(왼쪽), 148, 387(오른쪽) G.dallorto 130(위), 264, 309(위), 316(왼쪽) Davide Mauro 139, 215, 300 Tomisti 150(왼쪽) Asatruar 151 Patrick Clenet 156 Schuppi(왼쪽), nnicolaos 157 Geni(위) 162 Paweł 'pbm' Szubert 164 Bibi Saint-Pol 171, 195 Jastrow 174 Jose Mario Pires 175 Mmoyaq 177 Paginazero 180 Blue owl96 182 O.Mustafin 184 bgds   185(위) Rolf Dietrich Brecher   191 PRA   193 CNG coins   196 Steffen Löwe   198(왼쪽) C messier   200 AlMare   203 George M. Groutas   204 Moonik   209 Nadia Prigoda(왼쪽), Yann(오른쪽)   210, 227 Olaf Tausch   211 Stan Zurek   213(아래) Travelling Runes   220 Institute for the Study of the Ancient World   221, 224, 228(오른쪽) Bernard Gagnon   228 F. Boissonnas(왼쪽)   229 Navin75   238 Nefasdicere   241 Kenny Arne Lang Antonsen   255 Sp!ros   259, 272 Carole Raddato   274(위), 297 Sarah Murray   277 Alun Salt   279(위) Angela Monika Arnold   281 de:Benutzer:Ticinese, BeatrixBelibaste   283 Ck at Hungarian Wikipedia   284(왼쪽), 327, 359, 383(아래), 386 public domain,   284(오른쪽) Gregor Schöffl   286, 308(왼쪽), 316(오른쪽) HerrAdams(오른쪽)   290 Herbert Ortner(위), Rokaroll(아래)   293 YukioSanjo   294 Jerónimo Roure Pérez   296 Jean Housen(위), MaEr(아래)   299 Haiduc   304(아래) Tusculum   306 Nanosanchez   316(위) Wknight94   317(위) G Da   324 Dimkoa   328 Hansen   335 Tteske   342(아래) Rolling Hills   344 Luarvick   357 Daderot   360 Dr.K.   364(아래) Napoleon Vier   367 Rjdeadly   370 Akasapis(왼쪽), Mary Harrsch(오른쪽)   370(아래), 371, 375 Yann   377 G.Garitan(위), shakko(아래)   380 Michael Greenhalgh   383(위) Arild Vågen   384(위) Eric Gaba, Sting   385 Dosseman(위), Radomil(아래)   387(왼쪽) Gryffindor   **Wiki Commons**

* 도판 사용을 허락해 주신 모든 분들께 진심으로 감사드립니다. 아울러 복원도 그림을 도와준 홍석범님에게도 감사드립니다.
* 이 책에 수록된 일부 저작권자를 찾지 못한 도판의 경우 확인되는 대로 허가 절차를 밟겠습니다.

찾아보기

ㄱ
가뉘메데스 318-9
가이아 316
갈레리우스 379
갈레리우스 개선문 376-8
거인과의 전쟁Gigantomachy 32, 328
게르만족 22, 91, 302
고르곤 115, 119, 121, 131, 359-60
고르튄(고르튀스) 190, 192, 194-5
〈권투하는 소년(소녀)들〉 110, 111, 208
『그리스 안내서』 32, 42, 85
글라우케의 샘 248, 249, 250

ㄴ
나우시카아 358
나우팍토스 292, 307, 322-4
나우플리온 234, 275-6, 278, 280
나이아Naia 357
낙소스 168, 170, 212, 217-9, 229-32, 301, 327, 331
네로 236, 242, 273, 302, 367, 378
네메시스 133, 136, 145
네메아 234, 257-60, 289, 318
네메아 경기 239, 258, 260, 272
네스토르 286, 292-4
네옵톨레모스 142, 325, 327, 335-6
넷소스 119, 364
니카Nika 382, 387

니케 26, 28-32, 35, 51, 55, 62, 76, 117, 307-8, 319
니코폴리스 322, 352-3

ㄷ
다이달로스 15, 106, 169, 170, 171, 204
대영박물관 29 38 45 55-6 61 70 218 268 297
대지모신 117, 127, 162, 178, 271, 331, 354, 365
데르베니 380
데메테르 83, 86, 91, 118, 120, 127-8, 132-3, 231, 250, 314, 316-7, 337, 354, 365-6
데모스테네스 236, 294
데모폰 128
데우칼리온 353
데이아네이라 364
델로스 107, 150, 152, 168, 212-5, 222-3, 227, 229
델로스 동맹 52, 213-4
델포이 6, 24, 42, 83, 129, 160, 207, 218, 226, 232, 239, 315, 318, 322-3, 325, 327, 333-4, 336-7, 339, 341, 346, 347, 350, 354-5, 357, 361, 365, 382, 383-4
델포이 고고학박물관 115, 198, 231-2, 319, 341, 346, 348
델포이 스타디온(단위) 343
도도네 24, 322, 351, 353-8, 360-1
도리스 34, 64, 108, 109, 134, 195, 198
도리스식 30, 33-35, 52-4, 88, 97, 98, 145, 250,

찾아보기 401

252, 259, 273, 297, 305, 309, 337, 343-4, 373
도시를 인도하시는 아테네의 문 88-9
도움을 주시는 아폴론Apollon Epikourios 295
도토리형 건물(tholos) 83, 266, 280, 313, 344-6, 348
돼지 이빨 투구 112, 265
두칼레궁 152
뒤르라키움 373
디르케샘 135
디오게네스 244
디오네 354, 355, 357
디오뉘소스 6, 65, 78, 93, 135, 157, 215, 224-6, 230, 240, 271, 310, 312, 318, 325, 338, 339, 352, 366, 370, 374-5, 381
디오뉘소스 극장 17, 18, 21-4, 42, 73, 90
디오메데스 270, 352
디오스쿠로이 206, 285-6, 328, 349
디온 24, 322, 365-7, 384
디올코스(배 운반로) 236-7, 245
디퓔론문 90-1, 93-4

ㄹ

라다만튀스 159
라오메돈 165
라우레이온 126, 143-4
라케다이몬 285, 364
라코니아 281, 291
람누스 126, 133, 136-7, 145,
랍다 244-5
레오니다스 277, 281-4, 301, 362-3
레오니다이온 301
레우카스 353
레우킴미 360
레욱트라 전투 134, 285, 352
레토 214, 216, 225, 331, 354
렘노스 206, 258
로도스 223, 334
로마 86, 91, 143, 149, 195, 214, 222, 238, 242, 248, 255, 260, 269, 271, 352, 366, 377, 382, 384
로마 포룸 83, 376, 379
로마 아고라 88-9

로톤다 376-8
록사네 368
루브르 박물관 195-6
루크레티우스 159
루키아노스 140
뤼케이온 14, 102-4
뤼쿠르고스 104, 258, 281
륑케우스 285-6
리온(리우) 323

ㅁ

마라톤 15, 69, 79, 104, 126, 137-41, 171, 237, 282
마라톤 전투 31, 76, 81, 86, 138, 140, 277, 326, 329
마르쿠스 아우렐리우스 130, 335, 377-8
마케도니아 33, 103, 135, 337, 355, 365, 368, 369, 372-6, 380, 384
말리아 190, 196-9
맞배지붕 28, 31, 49, 100, 240, 249, 273, 286, 327-8
메가라 155, 234-6, 244
메넬라오스 57, 60, 147, 171, 261, 280, 284
메데이아 15, 79, 244, 250, 272, 358
메두사 359, 370
메테오라 6, 24, 322, 365
메트로온 82, 84, 300
메티스 56
멜람푸스 271, 286
멜레아그로스 351
멜로스섬 110, 126
멜로스섬의 날치 벽화 110, 111
멜리케르테스 240, 241
멤논 328
멧세네 234, 285, 287, 290, 292, 295, 326
멧세니아 285-6, 291, 307, 324
모로시니 55, 57, 61, 69, 150, 202, 204
모자이크 박물관 386, 387
몸 방패body shield 181, 182, 265
무사 여신 341, 372
뮈르미돈 사람들myrmidones 160
뮈르틸로스 298

뮈케나이 106-13, 124, 135, 139, 158, 173, 187-8, 191, 198, 232, 234, 260-1, 263, 265-6, 270, 273, 275-6
뮈코노스 168, 212-3, 232
미노스 105-6, 143, 159, 169-72, 178, 280
미노아 105-9, 169, 172-3, 194, 196-9, 262
미노아 시대의 샘 215, 223, 224, 228
미노타우로스 79, 137, 144, 169, 170-1, 173, 204
미스트라스 284
미트리다테스 91
미켈란젤로 230
밀레토스 373
밀티아데스 76, 82, 277

ㅂ
바람의 탑 88, 89
바르바케이온의 아테네 118-9
바바리아의 엘리자베스 358
바이런 144, 343
밧사이 50, 234, 294-8, 307
밧토스 207
배 운반로(디올코스) 236-7, 245
백 걸음 신전(헤카톰페돈) 26-7, 53, 68
뱀 기둥 332, 334, 383-4
베나키 박물관 124
베네치아 31, 55, 69, 150-1, 202, 220, 274, 276, 284, 324, 335, 360, 386, 388-9
베르기나(아이가이) 322, 367, 372, 375
벨레로폰 244, 256
『변신 이야기』 40, 159, 214, 278
보좌의 방 throne room 176, 178-80, 186
〈봄의 정원〉 110-1, 208
부시리스 119, 121
부콜레온 383, 387-8
부테스 47
뷔잔티온 150, 195, 273-4, 284, 332, 334, 373, 376, 381
뷔잔티온-그리스도교 박물관 122, 343
브라우론 36, 42, 71, 126, 141-3
블루 모스크(술탄 아흐메트 모스크) 333, 382, 387
빛 우물 light well 174-5 179, 183

뿔잔 rhyton 187, 197, 265

ㅅ
사도 바울 21, 244, 255-6, 381
사두마차 335, 371, 386, 387
사로니코스만 126, 153, 158
사르데이스 27
사르디니아 239
사모스 143
사산 왕조 376
사자 테라스 152, 215, 218-20, 223, 225
사자문 261-4, 266-7, 269-70
산마르코 대성당 334, 388-9
산토리니 109-10, 126, 204-6, 210, 212, 232
살라미스 15, 43, 92, 126, 152-5, 157, 160, 163-4
살라미스 해전 134, 153, 155-7, 277
상고시대의 미소 archaic smile 19, 72, 114, 254
선문자 A 191, 193, 199
선문자 B 111-2, 183, 191-2, 265, 293
성 데메트리우스 교회 379
성 사도 교회 89
성소피아 대성당 333, 382-3
성지 관리위원회 amphictyonia 337, 365
세르반테스 324
세멜레 310
셉티미우스 세베루스 379
소크라테스 15, 21, 85, 90, 235
소포클레스 15, 21, 82, 128, 147
솔론 15, 66, 85, 131, 245, 349
수니온 126, 143-4, 146-7, 163, 169
수압식 오르간 hydraulis 367, 384, 385
술라 91, 96, 98, 103, 149
술탄 아흐메트 광장 333, 382
쉬라쿠사이 190, 228, 236
슐리만 124, 190, 262, 264, 297
스케이론 236
스토아 포이킬레 74, 81, 82, 85, 86
스토아학파 15, 74, 85-6
스토이바데이온 225
스트라본 190
스파르타 134, 138, 140-1, 143, 146, 148, 155,

195, 206, 234, 249, 261, 271-2, 280-3, 285-6, 291-2, 294, 301, 307, 323, 326-7, 333, 336, 350, 352, 361-3, 365
스파르타슬론 282-3
스팍테리아 294, 307
스프라트Spratt 190
스핑크스 115, 118, 120, 123, 164-6, 231-2, 253-4, 327, 331
시니스 79, 244
시모니데스 363-4
시뷜라 331
시쉬포스 241
시칠리아 169, 190, 228, 236
시프노스 126, 327-9
신성한 문 91-2, 94
신타그마 124, 127
십자군 55, 274, 276, 334-5, 382, 385-9
쐐기형 전열 278

ㅇ
아가멤논 19, 142, 164, 261, 267, 270, 298, 325
아가멤논의 황금 가면 111-2, 264
아고라 14, 17, 24, 63, 67-8, 73-5, 81-2, 85-91, 94-95, 127, 145, 147, 214-6, 219, 247-8, 271, 366, 373
아고라 박물관 73, 113, 122, 294
아글라우로스 40-3
아레스 19, 87, 145
아레오파고스(아레스의 언덕) 18-19
아르고스 41, 234, 261, 270-5, 280, 285, 326-7, 352
아르고스 박물관 271
아르고호 47, 65, 171, 192, 206, 285
『아르고호 이야기』 192, 205
아르골리스 261
아르시노에샘 289
아르카디아 50, 294-5
아르카디아문 291-2
아르칼로코리 190, 198-9
아르켈라오스 365, 367
아르테미스 36, 42, 49, 61, 71, 115-6, 129-30, 141-2, 147, 149, 213-6, 218-9, 250, 346, 351-2, 354, 359-60
아르테미시온곶 115
아리스토텔레스 15, 98, 102-4, 381
아리스토파네스 15, 25, 39, 82, 93, 235, 294
아리아드네 169-71, 203-4, 229-30, 381
아리온 241, 246-7
아마존 18-9, 32, 57, 85, 118, 152, 164, 297, 345
아스클레피오스 24, 253, 278-80, 289, 366
아시아 예술박물관 360
아우게이아스 298, 306
아우구스투스 88, 98, 252, 273, 352, 355, 366, 378
아우구스티누스 37
아울루스 겔리우스 157
아이게우스 79, 81, 144, 325
아이고스포타모이 326
아이기나 54, 122-3, 126, 148, 152-3, 158-61, 163, 165
아이기스 71, 115
아이기스토스 261-2, 269-70
아이네아스 214
아이스퀼로스 15, 19, 128
아이아스 153, 155, 158, 164, 381
아이아코스 158-9
아이톨리아 352
아카데메이아 14, 95, 103
아카이아 352
아크로코린토스 237, 246, 256
아크로티리 206-7, 209-10
아크로폴리스 14, 16-8, 20-22, 25-8, 32, 36, 38-40, 42, 50-1, 55-6, 62-3, 66-73, 76, 87, 90, 94, 96, 101, 104, 112, 115, 144, 158, 202, 282-3, 297, 302, 307, 357
아크로폴리스 박물관 14, 17, 44-45, 47, 56, 61-2, 66-73, 114, 122, 198
아크리시오스 270-1
아킬레우스 115, 153, 158-60, 325, 328, 335, 351, 354-5, 358-9
아킬레이온 358-9
아테나이 1부 〈아테나이〉 전체, 126-8, 131, 138, 140-1, 143-9, 156, 159-61, 170, 187, 195, 202,

205, 217, 222-3, 229, 235-7, 239-40, 243-5, 249, 260, 271-3, 277, 280, 282, 291-2, 294, 305, 307-8, 313-5, 323-30, 332-3, 362, 364, 366, 373
아테나이 국립고고학박물관 131, 137, 198, 208, 212, 222, 232, 265, 273, 276, 319, 352, 358
아고라 박물관 73, 113, 122, 294
아테네 37-8, 40, 42, 47, 49, 53, 54-6, 58-9, 68, 71-2, 75, 78, 99, 115, 117, 124, 146-9, 160, 302, 325-6, 340, 342-5
아테네 아파이아 54, 161-4
아트레우스의 보물 창고 139, 267-9, 271, 293, 369
아폴로도로스 40, 43
아폴론 19, 50, 61, 82, 85, 99, 103, 115-6, 129, 149, 165-6, 212-8, 222-3, 229-32, 240, 247-51, 254, 260, 295-7, 307, 325-6, 328-32, 335-40, 343, 345-7, 349-51, 354
아프로디테 47, 49-50, 60-1, 118, 221-2, 230, 257, 354, 356
악티움 352-3
안티고네 82, 135
안티노오스 349-50
안티오페 19
안티퀴테라 122
알렉산드로스(대왕, 3세) 98, 103, 277-8, 313, 365-8, 373, 387, 389
암피아레이온 126, 133
앗탈로스 주랑 73-5, 81-2, 85-7, 89
앗티케 92, 144
애쉬몰린 157-8, 297
양날 도끼 176, 179-81, 198-9
〈어부〉 110, 208-9
에렉테우스 36, 38, 43-4, 47, 50, 64-5
에렉테이온 27, 36, 39, 40, 42-4, 46, 48-9, 70, 76
에로스 57, 60-1, 221, 363
에리다노스강 94-5
에릭토니오스 38-9, 50, 64-5, 117, 127
에반스Arthur Evans 172-3, 175, 189, 203
에우로페 159, 169, 171
에우뤼디케 371, 373
에우뤼스테우스 79, 171, 275, 350

에우리피데스 142, 155-8, 250, 365, 367
에우보이아 103, 115
에파메이논다스 134, 278
에피고노이 326
에피다우로스 24, 160, 234, 278-80
엘 그레코 200-1
엘긴Elgin 44, 47, 70, 297
엘레우시스 91, 118, 126-32, 153, 235, 357
엘리스 298
엥켈라도스 71
영웅 사당 286-7, 351 ,371
'옛 신전' 26-7, 32, 47, 68, 71-2
'옛 테라' 206-7, 210-1
오데이온 17, 21, 23, 25, 42, 247-8
오뒷세우스 112, 131, 133, 142, 153, 173, 271, 276-7, 293, 350, 353, 358
『오뒷세이아』 194, 354
오레스테스 15, 19, 142, 325, 335
오르티아 아르테미스 신전 283
오르페우스 122-3
오벨리스크 333, 382-5, 388
오비디우스 40, 43, 159, 278
오스트라콘ostracon 73-4
오이노마오스 298
오이디푸스 15, 41, 128, 133, 244, 325
『오이디푸스왕』 135
오토만제국 274, 284, 324, 379, 385, 388
옥타비아 247, 251-2
옥타비아누스 381
올륌포스 24, 49, 57, 78, 354, 365, 372
올륌포스 제우스 신전 96-7, 99, 101, 103-4, 260
올륌피아 37, 83, 104, 198, 234, 298-301, 304-5, 307, 315, 318, 323, 350, 353, 355
올륌피아 경기 239, 241, 258
올륌피아스 313, 368
올림픽경기박물관 319
옴팔로스 330-1, 336
와서 가져가라Molon Labe! 281-2, 363
요정의 샘 300, 314-6
우진각지붕 240-1, 249
원형 묘지 A/B 261-4, 266, 270

찾아보기 405

〈위대한 알렉산더〉 143, 145
윌리엄 터너 162-3
유스티니아누스 96, 238, 382, 387
이노포스 226, 228
이다스 285-6
이라클리온(헤라클레이온) 109, 168, 171, 196, 199, 200-1
이라클리온 고고학박물관 172, 178, 184, 189-90, 197
이스탄불 333-4, 367, 381, 383, 386-9
이스트미아 234, 236, 239-43, 249
이시스 215, 227-8, 271, 366
이아손 137, 192, 250
이오니아 27, 232, 234, 322
이오니아식 30, 33-4, 47-9, 55, 297, 313, 323, 332, 338, 343
이집트 109, 114, 138-9, 180, 211, 214, 216, 226, 243, 349, 354, 367, 383-5, 388-9
이타케 322, 353
이탈리아 22, 61, 63, 69, 145, 199, 215-6, 219, 223, 304-5, 323, 349, 373
이토메산 291
이피게네이아 142
익시온 184
『일리아스』 153, 160, 169, 181-2, 265, 270, 351, 354, 359, 368

ㅈ
쟁기질 방식boustrophedon 195
적색상 도기|red figure vase 115
전체 희랍의 제우스Panhellenios Zeus 신전 161, 163
제논 15, 74
제우스 24-5, 31, 44, 48, 55-6, 58, 71, 82, 85, 94, 98-9, 115, 117, 158-60, 169-70 271, 286
제우스 신전 37, 258-60, 299, 300, 302, 304-5, 307-9, 355-6
지성소adyton 280, 296, 338

ㅊ
차크로스 190, 197
〈청동 마부상〉 115, 348, 350

청동집의 아테네 283

ㅋ
카드모스 133
카뤼아티데스Caryatides 43-6, 118
카스탈리아샘 340-2
카잔차키스 200-3
칼뤼돈 131-2, 285, 322, 350-3
캇산드로스 366, 368, 375
케라메이코스 17, 86, 90, 93-5, 119, 127
케르퀴라(코르푸) 151, 246, 322, 358-9, 361
케르퀴온 79
케크롭스 38, 40-1, 43, 64-5
케팔로니아 322, 353
켄타우로스 57, 81, 297, 305-6, 345, 364
켈레우스 127-8
켕크레아이 242
코드로스 64, 66
코레 44-7, 72, 114, 139, 210, 350
코레들의 현관porch of Korai 43-6, 49
코르벨 아치 139, 267, 291
코린토스 50, 223, 234, 237, 239-241, 243-6, 249-57, 311, 323, 325, 331, 333
코린토스식 34, 98, 100, 251-2, 260, 297, 313
코린토스운하 236-7
콘스탄티노플 238, 334-5, 382-4, 388-9
콘스탄티누스 332, 334, 379, 381, 383-5, 387
콜로나 166
쿠로스 72, 113-4, 139, 145, 147, 149, 210, 212, 253-5, 349
쿨루레스 175-6, 193, 196
퀴레네 206-7
퀴벨레 26-7, 83-4, 316, 329
퀴클라데스 105, 107-11, 209, 230-1
퀴클라데스 예술 박물관 111
퀴클롭스 135, 262-3
퀴프로스 153-4, 169, 208
퀸토스 214-5, 226, 228
큅셀로스 244-5, 249, 311
크놋소스 172-6, 189-93, 196, 203, 232, 280
크레테 79, 105, 107, 109, 112, 122, 137, 143-4,

406

151, 168-72, 187-90, 192, 196, 200-6, 265-6, 273, 307
크로노스 56, 315, 329, 336
크롬뮈온 79, 244
크뤼사오르 359
〈클레오비스와 비톤〉 349-50
클레이스테네스 15
클뤼타임네스트라 261-2, 267, 270
키몬 76, 131
키오스 336, 386
키케로 96, 122

ㅌ

타위게토스 281, 363
탈로스 171, 192
터키 31, 44, 50, 158, 276, 389
테라스Theras 207
테르모퓔라이 277, 301, 322, 337, 350, 361-5
테미스토클레스 15, 43, 74, 90, 92-3, 102, 143, 152, 277
테바이 41, 126, 133-6, 257, 270-1, 275, 278, 285, 313, 326, 352, 354, 362
테살로니키 198, 322, 365, 373-5, 378, 380-1
테세우스 15, 18-9, 57, 76, 79-81, 100-2, 128, 137, 144, 169, 170-1, 203, 229, 244, 325, 329, 374
테세이온 75, 78, 80-3, 85, 87, 145
테스피아이 362-4
테오도시우스 355, 378, 383-5, 388
테우크로스(테우케르) 153-5
테티스 78-9
텔라모네스 44
텔레마코스 293
텔레스테리온 129-31
텟살리아 375
투퀴디데스 15, 92, 110, 146, 155, 159, 223, 242, 271, 273, 280, 283, 329, 333, 365, 375-6, 381
트로이아 19, 57, 64, 85, 124, 134, 142, 147, 154, 164, 171, 181, 190, 213-4, 260, 264, 276-7, 297-8, 325, 328, 335, 381
트로이젠 79, 235, 244
트립톨레모스 118, 120, 128, 132-3

티륀스 113, 234, 261, 270, 275-7

ㅍ

파로스 168, 212
파르테논 16, 22, 27, 30, 36-7, 42, 45, 50-6, 58-63, 66-72, 75, 99, 115, 117, 150, 202, 372
파리스 64, 325, 328, 368
파시파에 170, 204
파우사니아스 32, 36, 42, 85, 118, 252, 310, 318
파우사니아스(스파르타) 283, 333
파이스토스 171-2, 190-1, 193-4, 199
파이오니오스 307-8, 319
파트라(파트라이) 16, 234, 323, 352
파트로클로스 115-6, 354
판드로세이온 40
판디온 64-6
판 신 118, 221
판아테나이아 47, 60, 94, 104
판아테나이아 스타디움 17, 104
팔라메데스 276-7
페가소스 115, 243-4, 249, 256, 359
페르가몬 25, 73
페르세우스 119, 121, 131, 270, 275
페르세포네 91, 118, 120, 127, 130, 132-3, 354, 370
페르시아 15, 25, 27-8, 30, 39, 42, 52, 67, 69-70, 75, 85, 92, 134, 137-8, 140, 143, 145, 155, 160-1, 238-9, 246, 280-3, 325-6, 332, 347, 350, 358, 361-2, 368, 376
페리안드로스 244-6, 249
페리클레스 15, 21, 25, 76, 82, 95, 131, 143, 235
페리클뤼메노스 293
페이디아스 25, 300-1
페이딥피데스 141, 282
페이라이에우스(피레우스) 91, 93, 126, 148-151, 153, 156-7, 202, 219-20, 373
페이레네 244, 248, 256-7
페이시스트라토스 92, 97, 124, 131
펠라 322, 365, 367, 373-6
펠로폰네소스 16, 109, 155, 271, 274, 280
펠로폰네소스 전쟁 25, 30, 75, 93, 134, 148, 152,

찾아보기 407

155, 223, 292, 294, 307, 328, 352, 358
펠롭스 298-300, 305, 306, 308-309, 312, 314, 328
포로스 215, 217-8, 353
포르퓌리오스 386
포세이돈 36-8, 44, 47, 56, 58-9, 61, 115, 117, 170, 215, 220-1, 239, 286, 292, 338, 358
포세이돈 신전 36, 144-7, 160, 169, 239-43, 249, 343
포에니 전쟁 222
폴뤼네이케스 41
폴뤼데우케스 286
폴뤼페모스 131, 133
폼페이 118, 207-8, 374
폼페이온 94
〈푸른 원숭이들〉 110, 208-9
푸쉬킨 박물관 297
퓌테오스 372
퓌톤 331-2
퓌티아 239, 325, 332, 339, 348
퓔로스 234, 286, 292-5, 307
프뉙스 17, 89, 90, 103
프로메테우스 56, 359
프로크루스테스 79
프로퓔라이아(Propylaia, 입구 건물) 18, 25-8, 30-3, 35-6, 43, 49, 50, 68, 130, 145, 147, 177, 193, 216-7, 229, 255, 289, 300, 308, 314
프리아모스의 보물 297
플라타이아이 92, 126, 134, 137-8, 283, 332-3, 383
플라톤 15, 65-6, 85, 95-6, 102-3, 159, 205
플루타르코스 66, 140
플루톤 130-1
플리니우스 118
피라Fira 207, 209-10
피사 298-9
핀다로스 136, 239, 242
필로파포스 17, 90
필리피 373, 381
필립페이온 300, 313, 315
필립포스 215, 217, 278, 313, 367-73, 375

ㅎ

하기아 트리아다 190, 192-4
하데스 127, 130, 370-1
하드리아누스 17, 87-8, 96-102, 124, 129, 195, 271, 349
하르퓌이아 65, 350
〈하프 타는 사람〉 109-10, 232
헤라 49, 57, 78, 159, 184, 240, 271, 273, 275, 310-3, 349, 354
헤라 신전 215, 227, 271, 273-4, 299, 300, 302, 304-5, 309-14, 319, 360
헤라이아 272
헤라클레스 18, 76, 78-9, 83, 93, 112, 119, 121, 137, 154, 164-5, 169, 171, 226, 228, 257, 261, 275, 285, 291, 293, 298, 305-7, 318, 325-6, 328-9, 340-1, 350, 356, 360, 364
헤라클레이온 109, 171
헤로데스 앗티쿠스 21, 42, 104, 282, 314-5
헤로도토스 27, 42, 92, 138, 140, 160-1, 206, 216, 239-40, 245, 272, 284, 299, 327, 349, 354, 361-2, 364, 368, 375
헤룰레스족 22, 91, 97, 103
헤르메스 40, 43, 82, 85, 118, 215, 228, 291, 310-2, 318
헤르세 40, 43
헤베 57
헤시오네 154, 164
헤파이스토스 38, 47, 56, 74-9, 82, 90
헥사밀리온 237-9
헬라스 107, 112
헬레네 60, 64, 154, 235, 280, 284, 328, 374
헬리오도로스 32
호메로스 169, 181, 354
화이트타워 377, 379-80
화폐박물관 124, 273
황금과 상아 53-4, 99, 115, 302, 313
황금양털가죽 65, 205, 267, 358
황소 79, 95, 137, 169-71, 183, 185, 187-9, 199, 265, 273, 307, 314
흑색상 도기 black figure vase 56, 114-6